国家文化产业资金支持媒体融合重大项目

国家级精品课程教材

21世纪新概念教材："多元整合型一体化"系列

高职高专教育会计专业精品课程教材新系

税务会计
——原理、实务、案例、实训

（第五版）

王碧秀　主编
梁伟祥　主审

东北财经大学出版社
Dongbei University of Finance & Economics Press
大连

图书在版编目（CIP）数据

税务会计：原理、实务、案例、实训 / 王碧秀主编．—5版．—大连：东北财经大学出版社，2018.8

（高职高专教育会计专业精品课程教材新系）

ISBN 978-7-5654-3307-8

Ⅰ．税…　Ⅱ．王…　Ⅲ．税务会计-高等职业教育-教材　Ⅳ．F810.42

中国版本图书馆CIP数据核字（2018）第194019号

东北财经大学出版社出版

（大连市黑石礁尖山街217号　邮政编码　116025）

网　　址：http://www.dufep.cn

读者信箱：dufep@dufe.edu.cn

大连住友彩色印刷有限公司印刷　东北财经大学出版社发行

幅面尺寸：185mm×260mm　　字数：452千字　　印张：19.5

2018年8月第5版　　2018年8月第12次印刷

责任编辑：许景行　李　栋　　责任校对：田　杰

封面设计：冀贵收　　版式设计：钟福建

定价：43.00元

总序："多元整合型"课程与教材建设的新探索

"多元整合型"课程是反映当代世界职业教育课程观发展的综合化趋势，通过"博采当代多种课程观之长"而"避其所短"产生的一种新型职业教育课程模式。在我国，职教界近年推广的"宽基础、活模块"课程，是将基础课的"学科结构"与专业课的"模块结构"整合起来的一种尝试。专业课程自身领域的"多元整合"及其教材建设，则是继此之后的进一步探索，这种探索有着深刻的历史与逻辑反思背景。

一、职业课程改革历史回眸

近半个世纪以来，国外职业课程改革浪潮此起彼伏，"关注职业活动，培养企业急需人才"，是这些浪潮发出的一致呼声。世界劳工组织的MES课程要求"从职业工作需要出发"；加拿大等北美国家的CBE课程要求"从包括知识、技能和态度的职业分析出发"；澳大利亚的TAFE课程要求"以作为'职业资格标准'的'培训包'为依据"；英国的BTEC课程将"职业核心能力"与"专业能力"一并置于"教学目标"中；德国的"学习领域"课程提出"以工作过程为导向"；如此等等。

世纪之交的我国，职教界通过借鉴国外职业课程的改革经验，也相继提出了有中国特色的"模块课程"、"项目课程"和"工作过程系统课程"。

此等课程改革以曲折的方式展现了职业课程理论与实践的提升。称之为"提升"，是因为这些课程模式的推出，在克服传统"学科导向课程"的片面性上有所建树；称之为"曲折"，是因为它们都以"学科导向课程"的"反题"自居，都认定"学科导向课程"在自己的领域不适用，都想极力摆脱"学科导向课程"的束缚，都以"工作过程导向课程"的"横向串行结构"与"学科导向课程"的"纵向并行结构"相对峙。

两种课程改革浪潮之间也存在显著差别，即：发达国家职业课程开发的立足点是"职业培训"；我国职业课程开发的立足点是"职业教育"，包括中等职业教育和高等职业教育。

二、"工作过程导向课程"模式的所长与所短

"工作过程导向课程"系借鉴德国"学习领域课程"而来，代表我国职业教育课程改革此前试点的主流。职业教育课程改革的一切再探索，都应以对它的逻辑反思为前提。

1."工作过程导向课程"模式的可取之处

进行以"学科导向课程"为"正题"的"反题"探索，深入、系统地发掘那些被"学科导向课程"所忽视的"职业工作要素"，据以建构完全不同于"学科体系"的"基于工作过程"的职教课程体系，是数十年来世界职业课程改革的战略取向。它要求人们关注"职业活动领域"，以实现专业课程设计与企业岗位群工作对接为己任，

将“工作过程系统”作为职业教育课程的“参照系”，关注职业教育课程中的“横向组织结构要素”，提出不同于“知识本位”的“能力本位”教育——这一切作为对“学科导向课程”的“矫枉”都功不可没，是我们在高等职业教育课程与教材建设的新探索中应当借鉴的。

2.“工作过程导向课程”模式的局限性

任何课程模式都有它的局限性。从“问题思维”的视角看，“工作过程导向课程”模式的主要局限性何在呢？

1）“工作过程导向课程”对“学科导向课程”矫枉过正

“工作过程导向课程”模式的局限性根源于其对“学科导向课程”的矫枉过正。一方面，“工作过程导向课程”拒斥“知识本位”，独尊“能力本位”，从而将“知识本位”与“能力本位”对立起来；另一方面，它还将“学科导向课程”诉诸的“纵向组织结构”这个“婴儿”当做无用的东西，连同“洗澡水”一同泼了出去。这种做法忽略了两个基本事实：其一，高等应用型职场不仅需要基于“职业能力”的“技能操作”，也需要基于“职业知识”的“职业认知”；其二，一切“发生学”意义上的事物，其主导性的组织结构都是纵向组织结构。

2）“工作过程导向课程”是“非发生学”意义上的课程

“工作过程导向课程”以“职业成体”的“工作过程系统”为参照系，以“横向串行组织结构”为主框架，属于“非发生学”课程体系。然而，高等职业技术教育的对象不是“高等职业成体”，而是“发生中的高等职业个体”；为“发生中的高等职业个体”开设“非发生学”意义上的高等职业教育课程，总体上是一种自相矛盾。

直面“工作的现实具体性”（即工作过程）的课程也许适用于两种学员：一种是作为“继续教育对象”的在职“高等职业成体”，其任务是顺应新的“工作过程”以调整自我的原格局，无需重新经历“发生学”意义上的“高等职业教育课程”铺垫；另一种是面向最基层、从事简单技能操作的未来从业者，他们作为“职业培训”的对象，其未来岗位是企业急需的经验层面的简单操作，没有必要进行“发生学”意义上的“高等职业教育课程”铺垫，授之以直面简单“工作过程”的课程就可以了。

3）“工作过程系统”不宜作为课程的“过程模式”

“工作过程系统”不宜作为高等职业教育课程的“过程模式”。高职院校学生“认知结构”的建构程序与高等职业“工作过程”的展开程序是不同的。要求“将每门课程都设计成一个完整的工作过程”，要求“每门课程的内容序化都以工作过程为参照”，即要求将“工作过程系统”作为课程的“过程模式”，其做法不仅违背认知规律和学习过程规律，而且有“预成论”课程观之嫌。

4）“工作过程系统”不宜作为课程的“目标模式”

在“工作过程系统课程”中，学生只扮演“工具理性”的角色，重“功利”而轻“人本”。不仅如此，将“工作过程系统”作为“目标模式”，让学生围绕“工作过程”旋转，还会导致主体的缺失。高等职业技术教育的“课程目标”应当与其“人才培养目标”相一致，即应依据专业的“人才培养目标”来确立“课程目标”。相对于“人才培养目标”，“工作过程”只能作为活动中介、桥梁和手段，而建构更为充实、更具稳定性、兼顾“功利”与“人本”的“职业学力”才是根本。

5）“工作过程系统”只有短期时效性

“工作流程”具有较强的个别性、相对性与可变性。在校期间以之为参照的专业“工作过程系统”，到了学生毕业走向工作岗位的时候，可能已经面目全非。届时，经历过该“工作过程系统”的“主体自我”中除了“结构相对固定”的“具有普适性的思维过程”，即“资讯、决策、计划、实施、检查、评价”六步骤外再没有别的，即便加上“社会能力”和“方法能力”，其“职业学力结构”也还是单薄了点。由于没有“纵向结构知识的系统铺垫”，学生的“职业认知”缺乏渐进性和系统性，可迁移性差；由于知识面过窄，学生的发展后劲不足；由于作为参照系的“工作过程系统”只有短期时效性，学生无法应对今后的职场变化。

6）关于“工作过程导向课程”的研发团队

“工作过程导向课程”和作为其源头的“学习领域课程”，其研发团队仅限于教育界和企业界专家，该模式的“所长和所短”莫不与此相关。今天看来，如果此种研发能同时邀请其他领域的成员，特别是发生认识论、认知心理学和教育心理学等领域的专家介入，或者充分借鉴其优秀代表的相关理论，情况会大不相同。

三、高等职业教育课程改革的未来取向

高等职业学历教育既不同于“高等职业成体”的“继续教育”，也不同于培养“简单技能操作者”的“职业培训”，影响其课程改革取向的因素要复杂得多。

1. 区别两类“职业个体”

在高等职业教育课程改革的探索中，有必要区分两类“职业个体”，即“发生中的职业个体”与“职业成体”。前者指高等职业学历教育的在校学生；后者指企业现实工作岗位的高等从业人员。高等职业学历教育的对象不是“高等职业成体”，而是“发生中的高等职业个体”。

2. 不是“预成的”，而是“渐成的”

“发生中的高等职业个体”在高等职业教育中不是“预成的”，而是“渐成的”。如皮亚杰所说：人的认知结构既不是在客体中预先形成了的，也不是在主体中预先形成了的，每一个结构都是“‘文化—心理’发生”的结果[①]。人的“技能结构”和“道德行为结构”也是如此。应当将“渐成论”的课程观，作为高等职业教育课程研发的一个指导性理念。

3. 关注“高等职业个体发生”机制

高等职业教育课程改革应关注“高等职业个体发生”的机制。高等职业教育课程（包括职业公共课程、职业大类核心课程和专业课程）设计为之服务的“高等职业个体发生”，是一个以高中阶段的“基础学力结构”为原格局，通过“职业知识”、“职业能力”和“职业道德”等“职业学力”的全面建构，向“职业胜任力”目标发展的完整过程。在这个过程中，“发生中的高等职业个体”通过“高等职业课程”的“教学”、“训练”与“考核”，借助于“同化”“调节”“适应”等发生机制，以循环渐进的方式不断从较低水平的“职业学力”平衡状态过渡到较高水平的“职业学力”平衡状态，直至达到“职业胜任力”水平的平衡状态。

① 皮亚杰. 发生认识论原理［M］. 王宪钿，等，译. 北京：商务印书馆，1981：16.

4.在“学科体系”与“工作体系”之间做“亦此亦彼”的选择

一方面，高等职业教育课程的组织结构既不应等同于单纯“学科导向课程”的“纵向并行结构”，因为它的“目标模式”不适合于“应用性职业需求”；也不应等同于单纯“工作过程导向课程”的“横向串行结构”，因为它的“过程模式”不适用于“发生中的高等职业个体”。另一方面，高等职业教育的课程结构既不能缺少“纵向结构”，因为无论是“渐成论”课程观的“发生学原则”，还是布鲁纳“学科结构”的“过程模式”，都一致地指向它；也不能缺少“横向结构”，因为没有它，就无法融入“职业工作要素”。既然如此，高等职业教育课程改革的未来取向就不应当在“学科体系”与“工作体系”之间作“非此即彼”的选择。沿着“‘学科—工作’体系”的方向，围绕以“健全职业人格”为整合框架的“‘职业胜任力’建构”这个中心，将“多元整合型课程”作为“你中有我、我中有你”的课程来探索，将是更明智的选择。

5.课程组织应“以纵向为主、横向为辅”，收官课程可以例外

在高等职业教育专业课程体系中，前期和中期课程的组织结构应“以纵向为主、横向为辅”。之所以应“以纵向为主”，是因为以“发生中的”职业个体为对象的课程组织，其“主导结构”应符合“发生学”原则，而符合“发生学”原则的课程结构即是“纵向结构”；之所以应“以横向为辅”，是因为需要将上文提及的“职业工作要素”同步穿插到“主导结构”中。至于“收官课程可以例外”，是因为要将先前课程建构的诸多“职业学力”整合为“职业成体”的“职业胜任力”，需要以“工作过程系统”为“主导结构”的课程中介。

四、高等职业教育专业课程教材建设的新探索

1.将“健全职业人格导向课程”作为“合题”

自我国迈入“十二五”之际起，一批对上述“历史回眸”、“逻辑反思”和“课程改革未来取向”持有同感的高等职业院校省级以上精品课程负责人，用他们最新奉献的教学用书，在专业课程教材建设上进行了新探索。在这种探索中，传统的“学科导向课程”被当做“正题”，目前流行的“工作过程导向课程”被当做“反题”加以扬弃；“健全职业人格导向课程”被当做“合题”推到前台，与之相应的课程设计理念或模式被冠以“多元整合型一体化”。

2.“‘合题’探索”依据的基本共识

高等职业教育专业课程教材建设的这种“合题”探索，是基于以下共识：

1）扬弃两种各有侧重的“导向”

“学科导向课程”所指向的“职业知识体系”，偏重人类职业行动历史结晶中的“知识结构”，而轻其“业务结构”；“工作过程导向课程”所指向的“职业行动体系”，偏重人类职业行动历史结晶中的“业务结构”，而轻其“知识结构”。“健全职业人格导向课程”应以某种方式扬弃并整合两者，借以传递可表达为人类职业行动最佳现实状态的全方位“职业胜任力‘结构—建构’”信息。

2）“教育过程”不同于“工作过程”

高等职业“教育过程”是以高中阶段的“基础学力结构”为“原格局”的“发生中的高等职业个体”到“高等职业成体”的一系列有序的变化发展过程。就像生物个体的“发育过程”不同于其成体组织的“活动过程”一样，“发生中的高等职业个

体"的"教育过程"也不同于高等职业成体的"工作过程"。将"高等职业成体"的"工作过程"作为高等职业教育课程的"过程模式"，让"发生中的高等职业个体"直接去做"高等职业成体"的事，无异于将生物个体的"发育过程"混同于其成体组织的"活动过程"。

3)"学习迁移"有赖于"纵向组织"

在变动不居的职场中，"高等职业成体"赖以应变的一个有效机制是"学习迁移"。"学习迁移"包括"认知结构的迁移"(陈述性知识的迁移)和"技能结构的迁移"(程序性知识的迁移)。"认知结构的迁移"依赖两方面的基础：一是E.L.桑代克和C.H.贾德的研究所指向的"共同要素"和"经验类化"；二是J.S.布鲁纳和D.P.奥苏贝尔的研究所指向的"学科基本结构"和"个体的认知结构"。"技能结构的迁移"也依赖两方面的基础：一是J.安德森的行动理论研究所指向的"产生式规则"；二是弗拉威尔的"认知策略迁移"研究所指向的"反省认知"[①]。

鉴于"产生式规则"的获得必须先经历一个"陈述性阶段"，而"反省认知过程"是在新的情境下使用"认知过程"的前提，可以说无论是"共同要素"和"经验类化"、"学科的基本结构"和"个体的认知结构"，还是"产生式规则"和"反省认知"，都指向"过程模式"所诉诸的"纵向组织"。这个"纵向组织"的建构，是"合题探索"中应予借鉴的"学科导向课程"的"强项"。

4)"渐成论"课程观更为可取

高等职业教育课程理论中的"渐成论"课程观要比"预成论"课程观更可取。"渐成论"的课程观将职业教育课程教材视为类似于"生物基因链"(DNA)的人类职业行动的"文化觅母链"——一种用人类职业行动历史结晶中的"知识结构"、"业务结构"和"职业道德与企业伦理结构"等信息(类似于波普尔的"世界3")编织起来的东西，认为"教育过程"就是在必要的教学环境中，在教师的"诱导"下，借助于种种教育技术与手段，通过教学活动，将设计在教材中的人类职业行动的"知识结构"、"业务结构"和"职业道德与企业伦理结构"等信息(其中包括可引起"突变"或"创新"的"文化觅母")"转录"到学生的头脑(相当于"文化RNA")中，并通过全方位的训练(特别是实训)与考核环节(相当于"中心法则"中的"翻译"机制)，促成学生"职业胜任力"结构的发生。在这里，"文化觅母"是借用R.道金斯的表述；"基因"、"转录"、"翻译"与"中心法则"等，是借用分子生物学的术语；"职业胜任力"是指在真实的职业工作环境中，按照最新行业准则、规范、标准和要求，承担并胜任专业岗位群各种工作角色，并在跨行业的职业流动中具有可持续发展后劲的职业成体的"职业知识"、"职业能力"和"职业道德"的统一[②]。

5)作为课程模式的"健全职业人格"

"健全职业人格导向"是整合"学科导向"和"工作导向"的课程模式，也是整合"职业学力"三种基本内涵——"职业知识"、"职业能力"和"职业道德"——的更具包容性的框架。

---

① Thomdike E L，1903；Judd C H，1908；Bruner J S，1960；Ausubrl D P，1968；Anderson J，1990；Flavell，1976.

② McClelland，1973；Richard Boyatzis，1982；Nordhaug & Gronhaug，1994 ；Lewis，2002；Bueno & Tubbs，2004；Ricciardi，2005；Morrison，2007.

在高等职业教育的课程体系中，“健全职业人格”既可作为“目标模式”，又可作为“过程模式”：作为“目标模式”，它指向既作为“职业分析”的出发点，又作为系列课程建构目标的“高等职业成体”的广义“职业胜任力”；作为“过程模式”，它着眼于高等职业教育对象的“职业胜任力结构发生”，要求课程内容（既包括R.M.加涅称之为“智慧技能”、“认知策略”和“言语信息”的学习内容，也包括其称之为“态度”和“动作技能”的学习内容）的序化要遵循“从抽象到具体”的发生学原则（马克思称之为“科学上正确的方法”，将其运用于《资本论》的建构；J.皮亚杰称之为“由一个比较初级的结构过渡到不那么初级（或较复杂的）结构”的原则，将其运用于发生认识论的建构），要求在“发生过程”中随时关注“职业工作要素”的“同步渗透”或“横向穿插”。

6）“职业胜任力”的建构

在“多元整合型一体化”的高等职业教育专业课程体系中，学生“职业胜任力”的建构应分三步走：第一，从该专业“高等职业成体”的“职业胜任力”分析入手，将相同的“职业胜任力要素”归类划分为不同的“职业学力领域”，以此为基础确定互相区别并呈梯度衔接的各门课程的“职业学力”建构任务；第二，在各门课程内，以各领域“高等职业知识的纵向铺垫”为经线，以“业务要素”的“同步链接”或“横向穿插”为纬线，依照“从抽象到具体的方法”，建构各侧面（或各层次）的“职业学力结构”；第三，将各门课程建构起来的各侧面（或层次）的“职业学力结构”，通过带有“岗位业务”和“综合业务”性质的后期课程，整合为可与企业岗位群现实“工作过程系统”相对接的最具体的“职业胜任力结构”。

为有效应对全球新技术革命导致的行业内乃至跨行业的职业流动性，“职业学力”各基本内涵——无论是“职业知识”、“职业能力”还是“职业道德”——的建构，都要坚持“整合论”原则，即兼顾“特殊的”（或专业的）、“通用的”（或行业大类的）和“核心的”（或跨行业的）三个层面，借以超越先前时代适应职业岗位相对稳定的“还原论”原则。

7）“人才目标”的转型

高等职业教育的人才目标不应局限于“培养能够与‘工作过程系统’对接的职业人”，而应定位于“培养具有‘健全职业人格’，既能适应又能扬弃‘既定工作过程系统’的富有创造力和人文精神的‘职业人’”。后者就业后，能够通过“继续教育”及其与“职业环境”的交互作用，使其现有水平的“职业胜任力结构”不断转化为更高水平的“职业胜任力结构”，从而永远不会陷于“主体缺失”的境地。

3.体现“基本共识”的教材特色

依据上述“基本共识”，全部由省级以上精品课程负责人主持编写，由东北财经大学出版社出版，从2010年起陆续推出，涵盖高职高专教育财经类各主要专业的“21世纪新概念教材：‘多元整合型一体化’系列”具有如下特色：

（1）倡导先进的高等职业教育课程理念，依照“多元整合型一体化”的代型模式设计专业教材。

（2）关注“工学结合型”教育所要求的“双证沟通”与“互补”。在把职业资格融入课程标准的同时，着眼于高等职业学历教育与职业培训的重要区别，强化了对学生“职业学力”特别是“学习迁移能力”和“可持续发展能力”的全方位训练，提出了建构以“职业知识”、“职业能力”和“职业道德”为基本内涵，以多维“整合论”的“健全职业人格”为最高整合框架的教材赋型机制的更高要求。

(3) 兼顾专业课程教材的“纵”与“横”两个组织结构维度，依照“原理先行、实务跟进、案例同步、实训到位”和“从抽象到具体”的原则，循序渐进地展开教材内容。

(4) 将兼顾特殊的、通用的与核心的“职业知识”、“职业能力”和“职业道德”规范与标准导入学生“职业胜任力”的实践操练，克服了传统实训架构中的“还原论”倾向和非标准化的主观随意性。

(5) 教学、训练与考核环环相扣，并围绕“职业学力”三大基本内涵全面展开，超越了“知识本位”和“能力本位”的传统教材设计。

(6) 突出贯穿全书的“问题思维”与“创新意识”，探索“创新型”高等职业教育的课程教材建设。

(7) 阶段性落实“教育部关于进一步推进职业教育信息化发展的指导意见”（教职成〔2017〕4号）和“推进教育教学与信息技术深度融合”（《教育部高教司2018年工作要点》）等文件精神，增加二维码教学资源，解决传统教材所缺少的“互联网+”移动学习，即纸质教材与二维码数字资源融合的问题。

4. 内容结构的统一布局

在内容结构上，“‘多元整合型一体化’系列”的主教材实施了如下统一设计布局：

各章“学习目标”列示出“单元教学”与“基本训练”的目标体系，包括“理论目标”、“实务目标”、“案例目标”和“实训目标”四个子目标。

作为每章正文部分的“单元教学”，为章后“基本训练”提供了较为系统的知识铺垫和业务示范。其中：篇首“引例”提供了“学习情境”；“理论”、“实务”与“案例”等教学环节系统展开“专业陈述性知识”、“专业程序性知识”和“专业策略性知识”；“同步案例”、“职业道德与企业伦理”、“业务链接”等栏目，提供了“职业工作要素”的同步穿插，并带有示范与引导性质。

“本章概要”包括“内容提要与结构”“主要概念和观念”“重点实务和操作”。其中：“内容提要与结构”是对“单元教学”内容的简短回顾；“主要概念和观念”“重点实务和操作”列示了“单元教学”和“基本训练”中要求学生重点把握的专业知识与业务操作内容。

“基本训练”通过各类题型——“理论题”、“实务题”、“案例题”和“实训题”——的操练，复习与巩固“单元教学”的各种习得，并促进其“学习迁移”，借以强化学生“职业知识”、“职业能力”和“职业道德”等“学力结构”的阶段性建构。

“单元考核”是对“单元教学”和“基本训练”成果的全面验收，旨在评估学生在“职业知识”、“职业能力”和“职业道德”的建构中达到的阶段性水平，并通过反馈进一步强化其阶段性建构。

“综合训练与考核”带有教材“收官”性质，是各门课程中最接近“职业胜任力”的训练与考核。

结构决定功能。了解教材内容结构设计的所述布局，有助于发挥其相应的功能和作用，为充分理解和使用教材创造条件。

五、结束语

1.关注课程与教材建设模式转型，服务新时期高等职业教育人才培养

高等职业教育课程和教材建设的全部新探索，都是为新时期迫在眉睫的高等职业教育人才培养目标模式转型服务的。

改革开放三十多年来，我国高等职业教育人才培养目标模式经历了由计划经济时期“培养国家经济各部门需要的，具有通用型高等专业知识人才”，向“培养以制造业为主体的企业生产和经营管理需要的，具有高等专业知识与专业技能的应用型人才”的转型；高等职业教育课程和教学资源建设模式经历了由计划经济时期的“学科导向”向“工作导向”的转型。如今，我国高等职业教育人才培养目标、课程和教学资源建设模式正处于一种新的、更具全球化时代竞争意义的转型过程中。

在“后金融危机时期”，中国在应对世界范围重新抬头的贸易保护主义的同时，又面临“刘易斯转折点”（即人口红利逐渐消失），其经济转型要求比以往任何时候都更加迫切。与此相应，中国高职院校的人才培养目标需要从“培养能够与‘世界工厂’既定工作岗位对接的高等应用型人才”，向“培养既能与‘世界工厂’既定工作岗位对接，又能适应产业结构升级和工作岗位变换，并具有与‘世界实验室’和‘世界创新中心’工作岗位对接潜力的高等应用型人才”转型的能力。

高等职业教育课程与教学资源建设的转型应当与其人才培养目标模式的转型同步。

2.避免两种逆反倾向

在“转型”问题上，要避免两种逆反倾向，即回避“复杂性”和满足“既定模式”。

1）关于回避“复杂性”

说到“复杂性”，人们很容易与相反的选择，即奥卡姆称之为“经济性剃刀原则”的“简单性原则”相对比。“简单性原则”是一种“还原论”思想方法，它有一个众所周知的说法，就是“不要把简单的事情搞复杂了”。说教者往往因为“把本来复杂的事情搞简单了”而事后汗颜。如果相关情境下“简单性原则”确实管用，谁会舍易求难呢?！有个例子很说明问题：2010年足球世界杯比赛期间，一位电视台名嘴在导视西班牙队的头几场比赛时，面对西班牙队高超的整体战术配合，即兴说出了一句符合“简单性原则”的名言，即“他们把本来简单的足球踢得复杂了”。这位名嘴所讲的“复杂”，是指西班牙球队的整体战术配合。后来的事实表明，本次世界杯西班牙队夺了冠，他们赢就赢在了这个“复杂性”上。因为有这个“复杂性”，他们才会有出色的整体控球能力，即便是德国队威力强大的冲锋，也因为抵挡不了这个“复杂性”而败北。这个例子值得对“简单性原则”情有独钟的人们深思。

2）关于满足“既定模式”

至于“既定模式”，如果指的是在“学科导向”和“工作导向”之间做“非此即彼”的选择，那就是一种片面性。倾心于此等“既定模式”的人们通常只看到事情的积极方面，而忽视其消极方面。一位伟人说过：“谁要是把抽象的思想生硬地应用于现实，就是破坏了现实。”在高等职业教育课程和教学资源建设上，现实事物是具有一定“复杂性”的整体。如果你在“理论的态度”中只看到其中某一侧面，发表了某些抽象看法，这也许无关紧要；可是当你在“实践的态度”中将片面的认识“生硬地”应用于现实，致力于改造现实事物的全面性和具体性的时候，问题就严重了，在这种情况下，你在建构现存的同时“生硬地”破坏了现实。

3）历史教训

世界高等职业教育的历史表明：人们先是在“理论的态度”中认识到“人类职业行动”的“知识结晶”，在“实践的态度”中“生硬地”实施了“知识本位”教育；随后又在“理论的态度”中认识到“人类职业行动”的“业务结晶”，在“实践的态度”中“生硬地”实施了“能力本位”教育。两者都是在建构职业教育现存的同时破坏了职业教育现实：建构的是片面性，破坏的是全面性。这两种片面认识与做法都是在不自觉的情况下出现的，尚属情有可原。如果意识到两种片面性之后仍然执意而为，去重蹈历史覆辙，就说不过去了。

在全球化遍及一切领域的今天，各国都面临愈演愈烈的产品竞争、技术竞争、管理竞争、商业模式竞争、教育竞争和人才竞争，产品创新、技术创新、管理创新、商业模式创新、教育创新和人才培养模式创新势在必行，为之服务的高等职业教育课程和教学资源建设的模式转型大势所趋。在这种情况下，有多少教育工作者还会心甘情愿地把“回避‘复杂性’”和“满足‘既定模式’”作为选项呢！

3.本项目参与者们的尝试

“前事不忘，后事之师。”参与“多元整合型一体化系列”项目的众多省级以上精品课程团队所尝试的，是面对高等职业教育现实的“复杂性”知难而进：在“理论的态度”中致力于克服片面性认识，在“实践的态度”中尽可能避免破坏现实的“生硬”做法。

列入本系列高职高专精品课程教材的作者们，出于“后精品课程时期”专业课程持续发展的内在需要，纷纷探索课程模式转型之路，将培养中国产业结构升级所需要的“‘职业知识、职业能力和职业道德’兼备”“‘问题思维’和‘革新创新’能力突出”的新型高等职业经济管理人才视为己任，其高度责任感和锐意进取精神令我们钦佩！

早在20世纪末，东北财经大学出版社就在国内高校众多知名专业带头人的参与下，率先推出了涵盖财经类各专业的“21世纪新概念教材”。如果说在本世纪的头十年，“21世纪新概念教材”的“‘换代型’系列”曾通过“用‘反题’弥补‘正题’之不足”，为培养适应“中国制造”之经济管理人才的高校课程建设服务，那么在21世纪的第二个十年，“21世纪新概念教材”的“‘多元整合型’系列”将通过“用‘合题’扬弃‘正题’与‘反题’”，为培养适应“中国创造”之经济管理人才的高校课程建设服务。

就未来十年的战略取向而言，一套好的高等职业教育专业教材应当既体现国内外先进的专业技术水平和教育教学理念，又适应中国经济转型所需要的“创新型高等职业人才培养”，从而将《国家中长期教育改革和发展规划纲要（2010—2020年）》提出的相关要求落到实处。本系列教材的作者们是否在此方面开了个好头，应留给专家、学者和广大师生去评判。

在高等职业教育课程教材建设的道路上，向前探索的开端总是不尽完善的，期待专家、学者和使用本系列教材的师生不吝赐教，以便通过修订不断改进，使之与我国的产业需求和课程改革发展始终保持同步。

许景行

于东北财经大学烛光园

第五版前言

在“后金融危机时期”，伴随着中国经济转型和产业结构的升级，高等教育的人才培养目标需要从“培养‘制造型人才’向培养‘创造型人才’”转型，其课程设计需要从“专注与企业岗位对接的专业能力培养”向“着眼行业发展和职业流动，兼顾职业知识、职业能力和职业道德，突出‘解决问题’和‘革新创造’能力培养”的方向调整。《税务会计——原理、实务、案例、实训》的推出，一方面旨在满足“十二五”起21世纪第二个十年我国高职高专教育教学改革对新型专业教材的需求，另一方面也出于“后国家级精品课程时期”及移动互联网时代会计课程持续发展的内在需要。

作为国家级精品资源共享课教学改革的阶段性成果，本书根据“21世纪‘多元整合型一体化’”最新课程理念设计，以“就业”和“人才竞争”为导向，紧紧围绕新时期高职高专教育新型人才培养目标，依照“原理先行、实务跟进、案例同步、实训到位”的原则，全面展开兼顾税务会计“职业知识”、“职业能力”和“职业道德”的“教学”、“训练”与“考核”诸内涵。首先，对税收的特点、税收法律体系、税收分类、税制构成要素，以及税务会计的概念、对象、任务、目标与基本前提进行概述，让读者对税务会计这门课程有一个基本的了解和认识，旨在为以后的学习奠定良好基础。然后，对我国目前开征的以增值税、消费税、企业所得税、个人所得税为主的14个税种，分别从纳税人、征税范围和税率确定，应纳税额核算与纳税申报三大模块逐一展开学习。最后，以一个特定企业的经济业务为背景资料，对可能涉及的全部税种从税额计算、会计核算、纳税申报三部分进行综合训练，以最终实现与办税员实际工作岗位的尽可能对接，以便更好、更快地胜任实际办税员岗位的工作。

全书内容简明，设计新颖，案例丰富，训练多样，考核全面，功能齐全，融通俗性、可读性、应用性为一体，力求体现“教、学、做、评合一”和“以学生为主体，以教师为主导，以‘教学—训练—考核’为主线”的高职高专教育教学改革新思路。

关注“工学结合型”教育所要求的“双证沟通”与“互补”，是本教材的一大特色。在把会计职业资格标准融入本课程的同时，我们着眼于高等职业学历教育与职业培训的重要区别，强化了对学生“职业学力”特别是“学习迁移能力”和“可持续发展能力”的全方位训练，提出了建构多维“整合论”的“健全职业人格”教材赋型机制的更高要求。

值得一提的是：为阶段性落实“教育部关于进一步推进职业教育信息化发展的指导意见”（教职成〔2017〕4号）和“推进教育教学与信息技术深度融合”（《教育部高教司2018年工作要点》）等文件要求，本书第五版增加了二维码教学资源，编制了与知识点和技能点相对应的文本及视频资源100多个，以适应移动互联网时代教学新需求。

本书第五版依据的税收法规资料是截至2018年7月正式颁布的有效文件。

教材编写以“总序”阐明的“共识”为基础，内容结构设计遵循了“多元整合型一体化系列（II型）”所要求的统一布局。阅读“总序”，借以了解所述“共识”与内容结构布局，有助于更好地把握与使用这本教材。

为方便教学，本书第五版配有如下教学资源：

《训练手册》：是主教材的配套教材。其内容包括各章的“预习要览”、“客观题”、“主观题”、“实训资料”、“课业范例”、“参考答案与提示”和关于“职业核心能力”与“职业道德”融入性训练的五个“附录”。此外，书中还附有供“客观题”自测与考核使用的助学光盘和微课教学资源。

网络教学资源包：内含PPT电子教学课件和《学生考核手册》。学生的课程考核可依照《学生考核手册》所提供的“多元整合型”框架进行，也可依照符合本校教学实际的其他框架进行。

“税务会计”国家精品资源共享课网站（http://www.icourses.cn/coursestatic/course_2433.html）：网站提供了课程大纲、教学日历、考评方法与标准、学习指南及每一教学单元的教学视频、PPT、教案、习题及案例、账证表、政策法规库、办税动画流程等丰富的学习资源。

本书由丽水职业技术学院“税务会计”国家精品资源共享课、国家级精品课程负责人王碧秀主编；丽水职业技术学院的蔡梦颖、舒岳、李邦帅参与部分内容的编写；“总序”由东北财经大学出版社许景行编审撰写。全书由丽水职业技术学院梁伟样教授主审。

本书可作为高职高专院校会计专业及相关专业的通用教材，也可供企业在职人员培训使用。

在编写过程中，我们借鉴和参考了大量国内外的相关书籍和教材，得到了有关专家学者，以及东北财经大学出版社的大力支持，在此一并表示诚挚的感谢！由于税收法规变化快，作者水平有限，加上时间仓促，书中错误和不足之处在所难免，敬请读者朋友批评指正。

编　者

2018年7月

目　录

第 1 章 税收基础知识与税务会计

学习目标

通过本章学习，应该达到以下目标：

理论目标：学习和把握税收的特点，税收法律制度体系，税收分类，税制构成要素，税收征收管理制度，税务会计对象与基本前提，税务会计与财务会计的联系与区别，税务会计的凭证、科目和报表等陈述性知识；能用所学理论知识指导“税收基础知识与税务会计”的相关认知活动。

实务目标：学习和把握税务管理要求，税款征收方式与制度，税收征管法关于税务检查的规定，税务会计的任务，“业务链接”等程序性知识；能用所学实务知识规范“税收基础知识与税务会计”的相关技能活动。

案例目标：运用所学“税收基础知识与税务会计”的理论与实务知识研究相关案例，培养和提高在特定业务情境中分析问题与决策设计的能力；能结合本章教学内容，依照“职业道德与会计伦理”的行业规范或标准，分析企业行为的善恶，强化职业道德素质。

引例 税务登记办理

背景与情境： 在一个文明社会中，作为一个社会成员，纳税就如同死亡，是不可避免的，那么了解税收基本知识就如同了解自己身体状况一样显得十分重要，而对于一个企业的财务人员，掌握税收征收管理的基本技能是完成工作的必备条件。滨海市宏达机械有限责任公司，2018年2月因生产经营环境变化需要将经营地址由滨海市开发路大尤街456号迁至滨海市天宁开发区上岗路58号，主管税务机关由滨海市国家税务局变更为开发区国家税务局。

问题： 你能根据背景资料办理相关税务登记手续吗？

要顺利完成上述任务，你必须懂得税务登记的相关知识，掌握相应技能。下面就让我们一起来学习这些内容吧。

1.1 税收基础知识

1.1.1 税收的概念及特点

学习微平台

微课
1-1

1）税收的概念

税收是为了适应人类社会经济发展的需要，特别是国家的需要而产生和发展起来的。时代不同、角度不同，税收概念的具体表述各有差异。目前比较一致的观点认为，**税收**是政府为了满足社会公共需要，凭借政治权力，强制地、无偿地取得财政收入的一种形式。理解税收的概念应把握以下几点：

（1）税收的本质是分配

在社会再生产过程的“生产—分配—交换—消费”循环中，“生产”创造社会产品价值，“分配”是对社会产品价值的分割，“交换”实现使用价值的转移，“消费”耗费社会产品价值。国家征税，不增加或减少社会产品的价值总量，因而不属于生产、消费范畴，不采取以物易物或钱物交换的方式实现价值转移，因而也不属于交换范畴。国家征税只是从社会产品价值量中分割一部分集中到政府手中，因此税收的本质是分配。

（2）税收分配以国家为主体，凭借政治权力实现

分配涉及两个基本问题：分配主体和分配依据。一般的分配形式以生产要素的所有者为主体，以生产要素量为依据；而税收分配以国家为主体，凭借政治权力实现。

国家征税凭借政治权力，并不意味着政府可以不顾经济条件任意征税。经济是政治的基础，每个国家都必须按本国的具体经济条件，确定征税范围及额度，滥用政治权力横征暴敛，必然会影响社会的稳定、阻碍生产力的发展。

（3）征税的目的是满足社会公共需要

国家履行公共职能必然要有公共支出。公共产品提供的特殊性决定了公共支出一般不可能由公民个人、企业采取自愿出价的方式得到补偿，只能采用国家征税的方式，由经济组织、单位和个人负担。国家征税的目的是为了满足国家提供公共产品的需要，因此，国家征税也将受到提供公共产品规模和质量的制约。

2）税收的特点

财政收入的取得方式多种多样，如征税、发行货币、发行国债等。税收具有区别

于其他财政收入形式独有的“三性”特征：强制性、无偿性和固定性。

（1）强制性

强制性是指国家以社会管理者的身份，用法律、法规等形式对征收捐税加以规定，并依照法律强制征收。强制性说明，任何纳税人都必须依法纳税，任何征税机关都必须依法征税，否则就要承担法律责任。

（2）无偿性

无偿性是指国家征税后，税款即成为国家的财政收入，不直接归还纳税人，也不向纳税人支付任何报酬。国家征税对具体纳税人无须直接偿还，但就全体纳税人而言，税收是有偿的，表现为国家为全体纳税人维护社会秩序、公共安全和提供共同的生产条件等服务。

（3）固定性

固定性是指国家在征税之前，应以法律形式预先规定征税对象、征收标准、征税方法等，征纳双方必须遵守，不得随意变动。税收的固定性，对纳税人来说可以据此预测经营成果，便于安排经营；对国家来说可以保证取得稳定的财政收入。但税收的固定性是相对的，随着社会政治、经济环境的变化，税收的征税对象、征收标准等也会不断调整。

上述税收的“三性”是一个完整的统一体，缺一不可，无偿性是税收的核心特征，强制性和固定性是对无偿性的保证和约束。税收的“三性”是税收本质的具体表现，是税收区别于其他财政收入形式的标志。可以这样认为，一种财政收入如果同时具备税收“三性”的形式特征，即便其名称不叫“税”，实质上也是税收的一种。

1.1.2 税收法律制度体系

税收法律制度体系简称税制，是一个国家在一定历史时期制定的各项税收法律、法规和征收管理办法的总称，包括各种税收法规、实施细则和税收征收管理制度等。我国现行的税收法律体系由税收实体法和税收程序法共同构成。

我国现行税收程序法体系主要有两种：一是《中华人民共和国税收征收管理法》，适用于由税务机关负责征收的税种的管理；二是《中华人民共和国海关法》及《中华人民共和国进出口关税条例》，适用于由海关负责征收的税种的管理。

我国现行的税收实体法在原有税制的基础上，经过2016年“营改增”政策在全国范围的实施，形成了以增值税、消费税、关税、车辆购置税、企业所得税、个人所得税、资源税、房产税、城镇土地使用税、车船税、土地增值税、印花税、城市维护建设税、耕地占用税、契税、烟叶税、船舶吨税、环境保护税为主体税种的实体法体系。其中，环境保护税自2018年1月1日起开始征收。根据分税制财政管理体制，我国现行开征的税种中海关负责征收关税和代征进出口环节的增值税和消费税，其他税种均由国家税务总局系统和地方税务局系统分别征收。

学习微平台

微课 1-2

1.1.3 税收分类

1）按征税对象分类

按征税对象不同，税收可分为流转税、所得税、财产税、行为税、资源税、特定目的税和烟叶税。

①**流转税**，是指以应税行为的流转额为征税对象征收的一种税。此税种涉及商品生产和流通的各个环节，主要在生产、流通和服务领域中发挥调节作用，包括增值税、消费税和关税。

②**所得税**，是指以所得额为征税对象征收的一种税。此税种主要对生产经营者的利润和个人的纯收入发挥调节作用，包括企业所得税和个人所得税。

③**财产税**，是指以纳税人所拥有或支配的财产为征税对象征收的一种税。此税种主要对特定财产发挥调节作用，包括房产税、车船税。

④**行为税**，是指为了调节某些行为，以这些行为为征税对象征收的一种税。此税种主要对特定行为发挥调节作用，包括印花税、契税、船舶吨税。

⑤**资源税**，是对开发、利用和占有国有自然资源的单位和个人征收的一种税。此税种主要对因开发和利用自然资源而形成的级差收入发挥调节作用，包括资源税、土地增值税和城镇土地使用税。

⑥**特定目的税**，是为了达到特定目的而征收的一种税。此税种主要是为了特定目的，对特定对象发挥调节作用，包括城市维护建设税、车辆购置税、耕地占用税、环境保护税。

⑦**烟叶税**，是指国家对收购烟叶的单位按照收购烟叶金额征收的一种税。

2）按税负能否转嫁分类

按税负能否转嫁，税收可以分为直接税和间接税。

直接税是指税负不能转嫁，只能由纳税人承担的一种税，如所得税、财产税等。**间接税**是指纳税人能将税负全部或部分转嫁给他人的一种税，如流转税。

3）按计税依据分类

按计税依据不同，税收可以分为从量税、从价税和复合税。

从量税是以征税对象的自然实物量（重量、容积等）为标准，采用固定单位税额征收的一种税，如啤酒的消费税。**从价税**是以征税对象的价值量为标准，按规定税率征收的一种税，如化妆品的消费税。**复合税**是同时以征税对象的自然实物量和价值量为标准征收的一种税，如白酒的消费税。

4）按税收管理与使用权限分类

按税收管理与使用权限不同，税收可以分为中央税、地方税、中央地方共享税。

中央税是指管理权限归中央，税收收入归中央支配和使用的一种税，如关税、消费税、车辆购置税等。**地方税**是指管理权限归地方，税收收入归地方支配和使用的一种税，如车船税、房产税、土地增值税等。**中央地方共享税**是指主要管理权限归中央，税收收入由中央和地方共同享有，按一定比例分成的一种税，如增值税、企业所得税等。

5）按税收与价格的关系分类

按税收与价格的关系不同，税收可以分为价内税和价外税。

价内税是指商品税金包含在商品价格之中，商品价格由“成本+税金+利润”构成的一种税。**价外税**是指商品价格中不包含商品税金，商品价格仅由成本和利润构成的一种税。价内税有利于国家通过对税负的调整，直接调节生产和消费，但往往容易造成价格的扭曲。价外税与企业的成本、利润、价格没有直接联系，能更好地反映企业的经营成果。

6）按会计核算中使用的会计科目分类

按会计核算中使用的会计科目不同，税收可分为销售税金、资本性税金、所得税及增值税。

销售税金在销售过程中实现，会计上在“税金及附加”科目核算，如消费税、资源税、土地增值税、城市维护建设税、房产税、印花税、车船税、城镇土地使用税等；资本性税金在投资活动中发生，会计上计入资产价值，如契税、耕地占用税等。从净利润角度来看，所得税也是费用性税金，但它是通过“所得税费用”科目核算，影响净利润；增值税会计上直接记入“应交税费”科目，一般不影响损益。

我国现行已开征的税种归纳见表1-1。

表1-1 我国现行已开征的税种总览

税种		中央税	地方税	中央地方共享税	备注
流转税	增值税	√		√	海关代征的增值税为中央固定收入，其他的增值税中央与地方按50%与50%比例分成
	消费税	√			含海关代征的消费税
	关税	√			
所得税	企业所得税	√		√	从2002年起铁道运输、邮电、国有商业银行、开发行、农发行、进出口行以及海洋石油天然气企业缴纳的企业所得税为中央收入；其他的中央与地方按60%与40%比例分成
	个人所得税	√		√	储蓄存款利息个人所得税归中央，其他的个人所得税中央与地方按60%与40%比例分成
资源税	资源税	√	√		海洋石油企业的资源税为中央收入，其他的资源税为地方固定收入
	城镇土地使用税		√		
	土地增值税		√		
财产税	房产税		√		
	车船税		√		
行为税	契税		√		
	印花税	√			从2016年1月1日起，证券交易印花税全部调整为中央收入
	船舶吨税	√			仅对境外港口进入境内港口的船舶征税
特定目的税	车辆购置税	√			
	耕地占用税		√		
	城市维护建设税	√	√		各银行总行、各保险总公司等集中缴纳的城市维护建设税为中央固定收入，其他的为地方固定收入
	环境保护税		√		自2018年1月1日起开征
烟叶税	烟叶税		√		

学习微平台

微课 1-3

1.1.4 税制构成要素

税制构成要素是指构成一个完整税种的基本要素，一般包括总则、纳税人、征税对象、税目、税率、纳税环节、纳税期限、纳税地点、减免税、附加与加成、罚则、附则等项目。

1）纳税人

纳税人，即纳税主体，是指税法规定的直接负有纳税义务的单位和个人，包括法人和自然人。**法人**是指基于法律规定享有权利和行为能力，有独立的财产和经费，依法能独立承担民事责任的社会组织，包括机关法人、事业法人、企业法人和社团法人。**自然人**是基于自然规律而出生，有民事权利和义务的主体，包括本国公民、外国人和无国籍人。

与纳税人紧密相关的两个概念是扣缴义务人和负税人。

（1）扣缴义务人

扣缴义务人是指按税法规定负有扣缴税款义务的单位和个人。确定扣缴义务人是加强税收源泉控制、简化征税手续、减少税款流失的需要。扣缴义务人不是纳税主体，是纳税人和税务机关的中介。扣缴义务人负有依法履行扣缴税款的法定义务。

学习微平台

延伸阅读 1-1

互动教学1-1

“扣缴义务人是纳税人的一种特殊形式”，这种观点你同意吗？

（2）负税人

负税人是税款的实际承担者，是负担税款的经济实体。某种税的纳税人与负税人可能一致，也可能分离。当纳税人缴纳的税款无法实现转嫁时，纳税人与负税人一致；否则，纳税人与负税人分离。

2）征税对象

征税对象即纳税客体，是征纳双方权利义务共同指向的客体或标的物，是一种税区别于另一种税的主要标志。征税对象体现不同税种征税的最基本界限，决定不同税种的名称以及各税种的性质，如消费税的征税对象就是消费税暂行条例规定的应税消费品，并且是对流转额征税。

与征税对象紧密相关的两个概念是税目和计税依据。

（1）税目

税目是税法中对征税对象分类规定的具体项目。设置税目有两个目的：一是为了明确具体的征税范围，凡列入税目的项目即为应税项目，否则不属于应税项目；二是为了便于针对不同税目确定不同税率，以体现不同的税收政策。对征税对象简单明确的税种，一般没有另行设置税目的必要。

（2）计税依据

计税依据是据以计算征税对象应纳税款的直接数量依据，是征税对象量的具体化，具体有三种：

①从价计税，以征税对象的计税金额为计税依据。

②从量计税，以征税对象的实物单位量（如重量、体积等）为计税依据。

③复合计税，同时以征税对象的计税金额和实物单位量为计税依据。

3）税率

学习微平台 延伸阅读 1-2

税率是应纳税额与计税依据之间的法定比例。税率是衡量税负轻重的重要标志，是税收制度的核心。其基本形式有：

（1）比例税率

比例税率是指对同一征税对象，不分数额大小，规定相同的征收比例。我国现行的增值税、企业所得税等均采用比例税率。采用比例税率，计算简便，符合税收效率原则，对同一征税对象的不同纳税人税负相同，有利于企业在基本相同的条件下展开竞争。但不分纳税人实际环境差异按同一税率征税，这与纳税人的实际负担能力不完全相符，在调节企业利润水平方面有一定的局限性，难以体现税收的公平原则。

（2）累进税率

累进税率是指把计税依据按一定的标准划分为若干个等级，从低到高分别规定、逐级递增的税率。累进税率的特点是税率等级与计税依据的数额等级同方向变动，有利于按纳税人的不同负担能力设计税率，更加符合税收公平的原则。累进税率按其累进依据和累进方式的不同分为以下三种形式：

①**全额累进税率**，是指将计税依据划分为若干个等级，从低到高每一个等级规定一个适用税率，当计税依据由低一级升到高一级时，全部计税依据均按高一级税率计算应纳税额。此方式计算简便，但累进程度急剧，特别是在两个等级的临界处，会出现应纳税额增加超过计税依据增加的不合理现象。这种方法目前在世界各国都很少使用。

②**超额累进税率**，是指将计税依据划分为若干个等级，从低到高每一个等级规定一个适用税率，一定数额的计税依据可以同时适用几个等级的税率，每超过一级，超过部分按高一级税率计税，各等级应纳税额之和为纳税人的应纳税总额。此方式累进程度比较缓和，已被多数国家所采用，如我国工资、薪金个人所得税税率，个体工商户生产经营所得个人所得税税率，对企事业单位承包、承租经营所得个人所得税税率。

业务链接1-1

已知某纳税人某月的应纳税所得额为2 000元。

问题：请以表5-2的税率为依据，分析计算适用超额累进税率下的应纳税额。

分析：超额累进税率下的应纳税额=1 500×3%+500×10%=95（元）

学习微平台 延伸阅读 1-3

同步思考1-1

超额累进税率下应纳税额可以用一般的分段式进行计算，但在实际业务中通常采用速算扣除数的简化方式计算，你能说明其原理吗？

提示：速算扣除数=按全额累进法计算的税额-按超额累进法计算的税额

移项后得：按超额累进法计算的税额=按全额累进法计算的税额-速算扣除数

如【业务链接1-1】的应纳税额为：

应纳税额=2 000×10%-105=95（元）

③**超率累进税率**，是指将计税依据按相对率划分为若干个等级，从低到高每一个等级规定一个适用税率，各个等级的计税依据分别按照本级的适用税率计算，各等级应纳税额之和为纳税人应纳税总额。超率累进税率的计税原理与超额累进税率相同，其区别在于以征税对象的相对数（销售利润率等）为累进依据，如土地增值税税率。

（3）定额税率

定额税率是按征税对象确定的计算单位直接规定一个固定税额。定额税率的特点是税率与征税对象的价值量无关，不受征税对象价值量变化的影响。它适用于价格稳定或质量等级较为单一的征税对象，如城镇土地使用税、车船税等。

4）纳税环节

纳税环节是指按税法规定对处于不断运动中的征税对象选定的应当征税的环节。实务中有一次课征和多次课征两种方式。凡只在一个环节征税的称为一次课征，如资源税只在开采环节征税；凡在两个以上环节征税的称为多次课征，如增值税对商品的生产、批发和零售各环节均征税。合理选择纳税环节，对加强税收征管，有效控制税源，保证国家财政收入，方便纳税人生产经营活动和财务核算，灵活地发挥税收调节经济的作用具有十分重要的意义。

5）纳税期限

纳税期限是纳税人缴纳税款的期限，包括税款计算期和税款缴纳期。

税款计算期是指计算税款的期限，分为按次计算和按时间计算两种形式。按次计算是以发生纳税义务的次数作为税款计算期。按时间计算是以发生纳税义务的一定时段作为税款计算期。如增值税税款按时间计算可分为1日、3日、5日、10日、15日、1个月和1个季度。

税款缴纳期是税款计算期满后实际缴纳税款的期限。如增值税按时间计算税款时，以1个月为一期纳税的，自期满之日起15天申报缴税；以其他间隔期纳税的，自期满之日起5天内预缴税款，于次月1日起15天内申报纳税并结清上月税款。不能按固定期限纳税的，可根据纳税行为发生次数确定纳税期限。

学习微平台

延伸阅读 1-4

互动教学1-2

如果你所在的企业增值税按期计算，现让你选择具体的纳税期限，你会作怎样的决策？

6）纳税地点

纳税地点是指税法规定的纳税人缴纳税款的地点。确定纳税地点是为了方便纳税人缴纳税款以及有利于处理地区间的税收分配关系。因此，纳税地点的确定必须遵循方便征税、利于源泉控制的原则。

7）减免税

减免税是税率的重要补充，是税法普遍性与特殊性、统一性与灵活性的有机结合。减免税的具体形式有税基式减免、税率式减免和税额式减免三种。

（1）税基式减免

税基式减免是通过直接缩小计税依据实现的减免税，有起征点、免征额、项目扣除等形式。

起征点是征税对象达到一定数额开始征税的起点，征税对象数额未达到起征点的不征税，达到起征点的按全部数额征税。**免征额**是在征税对象的全部数额中免予征税的数额，对免征额的部分不征税，仅对超过免征额的部分征税。**项目扣除**是指在征税对象中扣除一定项目的数额，以其余额为依据计算税额。

学习微平台
延伸阅读 1-5

互动教学1-3

某纳税人某月取得的应税收入为500元，假设税法规定的起征点为300元，税率为10%，则应纳税额是多少？若税法规定免征额为300元，其应纳税额又是多少？

（2）税率式减免

税率式减免是通过直接降低税率实现的减免税，有重新确定税率、选用其他税率、零税率等形式。

（3）税额式减免

税额式减免是通过直接减少应纳税额实现的减免税，包括全部免征、减半征收、核定减免率等形式。

8）附加与加成

附加也称地方附加，是指地方政府按照国家规定的比例随同正税一起征收的列入地方预算外收入的一种款项，如教育费附加。

加成是指在应纳税额基础上额外征收一定比例的税额。加成实际上是税率的一种延伸，增强了税制的灵活性与适应性，如劳务报酬个人所得税计征时，对每次的“应纳税所得额”超过2万元的，加成征收。

1.1.5 税收征收管理

税收征收管理的法律依据主要是《中华人民共和国税收征收管理法》及其实施细则，主要内容包括税务管理、税款征收、税务检查和法律责任。其中，税务管理是基础，税款征收是重点，税务检查是手段，法律责任是保障。限于篇幅本书仅介绍前三部分。

1）税务管理

税务管理主要包括税务登记管理，账簿、凭证管理和纳税申报管理。

（1）税务登记管理

我国2015年10月1日起在全国范围全面推行“三证合一、一照一码”登记制度，2016年10月1日起实施“五证合一、一照一码”登记制度，自此，税务登记管理的内容发生了较大的变化。

学习微平台
微课 1-4

同步思考1-2

什么是“五证合一、一照一码”登记制度？

提示：“五证合一、一照一码”登记制度改革是指将原来企业、农民专业合作社

学习微平台
延伸阅读 1-6

登记时依次申请，分别由“工商行政管理部门核发工商营业执照、质量技术监督部门核发组织机构代码证、税务部门核发税务登记证、统计部门核发统计证、社会保障部门核发的社会保险登记证”改为一次申请、由工商行政管理部门核发一个加载统一社会信用代码的营业执照的登记制度。该制度适用于依法由工商行政管理部门登记的除个体工商户以外的所有市场主体，包括各类企业、农民专业合作社及其分支机构。其核心内容可概括为可概括为“五个一”：①一窗受理。企业登记申请表和登记材料由工商登记窗口受理，其他部门不再受理企业组织机构代码证、税务登记证等的申请。②一表申请。投资者办理企业登记注册，只需填写一份申请表，向登记窗口提交一套登记材料。③一照一码。一个企业主体只能有一个“统一代码”，一个“统一代码”只能赋予一个企业主体。“统一社会信用代码”是每一个法人和其他组织在全国范围内唯一的、终身不变的法定身份识别码。④一网互联。以省级共享交换平台为单位，各省工商、质监、统计、社保、国税、地税等部门通过这个平台进行数据交换，实现跨层级、跨区域、跨部门信息共享和有效应用。⑤一照通用。“一照一码”执照在全国通用，相关各部门均要予以认可。

①新设登记流程。

自2015年10月1日起，新设企业、农民专业合作社依照工商部门统一的登记条件、登记程序和登记申请文书材料规范，向登记机关提交申请。工商登记部门统一受理并核发“一照一码”的营业执照，企业领取载有18位“统一社会信用代码”的营业执照后，无需再次进行税务登记，也不再领取税务登记证。

企业发生应税行为需办理涉税事项时，可以持“一照”在其住所地任一国税局办税服务厅办理信息补录、核定税种，划分主管税务机关等报告业务。当企业无应税行为，无需办理涉税事项时，可暂不办理国税报到事宜。

除企业、农民专业合作社外，其他税务登记按照原有法律制度执行，即个体工商户、其他机关（如编办、民政、司法等）批准设立的主体暂不纳入“五证合一、一照一码”办理范围，仍按照现行有关规定执行。

②变更税务登记。

领取“一照一码”营业执照企业变更登记流程：生产经营地、财务负责人、核算方式由企业登记机关在新设时采集，在企业经营过程中，上述信息发生变化的，企业应向主管税务机关申请变更，不向工商登记部门申请变更。除前述三项信息外，企业在登记机关新设时采集的信息发生变更，均由企业向工商登记部门申请变更。对于税务机关在后续管理中采集的其他必要涉税基础信息发生变更的，直接向税务机关申请变更即可。

未领取“一照一码”营业执照企业变更登记流程：2015年10月1日前已登记企业申请变更登记，或者申请换发营业执照的，应告知企业在登记机关申请变更，换发载有统一社会信用代码的营业执照。原税务登记证由企业登记机关收缴、存档。“财务负责人”“核算方式”“经营地址”的变更事项，应直接向税务机关申请变更。个体工商户及其他机关（如编办、民政、司法等）批准设立的未列入“一照一码”登记范围的主体的变更事项，仍按照现有税收业务流程操作。

③注销税务登记。

领取“一照一码”营业执照的企业办理注销登记：已实行“五证合一、一照一码”登记模式的企业办理注销登记，应向国税、地税主管税务机关申报清税，填写“清税申报表”。主管税务机关在接到企业清税申报受理后，应将企业清税申报信息同时传递给另一方税务机关，国税、地税主管税务机关按照各自职责分别进行清税，限时办理。待清税完毕后，受理税务机关根据国税、地税清税结果向纳税人出具统一的“清税证明”，纳税人持“清税证明”办理后续工商注销事宜。

未领取“一照一码”营业执照的企业办理注销登记，税务机关按照原规定办理。

（2）账簿、会计制度管理

①账簿设置。

所有纳税人和扣缴义务人都必须按照有关法律、行政法规和国务院财政及税务主管部门的规定设置账簿。从事生产经营的纳税人应自领取营业执照或发生纳税义务之日起15日内设置账簿，根据合法、有效的会计凭证记账、核算。扣缴义务人应当自扣缴义务发生之日起10日内，按照代扣、代缴的税种，分别设置代扣、代缴税款账簿并进行核算。

②会计制度管理。

从事生产、经营的纳税人必须将所采用的财务、会计制度和具体的财务、会计处理办法，按税务机关的规定，自领取税务登记证件（或五证合一营业执照）之日起15日内，及时报送主管税务机关备案。纳税人、扣缴义务人使用的会计制度和具体财务、会计处理方法与国务院或财政部、国家税务总局制定的有关税收规定相抵触时，应按照国务院及财政部、国家税务总局制定的有关税收规定计算税款。

（3）纳税申报管理

凡有纳税义务的单位和个人，在纳税期限内无论有无应纳税款，都必须按有关规定办理纳税申报。纳税人享受减税、免税待遇的，在减免税期间也应按规定办理纳税申报。

纳税人因特殊情况不能按期进行纳税申报的，经县级以上税务机关核准可以延期申报。经核准延期纳税申报的，应按上期实际缴纳的税款或税务机关核定的税款预缴，并在核准的延期内办理税款结算。

我国目前比较常用的纳税申报方式有直接申报、邮寄申报、数据电文申报、银行网点申报、简易申报等。

2）税款征收

税款征收是税收征收管理工作的中心环节，是全部税收征管工作的目的和归宿。

（1）税款征收的方式

①查账征收。

学习微平台

微课 1-5

查账征收是指税务机关按纳税人提供的账、表所反映的经营情况，依照适用税率计算缴纳税款的方式。该方式适用于会计核算制度比较健全，能够据以如实核算企业收入、成本、费用和财务成果，并能认真履行纳税义务的纳税人。

②查定征收。

查定征收是指税务机关根据纳税人的从业人员、生产设备、耗用的原材料等因素，在正常生产经营条件下，对其生产的应税产品查实核定产量、销售额并据以征收税款的一种方式。该方式适用于生产规模小、账册不健全，但能够控制原材料或进销货的纳税人。

③查验征收。

查验征收是指税务机关对纳税人的应税商品，通过查验数量，按市场一般销售单价计算其销售收入并据以征税的方式。该方式适用于经营品种比较单一，经营地点、时间和商品来源不固定的纳税单位。

④定期定额征收。

定期定额征收是指对一些营业额、所得额不能准确计算的小型工商户，税务机关通过典型调查，核定一定时期的营业额和所得额，实行多税种合并征税的一种方式。该方式适用于无完整考核依据的小型纳税单位。

除上述方式外，还有委托代征税款、邮寄纳税、代扣代缴、代收代缴等方式。

学习微平台

微课 1-6

（2）税款征收制度

①延期缴纳税款制度。

税收征管法规定，纳税人有特殊困难、不能按期缴纳税款的，经省、自治区、直辖市国家税务局、地方税务局批准，可以延期缴纳税款，但最长不得超过3个月。所谓特殊困难主要指两种情况：一是因不可抗力导致纳税人发生较大损失，正常生产、经营受到较大影响的；二是当期货币资金在扣除应付职工工资、社会保险费后，不足以缴纳税款的。

②税收滞纳金征收制度。

税收征管法规定，纳税人未按规定期限缴纳税款的、扣缴义务人未按规定期限解缴税款的，税务机关除责令其限期缴纳外，还从滞纳税款之日起，按日加收滞纳税款万分之五的滞纳金。滞纳金必须是在税务机关发出催缴税款通知书，责令限期缴纳税款，纳税人未能按期缴纳税款的情况下才能加收。加收滞纳金的起止日期为自法律、行政法规规定的税款缴纳期限届满次日起至纳税人、扣缴义务人实际缴纳税款或解缴税款之日止。

③税收保全措施。

税收保全措施是指税务机关对可能由于纳税人的行为或某种客观原因，致使以后税款的征收不能保证或难以保证的案件，采用限制纳税人处理或转移商品、货物或其他财产的措施。税收征管法规定，税务机关有依据认为从事生产、经营的纳税人有逃避纳税义务行为的，可以在规定的纳税期限之前，责令限期缴纳税款；在限期内有明显转移、隐匿其应纳税商品、货物以及其他财产迹象的，税务机关应责令其提供纳税担保。如果纳税人不能提供纳税担保，经县以上税务局（分局）局长批准，税务机关可以采取下列税收保全措施：第一，书面通知纳税人开户银行或其他金融机构冻结纳税人金额相当于应纳税款的存款；第二，扣押、查封纳税人价值相当于应纳税款的商品、货物或其他财产。纳税人在上款规定的限期内缴纳税款的，税务机关必须立即解除税收保全措施；限期满后仍未缴纳税款的，可采取税收强制执行措施。采取税收保全措施不当，或纳税人在期限内已缴纳税款，税务机关未立即解除税收保全措施，使纳税人的合法利益遭受损失的，税务机关应当承担赔偿责任。

④税收强制执行措施。

税收征管法规定，从事生产、经营的纳税人、扣缴义务人未按规定期限缴纳税款或解缴税款，纳税担保人未按规定期限缴纳所担保的税款，由税务机关责令限期缴纳，逾期仍未缴纳的，经县以上税务局（分局）局长批准，税务机关可以采取下列强制执行措施：第一，书面通知其开户银行或其他金融机构从其存款中扣缴税款；第二，扣押、查封、依法拍卖或变卖其价值相当于应纳税款的商品、货物或其他财产，以拍卖或变卖所得抵缴税款。

⑤税款退还与追征制度。

税收征管法规定，纳税人多缴的税款，税务机关发现后应立即退还；纳税人自结算缴纳税款之日起3年内发现的，可以向税务机关要求退还多缴的税款，并加算银行同期存款利息，税务机关及时查实后应立即退还。税务机关发现纳税人多缴税款的，应自发现之日起10日内办理退还手续；纳税人发现多缴税款，要求退还的，税务机关应自接到纳税人退还申请之日起30日内查实并办理退还手续。

税收征管法规定，因税务机关原因，致使纳税人、扣缴义务人未缴或少缴税款的，税务机关在3年内可要求纳税人、扣缴义务人补缴税款，但不得加收滞纳金。

因纳税人、扣缴义务人等计算失误，未缴或少缴税款的，税务机关在3年内可以追征税款、滞纳金；有特殊情况的追征期可以延长到5年。所谓特殊情况是指纳税人或扣缴义务人因计算失误，未缴或少缴、未扣或少收税款，累计数额在10万元以上的。

对偷税、抗税、骗税的，税务机关追征税款、滞纳金，不受前款规定期限的限制。

职业道德与企业伦理1-1

国税分局能否采取强制执行措施？

背景与情境： 2014年3月20日，某市国税分局对辖区内的甲公司进行纳税检查，公司负责人以本公司将于3月30日迁往外地经营为由拒绝接受检查。税务人员认为该公司有逃避纳税的可能，于是在3月21日向该公司下达了限期缴纳税款通知书，责令其于3月26日前缴纳3月份税款320 000元。3月23日，甲公司开始租用车辆拉走部分货物，国税分局发现后于当日向其下达了提供纳税担保通知书，责令其于3月24日前提供纳税担保。甲公司以未到纳税期限为由拒绝提供纳税担保和缴纳税款，税务人员多次与其协商未果。3月27日，国税分局在对甲公司催缴税款无效的情况下，税务人员经部门主任的批准扣押了甲公司价值相当于应纳税款的部分货物。甲公司对国税分局采取的扣押公司货物的措施不服，认为法定的纳税期限为4月15日，在此期限之前税务机关不能采取强制执行措施，并为此向上级税务机关申请复议。

问题： 你认为国税分局的上述行为合法吗？为什么？

分析提示： ①国税分局要求甲公司限期缴纳税款和提供纳税担保的行为是正确的。根据税收征管法的相关规定，税务机关有依据认为从事生产经营的纳税人有逃避纳税义务行为的，可以在规定的纳税期内责令限期缴纳税款；税务机关在限期内发现

学习微平台

提示
1-1

纳税人存在明显的转移、隐匿其应纳税商品、货物以及其他财产迹象的，税务机关应责令其提供纳税担保。

②国税分局扣押甲公司货物的行为不合法。根据税收征管法规定，如果纳税人不能提供纳税担保，经县以上税务局局长批准，税务机关可以扣押相当于应纳税款的商品。而本事件中的国税分局没有进行相应的审批。

上述事件说明，税收具有强制性，征纳双方均必须依法办事，即纳税人必须依法纳税，征税人必须依法征税。

3）税务检查

税收征管法规定，税务机关有权进行下列税务检查：检查纳税人的账簿、记账凭证、报表和有关资料，检查扣缴义务人代扣代缴及代收代缴税款账簿、记账凭证和有关资料；到纳税人的生产、经营场所和货物存放地检查纳税人应纳税商品、货物或其他财产，检查扣缴义务人与代扣代缴、代收代缴税款有关的经营情况；责成纳税人、扣缴义务人提供与纳税或代扣代缴、代收代缴税款有关的问题和情况；询问纳税人、扣缴义务人与纳税或代扣代缴、代收代缴税款有关的问题和情况；到车站、码头、机场、邮政企业及其分支机构检查纳税人托运、邮寄应纳税商品、货物或其他财产的有关单据、凭证和有关资料；经县以上税务局（分局）局长批准，凭全国统一格式的检查存款账户许可证明，查询从事生产、经营纳税人、扣缴义务人在银行或其他金融机构的存款账户。

税务机关在调查税收违法案件时，经设区的市、自治州以上的税务局（分局）局长批准，可以查询涉嫌人员的储蓄存款。税务机关查询所获得的资料，不得用于税收以外的用途。

税务机关依法进行税务检查，有权向有关单位和个人调查纳税人、扣缴义务人和其他当事人与纳税或代扣代缴、代收代缴税款有关的情况，有关单位和个人有义务向税务机关如实提供有关资料及证明材料。税务机关调查税务案件时，对与安全有关的情况和资料，可以记录、录音、录像、照相和复制。

税务机关派出人员进行税务检查时，应当出示税务检查证和税务检查通知书，并有责任为被检查人保守秘密；未出示税务检查证和税务通知书的，被检查人有权拒绝检查。纳税人、扣缴义务人必须接受税务机关依法进行的税务检查，如实反映情况，提供有关资料，不得拒绝、隐瞒。

1.2 税务会计概述

1.2.1 什么是税务会计

税收与会计历来密不可分，会计所提供的信息是实现税源监控和税款征收的基础，而税款的申报缴纳是企业会计的一项日常工作，所缴税款构成企业的一项重要且必要的支出。人们在经营管理过程中，不仅要重视生产经营资金的耗费和财务成果的确认、计量和报告，而且要重视财务成果的分配，特别是税款的缴纳。为维护国家和纳税人的合法权益，特别是为满足纳税人掌握涉税业务活动相关信息的需要，会计必须对原有的核算、监督对象作相应调整，突出税务活动所引起的资金运动的重要地位，于是税务会计就从财务会计中独立出来，成为现代会计的一个新分支。事实上，认为税务会计、财务会计、管理会计共同构成了现代会计学科三大分支的观点已是当今会计界的普遍共识。

什么是税务会计呢？**税务会计**是以税收法律为依据，运用会计理论和方法，对会计主体发生的涉税事项进行核算与监督的一门专业会计。它是介于税收学与会计学之间的一门学科，是融国家税收法令和会计处理为一体的专业会计。

1.2.2 税务会计的对象

税务会计的对象是纳税人的各种涉税事项所引起的税收资金运动。企业在生产经营过程中，如果依法产生了纳税义务，就应当计算各种税费，同时必须依法缴纳。在企业生产经营过程中，税收资金的运动因纳税义务的发生而形成，因税款的缴纳而退出。因此，与税收资金运动相关的要素有应税收入、计税成本费用、应税所得、应交税金、税收减免、税款退还、税收滞纳金与罚款等。这些要素就是税务会计核算与监督的主要内容，是税务会计对象的具体化。

1）应税收入

应税收入也叫计税收入，是纳税人在生产经营过程中，销售商品、提供劳务、让渡资产使用权和从事其他经济活动所取得的应依法纳税的各项收入。应税收入的范围一般大于财务会计确认的收入范围，具体包括生产经营收入、财产转让收入、利息收入、租赁收入、特许权使用费收入、股息收入和其他收入，还包括视同销售收入。

2）计税成本费用

计税成本费用在税收上也叫扣除项目，是指计算应纳税所得额时准予从应税收入中扣除的成本、费用、税金和损失。计税成本是指纳税人销售商品、材料、废料、废旧物资，提供劳务，转让固定资产、无形资产等的成本；费用包括销售费用、管理费用和财务费用；税金是指税金及附加；损失包括营业外支出、经营亏损、投资损失和其他损失。这些项目资料大部分可以直接从财务会计账簿中取得，少部分需要按照税收制度规定计算取得。计税成本费用是所得税会计核算的重要内容之一。

3）应税所得

应税所得也叫计税所得，是指按照税收制度计算确定的应纳税所得。应税所得不等于会计利润，它通常要在会计利润的基础上按税收制度进行调整求得。应税所得大小直接影响应纳所得税额，是所得税会计核算的一项重要内容。

4）应交税金

应交税金的核算包括税款的计算、申报与缴纳的全过程，是税务会计核算的核心。一般情况下，税务会计要通过“应交税费”账户反映和监督各项税金的计算和缴纳情况。税金的计算可以用最基本的公式表示如下：

应纳税额=计税依据×税率

5）税收减免与税款退还

税收减免是国家根据一定时期的政治、经济和社会发展的需要，免除部分或全部税收负担，是对某些纳税人的一种特殊照顾。税收减免意味着纳税人少纳税款或不纳税款，税务会计应反映减免税的形成和使用情况。

税款退还对于国家来说是国家税收资金的退出；对于纳税人来说是国家税收资金转化为企业经营资金，税务会计应如实加以反映和监督。

6）税收滞纳金与罚款

按税法规定，及时足额上缴税款是企业作为纳税人应尽的义务。纳税人如果由于各种原因逾期缴纳税款或违反税法规定，就必须按税法规定缴纳税收滞纳金或接受税收罚款，税务会计必须对其加以核算和监督。

1.2.3 税务会计的任务与目标

1）税务会计的任务

税务会计是现代会计的一个分支，税务会计的工作既要以国家税法为依据，促使纳税人认真履行纳税义务，又要使纳税人在国家税法允许的范围内，追求税收利益最大化。归纳起来，税务会计的任务有两大方面：

①反映和监督纳税人对国家税收法规的贯彻执行情况。纳税人必须依据现行税收法规的规定正确计算应缴纳的各种税款，正确编制并报送各种会计报表和纳税申报表，及时足额上缴税款，并进行相应的会计处理。

②充分利用税收法规所赋予纳税人的各种权利，认真分析各种税务活动，不断提高涉税核算和税务管理水平，积极进行税务筹划，降低纳税成本，实现税收利益最大化。

2）税务会计的目标

及时向各信息使用者提供真实的、有用的会计信息是会计的共同目标，税务会计的目标主要是向各信息使用者提供有关纳税人税务活动的会计信息，具体可概括为：

①向国家有关部门提供满足其税收宏观管理需要的信息，保证国家财政收入。

②向企业外部信息使用者，如投资者、债权人等披露企业税务资金活动信息，为其决策提供依据。

③为企业内部经营管理者进行科学的税务筹划、选择合理的纳税方案、加强内部经营管理提供信息。

1.2.4 税务会计的基本前提

税务会计的基本前提是保证税务会计信息正确确认和计量的基础。税务会计源于财务会计，因此，财务会计中的某些基本前提也适用于税务会计，如持续经营、货币计量等。但税务会计的基本前提也有特殊性，具体表现在以下几个方面：

1）税务会计主体

税务会计主体是税法规定的直接负有纳税义务的单位或组织，是税务会计为之服务的特定空间范围。正确界定税务会计主体，要求每个税务会计主体必须将自己的业务与其他税务会计主体的业务分开，保持自身独立的会计记录并报告其经营成果。

税务会计主体与财务会计主体有密切联系，但不完全等同。一般情况下，财务会计主体也是税务会计主体，但也有例外。例如，银行系统在各银行总行集中纳税的情况下，其基层单位是财务会计主体，但不是税务会计主体。

税务会计主体与纳税主体有区别。纳税主体是一个法律概念，而税务会计主体是一个会计概念。一般情况下，税务会计主体与纳税主体是一致的，但在某些情况下税务会计主体的范围既可能包含于纳税主体之中，也可能超越某一纳税主体的范围。例如，当对某一个人征收个人所得税时，如果他没有开办企业进行生产经营活动，则他仅仅是一般的自然纳税人，从法律上讲，他是纳税主体，但并非税务会计主体。

2）货币时间价值

货币时间价值是指货币资金由于时间的推移而使自身增值的效能。这一基本前提已成为税收立法、税款征收和纳税人选择会计方法、纳税期限的立足点，是纳税人进行纳税筹划的内在原因。在货币时间价值的前提下，对于国家在税收立法时，规定纳税人应尽快确认收入、推迟计量费用，而不允许尽快计量费用、推迟确认收入，以达到及时、足额征税的目的；与之相反，作为税务会计主体的纳税人，往往在依法纳税的前提下，采用尽早、加速计量费用，推迟确认收入的会计处理方法，以达到节税的目的。例如，在企业所得税会计中采用债务法进行递延税款会计处理就是一个典型的例子。在货币时间价值的前提下，当税法规定与会计制度规定相悖时，在其差异处理上税务会计必须以税法为依据。

3）纳税年度

纳税年度是指纳税人应向国家缴纳税款的起止时间。在我国为了便于协调会计与税务的有关数据，纳税年度与日历年度、财政年度、会计年度相同，即均为每年的公历1月1日至12月31日。如果纳税人在一个纳税年度的中间开业，或由于改组、合并、破产等原因，使该纳税年度的实际经营期不足12个月，则应以实际经营期为一个纳税年度。纳税人清算时，应以清算期为一个纳税年度。

4）年度会计决算

年度会计决算是指运用专门的会计方法，对一个会计年度内企业的各项经济活动进行正确的、及时的、全面的记录和汇总，定期结账和决算，并编制年度财务会计报告的全过程。年度会计决算是税务会计最基本的前提，各国税制都是建立在年度会计决算的基础上，而不是建立在某一特定业务的基础上。也就是说，征税只针对某一特定纳税期间发生的全部事项的净结果，而不考虑当期事项在后续年度中的可能结果，后续事项应纳税款将在其发生的年度内考虑。

1.2.5 税务会计与财务会计的联系与区别

税务会计是社会经济发展到一定阶段而从财务会计中分离出来的，因而与财务会计始终保持着千丝万缕的联系，同时它又是一门融税法与会计核算为一体的专业会计，因而同财务会计也存在差异。

1）税务会计与财务会计的联系

税务会计作为一项实质性工作并不是独立存在的，而是企业财务会计的一个特殊领域，是以财务会计为基础的，是税务中的会计，会计中的税务。税务会计并不要求企业在财务会计的凭证、账簿、报表之外再设一套会计账表，也不需要独立设置税务会计机构。企业只需要设置一套完整的会计账表，平时只需按会计准则、会计制度进行会计处理，需要时按现行税法进行调整。所以，税务会计的资料来源于财务会计，税务会计与财务会计在计量单位、使用的文字和通用的基本会计原则等方面都相同。

2）税务会计与财务会计的区别

（1）目标不同

财务会计的目标是向信息使用者提供企业财务状况、经营成果和现金流量等方面的会计信息，为各利害关系人的决策提供依据。税务会计的目标是向信息使用者提供企业税务活动的会计信息，确保纳税人正确履行纳税义务，也便于国家税收征收管理。

（2）对象不同

财务会计核算与监督的对象是企业能以货币计量的全部经济事项，包括资金的投入、循环、周转、退出的全过程；而税务会计核算与监督的对象仅限于与纳税人纳税有关的资金运动，如税款的计算、申报、退补等。

（3）核算原则不同

收益和费用直接决定企业财务会计中的利润总额和税务会计中的应纳税所得额，而两者的确认时间和口径，在会计准则和税收法规中的规定却不完全一致。财务会计强调提供信息的真实性和可靠性，会计制度规定财务会计核算应以权责发生制为基础。税务会计不仅强调所提供信息的真实性，更强调纳税人“有支付能力”、“征管方便”和“足额、及时纳税”等方面的要求，因而税务会计核算以修正的权责发生制为基础，即权责发生制和收付实现制相结合。

（4）法律依据不同

财务会计遵循财务会计准则，注重会计信息的客观、公允，会计人员对某些相同的经济业务可能有不同的表述，从而出现不同的会计结果。税务会计注重税务信息的合法性，因此，不仅要遵循那些与税法不相矛盾的财务会计的一般原则，更要严格按税法的要求进行会计处理，其结果具有统一性。

（5）计算损益的程序不同

财务会计的核算依据是会计制度，其损益是按照会计制度规定的收入减去成本、费用、税金与损失后的余额计算的，即会计利润。税务会计的核算依据是税法，当税法与会计制度存在差异时，税务会计处理必须以税法为依据，将会计利润调整为应税所得。即当财务会计核算与税务会计核算不一致时，必须对财务会计数据按税法的规定进行调整，从而使得核算结果符合税法的要求。

1.2.6 税务会计凭证、科目和报表

税务会计以财务会计为基础，依据税收法规确认、计量和报告涉税事项。它不要求纳税人和扣缴义务人在财务会计之外另设一套会计账证体系，事实上会计核算中为核算涉税事项而设置的账表就是税务会计特有的会计凭证、科目和报表。

1）税务会计凭证

凡记录涉税事项、据以登记税务会计账簿的书面文件均属税务会计凭证，包括原始凭证和记账凭证两类。以下只介绍税务会计原始凭证。

税务会计原始凭证种类繁多。凡涉及应税收入、计税成本费用、应交税金、税收减免、税款退还和税收滞纳金、罚款、罚金的凭证，均属于税务会计原始凭证。

（1）应交凭证

应交凭证是用以确定纳税人应交税金和扣缴义务人扣缴税金，以及应交罚款等事项的书面证明，如纳税申报表、代扣代缴税款凭证、定额税款通知书、税务处罚决定书等。

（2）减免退凭证

减免退凭证是用以确定纳税人减免税和退税事项的书面证明。减免退税通常有税前减免和先征后退两种方式。采用税前减免方式的，纳税人只需进行纳税申报，对减免的税款不需要缴纳，其填报的载有减免税事项的纳税申报表即为减免凭证。采用先征后退方式的，以取得的收入退还书或相关批准文件为退税凭证。

（3）缴纳凭证

缴纳凭证是纳税人和扣缴义务人缴纳税款、滞纳金、税收罚款等时使用或取得的书面证明，包括税收缴款书、税收完税凭证、税收罚款收据和纳税保证金收据等。

2）税务会计科目

税务会计不要求在财务会计之外另设一套账，在财务会计中凡涉及应税收入、计税成本费用、应交税金、税收减免、税款退还和税收滞纳金、罚款、罚金核算的会计科目，均属于税务会计科目，如“应交税费”“税金及附加”“所得税费用”“递延所得税资产”“递延所得税负债”等。

3）税务会计报表

税务会计报表主要是向税务机关报送的各税种的纳税申报表及其附表。纳税申报是纳税人发生纳税义务后，依法就有关事项向税务机关提交书面报告的制度，是纳税人依法履行纳税义务的一项法定手续。依法负有代扣代缴义务的单位和个人，也必须按税法的规定办理税款扣缴报告手续。

第2章 增值税会计

学习目标

通过本章学习，应该达到以下目标：

理论目标：学习与把握增值税纳税人、征税范围、税率，增值税纳税申报，增值税出口退（免）税的概念与规范等陈述性知识；能用所学理论知识指导“增值税会计”的相关认知活动。

实务目标：学习与把握增值税一般纳税人与小规模纳税人应纳税额核算与申报方法，增值税一般纳税人出口退（免）税核算与申报，及其“业务链接”等程序性知识；能用所学实务知识规范增值税涉税业务的核算、增值税网上申报和出口货物退（免）增值税申报等相关技能活动。

案例目标：运用所学“增值税会计”的理论与实务知识研究相关案例，培养和提高学生在特定业务情境中分析问题与决策设计的能力；能结合“增值税会计”教学内容，依照“职业道德与会计伦理”的行业规范或标准，分析企业行为的善恶，强化学生的职业道德素质。

实训目标：引导学生参加“增值税核算与申报”业务胜任力的实践训练。在其了解和把握本实训所及“能力与道德领域”相关技能点的“规范与标准”基础上，通过切实体验“增值税核算与申报”各项实训任务的完成、系列技能操作的实施、《××企业增值税核算与申报实训报告》的准备与撰写等有质量、有效率的活动，培养其“增值税核算与申报”的专业能力，强化其“信息处理”、“与人合作”、“与人交流”、“解决问题”和“革新创新”等职业核心能力（中级），并通过“认同级”践行“职业良心”、“职业理想”、“职业态度”、“职业作风”和“职业守则”等行为规范，促进其健全职业人格的塑造。

引例 宏达自行车厂增值税税额计算

背景与情境：宏达自行车厂为增值税一般纳税人，2018年6月份发生下列购销业务：购进原材料一批，取得的增值税专用发票注明金额100 000元、税额16 000元；购进办公用品一批，取得增值税专用发票注明金额2 000元、税额320元；购进机床一台，取得的增值税专用发票注明金额50 000元、税额8 000元；为职工食堂购置用具一批，取得的增值税普通发票注明金额10 000元、税额1 600元；向当地某商场销售自行车300辆，不含税单价为300元，厂家给予了5%的折扣，开具增值税专用发票，折扣额在同一发票上注明；向某个体户销售自行车零配件，开具的增值税普通发票注明金额2 000元、税额320元，合计收取现金2 320元；某免税项目建设需要领用上月购进的生产用钢材，价值100 000元。

问题：宏达自行车厂2018年6月份应纳增值税税额是多少？

假如让你去完成宏达自行车厂6月份的增值税税额计算任务，你必须首先了解增值税的概念，及其征税范围、税率、应纳税额计算方法等基本知识与技能。相信通过下面课程内容的学习你能顺利完成解答的。

2.1 增值税纳税人、征税范围和税率确定

2.1.1 什么是增值税

增值税是以其发生的应税销售行为（包括销售货物、劳务、服务、无形资产和不动产）在流转过程中产生的增值额为计税依据征收的一种流转税。从理论上看，增值额是指纳税人从事生产经营或提供应税劳务、应税服务在购入商品或取得劳务、服务价值基础上新增加的价值额。以商品生产为例可从以下两个角度理解：

①从某一生产经营过程看。增值额是商品的某一生产经营者在生产经营该商品过程中新增加的价值。用减法表示“增值额=产出-投入=销售收入额-外购商品和劳务、服务支付金额”，用加法表示“增值额=工资+盈利=工资+租金+利息+利润+其他增值项目”。

②从某一商品看。增值额是该商品在生产经营过程中新增加的价值。它等于商品在各个生产经营环节新增加价值的总和。以一件成衣从布料生产到最终卖给消费者全过程分析，各环节增值额与商品销售收入的关系见表2-1。

表2-1 **各环节增值额与商品销售收入的关系** 单位：元

生产经营环节	销售收入	增值额
坯布生产	400	400-0=400
成衣生产	700	700-400=300
成衣批发	900	900-700=200
成衣零售	1 000	1 000-900=100
合计	—	1 000

从表2-1的分析可知，就某一商品而言，其增值额等于商品进入最终消费时的销

售价格。

学习微平台

延伸阅读 2-1

同步思考2-1

在税收实践中，由于理论增值额的计算并无实际操作性，各国据以计征增值税的增值额普遍采用法定增值额，即政府根据政策需要，通过法律规定增值额的确定方法。以法定增值额的价值构成为标准，增值税可分为哪些类型？各有什么特征？

提示：增值税的分类及其特征分析见表2-2。

表2-2　　增值税的分类及其特征

类型	法定增值额	特征
生产型增值税	销售收入减去用于生产经营的外购原材料、动力等物质资料价值后的余额为增值额，不得扣除外购固定资产所支付的增值税	法定增值额大于理论增值额，税基较宽，能在一定程度上保证财政收入，但存在部分重复征税问题，不利于促进投资
收入型增值税	在生产型增值税的基础上，还允许按生产经营固定资产计提折旧的比例分次扣除购入固定资产承担的增值税	法定增值额等于理论增值额，消除了增值税重复征税问题，但因固定资产折旧不能获得准确的凭证，不利于实际操作，实践中几乎没有被采用
消费型增值税	在生产型增值税的基础上，允许在购置当期将外购的用于生产经营固定资产价值中所含的增值税一次性扣除	法定增值额小于理论增值额，从局部范围看会减少财政收入，但它不仅消除了增值税的重复征税问题，而且方便凭票扣税法的操作

2.1.2 增值税纳税人身份认定

1）基本规定

增值税纳税人是指在我国境内销售货物、劳务、服务、无形资产和不动产，以及进口货物的单位和个人。“单位”是指企业、行政单位、事业单位、军事单位、社会团体及其他单位；“个人”是指个体工商户和其他个人。

单位以承包、承租、挂靠方式经营的，承包人、承租人、挂靠人（以下称承包人）以发包人、出租人、被挂靠人（以下称发包人）名义对外经营并由发包人承担相关法律责任的，以该发包人为纳税人。否则，以承包人为纳税人。

中华人民共和国境外单位或个人在境内销售劳务，在境内未设经营机构的，以其境内代理人为扣缴义务人，在境内没有代理人的，以购买方为**增值税扣缴义务人**。

2）增值税纳税人分类管理

为降低征税成本，提高税收征管效率，以经营规模及会计核算健全与否为标准，我国将增值税纳税人分为小规模纳税人和一般纳税人。

（1）小规模纳税人认定

小规模纳税人是指年应征增值税销售额（简称年应税销售额）在规定标准以下，且会计核算不健全，不能按规定要求报送有关税务资料的增值税纳税人。

所谓“年应税销售额”是指纳税人在连续不超过12个月的经营期或四个季度内累计应征增值税销售额，包括纳税申报销售额、稽查查补销售额、纳税评估销售额。其中，纳税申报销售额包括免税销售额和税务机关代开发票销售额。销售服务、无形资产或者不动产有扣除项目的纳税人，年应税销售额按未扣除之前的销售额计算。纳税人偶然发生的销售无形资产、转让不动产的销售额，不计入应税行为年应税销售额。

所谓“会计核算不健全”，是指不能够按照国家统一的会计制度设置账簿，根据合法、有效凭证核算，即不能正确核算增值税的销项税额、进项税额和应纳税额。

自2018年5月1日起，小规模纳税人认定的基本规模标准为：年应税销售额在500万元（含）以下的。小规模纳税人认定的特殊规定为：

①年应税销售额超过小规模纳税人标准的其他个人，按小规模纳税人纳税；

②非企业性单位、不经常发生应税行为的企业和个体工商户，可选择按小规模纳税人纳税。

注意：除国家税务总局另有规定外，小规模纳税人不能领购和使用增值税专用发票，发生应税行为购买方索取增值税专用发票的，可以向主管税务机关申请代开。

（2）一般纳税人认定

一般纳税人是指年应税销售额超过小规模纳税人认定标准的企业和企业性单位。

除其他个人、选择按小规模纳税人纳税的非企业性单位和不经常发生应税行为的企业外，年应税销售额超过财政部、国家税务总局规定的小规模纳税人标准（以下简称规定标准）的纳税人，应向主管税务机关办理一般纳税人登记。年应税销售额未超过规定标准，会计核算健全，能够提供准确税务资料的，可以向主管税务机关办理一般纳税人登记。

增值税纳税人年应税销售额超过规定标准的，除符合有关规定选择按小规模纳税人纳税外，应在申报期结束后15个工作日内按照规定向主管税务机关办理一般纳税人登记手续。纳税人未按规定时限办理一般纳税人资格登记的，主管税务机关在规定期限结束后5个工作日内制作税务事项通知书，告知纳税人在5个工作日内向主管税务机关办理登记手续。仍未办理的，按《增值税暂行条例实施细则》第三十四条规定，纳税人只能按销售额依照增值税适用税率计算应纳税额，不得抵扣进项税额，不得使用增值税专用发票。

除财政部、国家税务总局另有规定外，纳税人自其选择的一般纳税人资格生效之日起，按照增值税一般计税方法计算应纳税额，并按照规定领用增值税专用发票。

除国家税务总局另有规定外，纳税人一经认定为一般纳税人后，不得转为小规模纳税人。

2.1.3 增值税征税范围确定

1）征税范围确定的一般规定

我国现行增值税征税范围为在我国境内销售货物、劳务、服务、无形资产、不动产以及进口货物。

（1）“在我国境内”的含义

对于货物是指货物的起运地或所在地在我国境内；对于劳务是指劳务发生在境内；对于服务、无形资产是指服务（租赁不动产除外）或者无形资产（自然资源使用权除外）的销售方或者购买方在境内；对于不动产是指所销售或者租赁的不动产在我国境内；对于自然资源使用权是指所销售自然资源使用权的自然资源在我国境内。

下列情形不属于在境内销售服务或者无形资产：

①境外单位或者个人向境内单位或者个人销售完全在境外发生的服务。

②境外单位或者个人向境内单位或者个人销售完全在境外使用的无形资产。

③境外单位或者个人向境内单位或者个人出租完全在境外使用的有形动产。

（2）“有偿”

销售货物、劳务、服务、无形资产、不动产以及进口货物，均指有偿行为。有偿是指取得货币、货物或者其他经济利益。但下列非经营活动的情形除外：

①行政单位收取的同时满足下列条件的政府性基金或者行政事业性收费：由国务院或财政部批准设立的政府性基金，由国务院或省级人民政府及其财政、价格主管部门批准设立的行政事业性收费；收取时开具省级以上财政部门印制的财政票据；所收款项全额上缴财政。

②单位或者个体工商户聘用的员工为本单位或者雇主提供取得工资的服务。

③单位或者个体工商户为聘用的员工提供的服务。

④财政部和国家税务总局规定的其他情形。

（3）销售货物和进口货物

货物是指有形动产，包括电力、热力、气体。销售货物是指转让货物的所有权。进口货物是指从国外进口有形动产。

（4）销售劳务

销售劳务是指有偿提供加工修理、修配劳务。加工是指受托加工，即由委托方提供原料及主要材料，受托方按照委托方的要求制造货物并收取加工费的业务；修理修配是指受托方对损伤和丧失功能的货物进行修复，使其恢复原状和功能的业务。

（5）销售服务

销售服务是指提供交通运输服务、邮政服务、电信服务、建筑服务、金融服务、现代服务、生活服务。根据财税〔2016〕36号的规定，具体内容如下：

①交通运输服务是指使用运输工具将货物或旅客送达目的地，使其空间位置得到转移的业务活动，包括陆路运输服务、水路运输服务、航空运输服务和管道运输服务。

A.陆路运输服务，是指通过陆路（地上或地下）运送货物或旅客的运输业务活动，包括铁路运输和其他陆路运输。铁路运输服务是指通过铁路运送货物或旅客的运输业务活动。其他陆路运输服务是指铁路运输以外的陆路运输业务活动，包括公路运输、缆车运输、索道运输、地铁运输、城市轻轨运输等。

注意：出租车公司向使用本公司自有出租车的出租车司机收取的管理费用，按陆路运输服务征收增值税。

B.水路运输服务，是指通过江、河、湖、川等天然、人工水道或海洋航道运送货物或旅客的运输业务活动。

注意：水路运输的程租、期租业务，属于水路运输服务。

学习微平台 延伸阅读 2-2

同步思考2-2

什么是程租业务、期租业务?

提示：程租业务是指远洋运输企业为租船人完成某一特定航次的运输任务并收取租赁费的业务。期租业务是指远洋运输企业将配备有操作人员的船舶出租给他人使用一定期限，承租期内听候承租方调遣，不论是否经营，均按天向承租方收取租赁费，发生的固定费用均由船东负担的业务。

C.航空运输服务，是指通过空中航线运送货物或旅客的运输业务活动。

注意：航空运输的湿租业务，属于航空运输服务。航天运输服务按照航空运输服务征收增值税。航天运输服务是指利用火箭等载体将卫星、空间探测器等空间飞行器发射到空间轨道的业务活动。

学习微平台 延伸阅读 2-3

同步思考2-3

什么是湿租业务?

提示：湿租业务是指航空运输企业将配备有机组人员的飞机出租给他人使用一定期限，承租期内听候承租方调遣，不论是否经营，均按一定标准向承租方收取租赁费，发生的固定费用均由承租方承担的业务。

D.管道运输服务，是指通过管道设施输送气体、液体、固体物质的运输业务活动。

②邮政服务是指中国邮政集团公司及其所属邮政企业提供邮件寄递、邮政汇兑和机要通信等邮政基本服务的业务活动，包括邮政普遍服务、邮政特殊服务和其他邮政服务。

A.邮政普遍服务，是指函件、包裹等邮件寄递，以及邮票发行、报刊发行和邮政汇兑等业务活动。

B.邮政特殊服务，是指义务兵平常信函、机要通信、盲人读物和革命烈士遗物的寄递等业务活动。

C.其他邮政服务，是指邮册等邮品销售、邮政代理等业务活动。

③电信服务是指利用有线、无线的电磁系统或者光电系统等各种通信网络资源，提供语音通话服务，传送、发射、接收或者应用图像、短信等电子数据和信息的业务活动，包括基础电信服务和增值电信服务。

A.基础电信服务，是指利用固网、移动网、卫星、互联网，提供语音通话服务的业务活动，以及出租或者出售带宽、波长等网络元素的业务活动。

B.增值电信服务，是指利用固网、移动网、卫星、互联网、有线电视网络，提供短信和彩信服务、电子数据和信息的传输及应用服务、互联网接入服务等业务活动。

④建筑服务是指各类建筑物、构筑物及其附属设施的建造、修缮、装饰，线路、管道、设备、设施等的安装以及其他工程作业的业务活动，包括工程服务、安装服

务、修缮服务、装饰服务和其他建筑服务。

A.工程服务，是指新建、改建各种建筑物、构筑物的工程作业，包括与建筑物相连的各种设备或者支柱、操作平台的安装或者装设工程作业，以及各种窑炉和金属结构工程作业。

B.安装服务，是指生产设备、动力设备、起重设备、运输设备、传动设备、医疗实验设备以及其他各种设备、设施的装配、安置工程作业，包括与被安装设备相连的工作台、梯子、栏杆的装设工程作业，以及被安装设备的绝缘、防腐、保温、油漆等工程作业。

注意：固定电话、有线电视、宽带、水、电、燃气、暖气等经营者向用户收取的安装费、初装费、开户费、扩容费以及类似收费，按照安装服务缴纳增值税。

C.修缮服务，是指对建筑物、构筑物进行修补、加固、养护、改善，使之恢复原来的使用价值或者延长其使用期限的工程作业。

D.装饰服务，是指对建筑物、构筑物进行修饰装修，使之美观或者具有特定用途的工程作业。

E.其他建筑服务，是指上列工程作业之外的各种工程作业服务，如钻井（打井）、拆除建筑物或者构筑物、平整土地、园林绿化、疏浚（不包括航道疏浚）、建筑物平移、搭脚手架、爆破、矿山穿孔、表面附着物（包括岩层、土层、沙层等）剥离和清理等工程作业。

⑤金融服务是指经营金融保险的业务活动，包括贷款服务、直接收费金融服务、保险服务和金融商品转让。

A.贷款服务，是指将资金贷与他人使用而取得利息收入的业务活动。

注意：各种占用、拆借资金取得的收入，包括金融商品持有期间（含到期）利息（保本收益、报酬、资金占用费、补偿金等）收入、信用卡透支利息收入、买入返售金融商品利息收入、融资融券收取的利息收入，以及融资性售后回租、押汇、罚息、票据贴现、转贷等业务取得的利息及利息性质的收入，以货币资金投资收取的固定利润或者保底利润，按照贷款服务缴纳增值税。

B.直接收费金融服务，是指为货币资金融通及其他金融业务提供相关服务并且收取费用的业务活动，包括提供货币兑换、账户管理、电子银行、信用卡、信用证、财务担保、资产管理、信托管理、基金管理、金融交易场所（平台）管理、资金结算、资金清算、金融支付等服务。

C.保险服务，是指投保人根据合同约定，向保险人支付保险费，保险人对于合同约定的可能发生的事故因其发生所造成的财产损失承担赔偿保险金责任，或者当被保险人死亡、伤残、疾病或者达到合同约定的年龄、期限等条件时承担给付保险金责任的商业保险行为，包括人身保险服务和财产保险服务。

D.金融商品转让，是指转让外汇、有价证券、非货物期货和其他金融商品所有权的业务活动。其他金融商品转让包括基金、信托、理财产品等各类资产管理产品和各种金融衍生品的转让。

⑥现代服务是指围绕制造业、文化产业、现代物流产业等提供技术性、知识性服务的业务活动，包括研发和技术服务、信息技术服务、文化创意服务、物流辅助服

务、租赁服务、鉴证咨询服务、广播影视服务、商务辅助服务和其他现代服务。

A.研发和技术服务，包括研发服务、合同能源管理服务、工程勘察勘探服务、专业技术服务。其中：

研发服务，也称技术开发服务，是指就新技术、新产品、新工艺或者新材料及其系统进行研究与试验开发的业务活动。

合同能源管理服务，是指节能服务公司与用能单位以契约形式约定节能目标，节能服务公司提供必要的服务，用能单位以节能效果支付节能服务公司投入及其合理报酬的业务活动。

工程勘察勘探服务，是指在采矿、工程施工前后，对地形、地质构造、地下资源蕴藏情况进行实地调查的业务活动。

专业技术服务，是指气象服务、地震服务、海洋服务、测绘服务、城市规划、环境与生态监测服务等专项技术服务。

B.信息技术服务，是指利用计算机、通信网络等技术对信息进行生产、收集、处理、加工、存储、运输、检索和利用，并提供信息服务的业务活动，包括软件服务、电路设计及测试服务、信息系统服务、业务流程管理服务和信息系统增值服务。其中：

软件服务，是指提供软件开发服务、软件维护服务、软件测试服务的业务活动。

电路设计及测试服务，是指提供集成电路和电子电路产品设计、测试及相关技术支持服务的业务活动。

信息系统服务，是指提供信息系统集成、网络管理、网站内容维护、桌面管理与维护、信息系统应用、基础信息技术管理平台整合、信息技术基础设施管理、数据中心、托管中心、信息安全服务、在线杀毒、虚拟主机等业务活动，包括网站对非自有的网络游戏提供的网络运营服务。

业务流程管理服务，是指依托信息技术提供的人力资源管理、财务经济管理、审计管理、税务管理、物流信息管理、经营信息管理和呼叫中心等服务的活动。

信息系统增值服务，是指利用信息系统资源为用户附加提供的信息技术服务，包括数据处理、分析和整合、数据库管理、数据备份、数据存储、容灾服务、电子商务平台等。

C.文化创意服务，包括设计服务、知识产权服务、广告服务和会议展览服务。其中：

设计服务，是指把计划、规划、设想通过文字、语言、图画、声音、视觉等形式传递出来的业务活动，包括工业设计、内部管理设计、业务运作设计、供应链设计、造型设计、服装设计、环境设计、平面设计、包装设计、动漫设计、网游设计、展示设计、网站设计、机械设计、工程设计、广告设计、创意策划、文印晒图等。

知识产权服务，是指处理知识产权事务的业务活动，包括对专利、商标、著作权、软件、集成电路布图设计的登记、鉴定、评估、认证、检索服务。

广告服务，是指利用图书、报纸、杂志、广播、电视、电影、幻灯、路牌、招贴、橱窗、霓虹灯、灯箱、互联网等各种形式为客户的商品、经营服务项目、文体节目或者通告、声明等委托事项进行宣传和提供相关服务的业务活动，包括广告代理和广告的发布、播映、宣传、展示等。

会议展览服务，是指为商品流通、促销、展示、经贸洽谈、民间交流、企业沟通、国际往来等举办或者组织安排的各类展览和会议的业务活动。

D.物流辅助服务，包括航空服务、港口码头服务、货运客运场站服务、打捞救助服务、装卸搬运服务、仓储服务和收派服务。其中：

航空服务，包括航空地面服务和通用航空服务。航空地面服务是指航空公司、飞机场、民航管理局、航站等向在境内航行或者在境内机场停留的境内外飞机或者其他飞行器提供的导航等劳务性地面服务的业务活动，包括旅客安全检查服务、停机坪管理服务、机场候机厅管理服务、飞机清洗消毒服务、空中飞行管理服务、飞机起降服务、飞行通信服务、地面信号服务、飞机安全服务、飞机跑道管理服务、空中交通管理服务等。通用航空服务是指为专业工作提供飞行服务的业务活动，包括航空摄影、航空培训、航空测量、航空勘探、航空护林、航空吊挂播洒、航空降雨、航空气象探测、航空海洋监测、航空科学实验等。

港口码头服务，是指港务船舶调度服务、船舶通信服务、航道管理服务、航道疏浚服务、灯塔管理服务、航标管理服务、船舶引航服务、理货服务、系解缆服务、停泊和移泊服务、海上船舶溢油清除服务、水上交通管理服务、船只专业清洗消毒检测服务和防止船只漏油服务等为船只提供服务的业务活动。

注意：港口设施经营人收取的港口设施保安费按照港口码头服务缴纳增值税。

货运客运场站服务，是指货运客运场站提供货物配载服务、运输组织服务、中转换乘服务、车辆调度服务、票务服务、货物打包整理、铁路线路使用服务、加挂铁路客车服务、铁路行包专列发送服务、铁路到达和中转服务、铁路车辆编解服务、车辆挂运服务、铁路接触网服务、铁路机车牵引服务等业务活动。

打捞救助服务，是指提供船舶人员救助、船舶财产救助、水上救助和沉船沉物打捞服务的业务活动。

装卸搬运服务，是指使用装卸搬运工具或者人力、畜力将货物在运输工具之间、装卸现场之间或者运输工具与装卸现场之间进行装卸和搬运的业务活动。

仓储服务，是指利用仓库、货场或者其他场所代客贮放、保管货物的业务活动。

收派服务，是指接受寄件人委托，在承诺的时限内完成函件和包裹的收件、分拣、派送服务的业务活动。收件服务是指从寄件人收取函件和包裹，并运送到服务提供方同城的集散中心的业务活动。分拣服务是指服务提供方在其集散中心对函件和包裹进行归类、分发的业务活动。派送服务是指服务提供方从其集散中心将函件和包裹送达同城的收件人的业务活动。

E.租赁服务，包括融资租赁服务和经营租赁服务。

融资租赁服务，是指具有融资性质和所有权转移特点的租赁活动。即出租人根据承租人所要求的规格、型号、性能等条件购入有形动产或者不动产租赁给承租人，合同期内租赁物所有权属于出租人，承租人只拥有使用权，合同期满付清租金后，承租人有权按照残值购入租赁物，以拥有其所有权。不论出租人是否将租赁物销售给承租人，均属于融资租赁。按照标的物的不同，融资租赁服务可分为有形动产融资租赁服务和不动产融资租赁服务。

经营租赁服务，是指在约定时间内将有形动产或者不动产转让他人使用且租赁物所有权不变更的业务活动。按照标的物的不同，经营租赁服务可分为有形动产经营租赁服务和不动产经营租赁服务。

注意：将建筑物、构筑物等不动产或者飞机、车辆等有形动产的广告位出租给其他单位或者个人用于发布广告，按照经营租赁服务缴纳增值税。车辆停放服务、道路通行服务（如过路费、过桥费、过闸费等）等按照不动产经营租赁服务缴纳增值税。水路运输的光租业务、航空运输的干租业务属于经营租赁。

学习微平台

延伸阅读 2-4

同步思考2-4

什么是光租业务、干租业务？

提示：光租业务是指运输企业将船舶在约定的时间内出租给他人使用，不配备操作人员，不承担运输过程中发生的各项费用，只收取固定租赁费的业务活动。干租业务是指航空运输企业将飞机在约定的时间内出租给他人使用，不配备机组人员，不承担运输过程中发生的各项费用，只收取固定租赁费的业务活动。

F.鉴证咨询服务，包括认证服务、鉴证服务和咨询服务。其中：

认证服务，是指具有专业资质的单位利用检测、检验、计量等技术，证明产品、服务、管理体系符合相关技术规范、相关技术规范的强制性要求或者标准的业务活动。

鉴证服务，是指具有专业资质的单位受托对相关事项进行鉴证，发表具有证明力的意见的业务活动，包括会计鉴证、税务鉴证、法律鉴证、职业技能鉴定、工程造价鉴证、工程监理、资产评估、环境评估、房地产土地评估、建筑图纸审核、医疗事故鉴定等。

咨询服务，是指提供信息、建议、策划、顾问等服务的活动，包括金融、软件、技术、财务、税收、法律、内部管理、业务运作、流程管理、健康等方面的咨询。

注意：翻译服务和市场调查服务按照咨询服务缴纳增值税。

G.广播影视服务，包括广播影视节目（作品）的制作服务、发行服务和播映（含放映，下同）服务。

广播影视节目（作品）制作服务，是指进行专题（特别节目）、专栏、综艺、体育、动画片、广播剧、电视剧、电影等广播影视节目和作品制作的服务，包括与广播影视节目（作品）相关的策划、采编、拍摄、录音，音视频文字图片素材制作，场景布置，后期的剪辑、翻译（编译）、字幕制作，片头、片尾、片花制作，特效制作，影片修复、编目和确权等业务活动。

广播影视节目（作品）发行服务，是指以分账、买断、委托等方式，向影院、电台、电视台、网站等单位和个人发行广播影视节目（作品）以及转让体育赛事等活动的报道及播映权的业务活动。

广播影视节目（作品）播映服务，是指在影院、剧院、录像厅及其他场所播映广播影视节目（作品），以及通过电台、电视台、卫星通信、互联网、有线电视等无线或者有线装置播映广播影视节目（作品）的业务活动。

H.商务辅助服务，包括企业管理服务、经纪代理服务、人力资源服务、安全保护服务。其中：

企业管理服务，是指提供总部管理、投资与资产管理、市场管理、物业管理、日常综合管理等服务的业务活动。

经纪代理服务，是指各类经纪、中介、代理服务，包括金融代理、知识产权代理、货物运输代理、代理报关、法律代理、房地产中介、职业中介、婚姻中介、代理记账、拍卖等。其中：货物运输代理服务是指接受货物收货人、发货人、船舶所有人、船舶承租人或者船舶经营人的委托，以委托人的名义，为委托人办理货物运输、装卸、仓储和船舶进出港口、引航、靠泊等相关手续的业务活动。

人力资源服务，是指提供公共就业、劳务派遣、人才委托招聘、劳动力外包等服务的业务活动。

安全保护服务，是指提供保护人身安全和财产安全，维护社会治安等的业务活动，包括场所住宅保安、特种保安、安全系统监控以及其他安保服务。

I.其他现代服务，是指除研发和技术服务、信息技术服务、文化创意服务、物流辅助服务、租赁服务、鉴证咨询服务、广播影视服务和商务辅助服务以外的现代服务。

⑦生活服务是指为满足城乡居民日常生活需求提供的各类服务活动，包括文化体育服务、教育医疗服务、旅游娱乐服务、餐饮住宿服务、居民日常服务和其他生活服务。

A.文化体育服务包括文化服务和体育服务。

文化服务，是指为满足社会公众文化生活需求提供的各种服务，包括文艺创作、文艺表演、文化比赛，图书馆的图书和资料借阅，档案馆的档案管理，文物及非物质遗产保护，组织举办宗教活动、科技活动、文化活动，提供游览场所。

体育服务，是指组织举办体育比赛、体育表演、体育活动，以及提供体育训练、体育指导、体育管理的业务活动。

B.教育医疗服务包括教育服务和医疗服务。

教育服务，是指提供学历教育服务、非学历教育服务、教育辅助服务的业务活动。其中：学历教育服务是指根据教育行政管理部门确定或者认可的招生和教学计划组织教学，并颁发相应学历证书的业务活动，包括初等教育、初级中等教育、高级中等教育、高等教育等。非学历教育服务包括学前教育、各类培训、演讲、讲座、报告会等。教育辅助服务包括教育测评、考试、招生等服务。

医疗服务，是指提供医学检查、诊断、治疗、康复、预防、保健、接生、计划生育、防疫服务等方面的服务，以及与这些服务有关的提供药品、医用材料器具、救护车、病房住宿和伙食的业务。

C.旅游娱乐服务包括旅游服务和娱乐服务。

旅游服务，是指根据旅游者的要求，组织安排交通、游览、住宿、餐饮、购物、文娱、商务等服务的业务活动。

娱乐服务，是指为娱乐活动同时提供场所和服务的业务，具体包括：歌厅、舞厅、夜总会、酒吧、台球、高尔夫球、保龄球、游艺（如射击、狩猎、跑马、游戏机、蹦极、卡丁车、热气球、动力伞、射箭、飞镖等）。

D.餐饮住宿服务包括餐饮服务和住宿服务。

餐饮服务，是指通过同时提供饮食和饮食场所的方式为消费者提供饮食消费服务的业务活动。

住宿服务，是指提供住宿场所及配套服务等的活动，包括宾馆、旅馆、旅社、度假村和其他经营性住宿场所提供的住宿服务。

E.居民日常服务是指主要为满足居民个人及其家庭日常生活需求提供的服务，包括市容市政管理、家政、婚庆、养老、殡葬、照料和护理、救助救济、美容美发、按摩、桑拿、氧吧、足疗、沐浴、洗染、摄影扩印等服务。

F.其他生活服务是指除文化体育服务、教育医疗服务、旅游娱乐服务、餐饮住宿服务和居民日常服务之外的生活服务。

（6）销售无形资产

销售无形资产是指转让无形资产所有权或者使用权的业务活动。

无形资产是指不具实物形态，但能带来经济利益的资产，包括技术、商标、著作权、自然资源使用权和其他权益性无形资产。技术包括专利技术和非专利技术。自然资源使用权包括土地使用权、海域使用权、探矿权、采矿权、取水权和其他自然资源使用权。其他权益性无形资产包括基础设施资产经营权、公共事业特许权、配额、经营权（包括特许经营权、连锁经营权、其他经营权）、经销权、分销权、代理权、会员权、席位权、网络游戏虚拟道具、域名、名称权、肖像权、冠名权、转会费等。

（7）销售不动产

销售不动产是指转让不动产所有权的业务活动。

不动产是指不能移动或者移动后会引起性质、形状改变的财产，包括建筑物、构筑物等。建筑物包括住宅、商业营业用房、办公楼等可供居住、工作或者进行其他活动的建造物。构筑物包括道路、桥梁、隧道、水坝等建造物。

注意：转让建筑物有限产权或者永久使用权的，转让在建的建筑物或者构筑物所有权的，以及在转让建筑物或者构筑物时一并转让其所占土地的使用权的，按照销售不动产缴纳增值税。

2）征税范围确定的特殊规定

（1）视同销售行为

单位和个人发生的下列行为，虽然不完全具备一般意义上销售行为的属性，但为了平衡税收负担，控制逃税，法律规定应当视同销售征收增值税：

①将货物交付其他单位或个人代销。

②销售代销货物。

③设有两个以上机构并实行统一核算的纳税人，将货物从一个机构移送至其他机构用于销售，但相关机构设在同一县（市）的除外。

④将自产或者委托加工的货物用于免税项目、简易计税项目。

⑤将自产或者委托加工的货物用于集体福利或个人消费。

⑥将自产、委托加工或购进的货物作为投资，提供给其他单位或个体工商户。

⑦将自产、委托加工或购进的货物分配给股东或投资者。

⑧将自产、委托加工或购进的货物无偿赠送给其他单位或个人。

⑨向其他单位或个人无偿提供服务、转让无形资产或者不动产，但用于公益事业或者以社会公众为对象的除外。

注意：视同销售行为中，所涉及的外购货物进项税额，凡符合规定的，允许作为当期进项税额抵扣。其中，购进货物用于④、⑤项的，进项税不得抵扣，已经抵扣的，应作为进项税额转出处理。

（2）混合销售行为

一项销售行为如果既涉及货物又涉及服务，该行为统称**混合销售行为**。

从事货物的生产、批发或者零售的单位和个体工商户的混合销售行为，按照销售货物缴纳增值税；其他单位和个体工商户的混合销售行为，按照销售服务缴纳增值税。如生产货物的单位，在销售货物的同时附带运输，其销售货物及提供运输的行为属于混合销售行为，所收取的货物款项及运输费用应一并按销售货物计征增值税；物业公司在提供物业管理服务中，向用户收取的水费、电费等，也属于混合销售行为，一并按物业管理服务计征增值税。

上述从事货物的生产、批发或者零售的单位和个体工商户，包括以从事货物的生产、批发或者零售为主，并兼营销售服务的单位和个体工商户。

（3）兼营行为

兼营行为，是指纳税人兼有不同税率或征收率的销售货物、加工修理修配劳务、服务、无形资产或者不动产的行为。纳税人发生兼营行为的，应分别核算适用不同税率或征收率的销售额，未分别核算销售额的，按照以下方法适用税率或者征收率：

①兼有不同税率的销售货物、加工修理修配劳务、服务、无形资产或者不动产，从高适用税率。

②兼有不同征收率的销售货物、加工修理修配劳务、服务、无形资产或者不动产，从高适用征收率。

③兼有不同税率和征收率的销售货物、加工修理修配劳务、服务、无形资产或者不动产，从高适用税率。

注意：纳税人兼营免税、减税项目的，应当分别核算免税、减税项目的销售额；未分别核算的，不得免税、减税。

业务链接2-1

某房地产企业为增值税一般纳税人，2018年6月发生两笔与不动产相关的业务：销售2016年3月30日取得的不动产和出租2016年5月3日之后取得的不动产，会计上对这两笔业务的收入没有实行分别核算。

问题：对该企业上述业务征收增值税时应怎样选择适用税率或征收率？

分析：根据政策规定，纳税人销售2016年4月30日前取得的不动产可以选择适用简易计税方法，按照5%的征收率计算应纳税额；出租2016年4月30日之后取得的不动产适用10%的税率。但因为这两笔业务会计上未对收入进行分别核算，因此应按照“兼有不同税率和征收率的销售货物、加工修理修配劳务、服务、无形资产或者不动产，从高适用税率”的原则，应以10%的税率计算征收增值税。

2.1.4 增值税适用税率选择

我国现行增值税税率设计使用了税率与征收率相结合的办法。

1）增值税税率

一般纳税人适用的增值税税率有以下五种：

①除适用低税率和零税率之外，销售或进口货物、提供加工修理修配劳务、有形动产租赁服务，适用16%税率，也即通常所说的基本税率。

②销售或进口下列货物适用10%税率：农产品（含粮食）、自来水、暖气、石油液化气、天然气、食用植物油、冷气、热水、煤气、居民用煤炭制品、食用盐、农机、饲料、农药、农膜、化肥、沼气、二甲醚、图书、报纸、杂志、音像制品、电子出版物。

③提供交通运输服务、邮政服务、基础电信服务、建筑服务、不动产租赁服务，销售不动产，转让土地使用权，适用10%税率。

④除上述适用16%、10%税率及零税率以外的应税行为（具体指提供租赁服务外的现代服务、增值电信服务、金融服务、生活服务，以及除转让土地使用权以外的销售无形资产），适用6%税率。

⑤出口货物及部分跨境应税服务，适用零税率。

境内的单位和个人销售下列服务和无形资产适用零税率：

A. 国际运输服务，包括在境内载运旅客或者货物出境，在境外载运旅客或者货物入境，在境外载运旅客或者货物。

B. 航天运输服务。

C. 向境外单位提供的完全在境外消费的下列服务：研发服务、合同能源管理服务、设计服务、广播影视节目（作品）的制作和发行服务、软件服务、电路设计及测试服务、信息系统服务、业务流程管理服务、离岸服务外包业务、转让技术。

“完全在境外消费”是指服务的实际接受方在境外，且与境内的货物和不动产无关；无形资产完全在境外使用，且与境内的货物和不动产无关；财政部和国家税务总局规定的其他情形。

D. 财政部和国家税务总局规定的其他服务。

注意：境内的单位和个人提供适用零税率应税服务的，可以放弃适用零税率，选择免税或按规定缴纳增值税。放弃适用零税率后，36个月内不得再申请适用零税率。

同步思考2-5

学习微平台

纳税人应税行为零税率与免税政策是如何规定的？

提示：根据营改增试点实施办法《跨境应税行为适用增值税零税率和免税政策的规定》，纳税人应税行为零税率与免税政策的选择按下列规定执行：

延伸阅读
2-5

（1）境内的单位和个人销售的下列服务和无形资产免征增值税，但财政部和国家税务总局规定适用增值税零税率的除外：

①工程项目在境外的建筑服务。

②工程项目在境外的工程监理服务。

③工程、矿产资源在境外的工程勘察勘探服务。

④会议展览地点在境外的会议展览服务。

⑤存储地点在境外的仓储服务。

⑥标的物在境外使用的有形动产租赁服务。

⑦在境外提供的广播影视节目（作品）的播映服务。

⑧在境外提供的文化体育服务、教育医疗服务、旅游服务。

⑨为出口货物提供的邮政服务、收派服务、保险服务。为出口货物提供的保险服务，包括出口货物保险和出口信用保险。

⑩向境外单位提供的完全在境外消费的下列服务和无形资产：电信服务、知识产权服务、物流辅助服务（仓储服务、收派服务除外）、鉴证咨询服务、专业技术服务、商务辅助服务、广告投放地在境外的广告服务、无形资产。

⑪以无运输工具承运方式提供的国际运输服务。

⑫为境外单位之间的货币资金融通及其他金融业务提供的直接收费金融服务，且该服务与境内的货物、无形资产和不动产无关。

（2）应税行为零税率与免税政策的选择。

①按照国家有关规定应取得相关资质的国际运输服务项目，纳税人取得相关资质的，适用增值税零税率政策，未取得的，适用增值税免税政策。

②境内的单位或个人提供程租服务，如果租赁的交通工具用于国际运输服务和我国港澳台运输服务，由出租方按规定申请适用增值税零税率。

③境内的单位和个人向境内单位或个人提供期租、湿租服务，如果承租方利用租赁的交通工具向其他单位或个人提供国际运输服务和我国港澳台运输服务，由承租方适用增值税零税率。境内的单位或个人向境外单位或个人提供期租、湿租服务，由出租方适用增值税零税率。

④境内单位和个人以无运输工具承运方式提供的国际运输服务，由境内实际承运人适用增值税零税率；无运输工具承运业务的经营者适用增值税免税政策。

（3）境内的单位和个人销售适用增值税零税率的服务或无形资产的，可以放弃适用增值税零税率，选择免税或按规定缴纳增值税。放弃适用增值税零税率后，36个月内不得再申请适用增值税零税率。

（4）境内单位和个人发生的与我国香港、澳门、台湾有关的应税行为，除另有规定外，参照上述规定执行。

2）增值税征收率

征收率只有小规模纳税人和一般纳税人采用简易计税方法时才适用，具体有两档：

（1）3%征收率

①小规模纳税人除销售和租赁不动产外的应税行为，适用3%的征收率。

注意：小规模纳税人销售不动产（不含个体工商户销售购买的住房和其他个人销售不动产）或出租不动产，按照5%的征收率征收增值税。

②一般纳税人销售自产的下列货物，可选择按简易计税方法依3%的征收率计征增值税：县级及县级以下小型水力发电单位生产的电力；建筑用和生产建筑材料所用的砂、土、石料或其他矿物连续生产的砖、瓦、石灰；用微生物、微生物代谢产物、动物毒素、人或动物的血液或组织制造的生物制品；商品混凝土；自来水。

③一般纳税人发生下列特定行为，可选择按简易计税方法依3%的征收率计征增值税：

A.公共交通运输服务，包括轮客渡、公交客运、地铁、城市轻轨、出租车、长途客运、班车。

B.经认定的动漫企业为开发动漫产品提供的动漫脚本编撰、形象设计、背景设计、动画设计、分镜、动画制作、摄制、描线、上色、画面合成、配音、配乐、音效合成、剪辑、字幕制作、压缩转码（面向网络动漫、手机动漫格式适配）服务，以及在境内转让动漫版权（包括动漫品牌、形象或者内容的授权及再授权）。

C.电影放映服务、仓储服务、装卸搬运服务、收派服务和文化体育服务。

D.以纳入营改增试点之日前取得的有形动产为标的物提供的经营租赁服务。

E.在纳入营改增试点之日前签订的尚未执行完毕的有形动产租赁合同。

F.以清包工方式提供的建筑服务。“以清包工方式提供的建筑服务”是指施工方不采购建筑工程所需的材料或只采购辅助材料，并收取人工费、管理费或者其他费用的建筑服务。

G.为甲供工程提供的建筑服务。“甲供工程”是指全部或部分设备、材料、动力由工程发包方自行采购的建筑工程。

H.为建筑工程老项目提供的建筑服务。“建筑工程老项目”是指建筑工程施工许可证注明的合同开工日期在2016年4月30日前的建筑工程项目；未取得《建筑工程施工许可证》的，建筑工程承包合同注明的开工日期在2016年4月30日前的建筑工程项目。

I.一般纳税人跨县（市）提供建筑服务，选择适用简易计税方法计税的，以取得的全部价款和价外费用扣除支付的分包款后的余额为销售额，按照3%的征收率计算应纳税额。

（2）5%征收率

①一般纳税人销售其2016年4月30日前取得（不含自建）的不动产，可以选择适用简易计税方法，以取得的全部价款和价外费用减去该项不动产购置原价或者取得不动产时的作价后的余额为销售额，按照5%的征收率计算应纳税额。

②一般纳税人销售其2016年4月30日前自建的不动产，可以选择适用简易计税方法，以取得的全部价款和价外费用为销售额，按照5%的征收率计算应纳税额。

③房地产开发企业中的一般纳税人，销售自行开发的房地产老项目，可以选择适用简易计税方法按照5%的征收率计税。

④房地产开发企业中的小规模纳税人，销售自行开发的房地产项目，按照5%的征收率计税。

⑤小规模纳税人销售其取得（不含自建）的不动产（不含个体工商户销售购买的住房和其他个人销售不动产），应以取得的全部价款和价外费用减去该项不动产购置原价或者取得不动产时的作价后的余额为销售额，按照5%的征收率计算应纳税额。

⑥小规模纳税人销售其自建的不动产，应以取得的全部价款和价外费用为销售额，按照5%的征收率计算应纳税额。

⑦小规模纳税人出租其取得的不动产（不含个人出租住房），应按照5%的征收率计算应纳税额。其他个人出租其取得的不动产（不含住房），应按照5%的征收率计算应纳税额。个人出租住房，应按照5%的征收率减按1.5%计算应纳税额。

2.1.5 增值税税收优惠政策

1）法定免税项目

根据《增值税暂行条例》的规定，下列项目免征增值税：

①农业生产者销售的自产农产品，即从事种植业、养殖业、林业、牧业、水产业生产的单位和个人生产的初级农产品；

②避孕药品和用具；

③古旧图书，即向社会收购的古书和旧书；

④直接用于科学研究、科学试验和教学的进口仪器和设备；

⑤外国政府、国际组织无偿援助的进口物资和设备；

⑥由残疾人组织直接进口供残疾人专用的物品；

⑦销售个人（不包括个体工商户）自己使用过的物品。

注意：纳税人销售货物或应税劳务适用免税规定的，可以放弃免税，但放弃免税后，36个月内不得再申请免税。

2）减征增值税项目

（1）一般纳税人销售自己使用过的物品

①销售自己使用过的属于《增值税暂行条例》规定不得抵扣且未抵扣进项税额的固定资产，按简易办法依照3%征收率减按2%征收增值税。

②销售自己使用过的其他固定资产，区分以下不同情况征收增值税：销售自己使用过的2009年1月1日以后购进或自制的固定资产，按适用税率征收增值税。2008年12月31日以前未纳入扩大增值税抵扣范围试点的纳税人，销售自己使用过的2008年12月31日以前购进或自制的固定资产，按简易办法依照3%征收率减按2%征收增值税。

③销售自己使用过的除固定资产以外的物品，按适用税率征收增值税。

（2）小规模纳税人（除其他个人外）销售自己使用过的物品

销售自己使用过的固定资产，减按2%征收率征收增值税；销售自己使用过的除固定资产以外的物品，按3%的征收率征收增值税。

（3）纳税人销售旧货

纳税人销售旧货，按简易办法依照3%征收率减按2%征收增值税。旧货是指进入二次流通的具有部分使用价值的货物（含旧汽车、旧摩托车和旧游艇），但不包括自己使用过的物品。

3）起征点规定

自2011年11月1日起，增值税的起征点标准规定如下：销售货物或应税劳务的，为月销售额5 000～20 000元；按次纳税的，为每次（日）销售额300～500元。

增值税的起征点优惠政策仅适用于个人。

特别提醒：为进一步扶持小微企业发展，经国务院批准，自2018年1月1日至2020年12月31日，继续对月销售额2万元（含）至3万元的小规模纳税人，免征收增值税。

4）营业税改征增值税试点过渡政策中规定的免税项目

（1）免征增值税项目

①托儿所、幼儿园提供的保育和教育服务。

②养老机构提供的养老服务。

③残疾人福利机构提供的育养服务。

④婚姻介绍服务。

⑤殡葬服务。

⑥残疾人员本人为社会提供的服务。

⑦医疗机构提供的医疗服务。

⑧从事学历教育的学校提供的教育服务。

⑨学生勤工俭学提供的服务。

⑩农业机耕、排灌、病虫害防治、植物保护、农牧保险以及相关技术培训业务，家禽、牲畜、水生动物的配种和疾病防治。

⑪纪念馆、博物馆、文化馆、文物保护单位管理机构、美术馆、展览馆、书画院、图书馆在自己的场所提供文化体育服务取得的第一道门票收入。

⑫寺院、宫观、清真寺和教堂举办文化、宗教活动的门票收入。

⑬行政单位之外的其他单位收取的符合《试点实施办法》第十条规定条件的政府性基金和行政事业性收费。

⑭个人转让著作权。

⑮个人销售自建自用住房。

⑯2018年12月31日前，公共租赁住房经营管理单位出租公共租赁住房。

⑰台湾航运公司、航空公司从事海峡两岸海上直航、空中直航业务在大陆取得的运输收入。

⑱纳税人提供的直接或者间接国际货物运输代理服务。

⑲以下利息收入：2016年12月31日前，金融机构农户小额贷款；国家助学贷款；国债、地方政府债；人民银行对金融机构的贷款；住房公积金管理中心用住房公积金在指定的委托银行发放的个人住房贷款；外汇管理部门在从事国家外汇储备经营过程中，委托金融机构发放的外汇贷款；统借统还业务中，企业集团或企业集团中的核心企业以及集团所属财务公司按不高于支付给金融机构的借款利率水平或者支付的债券票面利率水平，向企业集团或者集团内下属单位收取的利息。

⑳被撤销金融机构以货物、不动产、无形资产、有价证券、票据等财产清偿债务。

㉑保险公司开办的一年期以上人身保险产品取得的保费收入。

㉒下列金融商品转让收入：合格境外投资者（QFII）委托境内公司在我国从事证券买卖业务；香港市场投资者（包括单位和个人）通过沪港通买卖上海证券交易所上市A股；对香港市场投资者（包括单位和个人）通过基金互认买卖内地基金份额；证券投资基金（封闭式证券投资基金，开放式证券投资基金）管理人运用基金买卖股票、债券；个人从事金融商品转让业务。

㉓金融同业往来利息收入。

㉔同时符合下列条件的担保机构从事中小企业信用担保或者再担保业务取得的收入（不含信用评级、咨询、培训等收入）3年内免征增值税：

A.已取得监管部门颁发的融资性担保机构经营许可证，依法登记注册为企（事）业法人，实收资本超过2 000万元。

B.平均年担保费率不超过银行同期贷款基准利率的50%。

平均年担保费率=本期担保费收入/（期初担保余额+本期增加担保金额）×100%

C.连续合规经营2年以上，资金主要用于担保业务，具备健全的内部管理制度和为中小企业提供担保的能力，经营业绩突出，对受保项目具有完善的事前评估、事中监控、事后追偿与处置机制。

D.为中小企业提供的累计担保贷款额占其两年累计担保业务总额的80%以上，单笔800万元以下的累计担保贷款额占其累计担保业务总额的50%以上。

E.对单个受保企业提供的担保余额不超过担保机构实收资本总额的10%，且平均单笔担保责任金额最多不超过3 000万元人民币。

F.担保责任余额不低于其净资产的3倍，且代偿率不超过2%。

㉕国家商品储备管理单位及其直属企业承担商品储备任务，从中央或者地方财政取得的利息补贴收入和价差补贴收入。

㉖纳税人提供技术转让、技术开发和与之相关的技术咨询、技术服务。

㉗同时符合下列条件的合同能源管理服务：节能服务公司实施合同能源管理项目相关技术，应当符合国家质量监督检验检疫总局和国家标准化管理委员会发布的《合同能源管理技术通则》（GB/T 24915-2010）规定的技术要求。节能服务公司与用能企业签订节能效益分享型合同，其合同格式和内容符合《中华人民共和国合同法》和《合同能源管理技术通则》（GB/T 24915-2010）等规定。

㉘2017年12月31日前，科普单位的门票收入，以及县级及以上党政部门和科协开展科普活动的门票收入。

㉙政府举办的从事学历教育的高等、中等和初等学校（不含下属单位），举办进修班、培训班取得的全部归该学校所有的收入。

㉚政府举办的职业学校设立的主要为在校学生提供实习场所、并由学校出资自办、由学校负责经营管理、经营收入归学校所有的企业，从事《销售服务、无形资产或者不动产注释》中“现代服务”（不含融资租赁服务、广告服务和其他现代服务）、“生活服务”（不含文化体育服务、其他生活服务和桑拿、氧吧）业务活动取得的收入。

㉛家政服务企业由员工制家政服务员提供家政服务取得的收入。

㉜福利彩票、体育彩票的发行收入。

㉝军队空余房产租赁收入。

㉞为了配合国家住房制度改革，企业、行政事业单位按房改成本价、标准价出售住房取得的收入。

㉟将土地使用权转让给农业生产者用于农业生产。

㊱涉及家庭财产分割的个人无偿转让不动产、土地使用权。

㊲土地所有者出让土地使用权和土地使用者将土地使用权归还给土地所有者。

㊳县级以上地方人民政府或自然资源行政主管部门出让、转让或收回自然资源使用权（不含土地使用权）。

㊴随军家属就业。

㊵军队转业干部就业。

（2）增值税即征即退

①一般纳税人提供管道运输服务，对其增值税实际税负超过3%的部分实行增值税即征即退政策。

②经人民银行、银监会或者商务部批准从事融资租赁业务的试点纳税人中的一般纳税人，提供有形动产融资租赁服务和有形动产融资性售后回租服务，对其增值税实际税负超过3%的部分实行增值税即征即退政策。

（3）扣减增值税规定

①退役士兵创业就业。

A.对自主就业退役士兵从事个体经营的，在3年内按每户每年8 000元为限额依次扣减其当年实际应缴纳的增值税、城市维护建设税、教育费附加、地方教育附加和个人所得税。限额标准最高可上浮20%，各省、自治区、直辖市人民政府可根据本地区实际情况在此幅度内确定具体限额标准，并报财政部和国家税务总局备案。

纳税人年度应缴纳税款小于上述扣减限额的，以其实际缴纳的税款为限；大于上述扣减限额的，应以上述扣减限额为限。纳税人的实际经营期不足一年的，应当以实际月份换算其减免税限额。换算公式为：

减免税限额=年度减免税限额÷12×实际经营月数

B.对商贸企业、服务型企业、劳动就业服务企业中的加工型企业和街道社区具有加工性质的小型企业实体，在新增加的岗位中，当年新招用自主就业退役士兵，与其签订1年以上期限劳动合同并依法缴纳社会保险费的，在3年内按实际招用人数予以定额依次扣减增值税、城市维护建设税、教育费附加、地方教育附加和企业所得税优惠。定额标准为每人每年4 000元，最高可上浮50%，各省、自治区、直辖市人民政府可根据本地区实际情况在此幅度内确定具体定额标准，并报财政部和国家税务总局备案。

②重点群体创业就业。

A.对持就业创业证（注明“自主创业税收政策”或“毕业年度内自主创业税收政策”）或2015年1月27日前取得的就业失业登记证（注明“自主创业税收政策”或附高校毕业生自主创业证）的人员从事个体经营的，在3年内按每户每年8 000元为限额依次扣减其当年实际应缴纳的增值税、城市维护建设税、教育费附加、地方教育附加和个人所得税。纳税人年度应缴纳税款小于上述扣减限额的，以其实际缴纳的税款为限；大于上述扣减限额的，应以上述扣减限额为限。

B.对商贸企业、服务型企业、劳动就业服务企业中的加工型企业和街道社区具有加工性质的小型企业实体，在新增加的岗位中，当年新招用在人力资源社会保障部门公共就业服务机构登记失业半年以上且持就业创业证或2015年1月27日前取得的就业失业登记证（注明“企业吸纳税收政策”）人员，与其签订1年以上期限劳动合同并依法缴纳社会保险费的，在3年内按实际招用人数予以定额依次扣减增值税、城市维护建设税、教育费附加、地方教育附加和企业所得税的优惠。按上述标准计算的税收扣减额应在企业当年实际应缴纳的增值税、城市维护建设税、教育费附加、地方教育附加和企业所得税税额中扣减，当年扣减不足的，不得结转下年使用。

上述税收优惠政策的执行期限为2016年5月1日至2016年12月31日，纳税人在2016年12月31日未享受满3年的，可继续享受至3年期满为止。

（4）金融企业发放贷款的规定

金融企业发放贷款后，自结息日起90天内发生的应收未收利息按现行规定缴纳增值税，自结息日起90天后发生的应收未收利息暂不缴纳增值税，待实际收到利息时按规定缴纳增值税。

（5）个人销售所购买住房的规定

北京市、上海市、广州市和深圳市：个人将购买不足2年的住房对外销售的，按照5%的征收率全额缴纳增值税；个人将购买2年以上（含2年）的非普通住房对外销售的，以销售收入减去购买住房价款后的差额按照5%的征收率缴纳增值税；个人将购买2年以上（含2年）的普通住房对外销售的，免征增值税。

除北京市、上海市、广州市和深圳市之外的地区：个人将购买不足2年的住房对外销售的，按照5%的征收率全额缴纳增值税；个人将购买2年以上（含2年）的住房对外销售的，免征增值税。

2.2 增值税税额计算

2.2.1 一般纳税人增值税应纳税额计算

一般纳税人增值税应纳税额采用一般计税方法，即购进扣税法，当期应纳税额为当期销项税额抵扣当期进项税额后的余额。公式为：

当期应纳税额=当期销项税额-当期进项税额

当期销项税额小于当期进项税额不足抵扣时，其不足部分可以结转下期继续抵扣。

1）当期销项税额的计算

销项税额是指纳税人发生应税行为按照销售额和增值税税率计算并收取的增值税额。公式为：

销项税额=销售额×税率

（1）一般销售方式下销售额的确定

销售额是指纳税人发生应税行为向购买方收取的全部价款和价外费用。所谓价外费用，是指随同应税行为价外向购买方收取的费用。下列项目不属于价外费用：

①收取的增值税销项税额。如果纳税人采用销售额与增值税合并定价的，计算增值税的销售额应按下列公式进行换算：

（不含税）销售额=含税销售额÷（1+增值税税率或征收率）

②以委托方名义开具发票代委托方收取的款项。

③同时符合以下条件代为收取的政府性基金或行政事业性收费：由国务院或财政部批准设立的政府性基金，由国务院或省级人民政府及其财政、价格主管部门批准设立的行政事业性收费；收取时开具省级以上财政部门印制的财政票据；所收款项全额上缴财政。

业务链接2-2

甲企业为增值税一般纳税人，销售空调一批，合同规定空调含税价格为116 000元，安装完成时收到货款。

问题：计算该企业销售空调业务的增值税销项税额。

分析：该企业销售空调适用的增值税税率为16%。

计算：销项税额=116 000÷（1+16%）×16%=16 000（元）

想一想：你有办法进行纳税筹划来减少该企业的增值税应纳税额吗？

（2）视同销售行为销售额的确定

增值税法规规定，发生视同销售行为而无销售额的，税务机关有权按下列顺序确定其销售额：

①按纳税人最近时期同类应税行为的平均销售价格确定。

②按其他纳税人最近时期同类应税行为的平均销售价格确定。

③按组成计税价格确定。其计算公式为：

组成计税价格=成本+利润+消费税

=成本×（1+成本利润率）+消费税

=成本×（1+成本利润率）÷（1−消费税税率）

公式中："成本"为发生应税行为产生的实际成本。"成本利润率"，除应征消费税的货物应根据国家税务总局在《消费税若干具体问题的规定》中规定的成本利润率计算（第3章述及）外，一律按10%计算。

注意：纳税人发生应税行为价格明显偏低并无正当理由的，税务机关有权按与上述视同销售行为同样的方法核定销售额。

业务链接2-3

某服装厂为增值税一般纳税人，专门为本厂职工特制一批服装并免费分发给职工。账务资料显示该批服装的生产成本合计10万元。

问题：上述业务需要计征增值税吗？如果需要，请计算其金额。

分析：根据增值税法规规定，企业将自产货物用于职工福利应视同销售计征增值税；无同类产品销售额或价格明显偏低的，应按组成计税价格计税。

计算： 销项税额=10×（1+10%）×16%=1.76（万元）

（3）包装物押金的税务处理

纳税人销售货物出租、出借包装物收取的押金应区分不同情况处理：

①销售一般货物收取包装物押金的税务处理。增值税法规规定，纳税人为销售货物而出租、出借包装物收取的押金，凡单独记账核算又未逾期的，不征增值税；因逾期未收回包装物而没收的押金，应视为价外收费按所包装货物的适用税率计征增值税。“逾期”是指按合同约定实际逾期或一年以上仍未收回。

②销售酒类产品收取包装物押金的税务处理。纳税人销售除啤酒、黄酒外的其他酒类产品而收取的包装物押金，无论是否返还以及会计上如何核算，均应在收取押金当期计征增值税。销售啤酒、黄酒所收取的包装物押金，按上述销售一般货物的相关规定处理。

业务链接2-4

某酒厂为增值税一般纳税人，销售散装白酒20吨，并向购买方开具了增值税专用发票，注明金额100 000元。随同白酒销售收取包装物押金3 480元，开具收款收据并单独入账核算。

问题： 该厂上述业务应申报的增值税销项税额是多少？

分析： 专用发票上注明的金额为不含税售价。随同白酒销售收取的出租包装物押金，无论是否退回均应在收取时计征增值税，且押金属于价外费用。

计算： 包装物押金销项税额=3 480÷（1+16%）×16%=480（元）

销售白酒销项税额=100 000×16%=16 000（元）

该厂上述业务合计应申报增值税销项税额=16 000+480=16 480（元）

（4）特殊销售方式货物或服务销售额的确定

①折扣销售，也称商业折扣，是指销售方因购买方购货数量较大等原因而给予购货方的价格优惠。

增值税法规规定，纳税人发生应税行为，将价款和折扣额在同一张发票上分别注明的，以折扣后的价款为销售额；未在同一张发票上分别注明的，以价款为销售额，不得扣减折扣额。

上述折扣销售仅限于价格折扣，如果销售方将自产、委托加工和购买的货物采取“买就送”等方式实现实物折扣，对所送货物的价款一律不得从销售额中减除，实物折扣应按视同销售行为“无偿赠送”的规定计算增值税。

学习微平台

延伸阅读
2-6

同步思考2-6

在实际业务中，企业出于不同的目的除实行折扣销售外，还会有选择地采取销售折扣和销售折让的方式销售货物或劳务服务。你认为折扣销售、销售折扣与销售折让的增值税税务处理规定相同吗？如果不同，请总结它们的不同之处。

提示： 三种方式涉及的增值税税务处理规定各不相同，可归纳见表2-3。

表 2-3 **折扣销售、销售折扣与销售折让**

折扣方式	折扣目的	税务处理
折扣销售（商业折扣）	为促销对购买数量大等原因而给予的价格优惠。该折扣在销售实现时发生并确定	只要开具的票据符合要求，折扣额就可以从销售额中扣除
销售折扣（现金折扣）	为鼓励购买方及早偿还货款而给予的价格优惠。该折扣只有在收到货款时才能确定	折扣额不得从销售额中扣除
销售折让	为保商业信誉，对已售商品存在质量、品种不符等问题而给予购买方的价格补偿。该折让发生在货物销售之后	折让额可以从折让当期销售额中扣除

业务链接 2-5

某商场为增值税一般纳税人，5月1日批发销售给A企业空调100台，每台不含税价格1 800元，由于购买数量较大，给予购买方七折优惠，并将折扣额与销售额开在一张专用发票上。同时约定付款条件为“5/10，2/20，n/30”。当月10日收到A企业支付的全部货款。

问题：该商场上述销售业务应申报的增值税销项税额是多少？

分析：商场采取的是“折扣销售”与“销售折扣”相结合的促销方式。其中：七折优惠属于折扣销售，并且折扣额与销售额开在同一发票上；约定“5/10，2/20，n/30”的付款条件属于销售折扣。

计算：销项税额=100×1 800×70%×16%=20 160（元）

②以旧换新。以旧换新是指纳税人在销售新货物的同时有偿收回旧货物的行为。增值税法规规定，除金银首饰外的货物以旧换新销售，应按新货物的同期销售价格确定销售额，不得扣减旧货物的收购价格。金银首饰以旧换新业务，可扣除旧金银首饰的回收价格，即按销售方实际收取的不含税销售价格确认销售额计算增值税。

业务链接 2-6

苏宁电器丽水店采取“以旧换新”方式销售电器商品，共取得现金收入5 800万元，旧货抵价金额为2 320万元，上述价款均为含税价。

问题：计算上述业务应申报的增值税销项税额。

分析：增值税法规规定，电器商品销售以旧换新业务增值税的计税依据为新货物的销售额。

计算：新货物不含税销售额=（5 800+2 320）÷（1+16%）=7 000（万元）

销项税额=7 000×16%=1 120（万元）

③还本销售。还本销售是指纳税人在销售货物后，在一定期限由销货方一次或分次退还给购货方全部或部分货款的一种销售方式。该销售方式的本质是一种以货物换取资金使用价值、到期还本不付息的融资方式。增值税法规规定，还本销售应以所售货物的销售价格确定销售额，不得扣除还本支出。

业务链接 2-7

某家具生产厂与某商场签订家具购销合同，双方约定商场购入家具500套，每套含税价格17 400元，商场在购货时一次付清全部货款，工厂在货物销售后的6个月全部返还货款。

问题：上述业务应申报的增值税销项税额是多少？

分析：增值税法规规定，还本销售业务的增值税计税依据为货物的全部销售额，不得扣除还本支出。

计算：销项税额=17 400÷（1+16%）×16%×500=1 200 000（元）

④以物易物。以物易物是指购销双方以同等价款的货物相互结算货款以实现货物销售的一种购销方式。增值税法规规定，以物易物购销双方均应作正常的购销业务处理，对换出的货物必须计算销项税额；对换入的货物，如果能够取得增值税专用发票的，可以抵扣其进项税额，未取得增值税专用发票的，不得抵扣其进项税额。

（5）金融服务销售额的确定

①贷款服务，以提供贷款服务取得的全部利息及利息性质的收入为销售额。

②直接收费金融服务，以提供直接收费金融服务收取的手续费、佣金、酬金、管理费、服务费、经手费、开户费、过户费、结算费、转托管费等各类费用为销售额。

（6）差额征税项目销售额的确定

差额征税是指提供营业税改征增值税应税服务、转让无形资产或销售不动产的纳税人，按照国家有关增值税差额征税的政策规定，以取得的全部价款和价外费用扣除支付给规定范围纳税人的规定项目价款后的不含税余额为销售额。

$$\begin{matrix}\text{计税}\\\text{销售额}\end{matrix}=\left(\begin{matrix}\text{取得的全部含税}\\\text{价款和价外费用}\end{matrix}-\begin{matrix}\text{准予抵减}\\\text{销售额的含税额}\end{matrix}\right)\div\left(1+\begin{matrix}\text{增值税税率}\\\text{或征收率}\end{matrix}\right)$$

学习微平台

延伸阅读 2-7

同步思考 2-7

财税〔2016〕36号附件2“（二）销售额”中规定，试点纳税人实行差额征税时，从全部价款和价外费用中扣除的价款，应当取得符合法律、行政法规和国家税务总局规定的有效凭证。否则，不得扣除。其合法有效凭证有哪些？

提示：合法有效凭证包括：①支付给境内单位或者个人的款项，以发票为合法有效凭证。②支付给境外单位或者个人的款项，以该单位或者个人的签收单据为合法有效凭证，税务机关对签收单据有异议的，可以要求其提供境外公证机构的确认证明。③缴纳的税款，以完税凭证为合法有效凭证。④扣除的政府性基金、行政事业性收费或者向政府支付的土地价款，以省级以上（含省级）财政部门监（印）制的财政票据为合法有效凭证。⑤国家税务总局规定的其他凭证。纳税人取得的上述凭证属于增值税扣税凭证的，其进项税额不得从销项税额中抵扣。

①金融商品转让。

金融商品转让按照卖出价扣除买入价后的余额为销售额。

金融商品的买入价，依照财务会计制度规定，以股票、债券的购入价减去股票、债券持有期间取得的股票、债券红利收入的余额确定。同时存在多种金融商品的，可以选择按照加权平均法或者移动加权平均法进行核算，选择后36个月内不得变更。

转让金融商品出现的正负差，以盈亏相抵后的余额为销售额。若相抵后出现负差，可结转至下一纳税期与下期转让金融商品销售额相抵，但年末时仍出现负差的，不得转入下一个会计年度。

注意：金融商品转让不得开具增值税专用发票。

业务链接2-8

甲企业为一般纳税人，销售其持有半年的债券，取得收入105万元，该债券面值100万元，年利率6%，期限5年，半年付息一次，到出售时刚好发行满14个月。甲企业购入该债券时买入价为104万元，购入时划分为交易性金融资产，公允价值未发生变动，名义利率与实际利率一致，持有期间收到半年利息。假设上述收付款均为含税价款。

问题：计算甲企业出售上述债券业务的应纳增值税税额。

分析：销售债券行为属于金融商品转让，增值税实行差额计税，适用税率为6%。

持有期间的收益=1 000 000×6%÷2=30 000（元）

差额计税允许扣除的买入价=1 040 000−30 000=1 010 000（元）

应纳增值税税额=（1 050 000−1 010 000）÷（1+6%）×6%=2 264（元）

会计分录：

借：银行存款	1 050 000	
贷：交易性金融资产——本金		1 040 000
应交税费——转让金融商品应交增值税		2 264
投资收益		7 736

同步思考2-8

若【业务链接2-8】中的甲企业为小规模纳税人，计算其应纳增值税税额。

提示：小规模纳税人的金融商品转让行为实行差额计税，适用征收率为3%。

应纳增值税税额=（1 050 000−1 010 000）÷（1+3%）×3%=1 165（元）

会计分录：

借：银行存款	1 050 000	
贷：交易性金融资产——本金		1 040 000
应交税费——转让金融商品应交增值税		1 165
投资收益		8 835

学习微平台

延伸阅读 2-8

②经纪代理服务。

经纪代理服务，以取得的全部价款和价外费用，扣除向委托方收取并代为支付的政府性基金或者行政事业性收费后的余额为销售额。向委托方收取的政府性基金或者行政事业性收费，不得开具增值税专用发票。

业务链接2-9

甲专利代理公司为增值税一般纳税人，接受A公司委托为其办理实用新型专利的申请等有关事宜收取代理费3 500元，专利申请费等行政事业性收费600元，共计4 100元。

问题：计算甲专利代理公司上述业务应纳增值税税额。

分析：甲专利代理公司办理实用新型专利的申请属于经纪代理服务，增值税实行差额计税，适用税率为6%。

计算：应纳增值税税额=（4 100−600）÷（1+6%）×6%=198（元）

上述业务可分解如下：

代理服务收入的销项税额=4 100÷（1+6%）×6%=232（元）

差额计税减少的增值税税额=600÷（1+6%）×6%=34（元）

应纳增值税税额=232−34=198（元）

会计分录：

借：银行存款	4 100	
应交税费——应交增值税（销项税额抵减）	34	
贷：主营业务收入		3 302
应交税费——应交增值税（销项税额）		232
其他应付款		600

学习微平台

延伸阅读 2-9

同步思考2-9

【业务链接2-9】中的专利代理公司如果是小规模纳税人，计算其应纳增值税税额。

③融资租赁服务。

经人民银行、银监会或者商务部批准从事融资租赁业务的试点纳税人，提供融资租赁服务，以取得的全部价款和价外费用，扣除支付的借款利息（包括外汇借款和人民币借款利息）、发行债券利息和车辆购置税后的余额为销售额。

业务链接2-10

A租赁公司为增值税一般纳税人，2018年7月20日与甲承租人签订了一份租赁合同，将一条程控生产线出租给甲，租赁期满甲可以按该地域租赁资产公允价值一半的价格优先购买，租赁期为8年，租赁期开始日预付租金80万元（含税），以后每年末支付120万元（含税）。2018年8月1日租赁物运抵甲的生产车间，当天确定为租赁期开始日。该生产线公允价值为800万元。为此，A租赁公司于2018年7月1日向银行借入5年期借款500万元，年利率4.75%，每季末付息一次。

问题：A租赁公司上述融资租赁业务2018年相关增值税业务该作怎样的税务处理？

分析：2018年8月1日，收到预收款时：

销项税额=800 000÷（1+16%）×16%=110 345（元）

借：银行存款	800 000	
贷：长期应收款——应收融资租赁款		689 655

贷：应交税费——应交增值税（销项税额） 110 345

2018年9月30日，支付一个季度的借款利息（本季度的借款利息7月、8月已计提）：

利息金额=5 000 000×4.75%÷4=59 375（元）

支付的借款利息可以扣除，则：

差额计税减少的增值税额=59 375÷（1+16%）×16%=8 190（元）

借：主营业务成本 17 061

应付利息（7月、8月不含税利息） 34 124

应交税费——应交增值税（销项税额抵减） 8 190

贷：银行存款 59 375

2018年12月31日，收到租赁款时，支付利息的处理同上。

销项税额=1 200 000÷（1+16%）×16%=165 517（元）

借：银行存款 1 200 000

贷：长期应收款——应收融资租赁款 1 034 483

应交税费——应交增值税（销项税额） 165 517

④融资性售后回租。

经人民银行、银监会或者商务部批准从事融资租赁业务的试点纳税人，提供融资性售后回租服务，以取得的全部价款和价外费用（不含本金），扣除对外支付的借款利息（包括外汇借款和人民币借款利息）、发行债券利息后的余额作为销售额。

融资性售后回租业务按照“金融业——贷款服务”缴纳增值税，税率为6%。

试点纳税人根据2016年4月30日前签订的有形动产融资性售后回租合同，在合同到期前提供的有形动产融资性售后回租服务，可继续按照有形动产融资租赁服务缴纳增值税。继续按照有形动产融资租赁服务缴纳增值税的试点纳税人，经人民银行、银监会或者商务部批准从事融资租赁业务的，根据2016年4月30日前签订的有形动产融资性售后回租合同，在合同到期前提供的有形动产融资性售后回租服务，可以选择以下方法之一计算销售额：

方法一：以向承租方收取的全部价款和价外费用，扣除向承租方收取的价款本金，以及对外支付的借款利息（包括外汇借款和人民币借款利息）、发行债券利息后的余额为销售额。纳税人提供有形动产融资性售后回租服务，计算当期销售额时可以扣除的价款本金，为书面合同约定的当期应当收取的本金。无书面合同或者书面合同没有约定的，为当期实际收取的本金。试点纳税人提供有形动产融资性售后回租服务，向承租方收取的有形动产价款本金，不得开具增值税专用发票，可以开具普通发票。

方法二：以向承租方收取的全部价款和价外费用，扣除支付的借款利息（包括外汇借款和人民币借款利息）、发行债券利息后的余额为销售额。

⑤航空运输服务。

航空运输服务以其取得的全部价款和价外费用扣除代收的机场建设费和代售其他航空运输企业客票而代收转付的价款后的余额为销售额。

业务链接2-11

东方航空北京分公司为增值税一般纳税人，2018年5月份取得客票收入200万元

（含税），其中，替其他航空公司代收客票费80万元（已经转付给相关航空公司，并取得合法凭证），机场建设费10万元。

问题：计算东方航空北京分公司客票收入应纳增值税税额。

分析：东方航空北京分公司客票收入按交通运输服务计税，增值税适用税率为10%，代收的机场建设费和代收客票款可以扣除。

计算：应纳增值税税额=（2 000 000-800 000-100 000）÷（1+10%）×10%=100 000（元）

上述业务可分解如下：

销售客票取得收入的销项税额=2 000 000÷（1+10%）×10%=181 818（元）

差额计税减少的增值税税额=（800 000+100 000）÷（1+10%）×10%=81 818（元）

应纳增值税税额=181 818-81 818=100 000（元）

会计分录：

借：银行存款　　2 000 000

　　应交税费——应交增值税（销项税额抵减）　　81 818

　贷：主营业务收入　　1 000 000

　　　应交税费——应交增值税（销项税额）　　181 818

　　　其他应付款——机场建设费　　100 000

　　　　　　　　——代售票款　　800 000

⑥客运场站服务。

一般纳税人提供客运场站服务，以其取得的全部价款和价外费用扣除支付给承运方运费后的余额为销售额，其取得的增值税专用发票进项税额不能抵扣。

上述业务不采取进项税额抵扣而采用差额征税的原因是运输服务适用税率为10%，而客运场站服务为物流辅助服务适用税率为6%，如果采用进项税额抵扣可能会出现增值税税率倒挂，故采用差额征税的方法，但同时规定其取得的增值税专用发票进项税额不能抵扣。

⑦旅游服务。

纳税人提供旅游服务，以取得的全部价款和价外费用，扣除向旅游服务购买方收取并支付给其他单位或者个人的住宿费、餐饮费、交通费、签证费、门票费和支付给其他接团旅游企业的旅游费用后的余额为销售额。

注意：选择上述办法计算销售额的试点纳税人，向旅游服务购买方收取并支付的上述费用，不得开具增值税专用发票，可以开具普通发票。

业务链接2-12

A旅行社为增值税一般纳税人，某月组团进行一日游共取得收入20 000元。门票支出3 000元，租车费支出4 440元，导游费支出2 000元。

问题：计算A旅行社上述业务应纳增值税税额。

分析：旅游服务增值税实行差额计税，门票和租车费用支出可以扣除，适用税率为6%。

应纳增值税税额=（20 000-3 000-4 440）÷（1+6%）×6%=711（元）

上述业务可分解如下：

取得收入的销项税额=20 000÷（1+6%）×6%=1 132（元）

借：银行存款（或库存现金） 20 000
　　贷：主营业务收入 18 868
　　　　应交税费——应交增值税（销项税额） 1 132

差额计税减少的增值税税额=（3 000+4 440）÷（1+6%）×6%=421（元）

借：主营业务成本 9 019
　　应交税费——应交增值税（销项税额抵减） 421
　　贷：银行存款 9 440

应纳增值税税额=1 132−421=711（元）

同步思考 2-10

学习微平台
税律阅读 2-10

若【业务链接2-12】中A旅行社为小规模纳税人，应如何计算应纳增值税税额？

提示：小规模纳税人适用征收率为3%，差额计税。

应纳增值税税额=（20 000−3 000−4 440）÷（1+3%）×3%=366（元）

上述业务可分解如下：

销项税额=20 000÷（1+3%）×3%=583（元）

借：银行存款（或库存现金） 20 000
　　贷：主营业务收入 19 417
　　　　应交税费——应交增值税 583

差额计税减少的增值税税额=（3 000+4 440）÷（1+3%）×3%=217（元）

借：主营业务成本 9 223
　　应交税费——应交增值税 217
　　贷：银行存款 9 440

应纳增值税税额=583−217=366（元）

⑧房地产开发企业销售自行开发的房地产项目。

房地产开发企业中的一般纳税人销售其自行开发的房地产项目（选择简易计税方法的房地产老项目除外）选用一般计税方法计税的，以取得的全部价款和价外费用，扣除受让土地时向政府部门支付的土地价款后的余额为销售额。

计算公式为：

销售额=（全部价款和价外费用−当期允许扣除的土地价款）÷（1+10%）

$$\text{当期允许扣除的土地价款}=\left(\text{当期销售房地产项目建筑面积}\div\text{房地产项目可供销售建筑面积}\right)\times\text{支付的土地价款}$$

当期销售房地产项目建筑面积是指当期进行纳税申报的增值税销售额对应的建筑面积。

房地产项目可供销售建筑面积是指房地产项目可以出售的总建筑面积，不包括销售房地产项目时未单独作价结算的配套公共设施的建筑面积。

支付的土地价款是指向政府、土地管理部门或受政府委托收取土地价款的单位直接支付的土地价款。

在计算销售额时从全部价款和价外费用中扣除的土地价款，应当取得省级以上（含省级）财政部门监（印）制的财政票据。

业务链接2-13

某房地产开发有限公司为增值税一般纳税人，主要从事普通住宅的开发、建设及销售。2018年5月2日，购入一宗土地使用权，土地总价款为5 000万元，分两批支付，6月支付50%，12月支付50%。5月办理完成房产的预售手续，从6月开始销售，当月销售10 000m²（该项目总建筑面积为5 000万m²），取得预收款4.68亿元。

问题： 计算预售10 000m²房产确认预收收入应纳增值税税额。

分析： 一般纳税人的房地产企业销售自行开发的房地产项目增值税实行差额计税，适用税率10%。

$$\text{当期允许扣除的土地价款}=\left(\text{当期销售房地产项目建筑面积}\div\text{房地产项目可供销售建筑面积}\right)\times\text{支付的土地价款}$$

=（10 000÷50 000 000）×25 000 000

=5 000（元）

应纳增值税税额=（468 000 000−5 000）÷（1+10%）×10%=42 545 000（元）

上述业务可分解如下：

当期允许扣除的土地价款=5 000元

差额计税减少的增值税税额=5 000÷（1+10%）×10%=455（元）

借：应交税费——应交增值税（销项税额抵减） 455

　　贷：开发成本 455

收到预收款确认收入：

销项税额=468 000 000÷（1+10%）×10%=42 545 455（元）

借：银行存款 468 000 000

　　贷：主营业务收入 425 454 545

　　　　应交税费——应交增值税（销项税额） 42 545 455

预售10 000m²房产应纳增值税税额=42 545 455−455=42 545 000（元）

同步思考2-11

学习微平台

延伸阅读 2-11

房地产开发企业采取预收款方式销售所开发的房地产项目，在收到预收款时按照3%的预征率预缴增值税。一般纳税人应在取得预收款的次月纳税申报期内向主管国税机关预缴税款。房地产企业预缴增值税应作怎样的税务处理？

提示： 以【业务链接2-13】资料为例进行处理如下：

应预缴税款=预收款÷（1+适用税率或征收率）×3%

=468 000 000÷（1+10%）×3%

=12 763 636（元）

借：应交税费——预缴增值税 12 763 636

　　贷：银行存款 12 763 636

回机构所在地向国税局补缴税款：

应补缴的税款=42 545 450−12 763 636−455=29 781 364（元）

⑨建筑服务。

建筑服务增值税计算方法根据其纳税人身份不同，计税方法与依据确定各有差异，归纳见表2-4。

表2-4　　建筑服务增值税相关政策汇总

纳税人身份	计税方法	计税依据	税率（征收率）	预缴（异地）		
				预缴依据	预征率	预缴地
一般纳税人	一般	全额	10%	差额	2%	建筑服务发生地
	简易	差额	3%	差额	3%	建筑服务发生地
小规模纳税人	—	差额	3%	差额	3%	建筑服务发生地

注：在表2-4中，全额=全部价款+价外费用，差额=全额-分包款。

同步思考2-12

学习微平台

延伸阅读 2-12

建筑服务一般纳税人哪些项目可以选择简易计税方法？

提示：建筑服务一般纳税人可以选择简易计税方法的项目主要有：

A.以清包工方式提供的建筑服务。

B.为甲供工程提供的建筑服务。

⑩转让不动产。

纳税人转让不动产，包括以直接购买、接受捐赠、接受投资入股、自建以及抵债等各种形式取得的不动产，因其身份不同可以选用不同的计税方法，具体归纳见表2-5、表2-6。

表2-5　不动产（不包括房地产企业销售自行开发的房地产）增值税相关政策汇总

纳税人身份	取得方式	计税方法	计税依据	税率（征收率）	预缴（异地）			申报地	备注
					预缴依据	预征率	预缴地		
一般纳税人	自建	一般	全额	10%	全额	5%	不动产所在地地税机关	机构所在地主管国税机关	①小规模纳税人不含个体工商户销售购买的住房和其他个人销售不动产，但含个体工商户销售购买的非住房 ②全额=全部价款+价外费用 ③差额=全额-购置原价（取得时作价） ④一般纳税人销售2016年4月30日前取得或自建的不动产，可以选择适用简易计税方法
		简易	全额	5%	全额	5%			
	非自建	一般	全额	10%	差额	5%			
		简易	差额	5%	差额	5%			
小规模纳税人	自建	—	全额	5%	全额	5%			
	非自建	—	差额	5%	差额	5%			
其他个人	非自建、非住房（双非）		差额	5%	—	—	—	不动产所在地地税机关	

表2-6　　　　　　　　　　个人销售住房有关政策汇总

住房所在地	纳税人类别	住房类型	不足2年			2年以上（含2年）		
			计税依据	征收率	预缴	计税依据	征收率	预缴
北、上、广、深	个体户	普通	5%	全额	是，5%	免税		
		非普通	5%	全额	是，5%	差额	5%	是，5%
	个人	普通	5%	全额	否	免税		
		非普通	5%	全额	否	差额	5%	是，5%
其他地区	个体户	普通	5%	全额	是，5%	免税		
		非普通	5%	全额	是，5%			
	个人	普通	5%	全额	否			
		非普通	5%	全额	否			

A.一般纳税人销售其2016年4月30日前取得（非自建）的不动产。

a.可以选择适用简易计税方法，以取得的全部价款和价外费用减去该项不动产购置原价或者取得不动产时的作价后的余额为销售额，按照5%的征收率计算应纳税额。

纳税人应按照上述计税方法向不动产所在地主管地税机关预缴税款，向机构所在地主管国税机关申报纳税。

业务链接2-14

甲市A企业为一般纳税人，2018年8月销售一处位于乙市的办公楼，该办公楼系2014年以1 050万元购入，售价为1 575万元。

问题：若A企业选择简易计税方法，计算上述业务应纳增值税税额。

分析：根据政策规定，A企业销售2014年购入的办公楼，可以选择简易计税办法差额计征增值税，适用征收率5%，差额预征，预征率5%。

计算：处置时计算的应纳增值税税额=（15 750 000-10 500 000）÷（1+5%）×5%

=250 000（元）

借：银行存款　　　　　　　　　　　　　　　　　　　250 000

　贷：应交税费——应交增值税（销项税额）　　　　　　　　　250 000

在乙市办公楼所在地地税机关预缴增值税：

预缴增值税税额=（15 750 000-10 500 000）÷（1+5%）×5%=250 000（元）

借：应交税费——预缴增值税　　　　　　　　　　　　250 000

　贷：银行存款　　　　　　　　　　　　　　　　　　　　　250 000

最后向甲市机构所在地主管国税机关进行纳税申报。

b.选择适用一般计税方法计税的，以取得的全部价款和价外费用为销售额计算应纳税额。纳税人应以取得的全部价款和价外费用扣除不动产购置原价或者取得不动产时的作价后的余额，按照5%的预征率向不动产所在地主管地税机关预缴税款，向机构所在地主管国税机关申报纳税。

业务链接2-15

资料同【业务链接2-14】。

问题：若A企业选择一般计税方法，计算上述业务应纳增值税税额。

分析：A企业销售2014年购入的办公楼，可以选择一般计税方法，全额计税，税率10%，差额预缴，预征率5%。

计算：处置时计算的应纳增值税税额=15 750 000÷（1+10%）×10%=1 431 818（元）

借：银行存款　　1 431 818

　贷：应交税费——应交增值税（销项税额）　　1 431 818

在办公楼所在地地税机关预缴增值税：

预缴增值税税额=（15 750 000-10 500 000）÷（1+5%）×5%=250 000（元）

借：应交税费——预缴增值税　　250 000

　贷：银行存款　　250 000

向机构所在地甲市主管国税机关申报纳税：

应补缴税款=15 750 000÷（1+10%）×10%-250 000=1 181 818（元）

申报缴纳时：

借：应交税费——未交增值税　　1 181 818

　贷：银行存款　　1 181 818

B.一般纳税人销售其2016年4月30日前自建的不动产。

a.可以选择适用简易计税方法计税，以取得的全部价款和价外费用为销售额，按照5%的征收率计算应纳税额。纳税人应按照上述计税方法向不动产所在地主管地税机关预缴税款，向机构所在地主管国税机关申报纳税。

业务链接2-16

甲市A企业为一般纳税人，2018年8月销售一处位于乙市的办公楼，该办公楼系2014年企业自行建造的办公楼，售价为1 575万元。

问题：若A企业选择简易计税方法，计算上述业务应交增值税税额。

分析：根据政策规定，A企业可以选择简易计税办法全额计征增值税，税率5%，全额预缴，预征率5%。

计算：处置时计算的应纳增值税税额=15 750 000÷（1+5%）×5%=750 000（元）

借：银行存款　　750 000

　贷：应交税费——应交增值税（销项税额）　　750 000

在办公楼所在地地税机关预缴增值税：

预缴增值税税额=15 750 000÷（1+5%）×5%=750 000（元）

借：应交税费——预缴增值税　　750 000

　贷：银行存款　　750 000

最后向甲市机构所在地主管国税机关进行纳税申报。

b.选择适用一般计税方法计税的，以取得的全部价款和价外费用为销售额计算应纳税额。纳税人应以取得的全部价款和价外费用，按照5%的预征率向不动产所在地主管地税机关预缴税款，向机构所在地主管国税机关申报纳税。

业务链接2-17

资料同【业务链接2-16】。

问题：若A企业选择一般计税方法，计算上述业务应交增值税税额。

分析：根据政策规定，A企业可以选择一般计税办法全额计征增值税，税率10%，全额预缴，预征率5%。

计算：处置时计算的应纳增值税税额=15 750 000÷（1+10%）×10%=1 431 818（元）

借：银行存款　　1 431 818

　贷：应交税费——应交增值税（销项税额）　　1 431 818

在办公楼所在地地税机关预缴税款：

预缴增值税税额=15 750 000÷（1+5%）×5%=750 000（元）

借：应交税费——预缴增值税　　750 000

　贷：银行存款　　750 000

向甲市机构所在地主管国税机关进行纳税申报，并补缴税款。

应补缴税款=全部价款和价外费用÷（1+10%）×10%-在不动产所在地预缴税款

=15 750 000÷（1+10%）×10%-750 000=681 818（元）

借：应交税费——未交增值税　　681 818

　贷：银行存款　　681 818

C.一般纳税人销售其2016年5月1日后取得（非自建）的不动产。

一般纳税人销售其2016年5月1日后取得（非自建）的不动产，适用一般计税方法，以取得的全部价款和价外费用为销售额计算应纳税额。纳税人应以取得的全部价款和价外费用扣除不动产购置原价或者取得不动产时的作价后的余额，按照5%的预征率向不动产所在地主管地税机关预缴税款，向机构所在地主管国税机关申报纳税。

业务链接2-18

甲市A企业为一般纳税人，2018年8月销售一处位于乙市的办公楼，该办公楼系2016年6月以1 050万元购入，售价为1 575万元。

问题：计算A企业上述业务应交增值税税额。

分析：根据政策规定，一般纳税人销售其2016年5月1日后取得（非自建）的不动产，适用全额计征增值税，税率10%，差额预缴，预征率5%。

计算：处置时计算的应纳增值税税额=15 750 000÷（1+10%）×10%=1 431 818（元）

借：银行存款　　1 431 818

　贷：应交税费——应交增值税（销项税额）　　1 431 818

在办公楼所在地地税机关预缴增值税：

预缴增值税税额=（15 750 000-10 500 000）÷（1+5%）×5%=250 000（元）

借：应交税费——预缴增值税　　250 000

贷：银行存款 250 000

向机构所在地主管国税机关进行纳税申报，补缴税款。

应补缴税款=全部价款和价外费用÷（1+10%）×10%-在不动产所在地预缴税款

=15 750 000÷（1+10%）×10%-250 000

=1 181 818（元）

借：应交税费——未交增值税 1 181 818

贷：银行存款 1 181 818

D.一般纳税人销售其2016年5月1日后自建的不动产。

适用一般计税方法，以取得的全部价款和价外费用为销售额计算应纳税额。纳税人应以取得的全部价款和价外费用，按照5%的预征率向不动产所在地主管地税机关预缴税款，向机构所在地主管国税机关申报纳税。

业务链接2-19

甲市A企业为一般纳税人，2018年8月销售一处位于乙市的办公楼，该办公楼系2016年6月A企业自行建造，售价为1 575万元。

问题：计算A企业上述业务应交增值税税额。

分析：根据政策规定，销售其2016年5月1日后自建的不动产，应全额计征增值税，税率10%，预征率5%。

计算：处置时计算的应纳增值税税额=15 750 000÷（1+10%）×10%=1 431 818（元）

借：银行存款 1 431 818

贷：应交税费——应交增值税（销项税额） 1 431 818

在办公楼所在地地税机关预缴增值税：

预缴增值税税额=15 750 000÷（1+5%）×5%=750 000（元）

借：应交税费——预缴增值税 750 000

贷：银行存款 750 000

向机构所在地主管国税务机关进行纳税申报，补缴税款。

应补缴税款=15 750 000÷（1+10%）×10%-750 000=681 818（元）

借：应交税费——未交增值税 681 818

贷：银行存款 681 818

（7）销项税额的时限确定

增值税法规规定，计算当期增值税应纳税额时，“当期”销项税额确定时限原则上与增值税纳税义务发生时间一致。具体规定如下：

①纳税人发生应税行为并收讫销售款项或者取得索取销售款项凭据的当天；先开具发票的，为开具发票的当天。

实际业务中，因结算方式不同有以下几种情况：

A.采取直接收款方式的，为收到销货款或取得索取销货款凭据的当天。

B.采取托收承付和委托收款方式的，为办妥托收手续的当天。

C.采取赊销和分期收款方式的，为书面合同确定的付款日期；未签订书面合同或者书面合同未确定付款日期的，为应税行为完成的当天或者不动产权属变更的当天。

D.采取预收货款方式销售货物的，为货物发出的当天。但生产销售工期超过12个月的大型机械设备、船舶、飞机等货物，为收到预收款或书面合同约定的收款日期的当天。纳税人提供建筑服务、租赁服务采取预收款方式的，为收到预收款的当天。

E.委托其他纳税人代销货物，为收到代销清单或收到全部或部分货款的当天；未收到代销清单及货款的，为发出代销货物满180天的当天。

F.纳税人从事金融商品转让的，为金融商品所有权转移的当天。

G.发生视同销售货物行为，为应税行为完成的当天或者不动产权属变更的当天。

②进口货物，为报关进口的当天。

③增值税扣缴义务发生时间为纳税人增值税纳税义务发生的当天。

2）进项税额的计算

进项税额是指纳税人购进货物、加工修理修配劳务、服务、无形资产或者不动产，所支付或负担的增值税额。

（1）允许抵扣的进项税额

①从销售方取得的增值税专用发票（含税控机动车销售统一发票，下同）上注明的增值税税额。

汇总开具专用发票的，应当提供防伪税控系统开具的清单，并加盖发票专用章；未加盖发票专用章，或自行打印销售清单的，属于未按规定开具发票，不得抵扣。

增值税一般纳税人取得增值税专用发票，应在开具之日起360日内到税务机关办理认证，并在认证通过的次月申报期内申报抵扣进项税额；逾期不得抵扣。但增值税一般纳税人因下列客观原因造成增值税扣税凭证逾期的，可按照《逾期增值税扣税凭证抵扣管理办法》的规定，申请办理逾期抵扣手续：

因自然灾害、社会突发事件等不可抗力因素造成增值税扣税凭证逾期；增值税扣税凭证被盗、抢，或者因邮寄丢失、误递导致逾期；有关司法、行政机关在办理业务或者检查中，扣押增值税扣税凭证，纳税人不能正常履行申报义务，或者税务机关信息系统、网络故障，未能及时处理纳税人网上认证数据等导致增值税扣税凭证逾期；买卖双方因经济纠纷，未能及时传递增值税扣税凭证，或者纳税人变更纳税地点，注销旧户和重新办理税务登记的时间过长，导致增值税扣税凭证逾期；由于企业办税人员伤亡、突发危重疾病或者擅自离职，未能办理交接手续，导致增值税扣税凭证逾期；国家税务总局规定的其他情形。

②从海关取得的海关进口增值税专用缴款书上注明的增值税税额。

纳税人取得的海关进口增值税专用缴款书，应自开具之日起360天内申请稽核比对，逾期不予抵扣。对稽核比对结果为相符的，纳税人应在税务机关提供稽核比对结果的当月纳税申报期内申报抵扣，逾期不予抵扣。委托代理进口的，对代理进口单位和委托进口单位，只准予其中取得专用缴款书原件的单位抵扣。

注意：海关税款专用缴款书号码第19位应为“-”或“\”，第20位应当为“L”，否则不属于进口增值税专用缴款书，不得抵扣。

③购进农产品，除取得增值税专用发票或海关进口增值税专用缴款书外，从按简易计税方法依照3%征收率计算缴纳增值税的小规模纳税人取得增值税专用发票的，以增值税专用发票上注明的金额和10%的扣除率计算进项税额；取得（开具）农产品销售发票或收购发票的，以农产品销售或收购发票注明的买价和10%的扣除率计算进项税额。纳税人购进用于生产销售或委托加工16%税率货物的农产品，按12%的扣除率计算进项税额。公式为：

进项税额=买价×扣除率

购进农产品按照《农产品增值税进项税额核定扣除试点实施办法》（财税〔2012〕38号）抵扣进项税额的除外。

提醒： 增值税一般纳税人从农民专业合作社购进的免税农业产品，可按10%的扣除率计算抵扣增值税进项税额。

业务链接2-20

某食品加工厂2018年9月为生产水果罐头向果农收购柑橘，开具的收购发票上注明的价款为40 000元。

问题： 计算食品加工厂收购柑橘准予抵扣的进项税额，并确定柑橘的采购成本。

分析： 根据增值税法规规定，外购柑橘准予按收购发票上注明的价款和10%的抵扣率计算进项税额。

计算： 进项税额=40 000×10%=4 000（元）

柑橘采购成本=40 000−4 000=36 000（元）

④购进固定资产进项税额抵扣。

A.除不动产外的固定资产进项税额抵扣。

除不动产外的固定资产进项税额按一般进项税额抵扣的办法执行。

B.按固定资产核算的不动产（含不动产在建工程）进项税额抵扣。

2016年5月1日后取得并在会计制度上按固定资产核算的不动产及不动产在建工程，其进项税额应自取得之日起分2年从销项税额中抵扣，第1年抵扣比例为60%，第2年抵扣比例为40%。取得不动产，包括以直接购买、接受捐赠、接受投资入股、自建以及抵债等各种形式取得不动产，不包括房地产开发企业自行开发的房地产项目。

注意： 融资租入的不动产以及在施工现场修建的临时建筑物、构筑物，其进项税额不适用上述分2年抵扣的规定。

⑤按照规定不得抵扣且未抵扣进项税额的固定资产、无形资产、不动产发生用途改变，用于允许抵扣进项税额应税项目的，应计算允许抵扣的进项税额。计算公式为：

可抵扣进项税额=增值税扣税凭证注明或计算的进项税额×不动产净值率

按照规定计算的可抵扣进项税额，60%的部分于改变用途的次月从销项税额中抵扣，40%的部分为待抵扣进项税额，于改变用途的次月起第13个月从销项税额中抵扣。

业务链接2-21

某企业将一栋三层的食堂（营改增后购入）装修后用于企业办公，已知购入该栋楼房时取得的增值税专用发票上注明价款200万元，增值税20万元。改变用途时账面上固定资产原值为200万元，累计折旧82万元，未计提固定资产减值准备。

问题：计算可抵扣的进项税额。

分析：食堂装修后用于企业办公，该固定资产改变用途用于允许抵扣进项税额的项目。

计算：固定资产净值率=（2 000 000−820 000）÷2 000 000×100%=59%

固定资产可抵扣进项税额总额=200 000×59%=118 000（元）

60%的部分计入当期进项税额，40%的部分为待抵扣进项税额。

会计分录：

借：应交税费——应交增值税（进项税额）　　70 800

——待抵扣进项税额　　47 200

贷：固定资产　　118 000

⑥从境外单位或者个人购进服务、无形资产或者不动产，自税务机关或者扣缴义务人取得的解缴税款的完税凭证上注明的增值税税额。

注意：纳税人凭完税凭证抵扣进项税额的，应当具备书面合同、付款证明和境外单位的对账单或者发票。

⑦外贸企业发生原计入出口库存的出口货物转内销或视同内销货物征税的，以及已申报退（免）税的出口货物发生退运并转内销的，外贸企业于发生内销或视同内销货物的当月向主管税务机关申请开具出口货物转内销证明。外贸企业应在取得出口货物转内销证明的下一个增值税纳税申报期内申报纳税时，凭此抵扣进项税额。

⑧增值税税控系统专用设备和技术维护费用抵减增值税税额规定。

增值税纳税人2011年12月1日（含，下同）以后初次购买增值税税控系统专用设备（包括分开票机）支付的费用，可凭购买增值税税控系统专用设备取得的增值税专用发票，在增值税应纳税额中全额抵减（抵减额为价税合计额），不足抵减的可结转下期继续抵减。增值税纳税人非初次购买增值税税控系统专用设备支付的费用，由其自行负担，不得在增值税应纳税额中抵减。

增值税纳税人2011年12月1日以后缴纳的技术维护费，可凭技术维护服务单位开具的技术维护费发票，在增值税应纳税额中全额抵减，不足抵减的可结转下期继续抵减。技术维护费按照价格主管部门核定的标准执行。

（2）不得抵扣的进项税额

①纳税人身份不得抵扣进项税额。

A.增值税小规模纳税人购进货物、加工修理修配劳务、服务、无形资产和不动产。

B.一般纳税人会计核算不健全，或者不能提供准确税务资料的。

C.增值税一般纳税人在以小规模人身份经营期（新开业申请增值税一般纳税人认定

受理审批期间除外）购进的货物或应税劳务取得的增值税发票，其进项税额不允许抵扣。

D.应当办理一般纳税人资格登记而未办理的。

②扣税凭证存在问题不得抵扣进项税额。

A.纳税人取得的增值税扣税凭证不符合法律、行政法规或者国家税务总局有关规定的，其进项税额不得从销项税额中抵扣。

B.有增值税专用发票无法认证、纳税人识别号不符以及发票代码、号码不符等情况之一的，其进项税额不允许抵扣。

C.自增值税专用发票开出之日起，超过360天未认证的（因客观原因导致的除外），不能抵扣。

D.虚开的增值税专用发票不得抵扣。

E.票款不一致的增值税专用发票不得抵扣。纳税人购进货物、应税劳务或服务、无形资产、不动产的，支付运费，所支付款项的对象，必须与开具抵扣凭证的销货单位、提供劳务或服务等的单位一致，才能抵扣进项税额，否则不予抵扣。

F.汇总开具增值税发票，没有销售清单不能抵扣。

G.对开增值税专用发票不允许抵扣。所谓“对开发票”是指购货方在发生“销售退回”时，为了规避开红字发票的麻烦，由退货企业再开一份销售专用发票，视同购进后又销售给了原生产企业的行为。

③非正常损失[①]不得抵扣。

A.非正常损失的购进货物，以及相关的加工修理修配劳务和交通运输服务。

B.非正常损失的在产品、产成品所耗用的购进货物（不包括固定资产）、加工修理修配劳务和交通运输服务。

C.非正常损失的不动产，以及该不动产所耗用的购进货物、设计服务和建筑服务。

D.非正常损失的不动产在建工程[②]所耗用的购进货物、设计服务和建筑服务。

④用于最终消费的不得抵扣。

A.用于集体福利或者个人消费的购进货物、加工修理修配劳务、服务、无形资产和不动产。

B.纳税人的交际应酬消费属于个人消费，进项税额不得抵扣。

C.购进的旅客运输服务、贷款服务、餐饮服务、居民日常服务和娱乐服务，进项税额不得抵扣。

D.纳税人接受贷款服务向贷款方支付的与该笔贷款直接相关的投融资顾问费、手续费、咨询费等费用，其进项税额不得抵扣。

⑤用于简易计征办法和免税项目的不得抵扣。

用于简易计税方法计税项目、免征增值税项目的购进货物、加工修理修配劳务、服务、无形资产和不动产，其进项税额不得抵扣。

⑥差额征税允许扣减的款项中的进项税额不得扣除。

---

① 非正常损失是指因管理不善造成货物被盗、丢失、霉烂变质，以及因违反法律法规造成货物或者不动产被依法没收、销毁、拆除的情形。

② 纳税人新建、改建、扩建、修缮、装饰不动产，均属于不动产在建工程。

(3) 进项税额转出的计算

税法规定进项税额不得抵扣的货物，如果在购进货物时已抵扣了进项税额，当改变生产经营用途时，其已抵扣的进项税额应从当期进项税额中扣减，会计上应作“进项税额转出”处理。进项税额转出额的具体计算方法有三种：

①按原抵扣的进项税额计算转出；无法准确确定原抵扣进项税额的，按当期实际成本计算进项税额转出，即：

不得抵扣的进项税额=实际成本×适用税率

②已抵扣进项税额的固定资产、无形资产或者不动产改变用途，发生不得抵扣情形的，按照下列公式计算不得抵扣的进项税额：

不得抵扣的进项税额=固定资产、无形资产或者不动产净值×适用税率

固定资产、无形资产或者不动产净值是指纳税人根据财务会计制度计提折旧或摊销后的余额。

③纳税人兼营简易计税方法计税项目、免征增值税项目而无法划分不得抵扣的进项税额，按照下列公式计算不得抵扣的进项税额：

$$\text{不得抵扣的进项税额}=\text{当期无法划分的全部进项税额}\times\left(\text{当期简易计税方法计税项目销售额}+\text{免征增值税项目销售额}\right)\div\text{当期全部销售额}$$

主管税务机关可以按照上述公式依据年度数据对不得抵扣的进项税额进行清算。

业务链接2-22

某企业为增值税一般纳税人，2018年8月发生如下业务：

4日，外购货物一批，取得增值税专用发票，注明税款18万元，月底清查发现该批货物中的1/4发生霉变。

12日，建造职工活动中心领用生产用原材料一批，该批材料的账面成本为20万元。

当月将一栋三层楼房（营改增后购入）改建成职工食堂。已知购入该栋楼房时，取得的增值税发票上注明价款200万元，增值税税额20万元。企业账面上，固定资产原值为200万元，累计折旧80万元，未计提固定资产减值准备。

问题：计算不得抵扣的进项税额。

分析：①外购货物取得增值税专用发票，可以凭票抵扣，但因管理不善造成购进货物发生非正常损失部分的进项税额不得抵扣。

不得抵扣进项税额=$18\times\frac{1}{4}$=4.5（万元）

②已作进项税额抵扣的购进货物事后改变用途用于集体福利的，应当将已抵扣的进项税额转出。

进项税额转出=20×16%=3.2（万元）

③固定资产改变用途不得抵扣的进项税额=（200−80）×10%=12（万元）

3）一般纳税人增值税税额计算案例分析

一般纳税人增值税应纳税额的计算基本步骤如下：

第一步，计算当期销项税额。

第二步，分析确定或计算确定当期允许抵扣的进项税额（包括进项税额转出）。

第三步，根据公式“当期应纳税额=当期销项税额-当期进项税额”，计算当期实际应纳税额。

引例解读2-1

一般纳税人增值税税额的计算

资料见本章【引例】。

问题： 计算宏达自行车厂6月应纳增值税税额。

分析提示：

（1）计算当期销项税额

货物折扣销售，折扣额与销售额在同一张发票上注明的，折扣额可以扣除：

销项税额=300×300×95%×16%=13 680（元）

向个体户销售货物开具普通发票：

销项税额=2 320÷（1+16%）×16%=320（元）

当期销项税额=13 680+320=14 000（元）

（2）计算进项税额

购进材料、办公用品、机床均取得增值税专用发票，其进项税额允许抵扣；购进货物用于职工福利的，进项税额不得抵扣。

当期进项税额=16 000+320+8 000=24 320（元）

（3）计算进项税额转出

购进的货物用途改变，用于免税项目其进项税额不得抵扣，上期已抵扣的进项税额应转出。

进项税额转出=100 000×16%=16 000（元）

综合上述分析：

当期应纳税额=14 000-（24 320-16 000）=5 680（元）

2.2.2 小规模纳税人增值税税额的计算

1）销售货物、劳务或服务

小规模纳税人销售货物、劳务或服务，按简易办法计算应纳增值税税额，并且不得抵扣进项税额。其计算公式为：

应纳税额=销售额×征收率

上述公式中，销售额为不含税销售额，其内涵与一般纳税人规定相同。

由于小规模纳税人销售货物、劳务或服务，一般只能开具普通发票，取得的销售收入均为含税销售额，因此，在计算增值税应纳税额时，应将含税销售额换算为不含税销售额。公式如下：

（不含税）销售额=含税销售额÷（1+征收率）

纳税人提供的适用简易计税方法计税的应税服务，因服务中止或折让而退还给接受方的销售额，应当从当期销售额中扣减。扣减当期销售额后仍有余额造成多缴的税款，可以从以后的应纳税额中扣减。

同步案例2-1

小规模纳税人增值税税额的计算

背景与情境： 滨海市大洋路万家超市为增值税小规模纳税人，增值税纳税期为1个季度。2018年7月发生与增值税相关的经济业务如下：

（1）从食品厂购进各种食品，取得食品厂开具的增值税普通发票，注明价款15 000元、税额为1 500元。

（2）当月销售小食品及其他日用百货18 000元，均未开具销售发票。

（3）出售旧包装物价税合计取得收入2 472元，未开具销售发票。

（4）出售一台使用过的设备，售价1 200元，该设备原价3 500元。

问题： 计算该超市2018年7月应纳增值税税额。

分析提示： 小规模纳税人应交增值税采用简易计税方法，且不得抵扣进项税额。销售自己使用过的固定资产减按2%征收率计征增值税。

应纳增值税税额=（18 000+2 472）÷（1+3%）×3%+1 200÷（1+3%）×2%

=619.57（元）

2）转让不动产

（1）小规模纳税人（个人除外）转让其取得（不含自建）的不动产，以取得的全部价款和价外费用扣除不动产购置原价或者取得不动产时的作价后的余额为销售额，按照5%的征收率计算应纳税额。应按照本条规定的计税方法向不动产所在地主管地税机关预缴税款，向机构所在地主管国税机关进行申报纳税。

提示： 与一般纳税人销售2016年4月30日前取得的不动产适用简易计税一致。

业务链接2-23

甲市A企业为小规模纳税人，2018年8月销售一处位于乙市的办公楼，该办公楼以1 050万元购入，售价为1 575万元。

问题： 计算A企业上述业务应纳增值税税额。

分析： 小规模纳税人销售外购不动产，采用简易计税方法差额计税，征收率5%，差额预缴，预征率5%。

计算： 处置时计算的应纳增值税税额=（15 750 000−10 500 000）÷（1+5%）×5%=250 000（元）

借：银行存款　　250 000

　贷：应交税费——应交增值税　　250 000

在办公楼所在地地税机关预缴税款：

预缴增值税税额=（15 750 000−10 500 000）÷（1+5%）×5%=250 000（元）

借：应交税费——应交增值税　　250 000

　贷：银行存款　　250 000

向甲市机构所在地主管国税机关进行纳税申报。

（2）小规模纳税人转让其自建的不动产，以取得的全部价款和价外费用为销售额，按照5%的征收率计算应纳税额。应按照本条规定的计税方法向不动产所在地主管地税机关预缴税款，向机构所在地主管国税机关申报纳税。

提示：与一般纳税人销售2016年4月30日前取得的不动产适用简易计税一致。

业务链接2-24

甲市A企业为小规模纳税人，2018年8月销售一处位于乙市的办公楼，该办公楼为企业自建，售价为1 575万元。

问题：计算A企业上述业务应纳增值税税额。

分析：小规模纳税人销售自建不动产，采用简易计税方法全额计税，征收率5%，差额预缴，预征率5%。

处置时计算的应纳增值税税额=15 750 000÷（1+5%）×5%=750 000（元）

借：银行存款　　750 000

　贷：应交税费——应交增值税　　750 000

在办公楼所在地地税机关预缴税款：

预缴增值税税额=15 750 000÷（1+5%）×5%=750 000（元）

借：应交税费——应交增值税　　750 000

　贷：银行存款　　750 000

向甲市机构所在地主管国税机关进行纳税申报。

2.2.3 进口货物增值税税额的计算

无论是一般纳税人还是小规模纳税人进口货物，均应按组成计税价格和规定的税率计算缴纳增值税。其计算公式如下：

应纳税额=组成计税价格×税率

其中：

组成计税价格=关税完税价格+关税+消费税

=（关税完税价格+关税）÷（1-消费税税率）

同步案例2-2

进口货物增值税税额的计算

背景与情境：某进出口公司进口办公设备200台，每台进口关税完税价格10 000元，假定进口关税税率为15%。

问题：计算该进出口公司进口环节应纳增值税税额。

分析提示：进口货物应纳关税=200×10 000×15%=300 000（元）

组成计税价格=200×10 000+300 000=2 300 000（元）

进口环节应纳增值税税额=2 300 000×16%=368 000（元）

2.3 增值税会计核算

2.3.1 一般纳税人增值税会计核算

1）会计科目设置

一般纳税人核算增值税，应在“应交税费”科目下设置“应交增值税”、“未交增值税”、“待抵扣进项税额”、“增值税检查调整”、“预缴增值税”、“增值税留抵税额”、“预缴增值税”、“待认证进项税额”、“待转销项税额”、“简易计税”和“转让金融商品应交增值税”等二级明细科目。各明细科目说明如下：

（1）“应交增值税”专栏设置。详细核算企业增值税的计算、解缴、抵扣等信息，企业应在“应交增值税”明细科目下设置如下专栏，各专栏的相互关系用“T”字形表示如下：

借方　　**应交税费——应交增值税**　　贷方

借方	贷方
进项税额	销项税额
已交税金	出口退税
减免税款	进项税额转出
出口抵减内销产品应纳税额	
销项税额抵减	
转出未交增值税	转出多交增值税
期末留抵税额	

①“进项税额”专栏，记录一般纳税人购进货物、劳务、服务、无形资产或不动产而支付或负担的、准予从销项税额中抵扣的增值税税额。

②“已交税金”专栏，记录一般纳税人已交纳的当月应交增值税税额。

③“减免税款”专栏，记录一般纳税人按现行增值税制度规定准予减免的增值税额。

④“出口抵减内销产品应纳税额”专栏，记录企业按规定的退税率计算的出口货物进项税额抵减内销产品的应纳税额，及适用零税率应税服务的当期抵免税额。

⑤“销项税额抵减”专栏，记录一般纳税人按照现行增值税制度规定因扣减销售额而减少的销项税额。

⑥“销项税额”专栏，记录一般纳税人销售货物、劳务、服务、无形资产或不动产应收取的增值税税额。

⑦“出口退税”专栏，记录一般纳税人出口产品，按规定退回的增值税额。

⑧“进项税额转出”专栏，记录一般纳税人购进货物、劳务、服务、无形资产或不动产等发生非正常损失以及其他原因而不应从销项税额中抵扣，按规定转出的进项税额。

⑨“转出未交增值税”和“转出多交增值税”专栏，分别记录一般纳税人月度终了转出当月应交未交或多交的增值税税额。

（2）“未交增值税”明细科目，核算一般纳税人月度终了从“应交增值税”或“预缴增值税”明细科目转入当月应交未交、多交或预缴的增值税税额，以及当月交纳以前期间的增值税税额。

（3）“预缴增值税”明细科目，核算一般纳税人转让不动产、提供不动产经营租赁服务、提供建筑服务、采用预收款方式销售自行开发的房地产项目等，按规定应预缴的增值税税额。

（4）“待抵扣进项税额”明细科目，核算一般纳税人已取得增值税扣税凭证并经税务机关认证，按照规定准予以后期间从销项税额中抵扣的进项税额。

（5）“待认证进项税额”明细科目，核算一般纳税人由于未取得增值税扣税凭证或未经税务机关认证而不得从当期销项税额中抵扣的进项税额。

（6）“待转销项税额”明细科目，核算一般纳税人销售货物、劳务、服务、无形资产或不动产，已确认收入（或利得）但尚未发生增值税纳税义务而需于以后期间确认为销项税额的增值税税额。

（7）“简易计税”明细科目，核算一般纳税人采用简易计税方法发生的增值税计提、扣减、预缴、缴纳等业务。

（8）“转让金融商品应交增值税”明细科目，核算增值税纳税人转让金融商品发生的增值税额。

（9）“代扣代交增值税”明细科目，核算纳税人购进在境内未设经营机构的境外单位或个人在境内的应税行为代扣代缴的增值税。

2）增值税会计核算

本部分以宏运公司2018年6月发生的与增值税相关的经济业务为例。该公司为增值税一般纳税人，执行《企业会计准则》，原材料采用实际成本计价，增值税按月缴纳，全部货物增值税适用税率为16%。

（1）销项税额的会计核算

①不同货款结算方式下销项税额的会计核算。

A.直接收款。企业以直接收款方式销售货物的，应在收到销货款或取得索取销货款凭据当天，根据销货结算凭证，按实收或应收金额，借记“银行存款”“应收账款”等科目；按不含税销售额，贷记“主营业务收入”等科目；按规定收取的增值税，贷记“应交税费——应交增值税（销项税额）”科目。

业务链接2-25

3日，销售给华丰公司自产的A产品300件，开具增值税专用发票，注明价款180 000元、增值税28 800元。对方以转账支票支付款项。

业务要求： 编制会计分录。

分录编制： 根据销售发票和银行进账单编制会计分录：

借：银行存款	208 800	
贷：主营业务收入		180 000
应交税费——应交增值税（销项税额）		28 800

B.委托收款和托收承付。企业以委托收款和托收承付结算方式销售货物的，应在发出货物并办妥托收手续当天，根据委托收款和托收承付结算凭证上注明的金额，借记“应收账款”科目；按不含税销售额，贷记“主营业务收入”等科目；按规定收取的增值税，贷记“应交税费——应交增值税（销项税额）”科目。

业务链接2-26

5日，销售给外地某工厂B产品一批，开具增值税专用发票，注明价款77 000元、增值税12 320元。合同约定运费由购货方负担，宏运公司开出支票代垫运费与增值税1 980元。上述款项已向银行办妥委托收款手续。

业务要求： 编制会计分录。

分录编制： 根据增值税专用发票记账联、托收承付结算凭证和支票存根，编制会计分录：

借：应收账款	91 300	
贷：主营业务收入		77 000
应交税费——应交增值税（销项税额）		12 320
银行存款		1 980

C.赊销和分期收款销售。企业以赊销或分期收款方式销售货物的，应在书面合同约定的收款日期当天（无书面合同或书面合同没有约定收款日期的，为货物发出当天），根据有关结算凭证，按本期应收金额，借记“应收账款”等科目；按不含税销售额，贷记“主营业务收入”科目；按规定收取的增值税，贷记“应交税费——应交增值税（销项税额）”科目。

业务链接2-27

16日，采用分期收款方式向某企业销售A商品一批，该批商品生产成本为350 000元，不含税售价为500 000元。合同约定货款分4期等额支付，当天收到首笔货款，并向购货方开具增值税专用发票，注明价款125 000元、增值税20 000元，余款分别在以后每月的16日结算。

业务要求： 编制会计分录。

分录编制： 收取首笔货款时，根据增值税专用发票记账联和银行收款通知，编制会计分录：

借：银行存款	145 000	
应收账款	375 000	
贷：主营业务收入		500 000
应交税费——应交增值税（销项税额）		20 000

特别提醒： 按照税法规定，先开具发票的，增值税纳税义务发生时间为开具发票的当天。因此，如果企业在发出商品时一次性全额开具发票，则应按全部销售额计算增值税，这对销货企业是不利的，应该避免这种做法。

D.预收货款。企业以预收货款方式销售货物的，应在发出货物当天，按应收金额，借记“预收账款”科目；按不含税销售额，贷记“主营业务收入”科目；按规定收取的增值税，贷记“应交税费——应交增值税（销项税额）”科目。

业务链接2-28

6日，销售给新华公司C产品一批，开具增值税专用发票，注明价款70 000元、增值税为11 200元。（上月已预收货款60 000元）当日收到对方补付货款转账支票一张。

业务要求： 编制会计分录。

分录编制：当月企业发出商品时，根据开具的增值税专用发票记账联编制会计分录：

借：预收账款——新华公司 81 200

贷：主营业务收入 70 000

应交税费——应交增值税（销项税额） 11 200

收到补付货款，根据进账单编制会计分录：

借：银行存款 21 200

贷：预收账款——新华公司 21 200

②视同销售行为销项税额的会计核算。

增值税视同销售行为会计核算关键应解决两个问题：其一，计算增值税销项税额，并贷记"应交税费——应交增值税（销项税额）"科目；其二，从视同销售行为与企业获得收益或与外部的关系，判定是否确认销售收入。

A.委托代销货物。委托代销按结算方式不同有两种情况：一是以支付手续费方式委托代销，即受托方以双方约定的价格对外销售，并按约定的价格与委托方结算，受托方只收取手续费；二是视同买断，即委托方与受托方只规定交接价，而不管受托方以什么价格出售。无论采用上述何种代销方式，委托方应在收到代销清单或收到货款（两者中的较早者）的当天，对发出代销货物超过180天仍未收到代销清单或货款的，应在发出货物满180天的当天，计算确认增值税销项税额。

业务链接2-29

7日，上月委托罗马购物中心代为销售A产品，代销合同约定不含税单价600元，代销手续费按不含税售价的8%支付。该批产品共800件，每件成本500元，现已全部售出，收到代销清单和手续费结算凭证。

业务要求：计算并编制会计分录。

计算：本月7日收到代销清单时开具增值税专用发票。

销项税额=600×800×16%=76 800（元）

分录编制：根据增值税专用发票记账联、代销清单编制会计分录：

借：应收账款——罗马购物中心 556 800

贷：主营业务收入 480 000

应交税费——应交增值税（销项税额） 76 800

手续费=600×800×8%=38 400（元），受托方开具增值税专用发票金额36 226元、税额2 174元，结清货款，编制会计分录：

借：销售费用 36 226

应交税费——应交增值税（进项税额） 2 174

银行存款 518 400

贷：应收账款——罗马购物中心 556 800

想一想：受托代销方收到手续费该作怎样的税务处理？

B.销售代销货物（受托代销）。与委托代销对应，受托代销结算方式也有收取手续费与视同买断两种。无论采用何种方式，对于受托方来讲，均应在对外销售货物时计算确认增值税销项税额，在与委托方结算时索取增值税专用发票，并确认增值税进项税额。

业务链接 2-30

以收取手续费方式代销：某百货商店接受甲衬衫厂委托代销衬衫500件，代销合同约定代销一件衬衫手续费10元，百货商店5月按工厂指定价每件100元（不含税价）出售，共销售衬衫100件。

业务要求：编制会计分录。

分录编制：实现对外销售时，根据发票及进账单，编制会计分录：

借：银行存款　　11 600
　贷：应付账款——甲衬衫厂（100×100）　　10 000
　　应交税费——应交增值税（销项税额）　　1 600

向委托方开具代销清单，收到增值税专用发票，编制会计分录：

借：应交税费——应交增值税（进项税额）　　1 600
　贷：应付账款——甲衬衫厂　　1 600

计算代销手续费并与委托方结算货款，手续费按“经纪代理服务”以6%税率计算增值税，编制会计分录：

借：应付账款——甲衬衫厂　　11 600
　贷：其他业务收入（10×100÷1.06）　　943
　　应交税费——应交增值税（销项税额）　　57
　　银行存款　　10 600

学习微平台

延伸阅读 2-13

互动教学 2-1

视同买断方式代销：接【业务链接 2-30】资料，若代销合同规定，衬衫厂与百货商场交接价为不含税价格每件100元，商场可根据实际情况自行确定衬衫的售价，但不再向衬衫厂收取任何手续费。现百货商场以每件不含税价110元实现对外销售100件。假设商场按进价金额核算应作怎样的账务处理？如果商场按售价金额核算，其他资料不变又应作怎样的账务处理？

C.设有两个以上机构并实行统一核算的纳税人，将货物从一个机构移送至其他机构用于销售（相关机构设在同一县（市）的除外）。送出机构在发出商品时，根据商品出库单，按成本借记“发出商品”科目，贷记“库存商品”科目。同时，按发出商品的销售额和增值税税率计算销项税额，借记“应收账款”科目，贷记“应交税费——应交增值税（销项税额）”科目。外地机构销售货物后，转来货款和税金时，按价税款合计借记“银行存款”科目，贷记“应收账款”科目，贷记“主营业务收入”科目。同时结转已销商品成本，借记“主营业务成本”科目，贷记“发出商品”科目。

D.将自产或委托加工货物用于集体福利或个人消费。企业应在发放货物时，按货物的公允价值和增值税税额，借记“应付职工薪酬”科目，按货物的公允价值，贷记“主营业务收入”科目，按增值税税额，贷记“应交税费——应交增值税（销项税额）”科目。

业务链接2-31

8日，将一批自制的B产品作为福利分给本公司职工。该批产品的生产成本40 000元，不含税售价50 000元。

业务要求：计算增值税销项税额并编制会计分录。

计算：销项税额=50 000×16%=8 000（元）

福利支出金额=50 000+8 000=58 000（元）

分录编制：实际发放产品时，根据商品出库单，编制会计分录：

借：应付职工薪酬	58 000	
贷：主营业务收入		50 000
应交税费——应交增值税（销项税额）		8 000

E.将自产、委托加工或购买的货物对外投资。企业应在发出存货时，按存货的公允价值和相关税费，借记“长期股权投资”科目，按存货的公允价值，贷记“主营业务收入”科目，按计算的增值税税额，贷记“应交税费——应交增值税（销项税额）”科目。

业务链接2-32

10日，将自制的A产品投资于丽人公司，占丽人公司注册资本的5%，并准备长期持有。投出产品生产成本80 000元，不含税售价88 000元，开具增值税专用发票。

业务要求：计算增值税销项税额并编制会计分录。

计算：销项税额=88 000×16%=14 080（元）

分录编制：对外移送产品时，根据投资合同，编制会计分录：

借：长期股权投资——丽人公司	102 080	
贷：主营业务收入		88 000
应交税费——应交增值税（销项税额）		14 080

F.将自产、委托加工或购买的货物分配给股东或投资者。企业应在物权转移时，按抵付的股利或利润，借记“应付股利”等科目；按实现的销售额，贷记“主营业务收入”科目；按计算的增值税税额，贷记“应交税费——应交增值税（销项税额）”科目。

业务链接2-33

11日，将委托加工的M产品用于利润分配，M产品生产成本为11 000元，无同类产品售价。

业务要求：计算增值税销项税额并编制会计分录。

计算：M产品的组成计税价格=11 000×（1+10%）=12 100（元）

M产品的销项税额=12 100×16%=1 936（元）

分录编制： 在公司通过股利分配方案时，根据股利分配方案的计算结果，编制会计分录：

借：应付股利　　14 036
　贷：主营业务收入　　12 100
　　应交税费——应交增值税（销项税额）　　1 936

G.将自产、委托加工或购买的货物无偿赠送他人。企业发生此类业务时，可以向受赠方开具发票，并根据发票和出库单，按发出货物的实际成本和应承担的增值税税额，借记"营业外支出"科目；按发出货物的实际成本，贷记"库存商品"科目；按计算的增值税税额，贷记"应交税费——应交增值税（销项税额）"科目。

业务链接2-34

19日，将新产品一批赠送给客户试用，该批产品生产成本为2 000元，无同类产品销售价格。

业务要求： 计算增值税销项税额并编制会计分录。

计算： 销项税额=2 000×（1+10%）×16%=352（元）

分录编制： 根据产品出库单，编制会计分录：

借：营业外支出　　2 352
　贷：库存商品　　2 000
　　应交税费——应交增值税（销项税额）　　352

职业道德与企业伦理2-1

卖车送饰品，别把税款送没了

背景与情境： 汽车4S店，是一种以"四位一体"为核心的汽车特许经营模式，它由整车销售（Sale）、零配件销售（Sparepart）、售后服务（Service）、信息反馈（Survey）四部分组成，已成为我国汽车销售的重要模式和渠道。随着我国汽车产业的迅猛发展，汽车4S店如雨后春笋般在各大城市出现，行业竞争异常激烈。

为促进汽车销售，如今几乎所有的汽车4S店都有一个不成文的规矩：在顾客买车时随车赠送一些装饰用品，如防爆膜、真皮座套、地胶板、防盗报警器等，车的档次越高，赠品价值也越高。调查发现，不少汽车4S店一年的赠品支出达20万元以上，有些销售量大的汽车4S店一年的赠品支出额甚至高达50万元。遗憾的是，不少汽车4S店在使用了这一促销手段后，并没有对赠品支出进行正确的税务处理，埋下了税务处罚的隐患。

北京中税通税务师有限公司一直为多家汽车4S店提供税务审计服务。该所在审计北京某汽车4S店2008年度纳税情况时，发现该店在销售费用中的促销费明细中列支赠品支出近18万元，未按税法规定进行税务处理，涉及少缴税款3万元。

资料来源　根据http://www.chinaacc.com/new/253_725_/2009_10_28_wa24821725441820190024860.shtml整理。

问题： 请分析汽车4S店将赠品支出未进行税务处理违反了什么规定？

分析提示：按照《增值税暂行条例实施细则》第四条第八款的规定，将自产、委托加工或购进的货物无偿赠送给其他单位或个人，应视同销售计算增值税销项税额。但实际上相当一部分汽车4S店在对赠品进行账务处理时，仅将其结转入主营业务成本或计入销售费用，未对相应的增值税销项税额进行计提，从而造成国家税款流失。因此，汽车4S店应特别注意，卖车送装饰用品，千万别把增值税给送没了。

学习做平台

延伸阅读 2-14

③与包装物相关的销项税额会计核算。

A.不单独计价的包装物销售。不单独计价的包装物随同货物一起销售，其实质为货物销售的一部分，应在货物销售时计算增值税销项税额，同时直接确认主营业务收入。

B.单独计价的包装物销售。单独计价的包装物销售额应在实现销售时计算增值税销项税额，并同时确认为其他业务收入。

业务链接2-35

12日，向华美公司销售A产品一批，增值税专用发票注明价款20 000元、增值税3 200元；企业随同产品出售包装物，不含税价款1 000元。上述款项均未收到。

业务要求：编制会计分录。

分录编制：根据销货发票，编制会计分录：

借：应收账款——华美公司	24 360	
贷：主营业务收入		20 000
其他业务收入		1 000
应交税费——应交增值税（销项税额）（3 200+1 000×16%）		3 360

C.出租包装物收取的租金和押金。收到的租金收入本质上是一种价外收费，应在收取时按所售货物的适用税率计算增值税销项税额；对收取的押金，当购货方能在规定的期限内如数归还包装物时应退还。因此，一般情况下，当购货方逾期不能退还包装物时，企业应按所售货物的适用税率计算没收押金的增值税销项税额。

业务链接2-36

13日，销售给秋林公司C产品500件，开具的增值税专用发票注明价款30 000元。出租包装物500个，承租期2个月，收取租金2 900元；另收取包装物押金每只10元。上述款项均已收到存入银行。25日，出租包装物租期满，购货方归还包装物400只，其余100只无法归还，结清包装物押金。

业务要求：计算增值税销项税额并编制会计分录。

计算：C产品销项税额=30 000×16%=4 800（元）

租金收入销项税额=2 900÷（1+16%）×16%=2 500×16%=400（元）

对收取的押金暂不计征增值税。

分录编制：13日，根据销货发票、收款收据及银行进账单，编制会计分录：

借：银行存款	43 100	
贷：主营业务收入		30 000

贷：其他业务收入 2 900

应交税费——应交增值税（销项税额） 5 200

其他应付款——存入保证金 5 000

25日，没收包装物押金应计增值税=100×10÷（1+16%）×16%=138（元）。

借：其他应付款——存入保证金 5 000

贷：其他业务收入 862

应交税费——应交增值税（销项税额） 138

银行存款 4 000

特别提醒： 对实际未逾期但按税法规定应作没收处理的包装物押金，在会计上可不确认收入，但应计算销项税额。

对销售除黄酒、啤酒以外的其他酒类产品而收取的包装物押金，不论是否归还，也不论会计上如何核算，均应在收到押金的当期并入销售额计算增值税。其会计处理如下：

收取押金时，按实际收取金额，借记"银行存款"科目，贷记"其他应付款——存入保证金"科目；同时计算增值税，借记"其他应付款——存入保证金"科目，贷记"应交税费——应交增值税（销项税额）"科目。没收包装物押金时，按不含税收入，借记"其他应付款——存入保证金"科目，贷记"其他业务收入"科目；若企业退还包装物押金，按已计算的增值税销项税额作当期费用，借记"其他业务成本"科目，按扣除销项税额后的押金额，借记"其他应付款——存入保证金"科目，按实际退回的押金，贷记"银行存款"科目。

④特殊销售方式下销项税额的会计核算。

A.销售折扣、折扣销售与销售折让。对销售折扣，销货方应在销售货物时，按货物销售额全额计算增值税销项税额；对折扣销售，销货方应将货物的销售额和折扣额在同一张发票上注明，并以扣除折扣后的金额计算增值税销项税额；对销售折让，无论是当月还是以前月份，销货方均应向购货方要求退回增值税专用发票及"销货退回或折让证明单"，并在发生退回或折让当月冲减主营业务收入和增值税销项税额。

业务链接2-37

14日，销售给某商店A产品700件，价目表中标明的单位售价为600元（不含税），因购买数量较大，公司同意给予九折优惠（折扣额与销售额在同一张发票上注明），同时约定给予"2/10，1/20，n/30"（以不含税价款为折扣基数）的折扣条件。

业务要求： 计算增值税销项税额并编制会计分录。

计算： 销项税额=700×600×90%×16%=378 000×16%=60 480（元）

分录编制： 根据发票和托收凭证，编制会计分录：

借：应收账款 438 480

贷：主营业务收入 378 000

应交税费——应交增值税（销项税额） 60 480

业务链接2-38

15日，上月销售给某商店的A产品因与合同不符被全部退回，已收到商店转来的发票联和抵扣联，货款50 000元，增值税8 000元。上月的销货款尚未收到，宏运公司开具了红字专用发票。

业务要求：编制会计分录。

分录编制：根据开具的红字专用发票，编制会计分录：

借：应收账款——某商店　　58 000

　贷：主营业务收入　　50 000

　　　应交税费——应交增值税（销项税额）　　8 000

B.以旧换新。以旧换新业务，销售货物与有偿收购旧货是两项不同业务，企业对销售的新货应按税法规定计算增值税销项税额，对收购旧货按购进存货处理。

业务链接2-39

某手机制造厂为了占领市场，以每部不含税价1 000元的价格出售自产手机。为扩大销售，厂商决定任何品牌的手机都可以用来以旧换新，旧手机的收购价每部80元，本月厂商通过以旧换新销售手机400部。

业务要求：计算增值税销项税额并编制会计分录。

计算：销项税额=400×1 000×16%=64 000（元）

分录编制：

借：银行存款　　432 000

　　原材料　　32 000

　贷：主营业务收入　　400 000

　　　应交税费——应交增值税（销项税额）　　64 000

C.以物易物。以物易物，购销双方应以各自换出的货物作销售处理，计算增值税销项税额，对换入的货物作购进处理，能取得合法扣税凭证时，应核算增值税进项税额。

业务链接2-40

甲公司以账面价值8 000元、公允价值10 000元的A材料，换入乙公司账面价值12 000元、公允价值10 000元的B材料，增值税税率均为16%。双方均开具了增值税专用发票。

业务要求：编制甲公司和乙公司的会计分录。

分录编制：甲公司的会计分录如下：

借：原材料——B材料　　10 000

　　应交税费——应交增值税（进项税额）　　1 600

　贷：主营业务收入　　10 000

　　　应交税费——应交增值税（销项税额）　　1 600

乙公司的会计分录如下：

借：原材料——A材料　　　　10 000

　　应交税费——应交增值税（进项税额）　　　　1 600

　贷：主营业务收入　　　　10 000

　　　应交税费——应交增值税（销项税额）　　　　1 600

（2）允许抵扣进项税额的会计核算

①购进货物、按受应税劳务进项税额的会计核算。

企业购进货物、按受应税劳务，如果能取得增值税专用发票并且通过认证，其增值税进项税额可以抵扣，应借记“应交税费——应交增值税（进项税额）”科目。

业务链接2-41

4日，向盛达公司购进原材料一批，取得增值税专用发票，注明价款100 000元、增值税16 000元。购进材料支付运输费2 400元、增值税240元，取得增值税专用发票。材料验收入库，货款已付。

业务要求：编制会计分录。

分录编制：根据增值税专用发票、入库单和银行支付凭证，编制会计分录：

借：原材料　　　　102 400

　　应交税费——应交增值税（进项税额）　　　　16 240

　贷：银行存款　　　　118 640

业务链接2-42

17日，公司基本生产车间委托某修理厂修理设备，以银行存款支付修理费2 000元，增值税320元，取得增值税专用发票。

业务要求：编制会计分录。

分录编制：根据增值税专用发票和银行支付凭证，编制会计分录：

借：管理费用　　　　2 000

　　应交税费——应交增值税（进项税额）　　　　320

　贷：银行存款　　　　2 320

学习微平台

延伸阅读 2-15

互动教学2-2

企业取得货物的途径多种多样，如外购、接受投资、接受捐赠等，它们在增值税核算上有相似之处，只要能取得增值税专用发票，并且通过认证，其进项税额就可以抵扣，应借记“应交税费——应交增值税（进项税额）”科目。甲企业接受联营单位投入原材料一批，增值税专用发票注明价款51 000元、增值税8 160元，材料验收入库，假定均享受注册资本份额，请对该业务进行税务处理。如果上述甲企业接受的材料是由某企业捐赠的，请问又该作怎样的税务处理？

②购进免税农产品进项税额的会计核算。

企业购进免税农产品，应按购入农产品的买价和规定的扣除率计算的金额，借记“应交税费——应交增值税（进项税额）”科目；按买价扣除按规定计算的进项税额后的余额，借记“原材料”等科目；按实际支付款，贷记“银行存款”等科目。

业务链接2-43

21日，向当地农民收购小麦，填开的经税务机关批准使用的收购凭证上注明的买价为70 000元，该批小麦已运抵企业并验收入库，货款以现金支付。

业务要求：计算允许扣抵的增值税进项税额并编制会计分录。

计算：购进免税农产品允许抵扣的进项税额=70 000×10%=7 000（元）

农产品采购成本=70 000−7 000=63 000（元）

分录编制：根据农产品收购发票、入库单及付款凭证，编制会计分录：

借：原材料	63 000	
应交税费——应交增值税（进项税额）	7 000	
贷：库存现金		70 000

③进货退回或折让进项税额的会计核算。

在未付款且未作账务处理的情况下，对购入货物退回，只需将发票联和抵扣联退还给销货方；对购入货物折让，先退回发票联和抵扣联，再由销货方按折让后的价款重新开具专用发票。在已付款或已作账务处理，发票联和抵扣联无法退还的情况下，购货方必须取得当地主管税务机关开具的证明单送销货方，由销货方开具红字专用发票，将红字专用发票的发票联和抵扣联作为购货方扣减当期进项税额的凭证。

业务链接2-44

某公司购入甲材料一批，取得的增值税专用发票注明价款9 000元、增值税1 440元，款项以银行存款支付。甲材料运到，经验收发现质量不符，要求全部退货，取得当地主管税务机关的证明单送销货方，并以现金代垫退货运费600元。

业务要求：编制会计分录。

分录编制：购入货物支付货款，并在当期办理增值税抵扣认证时，编制会计分录：

借：在途物资	9 000	
应交税费——应交增值税（进项税额）	1 440	
贷：银行存款		10 440

退回购入货物时，编制会计分录：

借：应收账款——××单位	9 600	
贷：在途物资		9 000
库存现金		600

收到销货方开来的红字专用发票及转来货款时，编制会计分录：

借：银行存款　　11 040

贷：应收账款——××单位　　9 600

应交税费——应交增值税（进项税额）　　1 440

学习微平台

延伸阅读 2-16

互动教学2-3

假定【业务链接2-44】中的甲材料验收入库时发现质量有问题，经与销货方协商后同意折让20%。请编制会计分录。

④购进固定资产（非不动产）进项税额的会计核算。

一般纳税人购进固定资产进项税额核算应区分不同情况处理：其一，购进用于生产经营的固定资产，可凭法定扣税凭证抵扣进项税额；其二，购进用于简易计税项目、免税项目、集体福利或个人消费的固定资产，不得抵扣进项税额。

业务链接2-45

23日，购入不需安装的生产设备一台，取得的增值税专用发票注明价款300 000元、增值税48 000元，款项以转账支票付讫。

业务要求：编制会计分录。

分录编制：23日，根据增值税专用发票、设备验收单和银行付款凭证等，编制会计分录：

借：固定资产　　300 000

应交税费——应交增值税（进项税额）　　48 000

贷：银行存款　　348 000

⑤购进固定资产（不动产）进项税额的会计核算。

2016年5月1日后取得并在会计制度上按固定资产核算的不动产及不动产在建工程，其进项税额应自取得之日起分两年从销项税额中抵扣，第一年抵扣比例为60%，第二年抵扣比例为40%。

业务链接2-46

24日，购买写字楼用于办公，不含税价1 000万元，进项税额100万元，取得增值税专用发票。

业务要求：编制会计分录。

计算：2018年6月底抵扣增值税=100×60%=60（万元）

分录编制：根据上述资料编制会计分录：

借：固定资产　　10 000 000

应交税费——应交增值税（进项税额）　　600 000

——待抵扣进项税额　　440 000

贷：银行存款　　11 000 000

2019年6月（第13个月）抵扣剩余的40万元：

借：应交税费——应交增值税（进项税额）　　400 000

贷：应交税费——待抵扣进项税额 400 000

⑥进口货物增值税的会计核算。

一般纳税人从国外进口货物，应按进口货物采购成本，借记“原材料”等科目；按完税凭证上注明的增值税税额，借记“应交税费——应交增值税（进项税额）”科目；按实际支付的金额，贷记“银行存款”等科目。

业务链接2-47

27日，从国外进口一套生产设备，关税完税价格为500 000元，关税税率为10%，设备已验收交付使用，款项以银行存款支付。

业务要求：计算进口环节应缴纳的增值税并编制相关会计分录。

计算：关税=500 000×10%=50 000（元）

应纳增值税税额=（500 000+50 000）×16%=88 000（元）

固定资产入账成本=500 000+50 000=550 000（元）

分录编制：根据固定资产验收单、购货发票和海关完税凭证等，编制会计分录：

借：固定资产 550 000

　　应交税费——应交增值税（进项税额） 88 000

　贷：银行存款 638 000

（3）不得抵扣进项税额的会计核算

企业购进货物或接受应税劳务发生的增值税不能抵扣，则应将其金额计入购入货物或接受劳务的成本。但如果购进货物或应税劳务的进项税额已申报抵扣，后因改变用途发生不得抵扣进项税额的情形，则应将其已抵扣的进项税额转出，贷记“应交税费——应交增值税（进项税额转出）”科目，以扣减发生期的进项税额。

①购进货物取得普通发票的会计核算。

一般纳税人购进货物取得普通发票的，除税法另有规定外，不得计算抵扣进项税额。

业务链接2-48

24日，从小规模纳税人购入包装箱一批，取得普通发票注明价税款合计3 510元，包装箱验收入库，款项全部支付。

业务要求：编制会计分录。

分录编制：根据购货普通发票、验收入库单和银行付款凭证编制会计分录：

借：周转材料——包装箱 3 510

　贷：银行存款 3 510

②购进货物或应税劳务用于集体福利或个人消费的会计核算。

业务链接2-49

27日，从某商店购进一批货物为职工福利用，取得增值税普通发票，注明价款33 000元、增值税5 280元，款项以转账支票付讫。

业务要求： 编制会计分录。

分录编制： 企业购进货物时就明确意图用于职工福利，根据普通发票和银行付款凭证等编制会计分录：

借：应付职工薪酬　　38 280

　贷：银行存款　　38 280

同时，结转成本费用编制会计分录：

借：生产成本（等）　　38 280

　贷：应付职工薪酬　　38 280

学习微平台

延伸阅读 2-17

互动教学 2-4

某生产企业将一批库存外购生产用材料以福利形式发放给单位职工。该批材料购进时已取得增值税专用发票并申报抵扣，其实际成本为30 000元，增值税税率为16%。上述生产用外购货物增值税进项税额能否抵扣？请编制会计分录。

③非正常损失购进货物的会计核算。

业务链接 2-50

25日，购入原材料1 000千克，单位不含税价款8元，材料到达实际验收入库900千克。公司允许的定额内合理损耗率为2%，其余为非正常损失。上述货款以银行存款支付。

业务要求： 计算不得抵扣的进项税额并编制会计分录。

计算： 不得抵扣进项税额=（1 000−900−1 000×2%）×8×16%=102.4（元）

原材料采购成本=（900+1 000×2%）×8=7 360（元）

分录编制： 货物验收入库时，编制会计分录：

借：原材料　　7 360

　　待处理财产损溢——待处理流动资产损溢　　742.4

　贷：在途物资　　8 000

　　　应交税费——应交增值税（进项税额转出）　　102.4

学习微平台

延伸阅读 2-18

互动教学 2-5

某公司6月份盘点存货发现5月购进的A材料3 000千克被盗，金额31 500元（其中含分摊的运输费用4 650元，假定运输费取得税率为10%的增值税专用发票，上月均已认证并申报抵扣），经批准作为营业外支出处理。计算上述业务中不得抵扣的进项税额，并编制会计分录。

④固定资产（非不动产）进项税额转出的会计核算。

增值税法规规定，已抵扣进项税额的固定资产用于简易计税项目、免税项目、集体福利或个人消费，以及发生非正常损失，应当在当月按下列公式计算不得抵扣的进项税额：

不得抵扣的进项税额=固定资产净值×适用税率

上式所述固定资产净值是指纳税人按照财务制度计提折旧后计算的固定资产净值。

业务链接 2-51

2018年12月财产清查，甲企业因管理不善丢失一台生产用设备。该设备于2018年6月购入，原值100 000元，进项税额16 000元已在购进当月申报抵扣，设备已提折旧10 000元。

业务要求：上述固定资产已抵扣的进项税额是否要转出？如果需要转出，请计算并编制会计分录。

计算：上述固定资产于2018年6月购入，根据增值税法规的规定，购进固定资产的进项税额已予抵扣，因此当发生非正常损失时其已抵扣的进项税额必须作转出处理。

进项税额转出=（100 000-10 000）×16%=14 400（元）

分录编制：根据固定资产损失报告单，编制会计分录：

借：待处理财产损溢——待处理固定资产损溢　　104 400
　　累计折旧　　10 000
　贷：固定资产　　100 000
　　　应交税费——应交增值税（进项税额转出）　　14 400

（4）应缴增值税的会计核算

多栏式账页格式下应缴增值税的会计核算主要通过对“应交税费——应交增值税”账户余额的分析来完成。由于纳税人所选择的纳税期限不同，相应的处理方法也存在差异。

①以月为纳税期限的会计核算

以1个月为纳税期限的企业，月中无需预缴增值税，因此月末不会出现多缴税金的情况。这类企业平时通过“应交税费——应交增值税”多栏式明细账核算增值税涉税业务，月末结出借、贷方发生额和期末余额，若月末该账户为借方余额，表示尚未抵扣的进项税额，应留待下期抵扣，不作账务处理；若为贷方余额，表示本月应交未交增值税，月末结转到“未交增值税”科目，编制会计分录：

借：应交税费——应交增值税（转出未交增值税）
　贷：应交税费——未交增值税

下月纳税申报期内缴纳增值税时，编制会计分录：

借：应交税费——未交增值税
　贷：银行存款

②以日为纳税期限的会计核算

以日为纳税期限的企业，自期满之日起5日内预缴税款，于次月15日内申报纳税并结清上月应纳税款。

这类企业平时通过“应交税费——应交增值税”多栏式明细账核算增值税涉税业务，其中，按期预缴当月增值税税额时编制会计分录：

借：应交税费——应交增值税（已交税金）

　　贷：银行存款

月末，根据“应交税费——应交增值税”明细账的余额分别不同情况处理：

A.若“应交税费——应交增值税”明细账为贷方余额，表示本月应缴未缴增值税，月末结转到“未交增值税”科目，编制会计分录：

借：应交税费——应交增值税（转出未交增值税）

　　贷：应交税费——未交增值税

下月纳税申报期内缴纳本月应缴增值税时编制会计分录：

借：应交税费——未交增值税

　　贷：银行存款

B.若“应交税费——应交增值税”明细账为借方余额，由于月中有预缴税款的情况，该账户借方余额包含两部分内容：当月尚未抵扣的进项税额或当月多交的增值税。具体可以通过比较“应交税费——应交增值税”明细账借方余额和“已交税金”专栏的合计数分别确定尚未抵扣的进项税额和多交增值税税额：

当“应交税费——应交增值税”账户的借方余额大于“应交税费——应交增值税”账户的“已交税金”专栏合计数时，表明当月已缴的税金全部为多缴的增值税，且两者的差额为本月尚未抵扣的进项税额，月末结转到“未交增值税”科目，编制会计分录：

借：应交税费——未交增值税

　　贷：应交税费——应交增值税（转出多交增值税）

业务链接2-52

某企业6月份“应交税费——应交增值税”明细账户结转前的资料见表2-7。

表2-7　**应交税费——应交增值税（简化）**

年		凭证号数	摘要	借方				贷方				借或贷	余额
月	日			合计	进项税额	已交税金	出口抵减内销产品应纳税额	合计	销项税额	出口退税	进项税额转出		
—	—	—	—	5 150	3 650	1 500		3 400	3 400			借	1 750

业务要求：分析当月应缴税额。

分析：“应交税费——应交增值税”账户借方余额1 750元大于“应交税费——应交增值税”账户的“已交税金”专栏合计1 500元，则“已交税金”专栏合计数全部为当月多缴税金，其差额250元（1 750-1 500）为当月尚未抵扣的进项税额。

月末编制会计分录：

借：应交税费——未交增值税　　250

　　贷：应交税费——应交增值税（转出多交增值税）　　250

当“应交税费——应交增值税”借方余额等于“应交税费——应交增值税”账户的“已交税金”专栏合计数时，表明当月已缴税金全部为多缴的增值税，本月无尚未抵扣的进项税额。

业务链接2-53

若上述企业6月份“应交税费——应交增值税”明细账户资料见表2-8，请分析当月实际应缴税额。

表2-8 **应交税费——应交增值税**

年		凭证号数	摘要	借方				贷方				借或贷	余额
月	日			合计	进项税额	已交税金	出口抵减内销产品应纳税额	合计	销项税额	出口退税	进项税额转出		
—	—	—	—	5 150	3 650	1 500		3 650	3 650			借	1 500

分析：“应交税费——应交增值税”账户的借方余额1 500元等于“应交税费——应交增值税”账户的“已交税金”专栏合计数1 500元，则“已交税金”专栏合计数1 500元全部为当月多缴的增值税，因此，月末编制会计分录：

借：应交税费——未交增值税 1 500

　贷：应交税费——应交增值税（转出多交增值税） 1 500

当“应交税费——应交增值税”账户的借方余额小于“应交税费——应交增值税”账户的“已交税金”专栏合计数时，表明已缴税金中部分为应缴税金，部分为多缴税金，借方差额为多缴税金。

业务链接2-54

若企业6月份“应交税费——应交增值税”明细账户资料见表2-9，请分析当月实际应缴税额。

表2-9 **应交税费——应交增值税**

年		凭证号数	摘要	借方				贷方				借或贷	余额
月	日			合计	进项税额	已交税金	出口抵减内销产品应纳税额	合计	销项税额	出口退税	进项税额转出		
—	—	—	—	5 150	3 650	1 500		4 150	4 150			借	1 000

分析：“应交税费——应交增值税”账户的借方余额1 000元小于“应交税费——应交增值税”账户的“已交税金”专栏合计数1 500元，则“已交税金”专栏合计数1 500元中应缴税费为500元（销项税额4 150-进项税额3 650），当月多缴增值税为1 000元。

（5）增值税优惠会计核算

增值税的优惠有直接减免、即征即退、先征后退三种形式，其会计核算各不相同。

①直接减免优惠的会计核算。

企业销售免税项目时，会计上不要求单独反映直接减免的税金，只需按规定核算销售收入。

业务链接2-55

某生产企业某月销售免税产品一批，开具普通发票，收取货款13 600元。

业务要求： 编制会计分录。

分录编制： 根据发票、银行进账单，编制会计分录：

借：银行存款　　13 600

　贷：主营业务收入　　13 600

②即征即退优惠的会计核算。

企业享受增值税即征即退优惠时，会计上应按正常会计核算程序核算应纳增值税税额。在办理税款申报缴纳手续后，申报办理增值税退还手续。收到退税款时，编制如下会计分录：

借：银行存款

　贷：营业外收入——政府补助

③先征后退优惠的会计核算。

先征后退是指企业在销售货物时，正常计税，并按规定纳税期限正常缴税。日后按有关规定收到财政部门的退税款时，会计上按企业会计准则规范的政府补助，作如下分录：

借：银行存款

　贷：营业外收入——政府补助

2.3.2 小规模纳税人增值税会计核算

1）科目设置

小规模纳税人核算增值税应设置“应交税费——应交增值税”科目。该账户通常采用三栏式账页，其贷方登记企业销售货物或提供应税劳务应缴纳的增值税税额；借方登记企业已缴纳的增值税税额；期末贷方余额反映企业应缴未缴的增值税税额；期末借方余额反映企业多缴的增值税税额。

注意： 特殊情况下需设置“转让金融商品应交增值税”和“代扣代交增值税”二级明细科目。

2）会计核算

小规模纳税人增值税主要涉税业务账务处理原则如下：购进货物或接受应税劳务时，按实际支付的价税合计额，借记“原材料”等科目，贷记“银行存款”等科目；销售货物或提供应税劳务时，按实际收取或应收的款项，借记“银行存款”或“应收账款”等科目，按不含税销售额贷记“主营业务收入”或“其他业务收入”科目，按增值税税额贷记“应交税费——应交增值税”科目；按期缴纳增值税时，借记“应交税费——应交增值税”科目，贷记“银行存款”科目。

业务链接2-56

资料见【同步案例2-1】。

业务要求：编制会计分录。

分录编制：

（1）购进食品，编制会计分录：

借：库存商品	16 950	
贷：银行存款		16 950

（2）销售食品和百货收取款项，编制会计分录：

借：银行存款	20 472	
贷：主营业务收入（18 000÷1.03）		17 476
其他业务收入（2 472÷1.03）		2 400
应交税费——应交增值税		596

出售设备收取款项，编制会计分录：

借：银行存款	1 200	
贷：固定资产清理		1 177
应交税费——应交增值税		23

2.4　增值税纳税申报

2.4.1　增值税征收管理

1）纳税期限

增值税的纳税期限分别为1日、3日、5日、10日、15日、1个月或者1个季度，其中以1个季度为纳税期限的，适用于小规模纳税人、银行、财务公司、信托投资公司、信用社，以及财政部和国家税务总局规定的其他纳税人，具体纳税期限由主管税务机关根据纳税人应纳税额的大小分别核定；不能按照固定期限纳税的，可以按次纳税。

纳税人以1日、3日、5日、10日、15日为1个纳税期的，自期满之日起5日内预缴税款，于次月1日起15日内申报纳税并结清上月应纳税款；以1个月或者1个季度为1个纳税期的，自期满之日起15日内申报纳税并结清上月应纳税款。

扣缴义务人解缴税款的期限，依照纳税义务人的规定执行。

纳税人进口货物，应当自海关填发海关进口增值税专用缴款书之日起15日内缴纳税款。

2）纳税地点

①固定业户应当向其机构所在地或居住地主管税务机关申报纳税。

总机构和分支机构不在同一县（市）的，应当分别向各自所在地主管税务机关申报纳税；经国务院财政、税务主管部门或其授权的财政、税务机关批准，可以由总机构汇总向总机构所在地主管税务机关申报纳税。

②固定业户到外县（市）销售货物或劳务，应当向其机构所在地的主管税务机关报告外出经营事项，并向其机构所在地的主管税务机关申报纳税。未报告的，应当向销售地或劳务发生地的主管税务机关申报纳税。未向销售地或劳务发生地的主管税务机关申报纳税的，由其机构所在地的主管税务机关补征税款。

③非固定业户销售货物或劳务，应当向销售地或者劳务发生地主管税务机关申报纳税。未向销售地或劳务发生地的主管税务机关申报纳税的，由其机构所在地或居住地主管税务机关补征税款。

④进口货物，应当向报关地海关申报纳税。

⑤扣缴义务人应当向其机构所在地或居住地的主管税务机关申报缴纳其扣缴税款。

2.4.2 增值税纳税申报

2.4.2.1 一般纳税人增值税纳税申报

1）申报程序

一般纳税人办理纳税申报，需要经过专用发票认证（或选择抵扣）、抄税、报税、办理申报等工作。

①专用发票认证（或选择抵扣）。增值税专用发票的认证方式可选择手工认证和网上认证。手工认证是单位办税员月底持专用发票“抵扣联”到所属主管税务机关服务大厅“认证窗口”进行认证；网上认证是纳税人月底前通过扫描仪将专用发票抵扣联扫入认证专用软件，生成电子数据，将数据文件传给税务机关完成认证。截至2016年12月1日，纳税信用A级、B级、C级纳税人对取得的增值税专用发票可以不再进行认证，通过增值税发票税控开票软件登录本省增值税发票查询平台，查询、选择用于申报抵扣或者出口退税的增值税发票信息。

②抄税。抄税是在当月的最后一天，通常是在次月1日早上开票前，利用防伪税控开票系统进行抄税处理，将本月开具增值税专用发票的信息读入IC卡（抄税完成后本月不允许再开具发票）。

③报税。报税是在报税期内，一般单位在15日前，将IC卡拿到税务机关，由税务人员将IC卡的信息读入税务机关的金税系统。经过抄税，税务机关确保了所有开具的销项发票都进入到了金税系统，经过报税，税务机关确保了所有抵扣的进项发票都进入了金税系统，就可以在系统内由系统进行自动比对，确保任何一张抵扣的进项发票都有销项发票与其对应。

④办理申报。申报工作可分为上门申报和网上申报，上门申报是指在申报期内，携带填写的申报表、资产负债表、利润表及其他相关材料到主管税务机关办理纳税申报，税务机关审核后申报表退还一联给纳税人。网上申报是指纳税人在征税期内，通过互联网将增值税纳税申报表主表、附表及其他必报资料的电子信息传送至电子申报系统。纳税人应从办理税务登记的次月1日起15日内，不论有无销售额，均应按主管税务机关核定的纳税期限按期向当地税务机关申报。

⑤税款缴纳。税务机关将申报表单据送到开户银行，由银行进行自动转账处理。对于未实行税库银联网的纳税人还需自己到税务机关指定的银行进行现金缴纳。

2）申报资料

电子信息采集系统一般纳税人纳税申报资料包括：

（1）增值税纳税申报表（一般纳税人适用）和反映本期销售情况明细的附列资料

(一)，反映本期进项税额明细的附列资料（二)，反映本期服务、不动产和无形资产扣除项目明细的附列资料（三)，反映税额抵减情况的附列资料（四)，反映不动产分期抵扣计算情况的附列资料（五)，增值税减免税申报明细表，营改增税负分析测算明细表等。

（2）备份数据软盘和IC卡。

（3）资产负债表和利润表。

（4）海关完税凭证抵扣清单。

（5）代开发票抵扣清单。

（6）备查资料：已开具普通发票存根联；符合抵扣条件并且在本期申报抵扣的增值税专用发票抵扣联；海关进口货物完税凭证、购进农产品普通发票存根联原件及复印件；收购发票；代扣代缴税款凭证存根联；主管税务机关规定的其他备查资料。备查资料是否需要在当期报送，由各级国家税务机关确定。

3）申报表类别汇总（见表2-10）

表2-10　**一般纳税人增值税纳税申报需要填写的申报表及附表汇总**

一般纳税人增值税纳税申报表	表性质	填写要求
增值税纳税申报表（一般纳税人使用）	主表	必填
增值税纳税申报表附列资料（一）（本期销售情况明细）	附表	必填
增值税纳税申报表附列资料（二）（本期进项税额明细）	附表	必填
增值税纳税申报表附列资料（三）（服务、不动产和无形资产扣除项目明细）	附表	选填
增值税纳税申报表附列资料（四）（税额抵减情况表）	附表	选填
增值税纳税申报表附列资料（五）（不动产分期抵扣计算表）	附表	选填
增值税减免税申报明细表	附表	选填
增值税预缴税款表	附表	选填

以下情况纳税人需要填列增值税预缴税款表：跨县（市）提供建筑服务；房地产开发企业预售自行开发的房地产项目；纳税人出租与机构所在地不在同一县（市）的不动产。以上纳税人按规定需要在项目所在地或不动产所在地主管税务机关预缴税款。

同步案例2-3

一般纳税人增值税纳税申报表填制分析

背景与情境：

纳税人名称：丽江市宏运股份有限公司

营业地址及电话：丽江天宁工业区86号，2133456

纳税人识别号：331100790996420008

开户银行及账号：中国农业银行丽江市分行850101040007764

法定代表人：胡洪利

宏运公司2018年8月份发生的相关业务如下：

（1）与销售相关的业务资料

①销售货物开具增值税专用发票销售额300万元，销项税额48万元；提供劳务开具其他发票销售额200万元，销项税额32万元；销售货物未开具发票销售额50万元，销项税额8万元。

②出租闲置设备开具普通发票，销售额10万元，销项税额1.6万元。

③销售食用油开具普通发票，销售额10万元，销项税额1万元。

④销售2018年6月份以460万元购置的办公楼，采用一般计税方法，全额计税，售价880万元（含税），开具增值税专用发票。注意：此项业务需要在不动产的所在地差额预缴。

⑤处置企业本期初购入并作为“交易性金融资产”核算的股票，售价为106万元，购入价为84.8万元，开具普通发票。

⑥销售2014年以1 050万元购置的办公楼，售价1 575万元，开具增值税专用发票，选择简易计税方法。

⑦销售使用过的设备，售价为10.3万元，开具普通发票。

（2）申报抵扣的进项税额资料

①本期认证相符增值税专用发票5份，金额800万元，税额110万元，其中包括购置办公楼价款300万元，进项税额30万元。不存在前期认证相符本期申报抵扣的金额。

②购进免税农产品，农产品收购发票1份，金额10万元，税额1万元。

（3）进项税额转出资料

①前期购进货物，本期作为职工福利发放给员工，账面上“进项税额转出额”为10万元。

②本期发生固定资产设备非正常损失：原值80万元，已计提折旧30万元。账面需要转出进项税额=（80−30）×16%=8（万元）。

③上期购进货物本期发生退货，本批货物价款100万元，进项税额16万元。

（4）其他资料

假设上一期的期末未缴税额为100万元，本月同时缴纳了上期未缴税额100万元。

问题：填制丽江市宏运股份有限公司2018年8月份的增值税纳税申报表及相关附表。

分析提示：填制的增值税纳税申报表及附表见表2-11至表2-17。

（1）增值税纳税申报表附表资料（一）（本期销售情况明细）分析

①一般计税方法销售额与销项税额分析。

16%税率的货物及加工修理修配劳务：开具增值税专用发票销售额300万元，销项税额48万元；开具其他发票销售额200万元，销项税额32万元；未开具发票销售额50万元，销项税额8万元。

16%税率的服务、不动产和无形资产：出租闲置设备为有形动产租赁，开具普通发票销售额10万元，销项税额1.6万元。

10%税率的货物：食用油，开具普通发票销售额10万元，销项税额1万元。

10%税率：销售不动产，开具增值税专用发票销售额800万元，销项税额80万元。一般纳税人销售其2016年5月1日后取得（不含自建）的不动产，适用一般计税方法，全额征税，同时按照5%的预征率向不动产所在地主管地税机关预缴税款，预缴税款=（880−460）÷（1+5%）×5%=20（万元）。

6%税率：转让交易性金额资产属于金融商品转让，适用差额计税，税率6%，本期实际扣除金额84.8万元；开具普通发票销售额100万元，销项税额6万元。扣除后含税销售额=106−84.8=21.2（万元），销项税额=21.2÷1.06×6%=1.2（万元）。

②简易计税方法销售额与销项税额分析。

5%征收率的服务、不动产和无形资产：销售2016年5月1日前购入的不动产，选择简易计税方法，差额计税，本期实际扣除金额1 050万元。开具增值税专用发票销售额1 500万元，销项税额75万元。扣除后含税销售额525万元，销项税额25万元。同时，按照5%的征收率向不动产所在地主管地税机关预缴税款25万元。

3%征收率的货物及加工修理修配劳务：销售使用过的设备按3%征收率减按2%征税。开具普通发票销售额10万元，销项税额0.3万元。注意：1%的减征额=0.1万元，记入主表“应纳税额减征额”项目。

（2）增值税纳税申报表附表资料（二）（本期进项税额明细）分析

①申报抵扣进项税额。

认证相符的增值税专用发票（本期认证相符且本期申报抵扣）：发票5份，金额800万元，税额110万元。其中本期用于购建不动产的扣税凭证：专用发票1份，金额300万元，税额30万元。本期不动产允许抵扣进项税额=30×60%=18（万元）。

②其他扣税凭证（农产品收购发票或者销售发票）：发票1份，金额10万元，税额1万元。

（3）进项税额转出资料

①前期购进货物，本期作为职工福利发放给员工，账面上“进项税额转出额”为10万元。

②本期发生固定资产设备非正常损失：原值80万元，已计提折旧30万元。账面转出进项税额=（80−30）×16%=8（万元）。

③上期购进货物本期发生退货，进项税额16万元应填列在第20行。

表 2-11

增值税纳税申报表

（一般纳税人适用）

根据国家税收法律法规及增值税的相关规定制定本表。纳税人不论有无销售额，均应按税务机关核定的纳税期限填写本表，并向当地税务机关申报。

税款所属时间：自 2018 年 8 月 1 日至 2018 年 8 月 31 日　填表日期：2018 年 9 月 10 日　　单位：元（列至角分）

纳税人识别号						所属行业：制造业	
纳税人名称	丽江市宏运股份有限公司（公章）	法定代表人姓名	胡洪利	注册地址	丽江天宁工业区 86 号	生产经营地址	丽江天宁工业区 86 号
开户银行及账号	中国农业银行丽江市分行850101040007764	登记注册类型	有限公司			电话号码	2133456

项目		栏次	一般项目		即征即退项目	
			本月数	本年累计	本月数	本年累计
销售额	（一）按适用税率计税销售额	1	1 4700 000			
	其中：应税货物销售额	2	3 500 000			
	应税劳务销售额	3	2 000 000			
	纳税检查调整的销售额	4				
	（二）按简易办法计税销售额	5	15 100 000			
	其中：纳税检查调整的销售额	6				
	（三）免、抵、退办法出口销售额	7			—	—
	（四）免税销售额	8			—	—
	其中：免税货物销售额	9			—	—
	免税劳务销售额	10			—	—
税款计算	销项税额	11	1 718 000			
	进项税额	12	990 000			
	上期留抵税额	13	0			—
	进项税额转出	14	340 000			
	免、抵、退应退税额	15			—	—
	按适用税率计算的纳税检查应补缴税额	16			—	—
	应抵扣税额合计	17=12+13-14-15+16	650 000	—		—
	实际抵扣税额	18（如17<11，则为17，否则为11）	650 000			
	应纳税额	19=11-18	1 068 000			
	期末留抵税额	20=17-18				—
	简易计税办法计算的应纳税额	21	253 000			
	按简易计税办法计算的纳税检查应补缴税额	22			—	—
	应纳税额减征额	23	1 000			
	应纳税额合计	24=19+21-23	1 320 000			

续表

项目		栏次	一般项目		即征即退项目	
			本月数	本年累计	本月数	本年累计
税款缴纳	期初未缴税额（多缴为负数）	25	1 000 000			
	实收出口开具专用缴款书退税额	26			—	—
	本期已缴税额	27=28+29+30+31	1 450 000			
	①分次预缴税额	28	450 000	—		—
	②出口开具专用缴款书预缴税额	29		—	—	—
	③本期缴纳上期应纳税额	30	1 000 000			
	④本期缴纳欠缴税额	31				
	期末未缴税额（多缴为负数）	32=24+25+26−27	953 000			
	其中：欠缴税额（≥0）	33=25+26−27	0	—		—
	本期应补(退)税额	34 = 24−28−29	953 000	—		—
	即征即退实际退税额	35	—	—		
	期初未缴查补税额	36			—	—
	本期入库查补税额	37			—	—
	期末未缴查补税额	38=16+22+36−37			—	—

授权声明		申报人声明	
授权声明	如果你已委托代理人申报，请填写下列资料： 为代理一切税务事宜，现授权 ________________（地址）________________ 为本纳税人的代理申报人，任何与本申报表有关的往来文件，都可寄予此人 授权人签字：	申报人声明	本纳税申报表是根据国家税收法律法规及相关规定填报的，我确定它是真实的、可靠的、完整的 声明人签字：

主管税务机关：　　　　接收人：　　　　接收日期：

表 2-12

增值税纳税申报表附列资料（一）

（本期销售情况明细）

纳税人名称：（公章） 丽江市宏运股份有限公司 税款所属时间：2018 年 8 月 1 日至 2018 年 8 月 31 日 单位：元（列至角分）

项目及栏次				开具增值税专用发票		开具其他发票		未开具发票		纳税检查调整		合计			服务、不动产和无形资产扣除项目本期实际扣除金额	扣除后	
				销售额	销项(应纳)税额	销售额	销项(应纳)税额	销售额	销项(应纳)税额	销售额	销项(应纳)税额	销售额	销项(应纳)税额	价税合计		含税(免税)销售额	销项(应纳)税额
				1	2	3	4	5	6	7	8	9=1+3+5+7	10=2+4+6+8	11=9+10	12	13=11-12	14=13÷(100%+税率或征收率)×税率或征收率
一、一般计税方法计税	全部征税项目	16%税率的货物及加工修理修配劳务	1	3 000 000	480 000	2 000 000	320 000	500 000	80 000			5 500 000	880 000	—	—	—	—
		16%税率的服务、不动产和无形资产	2			100 000	16 000					100 000	16 000	116 000		116 000	16 000
		10%税率的货物及加工修理修配劳务	4a			100 000	10 000					100 000	10 000	110 000		110 000	10 000
		10%税率的服务、不动产和无形资产	4b	8 000 000	800 000							8 000 000	800 000	8 800 000		8 800 000	800 000
		6%税率	5			1 000 000	60 000					1 000 000	60 000	1 060 000	848 000	212 000	12 000
	其中：即征即退项目	即征即退货物及加工修理修配劳务	6	—	—	—	—	—	—	—	—			—	—	—	—
		即征即退服务、不动产和无形资产	7	—	—	—	—	—	—	—	—						
二、简易计税方法计税	全部征税项目	6%征收率	8							—	—			—	—	—	—
		5%征收率的货物及加工修理修配劳务	9a							—	—			—	—	—	—
		5%征收率的服务、不动产和无形资产	9b	15 000 000	750 000					—	—	15 000 000	750 000	15 750 000	10 500 000	5 250 000	250 000
		4%征收率	10							—	—			—	—	—	—
		3%征收率的货物及加工修理修配劳务	11			100 000	3 000			—	—	100 000	3 000	—	—	—	—
		3%征收率的服务、不动产和无形资产	12							—	—						
		预征率 %	13a							—	—						
		预征率 %	13b							—	—						
		预征率 %	13c							—	—						
	其中：即征即退项目	即征即退货物及加工修理修配劳务	14	—	—	—	—	—	—	—	—			—	—	—	—
		即征即退服务、不动产和无形资产	15	—	—	—	—	—	—	—	—						
三、免抵退税	货物及加工修理修配劳务		16	—	—		—		—	—	—		—	—	—	—	—
	服务、不动产和无形资产		17	—	—		—		—	—	—		—				—
四、免税	货物及加工修理修配劳务		18				—		—	—	—		—	—	—	—	—
	服务、不动产和无形资产		19	—	—		—		—	—	—		—				—

表 2-13　**增值税纳税申报表附列资料（二）**

（本期进项税额明细）

税款所属时间：2018年8月1日至2018年8月31日

纳税人名称：（公章）　丽江市宏运股份有限公司　　单位：元（列至角分）

一、申报抵扣的进项税额				
项目	栏次	份数	金额	税额
（一）认证相符的增值税专用发票	1=2+3	5	8 000 000	1 100 000
其中：本期认证相符且本期申报抵扣	2	5	8 000 000	1 100 000
前期认证相符且本期申报抵扣	3			
（二）其他扣税凭证	4=5+6+7+8a+8b	1	100 000	10 000
其中：海关进口增值税专用缴款书	5			
农产品收购发票或者销售发票	6	1	100 000	10 000
代扣代缴税收缴款凭证	7		—	
加计扣除农产品进项税额	8a	—	—	
其他	8b			
（三）本期用于购建不动产的扣税凭证	9	1	3 000 000	300 000
（四）本期不动产允许抵扣进项税额	10	—	—	180 000
（五）外贸企业进项税额抵扣证明	11	—	—	
当期申报抵扣进项税额合计	12=1+4-9+10+11			990 000
二、进项税额转出额				
项目	栏次	税额		
本期进项税额转出额	13=14至23之和	340 000		
其中：免税项目用	14			
集体福利、个人消费	15	100 000		
非正常损失	16	80 000		
简易计税方法征税项目用	17			
免抵退税办法不得抵扣的进项税额	18			
纳税检查调减进项税额	19			
红字专用发票信息表注明的进项税额	20	160 000		
上期留抵税额抵减欠税	21			
上期留抵税额退税	22			
其他应作进项税额转出的情形	23			
三、待抵扣进项税额				
项目	栏次	份数	金额	税额
（一）认证相符的增值税专用发票	24	—	—	—
期初已认证相符但未申报抵扣	25			
本期认证相符且本期未申报抵扣	26			
期末已认证相符但未申报抵扣	27			
其中：按照税法规定不允许抵扣	28			
（二）其他扣税凭证	29=30至33之和			
其中：海关进口增值税专用缴款书	30			
农产品收购发票或者销售发票	31			
代扣代缴税收缴款凭证	32		—	
其他	33			
	34			
四、其他				
项目	栏次	份数	金额	税额
本期认证相符的增值税专用发票	35	5	8 000 000	1 100 000
代扣代缴税额	36	—	—	

表 2-14　　**增值税纳税申报表附列资料（三）**

（服务、不动产和无形资产扣除项目明细）

税款所属时间：2018 年 8 月 1 日至 2018 年 8 月 31 日

纳税人名称：(公章)丽江市宏运股份有限公司　　单位：元（列至角分）

项目及栏次		本期服务、不动产和无形资产价税合计额（免税销售额）	服务、不动产和无形资产扣除项目				
			期初余额	本期发生额	本期应扣除金额	本期实际扣除金额	期末余额
		1	2	3	4=2+3	5(5≤1 且 5≤4)	6=4−5
16% 税率的项目	1						
10% 税率的项目	2						
6% 税率的项目（不含金融商品转让）	3						
6% 税率的金融商品转让项目	4	1 060 000	0	848 000	848 000	848 000	0
5% 征收率的项目	5						
3% 征收率的项目	6						
免抵退税的项目	7						
免税的项目	8						

表 2-15　　**增值税纳税申报表附列资料（四）**

（税额抵减情况表）

税款所属时间：2018 年 8 月 1 日至 2018 年 8 月 31 日

纳税人名称：（公章）丽江市宏运股份有限公司　　单位：元（列至角分）

序号	抵减项目	期初余额	本期发生额	本期应抵减税额	本期实际抵减税额	期末余额
		1	2	3=1+2	4≤3	5=3−4
1	增值税税控系统专用设备费及技术维护费					
2	分支机构预征缴纳税款					
3	建筑服务预征缴纳税款					
4	销售不动产预征缴纳税款		450 000	450 000	450 000	
5	出租不动产预征缴纳税款					

表 2-16　　**增值税纳税申报表附列资料（五）**

（不动产分期抵扣计算表）

税款所属时间：2018 年 8 月 1 日至 2018 年 8 月 31 日

纳税人名称：(公章) 丽江市宏运股份有限公司　　单位：元（列至角分）

期初待抵扣不动产进项税额	本期不动产进项税额增加额	本期可抵扣不动产进项税额	本期转入的待抵扣不动产进项税额	本期转出的待抵扣不动产进项税额	期末待抵扣不动产进项税额
1	2	3≤1+2+4	4	5≤1+4	6=1+2−3+4−5
	300 000	180 000			120 000

表2-17

增值税减免税申报明细表

税款所属时间：2018年8月1日至2018年8月31日

纳税人名称（公章）：丽江市宏运股份有限公司　　　　单位：元（列至角分）

一、减税项目						
减税性质代码及名称	栏次	期初余额	本期发生额	本期应抵减税额	本期实际抵减税额	期末余额
		1	2	3=1+2	4≤3	5=3−4
合　计	1		1 000	1 000	1 000	
增值税—支持其他各项事业—其他	2		1 000	1 000	1 000	
	3					
	4					
	5					
	6					

二、免税项目						
免税性质代码及名称	栏次	免征增值税项目销售额	免税销售额扣除项目本期实际扣除金额	扣除后免税销售额	免税销售额对应的进项税额	免税额
		1	2	3=1−2	4	5
合　计	7					
出口免税	8		—	—	—	—
其中：跨境服务	9		—	—	—	—
	10					
	11					
	12					
	13					
	14					
	15					
	16					

2.4.2.2 小规模纳税人增值税纳税申报

自2016年4月1日起，增值税小规模纳税人缴纳增值税原则上实行按季申报。纳税人要求不实行按季申报的，由主管税务机关根据其应纳税额大小核定纳税期限。

小规模纳税人纳税申报必填报表有：增值税纳税申报表（小规模纳税人适用）和增值税纳税申报表（小规模纳税人适用）附列资料；选填报表有：增值税减免税申报明细表、应税服务扣除项目清单、增值税纳税申报表附列资料（四）（税额抵减情况表）。

同步案例2-4

小规模纳税人增值税纳税申报表填制分析

背景与情境：

白云旅游集散公司为增值税小规模纳税人，2017年第三季度发生如下业务：

①提供旅游服务，总收入为51 500元，开具增值税普通发票。可扣除的住宿费、餐饮费、交通费、签证费、门票费等金额共计20 600元，取得相关合法凭证。

②提供咨询服务取得总收入30 900元，开具增值税普通发票。

③销售2008年以210万元购置的办公楼，售价315万元，由税务机关代开增值税专用发票。

④出租办公楼，取得总收入42 000元，开具增值税普通发票。

⑤销售货物20.6万元，提供加工修理修配劳务10.3万元，开具增值税普通发票。

⑥销售使用过的汽车一辆，售价为8.24万元，开具增值税普通发票。

问题：填制白云旅游集散公司第三季度的增值税纳税申报表。

分析提示：

①提供旅游服务，采用差额计税，适用征收率3%。可扣除的住宿费、餐饮费、交通费、签证费、门票费等金额共计20 600元。

应纳税额=（51 500−20 600）÷（1+3%）×3%=900（元）

②提供咨询服务，适用征收率3%。

应纳税额=30 900÷（1+3%）×3%=900（元）

③销售办公楼，采用差额计税，适用征收率5%。

应纳税额=（3 150 000−2 100 000）÷（1+5%）×5%=50 000（元）

④出租办公楼，适用征收率5%。

应纳税额=42 000÷（1+5%）×5%=2 000（元）

⑤销售货物、加工修理修配劳务，适用征收率3%。

应纳税额=（206 000+103 000）÷（1+3%）×3%=9 000（元）

⑥销售使用过的汽车，适用征收率3%。

应纳税额=82 400÷（1+3%）×3%=2 400（元）

应纳增值税税额总计=900+900+50 000+2 000+9 000+2 400=65 200（元）

业务①、③采用差额计税，假设期初应税行为扣除额均为零，需填列增值税纳税申报表（小规模纳税人适用）附列资料（见表2-18）和增值税纳税申报表（小规模纳税人适用）（见表2-19）。

表 2-18 **增值税纳税申报表（小规模纳税人适用）附列资料**

税款所属期：2017 年 7 月 1 日至 2017 年 9 月 30 日　　填表日期：2017 年 10 月 10 日

纳税人名称（公章）：白云旅游集散公司　　单位：元（列至角分）

应税行为（3%征收率）扣除额计算			
期初余额	本期发生额	本期扣除额	期末余额
1	2	3（3≤1+2 之和，且 3≤5）	4=1+2-3
0	20 600.00	20 600.00	0
应税行为（3%征收率）计税销售额计算			
全部含税收入（适用 3%征收率）	本期扣除额	含税销售额	不含税销售额
5	6=3	7=5-6	8=7÷1.03
82 400.00	20 600.00	61 800.00	60 000.00
应税行为（5%征收率）扣除额计算			
期初余额	本期发生额	本期扣除额	期末余额
9	10	11（11≤9+10 之和，且 11≤13）	12=9+10-11
0	2 100 000.00	2 100 000.00	0
应税行为（5%征收率）计税销售额计算			
全部含税收入（适用 5%征收率）	本期扣除额	含税销售额	不含税销售额
13	14=11	15=13-14	16=15÷1.05
3 192 000.00	2 100 000.00	1 092 000.00	1 040 000.00

注：第 5 项=82 400=51 500+30 900；第 13 项=3 192 000=3 150 000+42 000

表 2-19 **增值税纳税申报表**

（小规模纳税人适用）

纳税人识别号：□□□□□□□□□□□□□□□□□□□□

纳税人名称（公章）：白云旅游集散公司　　单位：元（列至角分）

税款所属期：2017 年 7 月 1 日至 2017 年 9 月 30 日　　填表日期：2017 年 10 月 10 日

项目		栏次	本期数		本年累计	
			货物及劳务	服务、不动产和无形资产	货物及劳务	服务、不动产和无形资产
一、计税依据	（一）应征增值税不含税销售额（3%征收率）	1	300 000.00	60 000.00		
	税务机关代开的增值税专用发票不含税销售额	2				
	税控器具开具的普通发票不含税销售额	3	300 000.00	80 000.00		
	（二）应征增值税不含税销售额（5%征收率）	4	—	1 040 000.00	—	
	税务机关代开的增值税专用发票不含税销售额	5	—	3 000 000.00	—	
	税控器具开具的普通发票不含税销售额	6	—	40 000.00	—	
	（三）销售使用过的固定资产不含税销售额	7（7≥8）	800 00.00	—		—
	其中：税控器具开具的普通发票不含税销售额	8	800 00.00	—		—
	（四）免税销售额	9=10+11+12				
	其中：小微企业免税销售额	10				
	未达起征点销售额	11				
	其他免税销售额	12				
	（五）出口免税销售额	13（13≥14）				
	其中：税控器具开具的普通发票销售额	14				
二、税款计算	本期应纳税额	15	65 200.00			
	本期应纳税额减征额	16	800.00			
	本期免税额	17				
	其中：小微企业免税额	18				
	未达起征点免税额	19				
	应纳税额合计	20=15-16	64 400.00			
	本期预缴税额	21	50 000.00		—	—
	本期应补（退）税额	22=20-21	14 400.00		—	—

纳税人或代理人声明：

本纳税申报表是根据国家税收法律法规及相关规定填报的，我确定它是真实的、可靠的、完整的

如纳税人填报，由纳税人填写以下各栏：

办税人员：　　财务负责人：

法定代表人：　　联系电话：

如委托代理人填报，由代理人填写以下各栏：

代理人名称（公章）：　　经办人：

联系电话：

主管税务机关：　　接收人：　　接收日期：

2.5 增值税出口退税

2.5.1 出口货物退（免）税基本政策

出口退（免）税是国际贸易中通常采用的旨在鼓励出口货物公平竞争的一种退还或免征间接税的税收措施。我国对出口货物退（免）税遵循“征多少退多少、未征不退”的基本原则，实行免税和退税相结合的政策。其具体有三种类型：

（1）出口免税并退税

出口免税是指对货物出口环节不征收增值税；出口退税是指对货物在出口前实际承担的税款，按规定的退税率计算后予以退还。

（2）出口免税不退税

适用此项政策的出口货物因其在出口前各环节是免税的，报关出口时该货物的价格中本身就不含增值税，因而出口环节不需退税。

（3）出口不免税也不退税

出口不免税也不退税是指对国家限制或禁止出口的某些货物，出口环节视同内销环节正常征税，同时也不退还其出口前各环节所负担的税款。

上述出口货物退（免）税政策的适用对象归纳见表2-20。

表2-20　出口货物的退（免）税政策类型

政策类型	适用对象
出口免税并退税	①生产企业一般纳税人自营或委托外贸企业代理出口自产货物；②有出口经营权的外贸企业收购后直接出口或委托其他外贸企业代理出口货物；③出口企业从小规模纳税人购进并取得增值税专用发票的抽纱、工艺品、香料油、山货、草柳竹藤制品、渔网渔具、松香、五倍子、生漆、鬃尾、山羊板皮、纸制品12类货物；④特定出口的货物
出口免税不退税	①属于生产企业的小规模纳税人自营出口或委托外贸企业代理出口的自产货物；②外贸企业从小规模纳税人购进并持普通发票的出口货物；③外贸企业直接购进国家规定的免税货物（包括免税农产品）出口的；④其他的免税货物或项目，如来料加工复出口货物、避孕药品和用具、古旧图书等
出口不免税也不退税	①国家计划外出口的原油；②援外出口货物；③国家禁止出口的货物，如天然牛黄、麝香、铜及铜基合金（出口电解铜按17%退税率退税）、白银等

2.5.2 出口货物退（免）增值税税额的计算及核算

当出口货物适用“出口免税并退税”政策时，就会涉及计算退税问题。我国目前的计算方法主要有两种：“免、抵、退”法和“先征后退”法。

1）生产企业出口货物退（免）增值税的计算与核算

（1）“免抵退”计算步骤

生产企业一般纳税人自营出口或委托外贸企业代理出口自产货物，除税法另有规定外，一律实行“免、抵、退”管理办法。其计算步骤及账务处理归纳如下：

①“免”，是指对生产企业出口自产货物免征本企业生产销售环节增值税。会计分

录为：

借：应收账款

　贷：主营业务收入

②“剔”，是指计算不得免征、抵扣和退税的税额。当出口货物征税率和退税率不一致时，就会产生不予退税和不予抵扣的税额。这部分税额会计上确认为进项税额转出。会计分录为：

借：主营业务成本

　贷：应交税费——应交增值税（进项税额转出）

计算公式如下：

$$\text{免抵退税不得免征和抵扣税额}=\text{出口货物离岸价}\times\left(\text{出口货物征税率、出口货物退税率}\right)-\text{免抵退税不得免征和抵扣税额抵减额}$$

$$\text{免抵退税不得免征和抵扣税额抵减额}=\text{免税购进原材料价格}\times\left(\text{出口货物征税率、出口货物退税率}\right)$$

③“抵”是指生产出口自产货物所耗原材料、零部件、燃料、动力等所含应予退还的进项税额抵顶内销货物应纳税额，即计算当期应纳税额。

$$\text{当期应纳税额}=\text{当期内销货物销项税额}-\left(\text{当期进项税额}-\text{当期免抵退税不得免征和抵扣税额}\right)-\text{上期留抵税额}$$

④“退”是指生产企业出口自产货物在当月内应抵顶的进项税额大于应纳税额时，对未抵顶完的部分予以退税。具体有以下两种情况：

A.若第③步当期应纳税额为正数，表示应上缴的税额，不退税。

B.若第③步当期应纳税额为负数，应根据第⑤、⑥步计算确定退税额。

⑤计算免抵退税额。

当期免抵退税额=当期出口货物离岸价×出口货物退税率-免抵退税抵减额

免抵退税抵减额=免税购进原材料价格×出口货物退税率

⑥计算当期应退税额和当期免抵税额。按以下几种情况分别处理：

A.若当期应纳税额（即上述第③项）≥0，则：

当期实际退税额=0

下月初申报缴纳税款时，编制会计分录：

借：应交税费——应交增值税

　贷：银行存款

免抵税额（即上述第⑤项）与内销货物应纳税额完全抵顶。企业按当期免抵税额编制会计分录：

借：应交税费——应交增值税（出口抵减内销产品应纳税额）

　贷：应交税费——应交增值税（出口退税）

上述处理结果为“应交税费——应交增值税”账户无余额。

B.若当期应纳税额（即上述第③项）<0，说明内销货物应纳税额与出口货物退税额相抵后尚有未抵完的进项税额。此时应通过比较第③步和第⑤步大小，确定当期应退税额和当期免抵税额：

a.当期期末留抵税额（即第③步绝对值）<当期免抵退税额（即第⑤项），则：

当期应退税额=当期期末留抵税额
当期免抵税额=当期免抵退税额-当期应退税额

会计分录为：

借：其他应收款——应收出口退税
　　应交税费——应交增值税（出口抵减内销产品应纳税额）
　　贷：应交税费——应交增值税（出口退税）

上述处理结果“应交税费——应交增值税”账户无余额。

b.当期期末留抵税额≥当期免抵退税额，则：

当期应退税额=当期免抵退税额
当期免抵税额=0
留待下期抵扣税额=当期期末留抵税额-当期应退税额

企业按当期应退税额编制会计分录：

借：其他应收款——应收出口退税
　　贷：应交税费——应交增值税（出口退税）

上述处理结果“应交税费——应交增值税”账户为借方余额，反映留待下期抵扣的进项税额。

（2）“免、抵、退”法应用举例

同步案例2-5

“免、抵、退”法应用

背景与情境：某有自营出口权的生产企业为增值税一般纳税人。该企业2017年1月至3月出口业务资料如下：出口货物增值税税率为17%，出口退税率为13%①，无免税购进原材料，上年留抵税额3万元。

问题：根据各月份资料计算该自营出口生产企业出口货物应退（免）增值税税额，并作相关账务处理。

（1）1月份：购进原材料一批，取得的增值税专用发票上注明价款200万元，外购货物准予抵扣的进项税额34万元通过认证；内销货物不含税销售额为100万元；出口货物销售额折合人民币200万元。

分析：1月份账务处理如下：

①购进材料会计分录：

借：原材料	2 000 000	
应交税费——应交增值税（进项税额）	340 000	
贷：银行存款		2 340 000

②实现内销产品销售会计分录：

借：银行存款	1 170 000	
贷：主营业务收入		1 000 000
应交税费——应交增值税（销项税额）		170 000

① 外贸企业2017年8月31日前出口财税〔2017〕37号文件附件2所列货物，购进时已按13%税率征收增值税，执行13%出口退税率；购进时已按11%税率征收增值税的，执行11%出口退税率。

③实现出口产品销售会计分录：

借：应收账款　　2 000 000

　贷：主营业务收入　　2 000 000

④计算免抵退税不得免征和抵扣税额，并编制会计分录：

当期免抵退税不得免征和抵扣税额=2 000 000×（17%-13%）=80 000（元）

借：主营业务成本　　80 000

　贷：应交税费——应交增值税（进项税额转出）　　80 000

⑤当期应纳税额=170 000-（340 000-80 000）-30 000=-120 000（元）

⑥当期免抵退税额=2 000 000×13%=260 000（元）

⑦分析确定当期应退税额和当期免抵税额：

当期应纳税额为负数，则：

当期期末留抵税额=120 000元

因为当期期末留抵税额（120 000元）<当期免抵退税额（260 000元），则：

当期应退税额=当期期末留抵税额=120 000元

当期免抵税额=260 000-120 000=140 000（元）

期末留抵税额=0

会计分录：

借：其他应收款——应收出口退税　　120 000

　　应交税费——应交增值税（出口抵减内销产品应纳税额）　　140 000

　贷：应交税费——应交增值税（出口退税）　　260 000

上述账务处理用T形账表示如下：

应交税费——应交增值税

月初余额30 000 ①进项税额340 000	②内销货物销项税额170 000 ④进项税额转出80 000
借方余额120 000（第⑤项）	
⑦出口抵减内销产品应纳税额140 000	⑦出口退税260 000（第⑥项）

（2）2月份：购进材料一批，取得的增值税专用发票上注明价款400万元，外购货物准予抵扣的进项税额68万元已通过认证。本月内销货物不含税销售额100万元，出口货物销售额折合人民币200万元。

分析提示：

2月份账务处理如下：

①购进材料会计分录：

借：原材料　　4 000 000

　　应交税费——应交增值税（进项税额）　　680 000

　贷：银行存款　　4 680 000

②实现内销产品销售会计分录：

借：银行存款　　1 170 000

　贷：主营业务收入　　1 000 000

　　　应交税费——应交增值税（销项税额）　　170 000

③实现出口产品销售会计分录：

借：应收账款　　2 000 000

　贷：主营业务收入　　2 000 000

④计算免抵退税不得免征和抵扣税额：

当期免抵退税不得免征和抵扣税额=2 000 000×（17%-13%）=80 000（元）

会计分录为：

借：主营业务成本　　80 000

　贷：应交税费——应交增值税（进项税额转出）　　80 000

⑤当期应纳税额=170 000-（680 000-80 000）=-430 000（元）

⑥当期免抵退税额=2 000 000×13%=260 000（元）

⑦分析确定当期应退税额和当期免抵税额：

当期应纳税额为负数，则：

当期期末留抵税额=430 000元

因为当期期末留抵税额（430 000元）>当期免抵退税额（260 000元），则：

当期应退税额=当期免抵退税额=260 000元

当期免抵税额=0

期末留抵税额=430 000-260 000=170 000（元）

会计分录为：

借：其他应收款——应收出口退税　　260 000

　贷：应交税费——应交增值税（出口退税）　　260 000

上述账务处理用T形账表示如下：

应交税费——应交增值税

①进项税额680 000	②销项税额170 000 ④进项税额转出80 000
借方余额430 000（第⑤项）	
	⑦出口抵税260 000（第⑥项）
借方余额170 000	

（3）3月份：购进材料一批，取得增值税专用发票上注明的价款200万元，外购货物准予抵扣的进项税额34万元已通过认证。本月内销货物不含税销售额300万元，出口货物销售额折合人民币150万元。

分析提示：

3月份账务处理如下：

①购进材料会计分录：

借：原材料　　2 000 000

　　应交税费——应交增值税（进项税额）　　340 000

　贷：银行存款　　2 340 000

②实现内销产品销售会计分录：

借：银行存款　　3 510 000

贷：主营业务收入　　3 000 000

　　应交税费——应交增值税（销项税额）　　510 000

③实现出口产品销售会计分录：

借：应收账款　　1 500 000

　贷：主营业务收入　　1 500 000

④计算免抵退税不得免征和抵扣税额：

当期免抵退税不得免征和抵扣税额=1 500 000×（17%−13%）=60 000（元）

会计分录为：

借：主营业务成本　　60 000

　贷：应交税费——应交增值税（进项税额转出）　　60 000

⑤当期应纳税额=510 000−（340 000−60 000）−170 000=60 000（元）

⑥当期免抵退税额=1 500 000×13%=195 000（元）

⑦分析确定当期应退税额和当期免抵税额：

因为当期免抵税额为正数，则：

当期应缴税额=60 000元

当期应退税额=0

当期免抵税额=195 000元

期末留抵税额=0

会计分录为：

借：应交税费——应交增值税（出口抵减内销产品应纳税额）　　195 000

　贷：应交税费——应交增值税（出口退税）　　195 000

上述账务处理情况用T形账表示如下：

应交税费——应交增值税

期初余额 170 000 ①进项税额 340 000	②销项税额 510 000 ④进项税额转出 60 000
	贷方余额 60 000（第⑤项）
⑦出口抵减内销产品应纳税额 195 000	⑦出口免抵退税额 195 000（第⑥项）
	贷方余额 60 000

2）外贸企业出口货物退（免）增值税的计算与核算

外贸企业一般纳税人收购货物后直接出口或委托其他外贸企业代理出口，除税法另有规定外，一律实行“先征后退”税收管理办法。“先征后退”是指出口货物在生产（购货）环节按规定缴纳增值税，货物出口后由收购出口的企业向其主管出口的税务机关申请办理出口退税。

（1）外贸企业购进取得增值税专用发票的出口货物退税额计算

第一步，计算出口不予退税金额，作进项税额转出处理。计算公式为：

出口不予退税金额=出口货物不含税购进金额×（出口货物征税率−出口货物退税率）

会计分录为：

借：主营业务成本

　贷：应交税费——应交增值税（进项税额转出）

第二步，计算出口应退税额。计算公式为：

应退税额=出口货物不含税购进金额×出口货物退税率

会计分录为：

借：其他应收款——应收出口退税

贷：应交税费——应交增值税（出口退税）

业务链接 2-57

丽都进出口公司于2017年3月份发生如下与出口货物相关的经济业务：3日，以离岸价10美元/米的价格出口平纹布5 000米。该平纹布从增值税一般纳税人企业购进，取得的增值税专用发票注明金额100 000元、增值税17 000元。退税率为13%。

业务要求： 计算丽都进出口公司上述业务应退增值税税额。

计算： 应退增值税税额=100 000×13%=13 000（元）

（2）外贸企业委托生产企业加工收回后的货物出口退税额计算

外贸企业委托生产企业加工收回后报关出口的货物，按购进原材料取得增值税专用发票上注明的金额，依购进原材料的适用退税率计算原材料的应退税额；支付的加工费，按受托方开具增值税专用发票上注明的金额和退税率计算加工费应退税额。当其适用的增值税税率与出口退税率不一致时，应计算出口货物不予退税金额，并计入出口货物销售成本。

业务链接 2-58

接【业务链接2-56】资料，9日，丽都进出口公司以每件离岸价格15美元出口牛仔裤800条。该批牛仔裤由丽都进出口公司委托本市某服装厂加工而成。为此丽都进出口公司购进牛仔布，取得的增值税专用发票上注明价款30 000元、增值税5 100元；支付加工费，取得的增值税专用发票上注明金额3 000元、增值税510元。退税率为13%。

业务要求： 计算丽都进出口公司上述业务应退增值税税额。

计算： 出口牛仔裤应退税额=30 000×13%+3 000×13%=4 290（元）

（3）外贸企业收购小规模纳税人出口货物退税额计算

外贸企业从小规模纳税人购进税务机关代开增值税专用发票的出口货物，按以下公式计算退税额：

应退税额=增值税专用发票注明的金额×3%

业务链接 2-59

接【业务链接2-56】资料，17日，丽都进出口公司以每套30美元的离岸价出口西服200套，该西服系从某无出口经营权的小规模制衣企业购进，由税务机关代开了增值税专用发票，注明金额10 000元、增值税300元。

业务要求： 计算丽都进出口公司上述业务应退增值税税额。

计算： 出口货物应退税额=10 000×3%=300（元）

2.5.3　出口货物退（免）增值税申报

1）出口货物退（免）税管理

出口货物退（免）税管理主要包括备案登记、出口货物退（免）税认定、申报及受理、审核等内容。

（1）备案登记

根据《中华人民共和国对外贸易法》和《对外贸易经营者备案登记办法》的规定，凡从事货物进出口或技术进出口的对外贸易经营者，应当向商务部或商务部委托的机构办理备案登记。对外贸易经营者未按规定办理备案登记的，海关不予办理进出口的报关验放手续。

（2）出口货物退（免）税的认定

对外贸易经营者按规定办理备案登记后，没有出口经营资格的生产企业委托出口自产货物，应分别在备案登记、代理出口协议签订之日起30日内持有关资料，填写“出口货物退（免）税认定表”，到所在地税务机关办理出口货物退（免）税认定手续。出口企业在办理认定手续前已出口的货物，凡在出口退税申报期限内申报退税的，可按规定批准退税；凡超过出口退税申报期限的，视同内销予以征税。已办理出口货物退（免）税认定的出口商，其认定内容发生变化的，须自有关管理机关批准变更之日起30日内，持相关证件向税务机关申请办理出口货物退（免）税认定变更手续。出口商发生解散、破产、撤销及其他依法应终止出口货物退（免）税事项的，应持相关证件、资料向税务机关办理出口货物退（免）税注销认定。

（3）出口货物退（免）税申报

出口商应在规定期限内，收齐出口货物退（免）税所需的有关单证，使用国家税务总局认可的出口货物退（免）税电子申报系统生成电子申报数据，填写出口货物退（免）税申报表，向税务机关申报办理出口货物退（免）税手续。逾期申报的，除另有规定者外，税务机关不再办理该笔出口货物的退（免）税申报。

（4）出口货物退（免）税受理、审核

出口商申报出口货物退（免）税，经税务机关初步审核，其报送的申报资料、电子申报数据及纸质凭证齐全的，税务机关应受理该笔出口货物退（免）税申报。其报送的申报资料或纸质凭证不齐全的，除另有规定者外，税务机关不予受理该笔出口货物退（免）税申报，并应当即向出口商提出改正或补充的要求。税务机关受理出口货物退（免）税申报后，应在规定时间内对申报凭证、资料的合法性、准确性进行审查，并核实申报数据之间的逻辑对应关系。

2）出口货物退（免）税申报

（1）生产企业“免、抵、退”税的申报

生产企业向征税机关办理“免、抵、退”税申报时，应提供下列资料：“生产企业出口货物免、抵、退税申报汇总表”（见表2-21）；“生产企业出口货物免、抵、退申报明细表”（见表2-22）；经征税部门审核签章的当期“增值税纳税申报表”。有进料加工业务的，还应填报其他相关表格。

表 2-21 **生产企业出口货物免、抵、退税申报汇总表**

（适用于增值税一般纳税人）

纳税人识别号： 纳税人名称（公章）：

海关代码： 税款所属期： 年 月 日至 年 月 日

申报日期： 年 月 日 金额单位：元（列至角分）

项目	栏次	当期 (a)	本年累计 (b)	与增值税纳税申报表差额 (c)
当期免、抵、退出口货物销售额（美元）	1			—
当期免、抵、退出口货物销售额	2=3+4			
其中：单证不齐销售额	3			—
单证齐全销售额	4			—
前期出口货物当期收齐单证销售额	5		—	—
单证齐全出口货物销售额	6=4+5			—
不予免、抵、退出口货物销售额	7			—
出口销售额乘征退税税率之差	8			—
上期结转免、抵、退税不得免征和抵扣税额抵减额	9		—	—
免、抵、退税不得免征和抵扣税额抵减额	10			—
免、抵、退税不得免征和抵扣税额	11（如8>9+10则为8-9-10，否则为0）			
结转下期免、抵、退税不得免征和抵扣税额抵减额	12（如9+10>8则为9+10-8，否则为0）		—	—
出口销售额乘退税税率	13			—
上期结转免、抵、退税额抵减额	14		—	—
免、抵、退税额抵减额	15			—
免、抵、退税额	16（如13>14+15则为13-14-15，否则为0）			—
结转下期免、抵、退税额抵减额	17（如14+15>13则为14+15-13，否则为0）		—	—
增值税纳税申报表期末留抵税额	18		—	—
计算退税的期末留抵税额	19=18-11（c）		—	—
当期应退税额	20（如16>19则为19，否则为16）			
当期免抵税额	21=16-20			—

出口企业申明：	退税部门
兹声明以上申报无讹并愿意承担一切法律责任 经办人： 财务负责人： （公章） 企业负责人 年 月 日	经办人： 复核人： （章） 负责人： 年 月 日

受理人 受理日期 年 月 受理税务机关（签章）

注：①本表一式四联，退税部门审核签章后返给企业两联，其中，一联作为下期“增值税纳税申报表”的附表，退税部门留存一联，报上级退税机关一联；

②第（c）列“与增值税纳税申报表差额”为退税部门审核确认的第（b）列“本年累计”申报数减“增值税纳税申报表”对应项目的累计数的差额，企业应做相应账务调整并在下期增值税纳税申报时对“增值税纳税申报表”进行调整。

表2-22　　**生产企业出口货物免、抵、退申报明细表**

企业代码：　　企业名称：

纳税人识别号：　　所属期：　年　月　　金额单位：元（列至角分）

序号	出口发票号码	出口报关单号	出口日期	代理证明号	核销单号	出口商品代码	出口商品名称	计量单位	出口数量	出口销售额		征税税率	退税税率	出口销售额乘征退税税率之差	出口销售额乘退税率	来料加工手册	单证不齐标志	备注
										美元	人民币							
1	2	3	4	5	6	7	8	9	10	11	12	13	14	15=12×（13-14）	16=12×14	17	18	19
合　计																		

出口企业	退税部门
兹声明以上申报无讹并愿意承担一切法律责任 （公章） 经办人：　　财务负责人： 企业负责人：　　年　月　日	（章） 经办人：　　复核人：　　负责人： 年　月　日

（2）外贸企业出口退税的申报

外贸企业出口货物退税汇总申报表格式见表2-23。

表2-23　　**外贸企业出口货物退税汇总申报表**

（适用于增值税一般纳税人）

申报年月：　年　月　　申报批次：

纳税人识别号：　　海关代码：

纳税人名称（公章）：　　申报日期：　年　月　日 金额单位：元（列至角分）、美元

出口企业申报			主管退税机关审核	
出口退税出口明细申报表	份　记录	条	审单情况	机审情况
出口发票	张，出口额	美元		本次机审通过退增值税额　元 其中：上期结转疑点退增值税　元 本期申报数据退增值税　元 本次机审通过退消费税额　元 其中：上期结转疑点退消费税　元 本期申报数据退消费税　元 本次机审通过退消费税额　元 结余疑点数据退增值税　元 结余疑点数据退消费税　元
出口报关单	张			
代理出口货物证明	张			
收汇核销单	张，收汇额	美元		
远期收汇证明	张，其他凭证	张		
出口退税进货明细申报表	份，记录	条		
增值税专用发票	张，其中非税控专用发票	张		
普通发票	张，专用税票	张		
其他凭证	张，总进货金额	元		
总进货税额	元			
其中：增值税	元，消费税	元		
本月申报退税额	元			
其中：增值税	元，消费税	元		

续表

<table>
<tr><td>进料应抵扣税额　　　　元</td><td rowspan="11"></td><td>授权人申明</td></tr>
<tr><td>申请开具单证</td><td rowspan="10">（如果你已委托代理申报人，请填写下列资料）
为代理出口货物退税申报事宜，现授权____________为本纳税人的代理申报人，任何与本申报表有关的往来文件都可寄予此人
授权人签字　　　（盖章）</td></tr>
<tr><td>代理出口货物证明　　　份，记录　　　条</td></tr>
<tr><td>代理进口货物证明　　　份，记录　　　条</td></tr>
<tr><td>进料加工免税证明　　　份，记录　　　条</td></tr>
<tr><td>来料加工免税证明　　　份，记录　　　条</td></tr>
<tr><td>出口货物转内销证明　　份，记录　　　条</td></tr>
<tr><td>补办报关单证明　　　　份，记录　　　条</td></tr>
<tr><td>补办收汇核销单证明　　份，记录　　　条</td></tr>
<tr><td>补办代理出口证明　　　份，记录　　　条</td></tr>
<tr><td>内销抵扣专用发票　　　张，其他非退税专用发票　　张</td></tr>
<tr><td>申报人申明</td><td rowspan="2">审单人：</td><td>审核人：
年　月　日</td></tr>
<tr><td>此表各栏目填报内容是真实、合法的，与实际出口货物情况相符。此次申报的出口业务不属于“四自三不见”等违背正常出口经营程序的出口业务。否则，本企业愿承担由此产生的相关责任
企业填表人：
财务负责人：　　　　（公章）
企业负责人：　　　　年　月　日</td><td>签批人：　　　（公章）
年　月　日</td></tr>
</table>

受理人：　　　　受理日期：　　年　　月　　日　　受理税务机关（签章）

第3章 消费税会计

学习目标

通过本章学习，应该达到以下目标：

理论目标：学习和把握消费税的特点，消费税纳税人的身份、征税范围与税率，消费税会计核算的相关概念，消费税的纳税期限与地点等陈述性知识；能用所学理论知识指导“消费税会计”的相关认知活动。

实务目标：学习和把握生产、委托加工、进口及批发零售环节应纳消费税的计算及会计核算方法，出口应税消费品退（免）消费税和已纳消费税税额扣除的会计核算方法，消费税纳税申报操作程序与要求，“业务链接”等程序性知识；能用所学实务知识规范“消费税会计”的相关技能活动。

案例目标：运用所学“消费税会计”的理论与实务知识研究相关案例，培养和提高在特定业务情境中分析问题与决策设计的能力；能结合本章教学内容，依照“职业道德与会计伦理”的行业规范或标准，分析企业行为的善恶，强化职业道德素质。

实训目标：参加“消费税核算与申报”业务胜任力的实践训练。在了解和把握本实训所及“能力与道德领域”相关技能点的“规范与标准”的基础上，通过切实体验“消费税核算与申报”各实训任务的完成、系列技能操作的实施、《××企业消费税核算与申报实训报告》的准备与撰写等有质量、有效率的活动，培养“消费税核算与申报”的专业能力，强化“数字应用”、“与人交流”、“与人合作”、“解决问题”和“革新创新”等职业核心能力（中级），并通过“认同级”践行“职业情感”、“职业态度”、“职业良心”、“职业作风”和“职业守则”等行为规范，促进健全职业人格的塑造。

引例　思美日化公司消费税税额核算与申报

背景与情境：思美日化公司为滨海市一家主要从事化妆品生产与销售的增值税一般纳税人企业，会计核算执行企业会计准则，消费税以1个月为一期缴纳。2018年5月份与消费税相关的经济业务资料如下：进口香精一批作为生产化妆品的原材料，海关认定的关税完税价格为700 000元，进口货物关税税率为20%。生产A牌化妆品领用当月进口香精的80%，A牌化妆品每箱不含税售价为80 000元。本月国内销售30箱，共收取包装物押金46 800元。为爱斯丽公司加工莱斯牌化妆品一批，爱斯丽公司提供原材料的成本为200 000元。思美日化公司收取加工费及代垫辅助材料含税价款共计92 800元，开具增值税专用发票。销售化妆品套装2 400套，每套不含税售价为200元，由下列产品组成：自产防晒霜一瓶60元，香水一瓶95元，洁面乳一瓶45元。公司开具增值税专用发票注明价款480 000元、增值税76 800元。将新研制的B牌化妆品赠送给消费者试用，该批化妆品生产成本为14 000元。化妆品成本利润率为5%。出售特制舞台卸妆油50箱，每箱不含税售价2 000元。

问题：

①思美日化公司上述哪些环节应缴纳消费税？应纳消费税税额是多少？思美日化公司是否具有扣缴消费税义务？如果有，应代扣代缴多少消费税？

②请填制思美日化公司的消费税纳税申报表。

假如让你去完成思美日化公司的上述业务，你必须首先学习掌握消费税的征税范围、征税环节、税率、应纳税额计算与核算及纳税申报等基本知识与技能。下面就让我们一起来学习这些内容吧！

3.1　消费税纳税人、征税范围与税率确定

3.1.1　什么是消费税

消费税是对在我国境内从事生产、委托加工和进口应税消费品的单位和个人就其应税消费品的销售额或销售量征收的一种流转税。与增值税相比，消费税具有如下特点：

1）征税范围的选择性

我国现行消费税法规以列举的方式选择了15个税目，从征税范围看，消费税应税消费品的范围小于增值税应税货物的范围。凡征收消费税的货物都应征收增值税，而征收增值税的货物并不一定征收消费税。

2）征税环节的单一性

消费税一般只在货物的生产、委托加工、进口环节一次征收，以后的批发环节（卷烟除外）、零售环节（金银首饰、钻石饰品、超豪华小汽车除外）不再征收，而增值税在货物生产、流通各环节道道征收。

3）征收方法的灵活性

消费税的计税方法，按应税消费品的不同性质，分别适用从价计征、从量计征和复合计征；而增值税全部适用从价计征。

4）税收调节的特殊性

消费税属于国家运用税收杠杆对某些消费品实行特殊调节的税种。这一特殊性表现在两个方面：一是采用与增值税同时计征的双重调节；二是不同的征税项目采用不同税率。

5）税收性质的价内性

消费税与增值税虽均属于流转税，但消费税是价内税，而增值税为价外税。

3.1.2 消费税纳税人身份的认定

我国现行消费税的基本法规是2009年1月1日实施的《中华人民共和国消费税暂行条例》（以下简称《消费税暂行条例》）及其实施细则。该条例规定，凡在我国境内从事生产、委托加工和进口消费税暂行条例规定的消费品的单位和个人均为**消费税的纳税义务人**。

为确保源泉扣税，税法同时规定，受托加工应税消费品的单位（除个体经营者外）负有扣缴消费税的义务；海关负有扣缴进口环节消费税的义务。

3.1.3 消费税征税范围的确定

学习微平台

微课 3-1

根据消费税相关法规的规定，消费税的征税范围具体表现为15个税目，即烟、酒、高档化妆品、贵重首饰及珠宝玉石、鞭炮焰火、成品油、摩托车、小汽车、高尔夫球及球具、高档手表、游艇、木制一次性筷子、实木地板、电池和涂料。

消费税法规对上述税目中种类、规格、等级较为复杂，需要区别对待的应税项目设置了子目，具体见表3-1。

表3-1 **消费税税目税率（税额）表**

税目			税率/税额	备注
一、烟	1.卷烟	甲类卷烟	56%	1.卷烟征税范围包括进口卷烟、白包卷烟、手工卷烟和未经国务院批准纳入计划的企业及个人生产的卷烟。 2.甲类卷烟：每标准条（200支，下同）调拨价70元（含70元，不含增值税，下同）以上；乙类卷烟：每标准条调拨价70元以下
			0.003元/支（0.6元/条）（150元/箱）	
		乙类卷烟	36%	
			0.003元/支（0.6元/条）（150元/箱）	
		甲、乙类卷烟（批发环节）	11%	
			0.005元/支	
	2.雪茄烟		36%	
	3.烟丝		30%	
二、酒	1.白酒		20%	1.酒是指酒精度在1度以上的各种酒类饮料；酒精包括各种工业酒精、医用酒精和食用酒精。 2.甲类啤酒：出厂价（含包装物及押金）3 000元（含3 000元，不含增值税，下同）以上；乙类啤酒：出厂价3 000元以下。 3.娱乐业、饮食业自制啤酒，一律按250元/吨征税。 4.调味料酒不属于本税目征税范围
			0.5元/斤	
	2.啤酒（含果啤）	甲类啤酒	250元/吨	
		乙类啤酒	220元/吨	
	3.黄酒		240元/吨	
	4.其他酒		10%	

续表

税目	子目	税率/税额	备注
三、高档化妆品		15%	1.高档化妆品是指生产（进口）环节销售（免税）价格（不含增值税）在10元/毫升（克）或15元/片（张）及以上的美容修饰类化妆品和护肤类化妆品。 2.舞台、戏剧、影视演员化妆用的上妆油、卸妆油和油彩，不属于本税目征税范围
四、贵重首饰及珠宝玉石	零售环节	5%	特指零售环节的金银首饰、铂金首饰和钻石及钻石饰品
	其他环节	10%	其他贵重首饰和珠宝玉石
五、鞭炮焰火		15%	体育上用的发令纸、鞭炮药引线不属本税目征税范围
六、成品油	1.汽油	1.52元/升	1.汽油包括甲醇汽油和乙醇汽油。 2.柴油包括生物柴油。 3.溶剂油包括橡胶填充油和溶剂油原料。 4.燃料油包括蜡油、船用重油、常压重油、减压重油
	2.柴油	1.2元/升	
	3.石脑油	1.52元/升	
	4.溶剂油	1.52元/升	
	5.润滑油	1.52元/升	
	6.燃料油	1.2元/升	
	7.航空煤油	1.2元/升（继续暂缓征收）	
七、摩托车	气缸容量在250毫升	3%	对最大设计车速不超过50km/h，发动机气缸总工作容量不超过50毫升的三轮摩托车不征收消费税
	气缸容量在250毫升以上的	10%	
八、小汽车	1.乘用车：气缸容量在1.0升（含）以下的	1%	1.用中轻型商用客车底盘改装、改制的车辆属本税目。 2.电动汽车、沙滩车、雪地车、卡丁车、高尔夫车不属于消费税征税范围
	1.乘用车：气缸容量在1.0升以上至1.5升（含）的	3%	
	1.乘用车：气缸容量在1.5升以上至2.0升（含）的	5%	
	1.乘用车：气缸容量在2.0升以上至2.5升（含）的	9%	
	1.乘用车：气缸容量在2.5升以上至3.0升（含）的	12%	
	1.乘用车：气缸容量在3.0升以上至4.0升（含）的	25%	
	1.乘用车：气缸容量在4.0升以上的	40%	
	2.中轻型商用客车	5%	
	3.超豪华小汽车	10%	按子税目1和子税目2的规定征税的基础上在零售环节加征
九、高尔夫球及球具		10%	包括高尔夫球、高尔夫球杆（杆头、杆身和握把）、高尔夫球包（袋）
十、高档手表		20%	每只不含增值税价格1万元（含）以上
十一、游艇		10%	
十二、木制一次性筷子		5%	包括未经打磨、倒角的木制一次性筷子
十三、实木地板		5%	包括实木复合地板、未经涂饰的素板
十四、电池		4%	
十五、涂料		4%	

3.1.4　消费税税率的选择

消费税税率有比例税率、定额税率和复合税率三种类型（见表3-1）。其中，适用定额税率的应税消费品有黄酒、啤酒和成品油；适用复合税率的应税消费品有白酒和卷烟；其他应税消费品全部适用比例税率。

注意在下列两种情况下纳税人应从高选择适用税率：一是纳税人兼营不同税率应税消费品未分别核算销售额的；二是纳税人将不同税率应税消费品组成套装销售的（即使分别核算也必须从高计税）。

学习微平台
延伸阅读
3-1

重点归纳3-1

与增值税相比，消费税的征税环节、征税范围和计税方法更加复杂多样，具体可归纳见表3-2。

表3-2　**消费税的征税环节、征税范围和计税方法**

征税环节	征税范围	计税方法
生产	自产销售应税消费品	从量计税：啤酒、黄酒、成品油；复合计税：白酒、卷烟；从价计税：除从量计税和复合计税外的所有应税消费品
	自产自用应税消费品	
委托加工	委托加工应税消费品	
进口	进口应税消费品	
批发	卷烟	复合计税
零售	金银首饰、钻石及钻石饰品、超豪华小汽车	从价计税

3.2　消费税会计核算

3.2.1　生产环节应纳消费税的会计核算

1）自产销售应税消费品应纳消费税的会计核算

学习微平台
微课
3-2

（1）自产销售一般应税消费品应纳消费税的会计核算

会计上核算自产销售应税消费品应纳消费税税额，应借记“税金及附加”科目，贷记“应交税费——应交消费税”科目。

其应纳消费税税额的计算方法有三种：

①从价计税。其应纳税额计算公式为：

应纳税额=销售额×比例税率

由于我国现行税制对消费税和增值税实行交叉征收，因此，在从价计税情况下，消费税的计税依据与增值税的计税依据相同，均指纳税人销售应税消费品向购买方收取的全部价款和价外费用。其中，价款是指含消费税不含增值税的价格；价外费用的内容与增值税的规定相同。

学习微平台

延伸阅读 3-2

互动教学 3-1

下列项目中，构成从价计税对外销售应税消费品消费税计税依据的有哪些？①向购买方收取的销项税额；②代为收取的由国务院或财政部门批准设立的政府基金；③代为收取的由国务院或省级人民政府及其财政、价格主管部门批准设立的行政事业性收费；④包装物租金；⑤手续费。

业务链接 3-1

爱丽斯日化厂为增值税一般纳税人，2018年6月销售高档化妆品，开具的增值税专用发票注明的销售额为300 000元；开具普通发票收取价税合计款46 400元。

要求：计算爱丽斯日化厂上述业务应纳消费税税额。

计算：消费税计税销售额=300 000+46 400÷（1+16%）=340 000（元）

应纳消费税税额=340 000×15%=51 000（元）

学习微平台

延伸阅读 3-3

互动教学 3-2

接【业务链接 3-1】资料，计算爱丽斯日化厂上述业务应纳增值税税额。

②从量计税。其应纳税额计算公式为：

应纳税额=销售数量×定额税率

学习微平台

延伸阅读 3-4

同步思考 3-1

消费税暂行条例规定的从量计税消费品有黄酒、啤酒和成品油。其中，黄酒、啤酒以吨为计税单位，成品油以升为计税单位，但在实际销售过程中，纳税人经常会将吨与升这两个计量单位混用，两者之间换算的准确性将直接影响消费税应纳税额计算的准确性。它们之间的转换关系如何？

提示：应税消费品吨、升两个计量单位的换算标准见表3-3。

表 3-3 **吨、升换算**

应税消费品名称	计量单位的换算标准
黄酒	1吨=962升
啤酒	1吨=988升
汽油	1吨=1 388升
柴油	1吨=1 716升
航空煤油	1吨=1 246升
石脑油	1吨=1 358升
溶剂油	1吨=1 282升
润滑油	1吨=1 126升
燃料油	1吨=1 015升

业务链接3-2

海宏酒厂为增值税一般纳税人，2018年6月销售自产A牌号啤酒20吨。啤酒出厂不含税价每吨2 800元。

要求： 计算海宏酒厂6月份上述业务应纳消费税税额。

计算： 啤酒出厂不含税价格2 800元，小于3 000元，属乙类啤酒，其消费税税率为220元/吨。

应纳消费税税额=20×220=4 400（元）

互动教学3-3

学习微平台　延伸阅读　3-5

接【业务链接3-2】资料，计算海宏酒厂上述业务的应纳增值税税额。

③复合计税。其应纳税额计算公式为：

应纳税额=销售数量×定额税率+销售额×比例税率

业务链接3-3

接【业务链接3-2】资料，该酒厂2018年6月销售散装粮食白酒5 000斤，开具的增值税专用发票注明的销售额为15 000元。

要求： 计算海宏酒厂上述业务应纳消费税税额。

计算： 应纳消费税税额=5 000×0.5+15 000×20%=5 500（元）

互动教学3-4

学习微平台　延伸阅读　3-6

接【业务链接3-3】资料，计算海宏酒厂上述业务的应纳增值税税额。

（2）随产品出售、出借包装物应纳消费税的会计核算

消费税相关法规规定，包装物随同应税消费品销售的，无论包装物是否单独计价，也不论在会计上如何核算，均应并入应税消费品的销售额计征消费税。出借包装物收取的押金，能单独核算且又未逾期的，不并入应税消费品的销售额计征消费税；逾期未收回包装物不再退还和已收取且时间超过12个月的押金，应并入应税消费品的销售额，按应税消费品的适用税率计征消费税。酒类产品生产企业销售酒类产品（黄酒、啤酒除外）收取的包装物押金，无论押金是否返还以及会计上如何核算，均应并入酒类产品销售额，依酒类产品的适用税率计征消费税。但因黄酒、啤酒消费税实行从量计税，其计税依据与价格无关，因而销售黄酒、啤酒收取包装物押金无论是否逾期，均不计征消费税。

出售、出借包装物的消费税在会计上应按计提的消费税税额，借记“税金及附加”科目，贷记“应交税费——应交消费税”科目。

业务链接3-4

接【业务链接3-3】资料，2018年6月海宏酒厂为销售散装粮食白酒收取包装物押金3 480元，开具收款收据，并单独核算。

要求： 该押金是否需要计征消费税？如果需要计征，计算其金额，并请作账务

处理。

分析： 根据税法的规定，销售白酒收取的包装物押金，无论是否返还以及会计上如何核算，均应计算缴纳消费税。

计算： 包装物押金不含税销售额=3 480÷（1+16%）=3 000（元）

应纳消费税税额=3 000×20%=600（元）

收取押金时，根据收款收据编制会计分录：

借：银行存款　　3 480

　贷：其他应付款　　3 480

按计提的消费税编制会计分录：

借：税金及附加　　600

　贷：应交税费——应交消费税　　600

互动教学3-5

海宏酒厂若没收包装物押金该作怎样的账务处理？若如期返还押金又该作怎样的账务处理？

学习微平台

延伸阅读 3-7

学习微平台

微课 3-3

2）自产自用应税消费品应纳消费税的会计核算

自产自用是指纳税人生产应税消费品后，不是直接对外销售，而是用于连续生产应税消费品或用于其他方面。“用于其他方面”是指用于生产非应税消费品、在建工程、管理部门、非生产机构、提供劳务以及用于馈赠、赞助、投资、广告、样品、职工福利、奖励等方面。

消费税法规规定，纳税人自产自用应税消费品，用于连续生产应税消费品的，不缴纳消费税；用于其他方面的，于移送使用时计征消费税。

自产自用应税消费品应纳消费税的账务处理，根据其用途不同，可借记“生产成本”“在建工程”“营业外支出”“管理费用”“税金及附加”等科目，贷记“应交税费——应交消费税”科目。

自产自用应税消费品应纳消费税税额的计算方法有三种：

（1）从价计税

应纳消费税税额的计算公式为：

应纳税额=视同销售价格×比例税率

①计税依据（即视同销售价格）确定的一般规定。从价计税应税消费品，消费税计税依据的确定方法与增值税视同销售行为的确定原则基本相同，即纳税人有同类货物销售价格的以同类货物的平均销售价格为计税依据；无同类货物销售价格的以组成计税价格为计税依据。

组成计税价格=成本×（1+成本利润率）÷（1−比例税率）

组成计税价格计算公式中的“成本利润率”应根据应税消费品的全国平均成本利润率确定，见表3-4。

表3-4 **应税消费品全国平均成本利润率表**

序号	种类	成本利润率（%）	序号	种类	成本利润率（%）
1	甲类卷烟	10	11	摩托车	6
2	乙类卷烟	5	12	乘用车	8
3	雪茄烟	5	13	中轻型商用客车	6
4	烟丝	5	14	高尔夫球及球具	10
5	粮食白酒	10	15	高档手表	20
6	薯类白酒	5	16	游艇	10
7	其他酒	5	17	木制一次性筷子	5
8	化妆品	5	18	实木地板	5
9	鞭炮、焰火	5	19	电池	4
10	贵重首饰及珠宝玉石	6	20	涂料	7

业务链接3-5

接【业务链接3-1】资料，爱丽斯日化厂将一批新研制的化妆品发给本厂女职工作为“三八”妇女节的福利。该化妆品尚未对外公开销售，无同类产品销售价格，经查其生产成本为15 000元。

要求：上述业务是否需要缴纳增值税和消费税？如果需要缴纳，计算其税额，并请作账务处理。

分析：根据税法的规定，自产货物用于职工福利的，应视同销售计征增值税和消费税，无同类货物销售价格的，按组成计税价格计税。

计算：组成计税价格=15 000×（1+5%）÷（1−15%）=18 529（元）

增值税销项税额=18 529×16%=2 964.64（元）

应纳消费税税额=18 529×15%=2 779.35（元）

根据发放货物清单，编制会计分录：

借：应付职工薪酬　　25 464.64
　贷：主营业务收入　　22 500
　　应交税费——应交增值税（销项税额）　　2 964.64

根据计提的消费税，编制会计分录：

借：税金及附加　　2 779.35
　贷：应交税费——应交消费税　　2 779.35

②计税依据确定的特殊规定。

A.用于换取生产资料和消费资料、投资入股和抵偿债务的应税消费品，应以纳税人同类应税消费品的最高销售价格作为消费税计税依据，但增值税仍以同类货物的平均销售价格作为计税依据。

业务链接3-6

科斯特汽车制造厂为增值税一般纳税人，某月以自产小汽车10辆投资于某橡胶厂，占该厂注册资本的20%，并准备长期持有。该型号的小汽车实际生产成本为6万元/辆，当月该厂生产的同型号小汽车销售价格分别为9.5万元/辆（销售2辆）、9万元/辆（销售3辆）和8.5万元/辆（销售5辆）。以上销售价格均不含增值税，已知该型号小汽车的消费税税率为3%。

要求：上述投资行为是否需要缴纳增值税和消费税？如果需要，计算其税额，并请作账务处理。

分析：根据税法的规定，自产货物对外投资的，应视同销售计征增值税和消费税。因此，科斯特汽车制造厂的上述投资行为应缴纳增值税和消费税，但增值税的计税依据为同类货物的平均销售价格，而消费税的计税依据为同类货物的最高销售价格。

计算：增值税单位组成计税价格=（9.5×2+9×3+8.5×5）÷（2+3+5）=8.85（万元）

增值税销项税额=8.85×10×16%=14.16（万元）

应纳消费税税额=9.5×10×3%=2.85（万元）

根据货物移送清单，编制会计分录：

借：长期股权投资	1 026 600	
贷：主营业务收入		885 000
应交税费——应交增值税（销项税额）		141 600

根据计提的消费税，编制会计分录：

借：税金及附加	28 500	
贷：应交税费——应交消费税		28 500

B.酒类产品消费税最低计税价格的确定。根据国税函〔2009〕380号附件《白酒消费税最低计税价格核定管理办法（试行）》的规定，白酒生产企业销售给销售单位的白酒，生产企业消费税的计税价格低于销售单位对外销售价格（不含增值税）70%以下的，税务机关应核定消费税最低计税价格；生产企业消费税计税价格高于销售单位对外销售价格70%（含）以上的，税务机关暂不核定消费税最低计税价格。已核定最低计税价格的白酒，生产企业实际销售价格高于消费税最低计税价格的，按实际销售价格申报纳税；实际销售价格低于消费税最低计税价格的，按最低计税价格申报纳税。已核定最低计税价格的白酒，销售单位对外销售价格持续上涨或下降时间达到3个月以上、累计上涨或下降幅度在20%（含）以上的白酒，税务机关应重新核定其最低计税价格。

（2）从量计税

应纳消费税税额的计算公式为：应纳税额=移送使用数量×定额税率

业务链接3-7

接【业务链接3-2】资料，海宏酒厂6月份将自产的A牌号啤酒2吨捐赠给某大型超市。假设每吨啤酒的成本为2 000元。

要求：此项业务是否需要缴纳增值税和消费税？如果需要缴纳，计算其税额，并请作账务处理。

分析：根据税法的规定，自产货物用于对外捐赠的，应视同销售计征增值税和消费税。因此海宏酒厂的上述业务应缴纳增值税和消费税。

计算：增值税销项税额=2×2 800×16%=896（元）

应纳消费税税额=2×220=440（元）

发出货物时，编制会计分录：

借：营业外支出　　5 336

　贷：库存商品　　4 000

　　应交税费——应交增值税（销项税额）　　896

　　　　　　——应交消费税　　440

（3）复合计税

自产自用复合计税的应税消费品，应按纳税人生产的同类消费品的销售价格和移送使用数量双重标准计算缴纳消费税；没有同类消费品销售价格的，应按组成计税价格确定销售额。应纳消费税税额计算公式为：

应纳税额=同类应税消费品的销售价格（或组成计税价格）×比例税率+移送使用数量×定额税率

式中：

组成计税价格=（成本+利润+移送使用数量×定额税率）÷（1-比例税率）

=［成本×（1+成本利润率）+移送使用数量×定额税率］÷（1-比例税率）

业务链接3-8

接【业务链接3-3】资料，2018年6月份，海宏酒厂将自产瓶装薯类白酒1吨发给职工作福利。此型号白酒为本企业新产品，尚无同类产品销售价格，其生产成本为4 000元/吨，成本利润率为5%。

要求：上述业务是否需要缴纳增值税和消费税？如果需要缴纳，计算其税额，并请作账务处理。

分析：根据税法的规定，自产货物用于职工福利的，应视同销售计征增值税和消费税。因此海宏酒厂的上述业务应缴纳增值税和消费税。

计算：组成计税价格=［4 000×（1+5%）+2 000×0.5］÷（1-20%）=6 500（元）

应纳消费税税额=2 000×0.5+6 500×20%=2 300（元）

增值税销项税额=6 500×16%=1 040（元）

根据发放表，编制会计分录：

借：应付职工薪酬　　7 540

　贷：主营业务收入　　6 500

　　应交税费——应交增值税（销项税额）　　1 040

计提消费税，编制会计分录：

借：税金及附加　　2 300

　贷：应交税费——应交消费税　　2 300

学习微平台

微课
3-4

3.2.2 委托加工环节应纳消费税的核算

1）委托加工应税消费品的认定

委托加工应税消费品是指由委托方提供原料或主要材料，受托方只收取加工费和代垫部分辅助材料加工的应税消费品。对于由受托方提供原材料生产的应税消费品，或受托方先将原材料卖给委托方，然后再接受加工的应税消费品，以及由受托方以委托方名义购进原材料生产的应税消费品，不论纳税人在财务上是否作销售处理，都不得作为委托加工应税消费品，而应按受托方销售自制应税消费品缴纳消费税。

2）委托加工应税消费品消费税的缴纳

消费税法规规定，纳税人委托加工应税消费品的消费税，应由受托方在向委托方交货时代扣代缴。但纳税人委托个体经营者或个人加工应税消费品的消费税，一律于委托方收回后在委托方所在地缴纳。

如果受托方没有代扣代缴消费税，委托方应补交税款，补税的计税依据为：已直接销售的，按销售额计税；未销售或不能直接销售的，按组成计税价格计税。

3）委托加工环节应纳消费税的会计核算

（1）受托方代扣代缴消费税的会计核算

受托方收到代扣代缴的消费税时，应借记“银行存款”科目，贷记“应交税费——代扣代缴消费税”科目；缴纳代扣代缴的消费税时，应借记“应交税费——代扣代缴消费税”科目，贷记“银行存款”科目。

受托方代扣代缴的消费税税额应区分以下不同情况计算确定：

①从价计税的，应按受托方同类消费品的销售价格计税；没有同类消费品销售价格的，以组成计税价格为计税依据计税。因此，从价计税委托加工应税消费品应纳消费税税额的计算公式有两种：

A.受托方有同类消费品销售价格的：应纳税额=同类消费品销售价格×比例税率

B.受托方没有同类消费品销售价格的：应纳税额=组成计税价格×比例税率

式中：组成计税价格=（材料成本+加工费）÷（1-比例税率）

上式的“材料成本”是指委托方所提供的加工材料的实际成本；“加工费”是指受托方加工应税消费品向委托方收取的全部费用（包括代垫辅助材料的实际成本，但不包括增值税税额）。

②从量计税的，应按委托方收回的数量为计税依据计税。

应纳税额=委托加工数量×定额税率

③复合计税的，应按收回的数量和受托方同类货物的销售价格或组成计税价格计税。

A.受托方有同类消费品销售价格的：

应纳税额=同类消费品销售价格×比例税率+委托加工数量×定额税率

B.受托方没有同类消费品销售价格的：

应纳税额=组成计税价格×比例税率+委托加工数量×定额税率

组成计税价格=（材料成本+加工费+委托加工数量×定额税率）÷（1-比例税率）

业务链接3-9

甲厂（一般纳税人）受乙厂委托加工香水精。乙厂提供原材料实际成本62 000元，甲厂已将加工完成的香水精交付乙厂，并向乙厂开具增值税专用发票，收取加工费40 000元、增值税6 400元。同时代收消费税，并向乙厂开具代扣代缴消费税凭证。该批香水精没有同类产品销售价格。

要求：甲厂应代扣代缴的消费税税额是多少？请作账务处理。

计算：受托方无同类产品销售价格，应以组成计税价格为计税依据。

组成计税价格=（62 000+40 000）÷（1−15%）=120 000（元）

代扣代缴消费税税额=120 000×15%=18 000（元）

企业收取加工费、增值税和代收消费税税款时，编制会计分录：

借：银行存款	64 400	
贷：主营业务收入		40 000
应交税费——应交增值税（销项税额）		6 400
——代扣代缴消费税		18 000

（2）委托方支付消费税的会计核算

委托方支付消费税，会计上应区分以下两种情况分别进行账务处理：

①委托方收回委托加工应税消费品直接用于销售的，应将由受托方代扣代缴的消费税计入委托加工物资的成本，借记“委托加工物资”科目，贷记“银行存款”等科目。委托方将委托加工收回的已由受托方代扣代缴消费税的消费品对外出售的，不再缴纳消费税。

②委托方收回委托加工应税消费品后，用于连续生产应税消费品，且按税法规定准予抵扣已纳消费税税款的，应按由受托方代收的消费税，借记“应交税费——应交消费税”科目，贷记“银行存款”等科目。

业务链接3-10

接【业务链接3-9】资料。乙厂支付往返运费1 000元、增值税100元，取得增值税专用发票。收回委托加工的香精按原材料核算。

要求：请对乙厂委托加工业务作账务处理。

分录编制：发出原材料时，编制会计分录：

借：委托加工物资	62 000	
贷：原材料		62 000

支付往返运费时，编制会计分录：

借：委托加工物资	1 000	
应交税费——应交增值税（进项税额）	100	
贷：银行存款		1 100

支付加工费、增值税和消费税时，编制会计分录：

借：委托加工物资	40 000	

借：应交税费——应交增值税（进项税额）　　6 400
　　　　　　——应交消费税　　18 000
　贷：银行存款　　64 400

收回香精入库时，编制会计分录：

借：原材料　　103 000
　贷：委托加工物资　　103 000

学习微平台

延伸阅读 3-8

重点归纳 3-2

税收法规中的“委托加工”有其特定的含义，委托方与受托方的业务也是相辅相成的，具体可归纳见表 3-5。

表 3-5　**委托加工**

项目	委托方	受托方
委托加工成立的条件	提供原料和主要材料	只收取加工费和代垫辅料
加工及提货时涉及的流转税	①购进材料涉及增值税进项税 ②支付加工费涉及增值税进项税 ③视同自产消费品应缴纳消费税	①购买辅料涉及增值税进项税 ②收取加工费和代垫辅料涉及增值税销项税
消费税纳税环节	提货时受托方代收代缴消费税（受托方为个体户的除外）	交货时代收代缴委托方的消费税
代收代缴后消费税的相关处理	①直接出售的不再缴纳消费税 ②连续加工后销售的在出厂环节缴纳消费税，同时可按生产领用抵扣已纳消费税	及时解缴代收代缴税款

学习微平台

微课 3-5

3.2.3 进口环节应纳消费税的核算

消费税是价内税，进口环节缴纳的消费税会计上应全部计入进口货物的采购成本。根据海关征收消费税的完税凭证，借记“原材料”“固定资产”等科目，贷记“银行存款”等科目。

进口环节应纳消费税税额的计算根据进口货物性质不同分两种情况：

1）进口一般货物应纳消费税的计算

①从价计税的，应以组成计税价格为计税依据计算应纳消费税。其计算公式为：

组成计税价格=（关税完税价格+关税）÷（1-比例税率）

应纳税额=组成计税价格×比例税率

②从量计税的，应以海关核定的进口数量为计税依据计算应纳消费税。其计算公式为：

应纳税额=进口数量×定额税率

③复合计税的，应以组成计税价格和进口数量双重标准为计税依据计算应纳消费税。计算公式为：

组成计税价格=（关税完税价格+关税+进口数量×定额税率）÷（1-比例税率）

应纳税额=组成计税价格×比例税率+进口数量×定额税率

2）进口卷烟应纳消费税的计算

为统一进口卷烟与国产卷烟的消费税，进口卷烟消费税适用比例税率必须按国家统一规定的方法确定。进口卷烟的消费税应纳税额的计算应按下列程序进行：

①计算确定进口卷烟消费税适用比例税率。其计算公式为：

$$\begin{matrix}\text{每标准条进口卷烟确定}\\\text{消费税适用比例税率的价格}\end{matrix}=\left(\begin{matrix}\text{关税}\\\text{完税价格}\end{matrix}+\text{关税}+\begin{matrix}\text{定额}\\\text{税率0.6元}\end{matrix}\right)\div(1-36\%)$$

适用比例税率选择原则：上式计算结果≥70元时，适用比例税率为56%；上式计算结果<70元时，适用比例税率为36%。

②计算进口卷烟消费税组成计税价格。

进口卷烟消费税组成计税价格=（关税完税价格+关税+从量消费税）÷（1-比例税率）

③计算进口卷烟应纳消费税税额。

应纳税额=进口卷烟消费税组成计税价格×比例税率+从量消费税

业务链接3-11

某烟草公司2018年6月进口卷烟100标准箱，海关核定的关税完税价格为140万元。已知进口卷烟关税税率为20%。

要求：请分别计算该烟草公司进口卷烟应纳的关税、消费税和增值税，并作账务处理。

计算：①应纳关税=140×20%=28（万元）

②海关应代征的消费税计算如下：

每标准条卷烟关税完税价格=1 400 000÷100÷250=56（元）

每标准条卷烟的关税=56×20%=11.2（元）

$$\begin{matrix}\text{每标准条进口卷烟确定}\\\text{消费税适用比例税率的价格}\end{matrix}=(56+11.2+0.6)\div(1-36\%)=105.94\text{（元）}>70\text{元}$$

所以，进口卷烟的适用消费税比例税率为56%。

进口卷烟的组成计税价格=（140+28+100×150÷10 000）÷（1-56%）=385.23（万元）

应纳消费税税额=385.23×56%+150×100÷10 000=217.23（万元）

③海关应代征增值税，并编制会计分录：

应纳增值税税额=385.23×16%=61.6368（万元）

借：库存商品	3 852 300	
应交税费——应交增值税（进项税额）	616 368	
贷：银行存款		4 468 668

3.2.4 批发和零售环节应纳消费税的会计核算

学习微平台

微课 3-6

1）批发环节应纳消费税的会计核算

批发环节的应税消费品特指卷烟。根据财税〔2015〕60号文件的规定，自2015年5月10日起，在我国境内从事卷烟批发业务的所有单位和个人，应就其批发销售的所有牌号、规格的卷烟，按11%的税率和0.005元/支，复合计征消费税。

计算批发环节卷烟消费税应注意：

①应将卷烟销售额与其他商品销售额分开核算，未分开核算的，一并征收消

费税。

②卷烟批发企业之间销售的卷烟不缴纳消费税，只有将卷烟销售给其他单位和个人时才缴纳消费税。

③卷烟批发企业在计算卷烟消费税时不得扣除卷烟生产环节已缴纳的消费税税额。

④纳税人兼营卷烟批发和零售业务的，应当分别核算批发和零售环节的销售额、销售数量；未分别核算批发和零售环节销售额、销售数量的，按照全部销售额、销售数量计征批发环节消费税。

2）零售环节应纳消费税的会计核算

零售环节的应税消费品特指金银首饰、钻石及钻石饰品、超豪华小汽车。“金银首饰”特指金、银和金基、银基合金首饰，以及金、银和金基、银基合金的镶嵌首饰。

①对既销售金银首饰，又销售非金银首饰的生产经营单位，应分别核算两类商品的销售额。凡划分不清楚或不能分别核算，在生产环节销售的，一律从高适用税率计征消费税；在零售环节销售的，一律按金银首饰计征消费税。金银首饰与其他产品组成套装消费品销售的，应按销售额全额计征消费税。对纳税人采取以旧换新方式销售金银首饰的，按实际收取的不含增值税价款计征消费税。

同步案例3-1

珠宝首饰商店消费税的计算

背景与情境：ABC珠宝店是一家经批准有权经营金银首饰的珠宝零售店，为增值税一般纳税人，存货采取售价金额法核算，流转税以1个月为纳税期限。2018年5月份涉税业务如下：

（1）金银首饰及珠宝玉石零售金额共计252 000元，其中，金银首饰113 680元，钻石及钻石饰品95 120元，其他首饰43 200元。

（2）采取以旧换新方式销售金项链100条，新项链每条零售价3 000元，旧项链每条作价2 000元，每条项链实收差价款1 000元。

（3）以账面价值682 000元的银基项链抵偿债务；以账面价值23 400元的金银首饰奖励业绩优秀的销售人员。

问题：计算ABC珠宝店5月份应缴纳的消费税税额。

分析：（1）根据消费税法规的规定，金银首饰和钻石及钻石饰品的消费税在零售环节缴纳，其他首饰消费税应在生产、进口或委托加工环节缴纳。

消费税税额=（113 680+95 120）÷（1+16%）×5%=9 000（元）

（2）金银首饰零售环节以旧换新应以实际取得的不含税价款为消费税计税依据。

消费税税额=100×1 000÷（1+16%）×5%=4 310.34（元）

（3）以物抵债和奖励应视同销售计算消费税。

消费税税额=（682 000+23 400）÷（1+16%）×5%=30 405.17（元）

ABC珠宝店5月份应缴纳的消费税总额=9 000+4 310.34+30 405.17=43 715.51（元）

②“超豪华小汽车”是指每辆零售价格130万元（不含增值税）及以上的乘用车

和中轻型商用客车。对超豪华小汽车，在生产（进口）环节按现行税率征收消费税的基础上，在零售环节加征消费税，税率为10%。应纳税额=零售环节销售额×零售环节税率。国内汽车生产企业直接销售给消费者的超豪华小汽车，按下列公式计税：应纳税额=销售额×（生产环节税率+零售环节税率）。

3.2.5 出口应税消费品退（免）消费税的会计核算

出口应税消费品退（免）消费税的政策有以下三种：出口免税并退税、出口免税不退税和出口不免税也不退税。根据企业性质不同，适用政策各异。

1）外贸企业出口应税消费品退（免）消费税的会计核算

有出口经营权的外贸企业购进应税消费品直接出口，以及受其他外贸企业委托代理出口的应税消费品，适用出口免税并退税政策。

出口货物消费税的退税率（或单位税额）就是其征税率。企业出口应税消费品适用不同税率并能分开核算和申报的，分别适用不同税率退税；未分开核算或划分不清适用税率的，一律从低适用税率计算退税。

从价计税的应税消费品，出口应退消费税税额，为外贸企业从工厂购进货物时已缴纳的消费税税额。其计算公式如下：

应退消费税税额=出口货物工厂销售额×比例税率

上式中的“出口货物工厂销售额”为不含增值税销售额。

从量计税的应税消费品，出口应退消费税税额，应依货物报关出口的数量按下列公式计算：

应退消费税税额=报关出口数量×定额税率

复合计税的应税消费品，出口应退消费税税额，应依出口货物的工厂销售额和出口数量按下列公式计算：

应退消费税税额=出口货物工厂销售额×比例税率+报关出口数量×定额税率

特别提醒：外贸企业只有受其他外贸企业委托代理出口应税消费品才可办理出口退税，外贸企业受其他企业（主要是非生产性的商贸企业）委托代理出口的应税消费品不予退税。

外贸企业自营出口应税消费品应退消费税税额，应在办理出口退税时，借记“其他应收款”科目，贷记“主营业务成本”科目。

业务链接3-12

丽都进出口公司2018年9月从生产企业购进一批化妆品，取得的增值税专用发票注明价款300 000元、增值税48 000元；支付收购化妆品运输费30 000元、增值税3 000元，取得增值税专用发票。当月该批化妆品全部出口，实现销售额400 000元。

要求：该公司出口化妆品应退的增值税、消费税分别是多少？并请作账务处理。

分析：购入化妆品时，编制会计分录：

借：库存商品	330 000	
应交税费——应交增值税（进项税额）	51 000	
贷：银行存款		381 000

报关出口化妆品时，编制会计分录：

借：应收账款　400 000

　贷：主营业务收入　400 000

申报办理出口退税时（假设增值税出口退税率为15%）：

应退增值税税额=300 000×15%=45 000（元）

应退消费税税额=300 000×15%=45 000（元）

借：其他应收款　90 000

　贷：应交税费——应交增值税（出口退税）　45 000

　　主营业务成本　45 000

不予退还的增值税税额=300 000×（16%-15%）=3 000（元）

借：主营业务成本　3 000

　贷：应交税费——应交增值税（进项税额转出）　3 000

2）生产企业出口应税消费品退（免）消费税的会计核算

有出口经营权的生产企业自营出口或委托外贸企业代理出口自产应税消费品，适用出口免税不退税政策。因为消费税只在生产销售环节对生产单位征收，以后销售环节不再征收，所以，只要生产环节免税，产品就不负担消费税，也就无须再退税。

纳税人直接出口应税消费品办理免税后，若发生退关或国外退货，进口时已予免税的，经机构所在地或居住地主管税务机关批准，可暂不办理补税，待转为国内销售时，再申请补缴消费税，其会计处理与国内销售业务相同。

特别提醒：一般商贸企业委托外贸企业代理出口时，一律不予退（免）消费税。

学习微平台

延伸阅读 3-9

同步思考3-2

从总体上看消费税出口退税与增值税出口退税政策均有三种，即出口免税并退税、出口免税不退税和出口不免税也不退税。但实际应用中，两者存在许多差异，你能加以比较吗？

提示：消费税与增值税出口退税政策差异见表3-6。

表3-6　**消费税与增值税出口退税政策差异**

项目	增值税出口退税	消费税出口退税
退税率	法定退税率	征税率即为退税率
生产企业自营出口或委托外贸企业代理出口	采用“免抵退”法，运用特定公式和规定的退税率计算退税额	采用出口免税不退税政策，不计算退税
外贸企业收购货物出口	采用“先征后退”法，用收购价款和规定的退税率计算退税额	采用出口免税并退税政策，用收购价和规定的征税率计算退税额

3.2.6　已纳消费税税额扣除的会计核算

用外购或委托加工已税消费品连续生产应税消费品时，会出现重复征税问题。为了避免重复征税，税法规定用外购或委托加工收回的已税消费品连续生产应税消费品的，准予从应纳税额中扣除已纳消费税税额。

1）扣除范围的认定

现行税收法规规定可以扣除已纳消费税税额的具体项目有11项：

①用外购或委托加工收回的已税高档烟丝为原料生产的卷烟。

②用外购或委托加工收回的已税高档化妆品为原料生产的高档化妆品。

③用外购或委托加工收回的已税珠宝、玉石为原料生产的贵重首饰及珠宝、玉石。

④用外购或委托加工收回的已税鞭炮、焰火为原料生产的鞭炮、焰火。

⑤用外购或委托加工收回的已税摩托车为原料生产的摩托车。

⑥用外购或委托加工收回的已税杆头、杆身和握把为原料生产的高尔夫球球杆。

⑦用外购或委托加工收回的已税木制一次性筷子为原料生产的木制一次性筷子。

⑧用外购或委托加工收回的已税实木地板为原料生产的实木地板。

⑨用外购或委托加工收回的已税石脑油为原料生产的应税消费品。

⑩用外购或委托加工收回的已税润滑油为原料生产的润滑油。

⑪用外购或委托加工收回的已税汽油、柴油为原料连续生产汽油、柴油（此政策于2014年1月1日起执行）。

税收实务中，对上述扣税范围的应用应注意以下问题：

①上述允许扣除税额的税目，从大类上看不包括酒类、小汽车、高档手表、游艇。

②允许扣税的只涉及同一大税目中的购入应税消费品的连续加工，不能跨税目抵扣（石脑油例外）。

③允许扣除的应税消费品只限于从工业企业购进和进口的应税消费品，对从境内商业企业购进的应税消费品的已纳税额一律不得扣除。

④在零售环节纳税的金银首饰、钻石及钻石饰品不得抵扣外购珠宝、玉石的已纳税额。

2）扣除税额的计算

消费税扣除额计算的总原则是按生产领用量抵扣。

（1）以外购应税消费品连续生产应税消费品允许扣除消费税税额的计算

其计算公式如下：

$$\text{当期准予扣除的外购应税消费品已纳税额}=\text{当期准予扣除的外购应税消费品买价}\times\text{外购应税消费品适用税率}$$

$$\text{当期准予扣除的外购应税消费品买价}=\text{期初库存的外购应税消费品买价}+\text{当期购进的应税消费品买价}-\text{期末库存的外购应税消费品买价}$$

上述“买价”是指购货发票上注明的不含增值税销售额。

业务链接3-13

某卷烟厂2018年6月份库存烟丝（全部为外购）账户资料显示：月初库存50 000元，本月购进200 000元，月末库存66 000元，减少部分全部为生产卷烟领用。本月生产销售卷烟20标准箱，每标准条调拨价56元，取得不含税销售额280 000元，款项已收。

要求：计算该卷烟厂应纳消费税税额，并作账务处理。

分析：生产领用金额=50 000+200 000−66 000=184 000（元）

编制会计分录：

借：生产成本　184 000

　贷：原材料——烟丝　184 000

销售卷烟增值税销项税额=280 000×16%=44 800（元）

编制会计分录：

借：银行存款　324 800

　贷：主营业务收入　280 000

　　　应交税费——应交增值税（销项税额）　44 800

销售卷烟计提消费税税额=20×150+280 000×36%=103 800（元）

准予扣除的外购烟丝已纳税额=184 000×30%=55 200（元）

本月实际应纳消费税税额=103 800−55 200=48 600（元）

编制会计分录：

借：税金及附加　48 600

　贷：应交税费——应交消费税　48 600

借：应交税费——应交消费税　48 600

　贷：银行存款　48 600

（2）以委托加工收回应税消费品连续生产应税消费品允许扣除消费税税额的计算

其计算公式如下：

$$\text{当期准予扣除的委托加工应税消费品已纳税额}=\text{期初库存的委托加工应税消费品已纳税额}+\text{当期收回的委托加工应税消费品已纳税额}-\text{期末库存的委托加工应税消费品已纳税额}$$

纳税人以委托加工收回的已税消费品连续生产应税消费品的，应在纳税申报时提供《代扣代缴税款凭证》原件和复印件，未能提供的，一律不予扣除受托方代收代缴的消费税。

业务链接3-14

甲化妆品厂发出材料委托A厂加工香水精200瓶，A厂同类香水精不含税售价每瓶450元。加工的香水精本月全部收回，支付加工费并取得增值税专用发票，其消费税已由A厂代收代缴。收回香水精的50%当月全部对外销售，实现不含税销售额5万元；另50%用于本厂化妆品生产，本月生产的化妆品全部实现对外销售，实现不含税销售额37万元。

要求：计算甲化妆品厂销售化妆品应纳消费税税额。

分析：A厂受托加工香水精，应按A厂同类货物销售价格计税，则：

应代收消费税税额=200×450×15%=13 500（元）

甲化妆品厂收回香水精对外销售的部分不再征收消费税；用于生产化妆品的部分已由A厂扣缴的消费税可以扣除，则：

允许扣除消费税税额=13 500×50%=6 750（元）

销售化妆品实际应纳消费税税额=370 000×15%−6 750=48 750（元）

职业道德与企业伦理3-1

“先销售后包装”降低税负

背景与情境：某日化生产企业生产化妆品和护肤护发品。该企业生产香水20元/瓶、洗发水30元/瓶、牙膏10元/支，上述价格均为不含税价。该企业将上述产品成套包装销售，当月销售1万套。该企业缴纳消费税税额为：

（20+30+10）×15%×1=9（万元）

问题：该企业如果想在合法的条件下降低税负，您认为有可能吗？

分析提示：有可能。根据我国消费税法规的规定，纳税人兼营不同税率应税消费品，应当分别核算不同税率应税消费品的销售额和销售数量；未分别核算，或将不同税率的应税消费品组成套装销售的，应从高适用税率。上述企业如果采用“先销售后包装”的方式，即可降低税负。在这种方式下应纳消费税税额为：20×15%×1=3（万元）。

学习微平台

延伸阅读 3-10

从上述分析可以推广：企业兼营不同税率应税消费品时，能单独核算的应单独核算，没有必要成套销售的尽可能单独销售，如果必须成套销售，也可采用先销售后包装的方式，以降低税负。

3.3　消费税纳税申报

3.3.1　纳税申报管理

1）消费税的纳税期限

根据消费税法规的规定，消费税的纳税期限分别为1日、3日、5日、10日、15日、1个月或1个季度。纳税人的具体纳税期限，由主管税务机关根据纳税人应纳税额的大小分别核定；不能按固定期限纳税的，可以按次纳税。

纳税人以1个月或1个季度为一个纳税期的，自期满之日起15日内申报纳税；以1日、3日、5日、10日或15日为一个纳税期的，自期满之日起5日内预缴税款，于次月1日起15日内申报纳税并结清上月应纳税款。

纳税人进口应税消费品，应当自海关填发税款缴款书之日起15日内缴纳税款。

同步思考3-3

学习微平台

延伸阅读 3-11

您能说明消费税纳税义务发生时间的具体规定吗？

提示：消费税纳税义务发生时间由货物结算方式或行为发生时间确定。

（1）按结算方式不同，纳税人销售应税消费品的纳税义务发生时间为：①采取赊销和分期收款结算方式的，为书面合同约定的收款日期的当天；书面合同没有约定收款日期或者无书面合同的，为发出应税消费品的当天。②采取预收款结算方式的，为发出应税消费品的当天。③采取托收承付和委托银行收款方式销售的，为发出应税消费品并办妥托收手续的当天。④采取其他结算方式的，为收讫销售款或者取得索取销售款凭据的当天。

(2) 纳税人自产自用应税消费品的，为移送使用的当天。

(3) 纳税人委托加工应税消费品的，为纳税人提货的当天。

(4) 纳税人进口应税消费品的，为报关进口的当天。

2）消费税的纳税地点

①纳税人销售的应税消费品，以及自产自用的应税消费品，除国家另有规定外，应当向纳税人机构所在地或居住地主管税务机关申报纳税。

②委托加工的应税消费品，由受托方所在地主管税务机关代收代缴；委托个人加工的应税消费品，由委托方向其机构所在地或居住地主管税务机关申报纳税。

③进口的应税消费品，由进口人或其代理人向报关地海关申报纳税。

④纳税人到外县（市）销售或委托外县（市）代销自产应税消费品的，于应税消费品销售后，回纳税人机构所在地或居住地缴纳消费税。

⑤纳税人总机构与分支机构不在同一县（市）的，应分别向各自机构所在地的主管税务机关申报纳税，但经财政部、国家税务总局或其授权的财政、税务机关批准，可以由总机构汇总向总机构所在地的主管税务机关申报纳税。

⑥纳税人销售的应税消费品，如因质量等原因由购买者退回的，经机构所在地或居住地主管税务机关审核批准后，可退还已缴纳的消费税税款，但不能自行直接抵减应纳税款。

3.3.2 纳税申报操作

1）纳税申报前期准备

①通过收入账户和库存商品等账户，核实对外销售、视同销售的数量和应税销售额。

②根据已核实的计税数量和金额，依照适用税率计算应纳消费税税额，并与"应交税费——应交消费税"账户资料核对相符。对以外购（或委托加工收回）已税消费品为原料连续生产应税消费品且准予抵扣已纳消费税税款的，还应核实当期准予扣除的税额。

③根据审核无误的计税资料，如实填写消费税纳税申报表，并办理报税。

2）纳税申报表填列

根据消费税法规的规定，消费税纳税申报表应根据应税消费品的不同种类分别填列。

(1) 烟类应税消费品消费税纳税申报表及附表填列

烟类消费税纳税申报表有"一主表三附表"。一主表是指烟类应税消费品消费税纳税申报表（见表3-7）；三附表包括本期准予扣除税额计算表、本期代收代缴税额计算表和卷烟销售明细表。对卷烟批发企业应独立编制卷烟批发环节消费税纳税申报表（见表3-8），同时报送卷烟批发企业月份销售明细清单。

(2) 酒类消费品消费税纳税申报表及附表填列

酒类消费品消费税纳税申报表有"一主表三附表"。一主表是指酒类消费税纳税申报表（见表3-9）；三附表包括本期准予扣除税额计算表、本期代收代缴税额计算表和生产经营情况表。

表3-7 **烟类应税消费品消费税纳税申报表**

税款所属期： 年 月 日至 年 月 日

纳税人名称（公章）： 纳税人识别号：□□□□□□□□□□□□□□□□□□□

填表日期： 年 月 日 单位：卷烟支、雪茄烟支、烟丝千克；金额单位：元（列至角分）

项目 应税消费品名称	适用税率		销售数量	销售额	应纳税额
	定额税率	比例税率			
卷 烟	30元/万支	56%			
卷 烟	30元/万支	36%			
雪茄烟	—	36%			
烟 丝	—	30%			
合 计	—	—	—	—	

本期准予扣除税额：	声明 此纳税申报表是根据国家税收法律的规定填报的，我确定它是真实的、可靠的、完整的。 经办人（签章）： 财务负责人（签章）： 联系电话：
本期减（免）税额：	
期初未缴税额：	
本期缴纳前期应纳税额：	（如果你已委托代理人申报，请填写） 授权声明 为代理一切税务事宜，现授权________（地址）____________为本纳税人的代理申报人，任何与本申报表有关的往来文件，都可寄予此人。 授权人签章：
本期预缴税额：	
本期应补（退）税额：	
期末未缴税额：	

以下由税务机关填写

受理人（签章）： 受理日期： 年 月 日 受理税务机关（章）：

表3-8 **卷烟批发环节消费税纳税申报表**

税款所属期： 年 月 日至 年 月 日

纳税人名称（公章）： 纳税人识别号：□□□□□□□□□□□□□□□□□□□

填表日期： 年 月 日 单位：万支、元（列至角分）

项目 应税消费品名称	适用税率		销售数量	销售额	应纳税额
	定额税率	比例税率			
卷 烟	50元/万支	11%			
合 计	—	—			

期初未缴税额：	声明 此纳税申报表是根据国家税收法律的规定填报的，我确定它是真实的、可靠的、完整的。 经办人（签章）： 财务负责人（签章）： 联系电话：
本期缴纳前期应纳税额：	
本期预缴税额：	（如果你已委托代理人申报，请填写） 授权声明 为代理一切税务事宜，现授权____________（地址）______________为本纳税人的代理申报人，任何与本申报表有关的往来文件，都可寄予此人。 授权人签章：
本期应补（退）税额：	
期末未缴税额：	

以下由税务机关填写

受理人（签章）： 受理日期： 年 月 日 受理税务机关（章）：

业务链接3-15

海宏酒厂为增值税一般纳税人，纳税人识别号为103456348757779123，2018年4月份消费税相关业务资料见【业务链接3-2】、【业务链接3-3】、【业务链接3-4】、【业务链接3-7】和【业务链接3-8】。

要求：填制海宏酒厂2018年6月份消费税纳税申报表。

分析：详细计算过程在【业务链接3-2】、【业务链接3-3】、【业务链接3-4】、【业务链接3-7】和【业务链接3-8】中均已述及。填制的消费税纳税申报表见表3-9。

表3-9 **酒类消费税纳税申报表**

税款所属期：2018年6月1日至2018年6月30日

纳税人名称（公章）：　　纳税人识别号：1 0 3 4 5 6 3 4 8 7 5 7 7 7 9 1 2 3

填表日期：2018年7月14日　　金额单位：元（列至角分）

项目 应税消费品名称	适用税率		销售数量	销售额	应纳税额
	定额税率	比例税率			
粮食白酒	0.5元/斤	20%	5 000斤	18 000.00	6 100.00
薯类白酒	0.5元/斤	20%	2 000斤	6 500.00	2 300.00
啤　酒	250元/吨	—			
啤　酒	220元/吨	—	22吨	56 000.00	4 840.00
黄　酒	240元/吨				
其他酒	—	10%			
合　计	—	—	—	—	13 240.00

<table>
<tr><td>本期准予扣除税额：</td><td rowspan="3">声明
此纳税申报表是根据国家税收法律的规定填报的，我确定它是真实的、可靠的、完整的。
经办人（签章）：
财务负责人（签章）：
联系电话：</td></tr>
<tr><td>本期减（免）税额：</td></tr>
<tr><td>期初未缴税额：</td></tr>
<tr><td>本期缴纳前期应纳税额：</td><td rowspan="4">（如果你已委托代理人申报，请填写）
授权声明
为代理一切税务事宜，现授权＿＿＿＿＿（地址）＿＿＿＿＿＿＿为本纳税人的代理申报人，任何与本申报表有关的往来文件，都可寄予此人。
授权人签章：</td></tr>
<tr><td>本期预缴税额：</td></tr>
<tr><td>本期应补（退）税额：13 240.00</td></tr>
<tr><td>期末未缴税额：13 240.00</td></tr>
</table>

以下由税务机关填写

受理人（签章）：　　受理日期：　年　月　日　　受理税务机关（章）：

（3）成品油消费税纳税申报表及附表填列

成品油消费税纳税申报表有“一主表五附表”。一主表是指成品油消费税纳税申报表（见表3-10）；五附表包括本期准予扣除税额计算表、本期减（免）税计算表、成品油销售明细表、消费税扣税凭证明细表和代收代缴税款报告表。

表3-10 **成品油消费税纳税申报表**

税款所属期： 年 月 日至 年 月 日

纳税人名称（公章）： 纳税人识别号：□□□□□□□□□□□□□□□□□□□□

填表日期： 年 月 日 单位：升；金额单位：元（列至角分）

项目 应税消费品名称	适用税率（元/升）	销售数量	应纳税额
汽 油	1.12		
	1.40		
	1.52		
柴 油	0.94		
	1.10		
	1.20		
石脑油	1.12		
	1.40		
	1.52		
溶剂油	1.12		
	1.40		
	1.52		
润滑油	1.12		
	1.40		
	1.52		
燃料油	0.94		
	1.10		
	1.20		
航空煤油	0.94		—
	1.10		
	1.20		
合 计	—	—	

<table>
<tr><td>本期减（免）税额：</td><td rowspan="7">声明
此纳税申报表是根据国家税收法律的规定填报的，我确定它是真实的、可靠的、完整的。

声明人签字：</td></tr>
<tr><td>期初留抵税额：</td></tr>
<tr><td>本期准予扣除税额：</td></tr>
<tr><td>本期应抵扣税额：</td></tr>
<tr><td>期初未缴税额：</td></tr>
<tr><td>期末留抵税额：</td></tr>
<tr><td>本期实际抵扣税额：</td></tr>
<tr><td>本期缴纳前期应纳税额：</td><td rowspan="4">（如果你已委托代理人申报，请填写）
授权声明
为代理一切税务事宜，现授权______（地址）______为本纳税人的代理申报人，任何与本申报表有关的往来文件，都可寄予此人。
授权人签章：</td></tr>
<tr><td>本期预缴税额：</td></tr>
<tr><td>本期应补（退）税额：</td></tr>
<tr><td>期末未缴税额：</td></tr>
</table>

以下由税务机关填写

受理人（签章）： 受理日期： 年 月 日 受理税务机关（章）：

（4）小汽车消费税纳税申报表及附表填列

小汽车消费税纳税申报表有“一主表二附表”。一主表是指小汽车消费税纳税申报表（见表3-11）；二附表包括本期代收代缴税额计算表和生产经营情况表。

（5）其他应税消费品消费税纳税申报表及附表填列

其他应税消费品消费税纳税申报表有“一主表四附表”。一主表是指其他应税消费品消费税纳税申报表（见表3-12）；四附表包括本期准予扣除税额计算表、本期准予扣除消费税凭证明细表、本期代收代缴税额计算表和生产经营情况表。

表3-11　　　　　　　　　　**小汽车消费税纳税申报表**

税款所属期：　　　年　月　日至　　　年　月　日

纳税人名称（公章）：　纳税人识别号：□□□□□□□□□□□□□□□□□□□□

填表日期：　年　月　日　　　　　　　　　　　　　　　金额单位：元（列至角分）

项目 应税消费品名称		适用税率	销售数量	销售额	应纳税额
乘用车	气缸容量≤1.0升	1%			
	1.0升<气缸容量≤1.5升	3%			
	1.5升<气缸容量≤2.0升	5%			
	2.0升<气缸容量≤2.5升	9%			
	2.5升<气缸容量≤3.0升	12%			
	3.0升<气缸容量≤4.0升	25%			
	气缸容量>4.0升	40%			
中轻型商用客车		5%			
合　计		—	—	—	

<table>
<tr><td>本期准予扣除税额：</td><td></td><td rowspan="3">声明
此纳税申报表是根据国家税收法律的规定填报的，我确定它是真实的、可靠的、完整的
经办人（签章）：
财务负责人（签章）：
联系电话：</td></tr>
<tr><td>本期减（免）税额：</td><td></td></tr>
<tr><td>期初未缴税额：</td><td></td></tr>
<tr><td>本期缴纳前期应纳税额：</td><td></td><td rowspan="4">（如果你已委托代理人申报，请填写）
授权声明
为代理一切税务事宜，现授权________（地址）________为本纳税人的代理申报人，任何与本申报表有关的往来文件，都可寄予此人

授权人签章：</td></tr>
<tr><td>本期预缴税额：</td><td></td></tr>
<tr><td>本期应补（退）税额：</td><td></td></tr>
<tr><td>期末未缴税额：</td><td></td></tr>
</table>

以下由税务机关填写

受理人（签章）：　　　　　受理日期：　年　月　日　　　　受理税务机关（章）：

表 3-12 **其他应税消费品消费税纳税申报表**

税款所属期：2018年5月1日至2018年5月31日

纳税人名称（公章）：思美日化公司　纳税人识别号：□□□□□□□□□□□□□□□□□□

填表日期：2018年6月10日　　金额单位：元（列至角分）

项目 应税消费品名称	适用税率	销售数量	销售额	应纳税额
高档化妆品	15%		2 897 294.12	434 594.12
合　计	—	—	—	434 594.12

<table>
<tr><td>本期准予扣除税额：118 588.23</td><td rowspan="3">声明
此纳税申报表是根据国家税收法律的规定填报的，我确定它是真实的、可靠的、完整的
经办人（签章）：
财务负责人（签章）：
联系电话：</td></tr>
<tr><td>本期减（免）税额：</td></tr>
<tr><td>期初未缴税额：</td></tr>
<tr><td>本期缴纳前期应纳税额：316 005.89</td><td rowspan="4">（如果你已委托代理人申报，请填写）
授权声明
为代理一切税务事宜，现授权______（地址）______为本纳税人的代理申报人，任何与本申报表有关的往来文件，都可寄予此人

授权人签章：</td></tr>
<tr><td>本期预缴税额：</td></tr>
<tr><td>本期应补（退）税额：316 055.89</td></tr>
<tr><td>期末未缴税额：316 005.89</td></tr>
</table>

以下由税务机关填写

受理人（签章）：　　受理日期：　年　月　日　　受理税务机关（章）：

表3-12仅限于高档化妆品、贵重首饰及珠宝玉石、鞭炮焰火、汽车轮胎、摩托车、高尔夫球及球具、高档手表、游艇、木制一次性筷子、实木地板等消费税纳税人使用。

引例解读3-1

思美日化公司消费税税额核算与申报

资料见本章【引例】。

分析提示：

（1）进口环节应纳关税=700 000×20%=140 000（元）

进口环节应纳消费税=（700 000+140 000）÷（1-15%）×15%

=988 235.29×15%=148 235.29（元）

进口环节应纳增值税=（700 000+140 000）÷（1-15%）×16%=158 117.65（元）

进口环节支付价税款，编制会计分录：

借：原材料　　988 235.29

　　应交税费——应交增值税（进项税额）　　158 117.65

　贷：银行存款　　1 146 352.94

（2）国内销售化妆品应纳消费税税额=［30×80 000+480 000+14 000×（1+5%）÷（1-15%）］×15%

=2 897 294.12×15%

=434 594.12（元）

允许扣除消费税税额=148 235.29×80%=118 588.23（元）

思美日化公司本期应纳消费税税额=434 594.12-118 588.23=316 005.89（元）

（3）思美日化公司受托加工化妆品，负有代收代缴消费税义务。

思美日化应代收代缴消费税=［200 000+93 600÷（1+16%）］÷（1-15%）×15%

=49 533.47（元）

（4）思美日化公司的消费品消费税纳税申报表填制见表3-12。

第4章
企业所得税会计

学习目标

通过本章学习，应该达到以下目标：

理论目标：学习和把握企业所得税的相关概念，企业所得税的纳税人、征税范围与税率，企业所得税的税收优惠政策、征收方式、纳税期限与地点等陈述性知识；能用所学理论知识指导“企业所得税会计”的相关认知活动。

实务目标：学习和把握企业所得税应纳税所得额和利润总额、纳税调整金额、亏损弥补、应纳税额等的计算方法，企业所得税预缴纳税申报表的填制方法，企业所得税汇算清缴申报表的填制方法，资产负债表债务法与应付税款法下企业所得税会计核算程序与方法，“业务链接”等程序性知识；能用所学实务知识规范“企业所得税会计”的相关技能活动。

案例目标：运用所学“企业所得税会计”的理论与实务知识研究相关案例，培养和提高在特定业务情境中分析问题和决策设计的能力；能结合本章教学内容，依照“职业道德与会计伦理”的行业规范或标准，分析企业行为的善恶，强化职业道德素质。

实训目标：参加“企业所得税核算与申报”业务胜任力的实践训练。在了解和把握本实训所及“能力与道德领域”相关技能点的“规范与标准”的基础上，通过切实体验“企业所得税核算与申报”各实训任务的完成、系列技能操作的实施、《××企业所得税年度纳税申报实训报告》的准备与撰写等有质量、有效率的活动，培养“企业所得税核算与申报”的专业能力，强化“数字应用”、“解决问题”、“革新创新”、“与人合作”和“与人交流”等职业核心能力（中级），并通过“认同级”践行“职业理想”、“职业观念”、“职业良心 ”、“职业作风”和“职业守则”等行为规范，促进健全职业人格的塑造。

引例 亿达股份公司企业所得税核算与申报

背景与情境：亿达股份公司主要从事汽车仪表生产与销售，企业执行企业会计准则，所得税核算采用资产负债表债务法，适用的所得税税率为25%。2017年全年实现的利润总额为2 100万元，当年会计与税收的差异事项有：

①2016年12月18日购入一项生产设备，原价150万元，预计使用年限10年，无预计净残值，会计上按双倍余额递减法计提折旧。税法规定的使用年限及预计净残值与会计相同，折旧计提方法为直线法。

②2017年为开发新技术发生研发支出2 500万元，其中，研究阶段支出1 000万元，开发阶段符合资本化条件前发生的支出900万元，符合资本化条件后至达到预定使用用途前发生的支出600万元。此项无形资产当年已达到预定用途，但尚未开始摊销。

③因销售产品承诺提供3年的保修服务，2017年确认了80万元的预计负债，当年未发生任何保修支出。

④当年取得作为交易金融资产核算的股票投资成本为800万元，2017年12月31日的公允价值为1 300万元。

⑤2017年取得国库券利息收入20万元，支付环保罚款20万元。

本公司期初递延所得税资产和递延所得税负债均为零，全年累计预缴所得税60万元，以前年度无尚未抵扣的亏损。

问题：计算亿达股份公司2017年度应纳所得税额、递延所得税资产或递延所得税负债的发生额及所得税费用的发生额，编制计提所得税的会计分录，填制年度企业所得税纳税申报表及相关附表。

为完成亿达股份公司企业所得税核算与申报的相关业务，必须先学习掌握企业所得税的征税范围、征税环节、税率、应纳税额计算与核算及纳税申报等基本知识与技能。

4.1 企业所得税纳税人、征税范围与税率确定

4.1.1 企业所得税纳税人身份的认定

企业所得税法规定，在中华人民共和国境内的企业和其他取得收入的组织（以下统称企业）为企业所得税纳税人。上述所称的"企业"，根据其纳税义务不同分为居民企业和非居民企业两类。

1）居民企业

居民企业是指依法在中国境内成立，或依照外国（地区）法律成立但实际管理机构在中国境内的企业。具体有两类：一是依照中国法律、行政法规在中国境内成立的企业、事业单位、社会团体以及其他取得收入的组织；二是依照外国（地区）法律成立但实际管理机构在中国境内的企业和其他取得收入的组织。这里所称的"实际管理机构"是指对企业的生产经营、人员、账务、财产等实施实质性全面管理和控制的机构。

居民企业负有无限纳税义务，应就其来源于中国境内、境外的所得向中国缴纳企

业所得税。

2）非居民企业

非居民企业是指依照外国（地区）法律成立且实际管理机构不在中国境内，但在中国境内设立机构、场所，或在中国境内未设立机构、场所，但有来源于中国境内所得的企业。这里所称的“机构、场所”是指在中国境内从事生产经营活动的机构、场所，包括管理机构、营业机构、办事机构，工厂、农场、开采自然资源的场所，提供劳务的场所，从事建筑、安装、装配、修理、勘探等工程作业的场所，其他从事生产经营活动的机构、场所。非居民企业委托营业代理人在中国境内从事生产经营活动的，该营业代理人视为非居民企业在中国境内设立的机构、场所。

非居民企业负有限纳税义务。具体来说，非居民企业在中国境内设立机构、场所的，应就其所设机构、场所取得的来源于中国境内的所得，以及发生在中国境外但与其所设机构、场所有实际联系的所得向中国缴纳企业所得税；非居民企业在中国境内未设立机构、场所的，或虽设立机构、场所，但其所得与所设机构、场所没有实际联系的，应就其来源于中国境内的所得向中国缴纳企业所得税。

学习微平台

延伸阅读
4-1

同步思考4-1

个人独资企业和合伙企业是否属于企业所得税纳税人?

提示：我国法律规定，个人独资企业和合伙企业的出资人对外承担无限责任，企业的财产与出资人的财产密不可分，企业生产经营收入就是出资人个人的收入。个人独资企业和合伙企业应就其出资人所得缴纳个人所得税，因此，他们属于个人所得税纳税人，不属于企业所得税纳税人。

4.1.2 企业所得税征税范围的确定

企业所得税征税范围从内容上看包括生产经营所得、其他所得和清算所得；从空间范围上看包括中国境内所得和境外所得。

1）居民企业的征税范围

居民企业的征税范围为来源于中国境内、境外的所得，包括企业以货币形式或非货币形式取得的销售货物所得、提供劳务所得、转让财产所得、股息红利等权益性投资所得、利息所得、租金所得、特许权使用费所得、接受捐赠所得和其他所得。

2）非居民企业的征税范围

非居民企业在中国境内设立机构、场所的，其征税范围为其所设机构、场所取得的来源于中国境内的所得，以及发生在中国境外但与其所设机构有实际联系的所得。非居民企业在中国境内未设立机构、场所，或虽设立机构、场所，但取得的所得与其所设机构、场所没有实际联系的，其征税范围为来源于中国境内的所得。

特别提醒：凡被确定为企业所得税征税范围的各项所得必须是合法所得，是扣除成本费用后的纯收益，是实物或货币所得。

学习微平台

延伸阅读
4-2

同步思考4-2

居民企业负无限纳税义务，非居民企业负有限纳税义务，“有限”与“无限”划分的关键是所得来源地，请对所得来源地加以确定。

提示：企业所得税法对所得来源地的具体规定如下：销售货物所得为交易活动发生地；提供劳务所得为劳务发生地；不动产转让所得为不动产所在地，动产转让所得为转让动产的企业或机构、场所所在地，权益性投资资产转让所得为被投资企业所在地；股息、红利等权益性投资所得为分配所得的企业所在地；利息、租金、特许权使用费所得为负担支付所得的企业或机构、场所所在地，或负担支付所得的个人住所地；其他所得由国务院财政、税务主管部门确定。

4.1.3 企业所得税税率的选择

企业所得税实行比例税率，具体有以下四种情况：

①居民企业和在中国境内设立机构、场所且其所得与机构、场所有关联的非居民企业，适用税率为25%。

②在中国境内未设立机构、场所，或虽设立机构、场所但其所得与其所设机构、场所没有实际联系的非居民企业，适用税率为20%，但可享受减半征收优惠，实际税率为10%。

③符合条件的小型微利企业，适用税率为20%。

小型微利企业是指从事国家非限制和禁止行业，并符合下列条件的企业：工业企业，年度应纳税所得额不超过30万元，从业人数不超过100人，资产总额不超过3 000万元；其他企业，年度应纳税所得额不超过30万元，从业人数不超过80人，资产总额不超过1 000万元。

④国家需要重点扶持的高新技术企业，适用税率为15%。

4.2 企业所得税的税收优惠政策

我国现行企业所得税法遵循“产业优惠为主，区域优惠为辅”的原则制定相关优惠政策，主要税收优惠政策有：

1）免税收入

（1）国债利息收入

企业持有国务院财政部门发行的国债取得的利息收入免征企业所得税。

（2）地方政府债券利息收入

企业取得的地方政府债券利息收入免征企业所得税。

（3）符合条件的居民企业之间的股息、红利等权益性投资收益

居民企业直接投资于其他居民企业取得的权益性投资收益免征企业所得税。

所称股息、红利等权益性投资收益不包括连续持有居民企业公开发行并上市流通的股票不足12个月取得的投资收益。

（4）内地居民企业通过沪港通或深港通投资且连续持有H股满12个月取得的股

息红利所得。

对内地企业投资者通过沪港通或深港通投资香港联交所上市股票取得的股息红利所得，计入其收入总额，依法计征企业所得税。其中，内地居民企业连续持有H股满12个月取得的股息红利所得，依法免征企业所得税。

（5）符合条件的非营利组织的收入

符合条件的非营利组织取得的捐赠收入、不征税收入以外的政府补助收入（但不包括政府购买服务取得的收入）、会费收入、不征税收入和免税收入孳生的银行存款利息收入等免征企业所得税。免税收入不包括非营利组织从事营利性活动取得的收入。

非营利组织主要包括事业单位、社会团体、基金会、民办非企业单位、宗教活动场所等。

2）减计收入

（1）综合利用资源生产产品取得的收入

企业以《资源综合利用企业所得税优惠目录》规定的资源为主要原材料，生产国家非限制和禁止并符合国家和行业相关标准的产品取得的收入，减按90%计入收入总额。

（2）金融、保险等机构取得的涉农利息、保费收入

对金融机构农户小额贷款的利息收入在计算应纳税所得额时，按90%计入收入总额。

对保险公司为种植业、养殖业提供保险业务的保费收入，在计算应纳税所得额时，按90%计入收入总额。

对经省级金融管理部门（金融办、局等）批准成立的小额贷款公司取得的农户小额贷款利息收入，在计算应纳税所得额时，按90%计入收入总额。

学习微平台

微课
4-2

（3）取得的中国铁路建设债券利息收入

企业持有铁路债券取得的利息收入，减半征收企业所得税。

3）加计扣除

（1）开发新技术、新产品、新工艺发生的研究开发费用加计扣除

企业为开发新技术、新产品、新工艺发生的研究开发费用，未形成无形资产计入当期损益的，在按照规定据实扣除的基础上，按照研究开发费用的50%加计扣除；形成无形资产的，按照无形资产成本的150%摊销。

对从事文化产业支撑技术等领域的文化企业，开发新技术、新产品、新工艺发生的研究开发费用，允许按照税收法律法规的规定，在计算应纳税所得额时加计扣除。

对科技型中小企业开展研发活动中实际发生的研发费用，未形成无形资产计入当期损益的，在按规定据实扣除的基础上，在2017年1月1日至2019年12月31日期间，再按实际发生额的75%在税前加计扣除；形成无形资产的，在上述期间按照无形资产成本的175%在税前摊销。

（2）支付残疾人员工资加计扣除

企业安置残疾人员的，在按照支付给残疾职工工资据实扣除的基础上，按照支付给残疾职工工资的100%加计扣除。残疾人员的范围适用《中华人民共和国残疾人保障法》的有关规定。

4）所得税减免

（1）农、林、牧、渔业项目

企业从事蔬菜、谷物、薯类、油料、豆类、棉花、麻类、糖料、水果、坚果的种植，农作物新品种选育，中药材种植，林木培育和种植，牲畜、家禽饲养，林产品采集，灌溉、农产品初加工、兽医、农技推广、农机作业和维修等农、林、牧、渔服务业项目，远洋捕捞项目所得，免征企业所得税。

企业从事花卉、茶以及其他饮料作物和香料作物种植，海水养殖、内陆养殖项目所得，减半征收企业所得税。

“公司+农户”经营模式从事农、林、牧、渔业项目生产企业，可以减免企业所得税。

（2）国家重点扶持的公共基础设施项目

企业从事《公共基础设施项目企业所得税优惠目录》规定的港口码头、机场、铁路、公路、城市公共交通、电力、水利等项目的投资经营所得，自项目取得第一笔生产经营收入所属纳税年度起，第一年至第三年免征企业所得税，第四年至第六年减半征收企业所得税。

企业承包经营、承包建设和内部自建自用的项目，不得享受上述规定的企业所得税优惠。

饮水工程运营管理单位从事《公共基础设施项目企业所得税优惠目录》规定的饮水工程新建项目投资经营的所得，享受上述规定的企业所得税优惠政策。

（3）符合条件的环境保护、节能节水项目

企业从事《环境保护、节能节水项目企业所得税优惠目录》所列项目的所得，自项目取得第一笔生产经营收入所属纳税年度起，第一年至第三年免征企业所得税，第四年至第六年减半征收企业所得税。

《环境保护、节能节水项目企业所得税优惠目录》所列项目包括公共污水处理、公共垃圾处理、沼气综合开发利用、节能减排技术改造、海水淡化等。

（4）符合条件的技术转让项目

一个纳税年度内，居民企业技术转让所得不超过500万元的部分，免征企业所得税；超过500万元的部分，减半征收企业所得税。

（5）实施清洁发展机制项目

清洁发展机制项目（以下简称CDM项目）实施企业将温室气体减排量转让收入的65%上缴给国家的HFC和PFC类CDM项目，以及将温室气体减排量转让收入的30%上缴给国家的N2O类CDM项目，其实施该类CDM项目的所得，自项目取得第一笔减排量转让收入所属纳税年度起，第一年至第三年免征企业所得税，第四年至第六年减半征收企业所得税。

（6）符合条件的节能服务公司实施合同能源管理项目

对符合条件的节能服务公司实施合同能源管理项目，符合企业所得税税法有关规定的，自项目取得第一笔生产经营收入所属纳税年度起，第一年至第三年免征企业所得税，第四年至第六年按照25%的法定税率减半征收企业所得税。

5）所得税优惠

（1）符合条件的小型微利企业

自2018年1月1日起至2020年12月31日，对年应纳税所得额低于100万元（含

100万元）的小型微利企业，其所得减按50%计入应纳税所得额，按20%的税率缴纳企业所得税。

小型微利企业是指从事国家非限制和禁止的行业，并符合以下条件的企业：

制造业：年应纳税所得额不超过30万元，从业人数不超过100人，资产总额不超过3 000万元；非制造业：年应纳税所得额不超过30万元，从业人数不超过80人，资产总额不超过1 000万元。

（2）国家需要重点扶持的高新技术企业

①高新技术企业低税率优惠。国家需要重点扶持的高新技术企业，减按15%的税率征收企业所得税。

②经济特区和上海浦东新区新设立的高新技术企业定期减免。经济特区和上海浦东新区内，在2008年1月1日（含）之后完成登记注册的国家需要重点扶持的高新技术企业，在经济特区和上海浦东新区内取得的所得，自取得第一笔生产经营收入所属纳税年度起，第一年至第二年免征企业所得税，第三年至第五年按照25%的法定税率减半征收企业所得税。

（3）其他专项优惠

①技术先进型服务企业。在北京、天津、上海、重庆、大连、深圳、广州、武汉、哈尔滨、成都、南京、西安、济南、杭州、合肥、南昌、长沙、大庆、苏州、无锡、厦门等21个中国服务外包示范城市，对经认定的技术先进型服务企业，减按15%的税率征收企业所得税。

②动漫企业。经认定的动漫企业自主开发、生产动漫产品，可申请享受国家现行鼓励软件产业发展的所得税优惠政策。即在2017年12月31日前自获利年度起，第一年至第二年免征企业所得税，第三年至第五年按照25%的法定税率减半征收企业所得税，并享受至期满为止。

③经营性文化事业单位转制企业。从事新闻出版、广播影视和文化艺术的经营性文化事业单位转制为企业的，自转制注册之日起免征企业所得税。

4.3　企业所得税应纳税额计算

理论上企业所得税应纳税额等于应纳税所得额与适用税率的乘积。计算应纳所得税的难点在于确定应纳税所得额。**应纳税所得额**是指企业每一纳税年度的收入总额减除不征税收入、免税收入、各项扣除项目以及允许弥补的以前年度亏损后的余额。在我国的税务会计实务中，通常在利润总额的基础上通过纳税调整确定应纳税所得额。其基本计算公式如下：

$$应纳税所得额=利润总额\pm纳税调整额+境外应税所得抵减境内亏损-弥补以前年度亏损$$

4.3.1　利润总额的计算

利润总额是指按国家统一会计制度计算的利润总额。计算公式如下：

$$\begin{matrix}利润\\总额\end{matrix}=\begin{matrix}营业\\收入\end{matrix}-\begin{matrix}营业\\成本\end{matrix}-\begin{matrix}税金\\及附加\end{matrix}-\begin{matrix}销售\\费用\end{matrix}-\begin{matrix}管理\\费用\end{matrix}-\begin{matrix}财务\\费用\end{matrix}-\begin{matrix}资产减\\值损失\end{matrix}\pm\begin{matrix}公允价值\\变动损益\end{matrix}\pm\begin{matrix}投资\\损益\end{matrix}\pm\begin{matrix}资产处置\\损益\end{matrix}+\begin{matrix}其他\\收益\end{matrix}+\begin{matrix}营业外\\收入\end{matrix}-\begin{matrix}营业外\\支出\end{matrix}$$

1）营业收入

营业收入是指纳税人当期发生的从事主营业务和其他业务取得的收入总额，包括主营业务收入和其他业务收入。

①主营业务收入，即纳税人在会计核算中记入“主营业务收入”账户的所有收入，根据行业不同包括：

销售货物收入，即从事工业制造、商品流通、农业生产以及其他商品销售的纳税人取得的主营业务收入。

提供劳务收入，即从事提供旅游饮食服务，交通运输、邮电通信、对外经济合作等劳务，开展其他服务的纳税人取得的主营业务收入。

让渡资产使用权收入，即企业让渡无形资产使用权而取得的使用费收入以及以租赁业务为基本业务的出租固定资产取得的租金收入。

建造合同收入，即纳税人建造房屋、道路、桥梁、水坝等建筑物，以及船舶、飞机、大型机械设备等取得的主营业务收入。

②其他业务收入，即纳税人在会计核算中记入“其他业务收入”账户的所有收入，包括材料销售收入、代购代销手续费收入、包装物出租收入和其他收入。

2）营业成本

营业成本是指纳税人经营主营业务和其他业务发生的实际成本总额，包括主营业务成本和其他业务成本。

①主营业务成本是指纳税人在会计核算中记入“主营业务成本”账户的所有与主营业务收入配比的成本金额，包括销售货物成本、提供劳务成本、让渡资产使用权成本和建造合同成本。

②其他业务成本是指纳税人在会计核算中记入“其他业务成本”账户的所有与其他业务收入配比的成本金额，包括材料销售成本、代购代销费用、包装物出租成本和其他支出。

3）税金及附加

税金及附加是指纳税人在会计核算上记入“税金及附加”账户的各项税金及附加，包括消费税、城市维护建设税、资源税、房产税、印花税、城镇土地使用税、车船税、土地增值税和教育费附加等。

4）期间费用

期间费用是指纳税人在生产经营活动中发生的销售费用、管理费用和财务费用。

销售费用是指纳税人在销售商品和材料、提供劳务过程中发生的各种费用；管理费用是指纳税人为组织和管理生产经营发生的各项费用；财务费用是指纳税人为筹集生产经营所需资金等发生的筹资费用。

5）资产减值损失

资产减值损失是指纳税人计提各项资产减值准备发生的减值损失。

6）公允价值变动损益

公允价值变动损益是指纳税人交易性金融资产、交易性金融负债、采取公允价值模式计量的投资性房地产、衍生工具、套期保值业务等公允价值变动形成的应计入当期损益的利得或损失。

7）投资损益

投资损益是指纳税人以各种方式对外投资所取得的收益或发生的损失。

8）资产处置损益

资产处置损益是指出售固定资产、在建工程、生产性生物资产及无形资产而产生的处置利得或损失。

9）其他收益

计入其他收益科目的政府补助。

10）营业外收入

营业外收入是指纳税人发生的与其经营活动无直接关系的各项收入，包括非货币性资产交换利得、罚没利得、债务重组利得、捐赠利得和其他与经营活动无直接关系的利得。

11）营业外支出

营业外支出是指纳税人发生的与其经营活动无直接关系的各项支出，包括债务重组损失、罚款支出、非常损失、捐赠支出和其他与经营活动无直接关系的支出。

4.3.2　纳税调整金额的计算

企业所得税法规定，对某一涉税事项，如果企业财务会计处理办法与税收法律规定不一致，应以税收法律规定为依据计算应纳税所得额，也即必须对两者的差异进行纳税调整。现以纳税调整项目明细表（A105 000）为逻辑顺序将纳税调整项目分为收入类调整项目、扣除类调整项目、资产类调整项目、特殊事项调整项目、特别纳税调整应税所得五大类进行讲述。

4.3.2.1　收入类调整项目

1）视同销售收入

视同销售是指会计上不作销售核算，而税法上应作为计税收入计算企业所得税的商品或劳务的转移行为。

企业所得税法规定：企业发生非货币性资产交换，及将货物、财产、劳务用于捐赠、偿债、赞助、集资、广告、样品、职工福利或利润分配等用途的，应当视同销售货物、转让财产或提供劳务，但国务院财政、税务主管部门另有规定的除外。

国家税务总局国税函（〔2008〕828号）对企业处置资产是否作为企业所得税视同销售处理，以“资产所有权属在形式和实质上是否改变”为原则，具体明确如下：

①企业发生下列情形的处置资产，除将资产转移至境外以外，由于资产所有权属在形式和实质上均不发生改变，应作为内部处置资产，不视同销售确认收入，相关资产的计税基础延续计算：将资产用于生产、制造、加工另一产品；改变资产形状、结构或性能；改变资产用途；将资产在总机构及其分支机构之间转移；上述两种或两种以上情形的混合；其他不改变资产所有权属的用途。

②企业将资产移送他人的下列情形，因资产所有权属已发生改变，应按视同销售确认收入：用于市场推广或销售；用于交际应酬；用于职工奖励或福利；用于股息分配；用于对外捐赠；其他改变所有权属的用途。

③视同销售行为的计税收入额按下列规定确认：企业自制的资产，按企业同类资

产同期对外销售价格确定销售收入；外购的资产，按购入时的价格确定销售收入。

常见的视同销售收入主要有非货币性资产交换视同销售收入，货物、财产、劳务视同销售收入和其他视同销售收入。以货物、财产、劳务视同销售收入为例分析如下：

A.将自产、委托加工或购买的货物用于集体福利或个人消费。

业务链接4-1

宏远公司将一批自制的B产品以福利形式分给本公司职工。该批产品的实际成本40 000元，不含税售价50 000元。本单位共有职工60人，其中，生产工人35人，车间管理人员4人，厂部销售人员10人，其他管理人员11人。

要求：请对宏远公司上述业务进行企业所得税纳税调整分析。

分析：增值税销项税额=50 000×16%=8 000（元）

非货币性福利金额=50 000+8 000=58 000（元）

根据《企业会计准则》的规定，账务处理如下：

实际发放产品时，根据产品出库单：

借：应付职工薪酬	58 000	
贷：主营业务收入		50 000
应交税费——应交增值税（销项税额）		8 000

同时结转成本：

借：主营业务成本	40 000	
贷：库存商品		40 000

根据会计处理结果，上述业务确认了利润总额10 000元。根据企业所得税法的规定，上述业务属企业所得税视同销售行为，应按同类货物售价确认计税销售收入50 000元，允许扣除销售成本40 000元，即确认应纳税所得额10 000元。由于应纳税所得额与利润总额相等，无须进行纳税调整。

B.将自产、委托加工或购买的货物对外投资或分配股利。

业务链接4-2

宏远公司以自制的A产品入股丽人木业股份有限公司，占丽人木业注册资本的5%，并准备长期持有。投出A产品的实际成本80 000元，不含税售价88 000元。

要求：请对宏远公司的上述业务进行企业所得税纳税调整分析。

分析：根据《企业会计准则》的规定，账务处理如下：

对外移送产品时，根据投资合同：

借：长期股权投资——丽人公司	102 080	
贷：主营业务收入		88 000
应交税费——应交增值税（销项税额）		14 080

根据出库单结转成本：

借：主营业务成本	80 000	
贷：库存商品——A产品		80 000

根据会计处理结果，上述业务确认了利润总额8 000元。根据企业所得税法的规定，上述业务属企业所得税视同销售业务，应按同类货物售价确认计税销售收入88 000元，允许扣除销售成本80 000元，即确认应纳税所得额8 000元。由于应纳税所得额与利润总额相等，无须进行纳税调整。

互动教学4-1

我们知道增值税和企业所得税均涉及视同销售的概念，你认为增值税的视同销售行为与企业所得税的视同销售行为完全相同吗？

学习微平台

延伸阅读 4-3

2）未按权责发生制原则确认的收入

未按权责发生制原则确认的收入是指会计上按照权责发生制原则确认收入，税法上不按照权责发生制原则确认收入，由此产生差异而需进行纳税调整的项目，包括跨期收取的租金、利息、特许权使用费收入，分期确认收入，政府补助递延收入。当税法规定确认的收入大于会计核算确认的收入时，其差额应调增应纳税所得额；反之，应调减应纳税所得额。

①税法上对租金、利息及特许权使用费收入确认时间的规定。租金收入按照合同约定的承租人应付租金的日期确认收入；利息收入按照合同约定的债务人应付利息的日期确认收入；特许权使用费收入按照合同约定的特许权使用人应付特许权使用费的日期确认收入。但对于企业提供有形资产的使用权取得的租金收入，如果交易合同或协议中规定租赁期跨年度，且租金提前一次性支付的，出租人可以以上述已确认的收入在租赁期内，分期均匀计入相关年度收入。

业务链接4-3

甲公司将2 000万元资金借给乙公司使用，合同约定借款期限3年（2016年1月1日至2018年12月31日），3年利息总额600万元，到期一次还本付息。

要求：请分别从2016、2017、2018年度计算企业所得税时作纳税调整分析。

分析：甲公司此项业务，会计上按权责发生制原则每年确认利息收入200万元，但按税法规定，应按合同约定，到期时一次性确认利息收入600万元。则各年度纳税调整分析见表4-1。

表4-1 **利息收入纳税调整分析表** 单位：元

年度	2016	2017	2018
会计确认收入	200	200	200
税法确认收入	0	0	600
纳税调整	−200	−200	+400

②税法规定可分期确认收入的生产经营业务主要有：以分期收款方式销售货物的，按照合同约定的收款日期确认收入；企业受托加工制造大型机械设备、船舶、飞机，以及从事建筑、安装、装配工程业务或者提供其他劳务等，持续时间超过12个月的，按照纳税年度内完工进度或者完成的工作量确认收入。

业务链接4-4

2018年1月1日，甲公司采用分期收款方式向乙公司销售一套大型设备，合同约定的销售价格为2 000万元，分5次在每年12月31日等额收取。该设备的成本为1 560万元。现销方式下，该设备的销售价格为1 600万元。假定甲公司在合同约定的收款日期发生增值税纳税义务。

要求：甲公司在计算2018年企业所得税时应作怎样的纳税调整？

分析：2018年1月1日销售实现时作如下账务处理：

借：长期应收款	20 000 000	
贷：主营业务收入		16 000 000
未实现融资收益		4 000 000
借：主营业务成本	15 600 000	
贷：库存商品		15 600 000

根据企业所得税法的规定，2018年确认收入400万元、成本312万元。则分期收款方式销售货物收入应调减1 200万元（1 600-400），成本调减1 248万元（1 560-312）。

3）按权益法核算长期股权投资对初始投资成本调整确认收益

企业会计准则规定，在权益法下，长期股权投资的初始投资成本大于投资时应享有被投资单位可辨认净资产公允价值份额的，不调整长期股权投资的初始投资成本；长期股权投资的初始投资成本小于投资时应享有被投资单位可辨认净资产公允价值份额的，其差额计入当期损益（即营业外收入），同时调整长期股权投资的初始投资成本。

企业所得税法规定，投资资产的计税基础按取得投资时的实际货币支出，或非货币资产的公允价值和相关税费确定，计税基础与投资时应享有被投资单位可辨认净资产公允价值份额的差额，不作收益（或损失）处理。

因此，当长期股权投资初始投资成本大于取得投资时应享有被投资单位可辨认净资产公允价值份额时，长期股权投资会计上所确认的成本与计税基础相等；当长期股权投资初始投资成本小于取得投资时应享有被投资单位可辨认净资产公允价值份额时，长期股权投资会计上确认的成本大于计税基础，其差额应调减应纳税所得额。

业务链接4-5

2018年2月20日，宏远公司以银行存款1 000万元从证券二级市场购买万达公司的股票250万股，占万达公司表决权股本的25%，且对该公司有重大影响。购买股票时支付相关税费3.2万元。万达公司2018年2月20日可辨认净资产公允价值总额为4 500万元。

要求：请对宏远公司上述业务进行企业所得税纳税调整分析。

分析：根据企业会计准则，宏远公司对万达公司的投资应采用权益法核算。

投资日宏远公司享有万达公司净资产公允价值份额=4 500×25%=1 125（万元）

初始投资成本=1 000+3.2=1 003.2（万元）

应确认的营业外收入=1 125-1 003.2=121.8（万元）

会计账务处理如下：

借：长期股权投资——万达公司（成本）　　11 250 000

　贷：银行存款　　10 032 000

　　　营业外收入——股权投资利得　　1 218 000

根据会计处理结果，上述业务会计上确认利润总额121.8万元。根据企业所得税法规定，宏远公司取得的该项股权投资的计税基础为1 003.2万元，取得时确认的营业外收入121.8万元税法不予认可，不影响应纳税所得额。因此，在计算企业所得税时，应在利润总额的基础上调减应纳税所得额121.8万元。

4）投资收益

投资收益是指交易性金融资产、可供出售金融资产、持有至到期投资、衍生工具、交易性金融负债、长期股权投资持有期间和处置时产生的投资收益税会差异的纳税调整。

5）交易性金融资产初始投资调整

企业所得税法规定，交易性金融资产初始投资时，会计上计入投资收益的手续费金额，当年应调增应纳税所得额，待将来处置资产时再调减应纳税所得额。

6）公允价值变动净损益

企业所得税法规定，当纳税人所有的按照公允价值计量且其变动计入当期损益的金融资产、金融负债以及投资性房地产，按照税法规定确认的期末与期初的差额大于根据会计准则核算的期末与期初的差额时，其差额应调整增加应纳税所得额；反之，则应调整减少应纳税所得额。

业务链接4-6

宏远公司2017年3月1日从二级市场购入思源电气股票10 000股，每股价格26.8元（含已宣告但尚未发放的现金股利0.8元），另支付交易费用2 790元（不含增值税）。该公司将购入的股票划分为交易性金融资产。4月3日收到思源电气发放的现金股利8 000元；12月31日，该股票价格为每股35元。（本题暂不考虑增值税）

要求：请对宏远公司上述业务进行企业所得税纳税调整分析。

分析：企业会计准则规定，取得交易性金融资产应按公允价值作为初始确认金额，支付的价款中包含已宣告但尚未发放的现金股利，不单独确认为应收项目，相关的交易费用在发生时计入当期损益。

2017年3月1日，购入股票时：

借：交易性金融资产——思源电气（成本）　　268 000

　　投资收益　　2 790

　贷：银行存款　　270 790

2017年4月3日，收到现金股利时：

借：银行存款　　8 000

　贷：投资收益　　8 000

2017年12月31日，股票价格上涨到35元/股。

交易性金融资产公允价值变动损益=10 000×（35–26）=90 000（元）

确认公允价值变动损益，调整股票账面价值时：

借：交易性金融资产——思源电气（公允价值变动） 90 000

贷：公允价值变动损益 90 000

根据会计处理结果，上述业务使当年利润总额增加95 210元（90 000+8 000–2 790）。根据企业所得税法的规定，以支付现金方式取得投资性资产，以购买价款为成本。从投资收益调整分析，宏远公司购入股票确认的投资收益2 790元，应调增应纳税所得额。取得现金股利的会计处理符合税法规定，不需纳税调整。从公允价值变动净损益分析，公允价值变动损益的会计处理，税法不予承认，应调减应纳税所得额90 000元。

2018年8月，宏远公司将其持有的思源电气股票10 000股全部出售，每股售价34元，支付交易费用3 780元。

出售股票实际收到款=10 000×34–3 780=336 220（元）

2018年8月出售股票时：

借：银行存款 336 220

公允价值变动损益 90 000

贷：交易性金融资产——思源电气（成本） 268 000

——思源电气（公允价值变动） 90 000

投资收益 68 220

根据会计处理结果，2018年8月，宏远公司出售交易性金融资产，减少利润总额21 780元，其中，公允价值变动损益减少利润总额90 000元，处置收益增加利润总额68 220元。根据税法的规定应确认的该项交易性金融资产处置收益为68 220元（340 000–3 780–268 000），大于会计上确认的该项交易性金融资产处置损失21 780元，两者存在差额90 000元，应调增应纳税所得额。

综上所述，在计算年度企业所得税时，对交易性金融资产的购入与出售，如果发生在同一纳税年度，其公允价值变动损益不需要作纳税调整。如果不是在同一纳税年度内，就应在上下年度作相应的纳税调整。

7）不征税收入

不征税收入是指排除在应税收入总额之外的、非经营活动或非营利活动带来的经济利益流入，包括财政拨款、行政事业性收费、政府性基金及其他。

财政拨款是指各级人民政府对纳税人预算管理事业单位、社会团体等组织拨付的财政资金。

行政事业性收费是指依照法律法规等有关规定，按照国务院规定的程序批准，在实施社会公共管理，以及在向公民、法人或其他组织提供特定公共服务过程中，向特定对象收取并纳入财政管理的费用。

政府性基金是指企业依照法律、行政法规等有关规定，代政府收取的具有专项用途的财政资金。

国务院规定的其他不征税收入是指企业取得的，由国务院财政、税务主管部门规定专项用途并经国务院批准的财政性资金。所谓财政性资金是指企业取得的来源于政府及其相关部门的财政补助、补贴、贷款贴息，以及其他各类财政专项资金，包括直接减免的增值税和即征即退、先征后退、先征后返的各种税收，但不包括企业按规定取得的出口退税款。

8）销售折扣、折让与退回

销售折扣、折让与退回是指不符合税法规定的销售折扣和折让应进行纳税调整的金额，以及发生的销售退回因会计处理与税法规定有差异需纳税调整的金额。

税法规定，企业为促进商品销售而在商品价格上给予的价格扣除属于商业折扣，商品销售涉及商业折扣的，应当按照扣除商业折扣后的金额确定销售商品收入金额。债权人为鼓励债务人在规定的期限内付款而向债务人提供的债务扣除属于现金折扣，销售商品涉及现金折扣的，应当按扣除现金折扣前的金额确定销售商品收入金额，现金折扣在实际发生时作为财务费用扣除。企业因售出商品的质量不合格等原因而在售价上给予的减让属于销售折让；企业因售出商品质量、品种不符合要求等原因而发生的退货属于销售退回。企业已经确认销售收入的售出商品发生销售折让和销售退回，应当在发生当期冲减当期销售商品收入。

纳税人采取折扣方式销售货物，如果销售额和折扣额在同一张发票上分别注明的，可按折扣后的销售额征收增值税。对纳税人未开具合规的票据而导致税法与会计确认收入差异的，应调增应纳税所得额。

4.3.2.2 扣除类调整项目

1）视同销售成本

根据配比原则，每一笔被确认为视同销售的业务，在确认视同销售收入的同时，均应确认与之相配比的视同销售成本，从而冲减应纳税所得额。

2）职工薪酬

职工薪酬包括工资薪金支出、职工福利费支出、职工教育经费支出、工会经费支出、各类基本社会保障性缴款、住房公积金、补充养老保险和补充医疗保险。

①工资薪金支出是纳税人每一纳税年度支付给在本企业任职或与其有雇佣关系员工的所有现金或非现金形式的劳动报酬，包括基本工资、奖金、津贴、补贴、年终加薪、加班工资以及与任职或受雇有关的其他支出。

企业所得税法规定，企业发生的合理的工资、薪金支出准予扣除。

合理的工资薪金是指企业按照股东大会、董事会、薪酬委员会或相关管理机构制定的工资薪金制度规定的，实际发放给员工的工资薪金。其合理性按以下原则确定：

企业制定了较为规范的员工工资薪金制度；工资薪金制度符合行业及地区水平；企业在一定时期所发放的工资薪金相对固定的，工资薪金的调整有序进行的；企业对实际发放的工资薪金，依法履行了代扣代缴个人所得税义务；有关工资薪金的安排，不以减少或逃避税款为目的。

②职工福利费支出、职工教育经费支出和工会经费支出统称“三项经费支出”。职工福利费支出和工会经费支出，分别在工资、薪金总额的14%和2%的限额内准予扣除，超过部分不得扣除。自2018年1月1日起，除特殊情况外，职工教育经费支出在工资、薪金总额的8%以内的，准予扣除；超过部分，准予在以后纳税年度结转扣

除。超支的“三项费用支出”应调增应纳税所得额。

业务链接4-7

宏远公司2018年工资、薪金实际支出总额200万元；“三项经费支出”合计43万元，其中，职工福利费支出33万元，拨缴的工会经费6万元（已取得工会拨缴收据），实际发生职工教育经费4万元。

问题：分析确定宏远公司“三项经费支出”的税前调整扣除额。

分析：职工福利费扣除限额=200×14%=28（万元）

职工福利费超支额=33-28=5（万元）

工会经费扣除限额=200×2%=4（万元）

工会经费超支额=6-4=2（万元）

职工教育经费扣除限额为16万元（200×8%），未超支。

因此，在计算应纳税所得额时，应在会计利润的基础上作如下调整：

职工福利费支出调增5万元，工会经费支出调增2万元，职工教育经费支出不需调整，合计调增应纳税所得额7万元。

③各类基本社会保障性缴款包括医疗保险费、养老保险费、失业保险费、工伤保险费和生育保险费。企业为全体雇员按照国家规定向社保经办部门缴纳的基本社会保障性缴款，属于国家基本保障性质，且国家有明文规定的，均可据实税前扣除，但对提而未缴的部分，不得扣除。企业支付给员工的合理的工伤事故赔偿款，可在税前扣除，但企业应提供仲裁书或有关双方的协议、事故证明和支付凭证等。

④纳税人依照国务院有关主管部门或省级人民政府规定的范围和标准为职工缴纳的住房公积金允许税前扣除。对纳税人实际发生的住房公积金超过规定标准的部分，及提而未缴的部分，应调增应纳税所得额。

⑤企业为投资者或者职工支付的补充养老保险费、补充医疗保险费，在国务院财政、税务主管部门规定的范围和标准内的，准予扣除。但企业为其投资者或职工向商业保险机构投保的人寿保险或财产保险，不得扣除。

3）业务招待费支出

企业发生的与生产经营有关的业务招待费支出，按发生额的60%扣除，但最高不得超过当年销售（营业）收入的5‰。

前述的“当年销售（营业）收入”是指企业根据国家统一会计制度确认的当年主营业务收入、其他业务收入，以及根据税法规定确认的商品劳务视同销售收入。

业务链接4-8

宏远公司2018年账户资料显示当年实现的主营业务收入6 800万元，其他业务收入200万元；管理费用中列支业务招待费45万元。

问题：宏远公司业务招待费支出该如何进行纳税调整？

分析：业务招待费最高扣除额=（6 800+200）×5‰=35（万元）

实际发生额的60%=45×60%=27（万元）

业务招待费税前扣除限额为27万元，因此，对实际发生额大于扣除限额的差额

18万元（45-27）应调增应纳税所得额。

4）广告费和业务宣传费支出

企业发生的符合条件的广告费和业务宣传费支出，除国务院财政、税务主管部门另有规定外，不超过当年销售（营业）收入15%的部分准予扣除；超过部分准予在以后纳税年度结转扣除。

特别提醒：财税〔2012〕48号规定，2011年1月1日起至2015年12月31日，对化妆品制造与销售、医药制造和饮料制造（不含酒类制造，下同）企业发生的广告费和业务宣传费支出，不超过当年销售（营业）收入30%的部分，准予扣除；超过部分，准予在以后纳税年度结转扣除。烟草企业的烟草广告费和业务宣传费支出，一律不得在计算应纳税所得额时扣除。

业务链接4-9

接【业务链接4-8】数据，宏远公司2018年账户资料显示销售费用中实际列支的广告费和业务宣传费共1 450万元。

问题：对宏远公司广告费和业务宣传费支出该如何进行纳税调整？

分析：广告费和业务宣传费税前扣除限额=（6 800+200）×15%=1 050（万元）

实际发生额为1 450万元超过了税前扣除限额，其差额400万元应调增应纳税所得额。

5）捐赠支出

捐赠包括公益性捐赠、非公益性捐赠和直接捐赠。根据企业会计准则规定，企业发生的捐赠支出均记入“营业外支出”账户，减少利润总额。

企业所得税法规定，企业发生的公益性捐赠支出，在年度利润总额12%以内的部分，准予扣除，超过部分准予结转以后三年内在计算应纳税所得额时扣除。所谓年度利润总额是指企业按国家统一会计制度规定计算的年度利润总额。允许税前扣除的捐赠支出必须同时符合下列条件：

①必须是公益性捐赠。所谓公益性捐赠是指企业通过公益性社会团体或县级以上人民政府及其部门，用于《中华人民共和国公益事业捐赠法》规定的公益事业的捐赠。

②公益性捐赠应取得中央或省级财政部门统一印制的捐赠票据，且由法定的接受捐赠或转赠单位加盖财务专用章。

③可税前扣除的捐赠应是间接捐赠而非直接捐赠，即必须通过公益性社会团体或县级以上人民政府及其部门转赠。直接向受赠者的捐赠（即赞助支出）不得税前扣除。

④必须是当年实际发生的符合条件的公益性捐赠。对于提而未付的部分，即使未超过税前扣除标准，也应作纳税调整。

业务链接4-10

宏远公司2018年度“营业外支出”账户记载捐赠支出56万元，其中，通过中国希望工程基金会向失学儿童捐赠30万元；通过民政部门向贫困地区捐赠20万元；向某中学直接捐赠6万元。该年度公司实现利润总额356万元。

问题：对宏远公司的捐赠支出该如何进行纳税调整？

分析：企业所得税法规定，直接捐赠不得税前扣除，应调增应纳税所得额6万元。

公益性捐赠扣除限额=356×12%=42.72（万元），小于实际公益性捐赠额50万元，公益性捐赠超限额部分7.28万元（50-42.72）应调增应纳税所得额。

6）利息支出

企业会计准则规定，利息支出是指纳税人为经营活动融资需要而承担的、与借入资金相关的借款费用，包括借款利息、折（溢）价摊销、借款时发生的辅助费用和因外币借款而发生的汇兑差额。企业发生的借款费用，可直接归属于符合资本化条件的资产或购建固定资产的，应当予以资本化，计入相关资产的成本；其他借款费用，应当在发生时根据其发生额确认计入当期损益。

税法关于利息支出的规定可归纳如下：

①在生产、经营期间，非金融机构向金融机构借款的利息支出、金融机构的各项存款利息支出和同业拆借利息支出、企业经批准发行债券的利息支出，不超过按金融企业同期同类贷款利率计算的部分，准予扣除。

②企业为购置、建造固定资产、无形资产和经过12个月以上的建造才能达到预定可销售状态的存货发生借款的，在有关资产购置、建造期间发生的合理的借款费用，应作为资本性支出计入有关资产的成本，不得直接扣除。

③纳税人从关联方取得的借款金额超过其注册资本50%的，超过部分的利息支出，不论利率高低，全额不得在税前扣除；未超过部分只能按金融机构同期利率计算扣除。

比较会计与税法对利息支出的规定，两者的主要差异表现为向非金融企业和关联方借款利息支出的扣除规定。

业务链接4-11

某居民企业2018年度“财务费用”账户资料显示如下两笔借款：①向银行借入生产用资金200万元，借款期限6个月，支付借款利息7万元；②为建造厂房，经批准自当年5月1日起向本企业职工筹集资金60万元，该厂房建设工程于10月1日达到预定可使用状态，10月31日办理竣工决算，借款期限8个月，共支付利息4.8万元。

问题：请对上述财务费用税前扣除进行纳税分析。

分析：非金融企业向金融企业借款的利息支出准予扣除，因此向银行借入的生产用资金产生的7万元利息可在税前全额扣除。

企业在生产经营活动中发生的资本化的借款费用不得直接扣除。非金融企业向非金融企业借款的利息支出，不超过按照金融企业同期同类贷款利率（2×7÷200×100%=7%）计算的部分准予扣除。因此，集资建房利息支出税前扣除限额=60×7%×5÷12=1.75（万元）。

因此，在计算应纳税所得额时，应在会计利润的基础上调增应纳税所得额=4.8-

1.75=3.05（万元）。

7）罚金、罚款和被没收财物的损失

企业所得税法规定，纳税人的各种行政性的罚金、罚款和被没收财物损失，不得扣除，应调增应纳税所得额。

特别提醒：纳税人按照经济合同的规定支付的违约金、罚金和诉讼费，不属于行政性罚款，允许税前扣除，如银行借款罚息支出。

8）税收滞纳金

税收滞纳金是指税务机关对纳税人未按照规定期限缴纳税款或扣缴义务人未按照规定期限解缴税款而征收的一种带有惩罚性质的款项。企业所得税法规定，纳税人年度实际发生的税收滞纳金不得扣除，应调增应纳税所得额。

9）赞助支出

赞助支出是指企业发生的与生产经营活动无关的各种非广告性赞助支出。企业所得税法规定，赞助支出不得扣除，应调增应纳税所得额。

10）与未实现融资收益相关在当期确认的财务费用

业务链接4-12

宏远公司2018年1月1日采用分期收款方式向乙公司销售产品一批，成本50万元，合同销售价75万元（不含税），分三期于每年12月31日平均支付。该批产品的现销价格为60万元，合同规定在收取最后一笔货款时开具增值税专用发票，增值税税率为16%，同时支付增值税税款，不考虑其他因素。

问题： 请对宏远公司未实现融资收益业务进行企业所得税纳税调整分析。

分析： 宏远公司采用实际利率法分摊未实现融资收益，假设折现率为12.0444%，每期未实现融资收益的摊销额计算见表4-2。

表4-2 **未实现融资收益摊销额计算表** 单位：元

日期	每期收现金额	财务费用	已收本金	未收本金
	①	②=④×折现率	③=①-②	④=期初④-③
2018年1月1日				600 000
2018年12月31日	250 000	72 266	177 734	422 266
2019年12月31日	250 000	50 859	199 141	223 125
2020年12月31日	250 000	26 875*	223 125	0
合计	750 000	150 000	600 000	—

*尾数调整。

会计核算：2018年12月31日，收到第1期货款，并摊销未实现融资收益时：

借：银行存款　　250 000

　贷：长期应收款——乙公司　　250 000

借：未实现融资收益　　72 266

　贷：财务费用　　72 266

2018年未实现融资收益增加的利润总额为72 266元。

2019年12月31日，收到第2期货款，并摊销未实现融资收益时：

借：银行存款　　250 000

　贷：长期应收款——乙公司　　250 000

借：未实现融资收益　　50 859

　贷：财务费用　　50 859

2019年未实现融资收益增加的利润总额为50 859元。

2020年12月31日，收到第3期货款，摊销未实现融资收益，并开具增值税发票。

借：银行存款　　370 000

　贷：长期应收款——乙公司　　250 000

　　应交税费——应交增值税（销项税额）　　120 000

借：未实现融资收益　　26 875

　贷：财务费用　　26 875

2020年未实现融资收益增加的利润总额为26 875元。

税务分析：企业所得税法规定，3年间每年增加的利息收入不确认为计税收入。因此，应在2018年、2019年、2020年分别调减应纳税所得额72 266元、50 859元和26 875元。

11）佣金和手续费支出

纳税人会计核算计入当期损益的佣金和手续费金额扣除税法规定允许税前扣除的金额后的余额，应调增应纳税所得额。

12）不征税收入用于支出所形成的费用

不征税收入用于支出所形成的费用是指符合条件的不征税收入用于支出所形成的计入当期损益的费用化支出金额。企业所得税法规定，企业的不征税收入用于支出所形成的费用或财产，不得扣除或计算对应的折旧、摊销，应调增应纳税所得额。

13）跨期扣除

跨期扣除是指纳税人维简费（即专项用于维持简单再生产的资金）、安全生产费用、预计负债等跨期扣除项目调整情况。当纳税人按会计核算计入当期损益的跨期扣除项目金额大于按照税法规定允许税前扣除的金额时，其差额调增应纳税所得额；反之，则调减应纳税所得额。

14）与取得收入无关的支出

与取得收入无关的支出在计算应纳税所得额时，不得扣除，应调增应纳税所得额，如因债权担保等原因承担连带责任而发生的担保损失、已出售职工住房的维修支出等。

15）境外所得分摊的共同支出

境外所得分摊的共同支出是指纳税人境外分支机构应合理分摊的总部管理费等有关成本费用和实际发生与取得境外所得有关但未直接计入境外所得应纳税所得的成本费用支出，应调增应纳税所得额。

4.3.2.3 资产类调整项目

1）资产折旧、摊销

（1）固定资产折旧

企业所得税法规定，在计算应纳税所得额时，企业应以固定资产计税基础为基数，按税法规定的折旧年限和净残值，选择符合税法规定的折旧方法计算的折旧额，准予扣除。

下列情形将可能导致固定资产税法折旧额（计税折旧）与会计折旧额（会计折旧）不一致，应视不同情况进行纳税调整：

①固定资产初始成本与计税基础的差异。

一般情况下，按企业会计准则确定的固定资产初始成本与税法规定的计税基础一致，但下列情况可能导致两者存在差异：

A.超过正常信用条件购入固定资产。税法规定，外购固定资产以购买价款和支付的相关税费以及直接归属于使该资产达到预定用途发生的其他支出为计税基础；企业会计准则规定，超过正常信用条件购入固定资产，按应付购买价款的现值为固定资产的入账价值，应付购买价款与其现值之间的差额作为未确认融资费用。因此，超正常信用条件购入固定资产将造成其初始成本与计税基础之间的差异。

B.融资租入固定资产。税法规定，融资租入固定资产，以租赁合同约定的付款总额和承租人在签订租赁合同过程中发生的相关费用为计税基础，租赁合同未约定付款总额的，以该资产的公允价值和承租人在签订租赁合同过程中发生的相关费用为计税基础；企业会计准则规定，融资租入固定资产，应以租赁开始日租赁资产的公允价值与最低租赁付款额的现值两者中的较低者为基础确定租入固定资产的入账价值，以最低租赁付款额为长期应付款，其差额作为未确认融资费用。因此，融资租入固定资产将造成其初始成本与计税基础之间的差异。

当固定资产初始成本与计税基础不同时，将直接导致会计折旧与计税折旧之间存在差异，从而产生应纳税所得额与利润总额的不同，进而必须进行纳税调整。

②固定资产折旧范围的差异。

企业所得税法规定，除房屋建筑物以外未投入使用的固定资产、已足额提取折旧仍继续使用的固定资产、与经营活动无关的固定资产和单独估价作为固定资产入账的土地不得计提折旧。企业会计准则规定，除已提足折旧继续使用的固定资产和单独估价作为固定资产入账的土地外，所有的固定资产均应计提折旧。当税法规定的折旧范围与会计确定的折旧范围不一致时，必将造成计税折旧与会计折旧之间的差异，进而必须进行纳税调整。

③固定资产折旧方法的差异。

企业所得税法规定，固定资产应采用直线法计提折旧，但特殊原因确需加速折旧的，可缩短折旧年限或采取加速折旧的方法。采取缩短折旧年限方法的，最低折旧年限不得低于企业所得税法规定折旧年限的60%；采取加速折旧方法的，可以采取双倍余额递减法或年数总和法。所谓“特殊原因”是指由于技术进步，产品更新换代较快；常年处于强震动、高腐蚀状态。企业会计准则规定，企业应根据固定资产所包含的经济利益预期实现方式，合理选择固定资产折旧方法，如年限平均法、工作量法、双倍余额递减法和年数总和法等。

对生物药品制造业，专用设备制造业，铁路、船舶、航空航天和其他运输设备制造业，计算机、通信和其他电子设备制造业，仪器仪表制造业，信息传输、软件和信息技术服务业等6个行业的企业2014年1月1日后新购进的固定资产和轻工、纺织、机械、汽车等4个领域重点行业的企业2015年1月1日后新购进的固定资产，可缩短折旧年限或采取加速折旧的方法。

当企业采用的折旧方法不符合税法规定时，就会造成会计折旧与计税折旧差异，进而必须进行纳税调整。

④固定资产折旧年限的差异。

企业所得税法按不同种类固定资产分别规定了计算折旧的最低年限：房屋、建筑物为20年；飞机、火车、轮船、机器、机械和其他生产设备为10年；与生产经营活动有关的器具、工具、家具等为5年；飞机、火车、轮船以外的运输工具为4年；电子设备为3年。企业会计准则要求企业根据固定资产的性质和使用情况，合理确定固定资产的使用寿命，并按使用寿命分期计提折旧。当税法规定的折旧年限与会计确定的折旧年限不一致时，必将造成计税折旧与会计折旧之间的差异，进而必须进行纳税调整。

企业在2018年1月1日至2020年12月31日期间新购进的设备、器具，单位价值不超过500万元的，允许一次性计入当期成本费用在计算应纳税所得额时扣除，不再分年度计算折旧；单位价值超过500万元的，仍按《中华人民共和国企业所得税法实施条例》《财政部 国家税务总局关于完善固定资产加速折旧企业所得税政策的通知》（财税〔2014〕75号）《财政部 国家税务总局关于进一步完善固定资产加速折旧企业所得税政策的通知》（财税〔2015〕106号）等相关规定执行。

当税法规定的折旧年限与会计确定的折旧年限不一致时，必将造成计税折旧与会计折旧之间产生差异，进而必须进行纳税调整。

⑤固定资产减值的差异。

企业所得税法规定，不符合国务院财政、税务主管部门规定的各项资产减值准备等准备金支出，不得在计算应纳税所得额时扣除。企业持有各项资产期间资产的增值或减值，除国务院财政、税务主管部门规定可以确认损益外，不得调整该项资产的计税基础。

企业会计准则规定，在会计期末，当固定资产存在减值迹象，经测试可收回金额低于其账面价值的，应确认资产的减值损失，同时计提固定资产减值准备。计提减值准备后的固定资产，应当按照计提减值准备后的账面价值及尚可使用年限重新计算确定折旧率、折旧额。因此，计提固定资产减值准备，将造成其以后期间计税折旧和会计折旧之间的差异，进而必须进行纳税调整。

业务链接4-13

宏远公司持有一项2013年12月购入的设备，原值为1 200万元，会计确定的使用年限为5年，预计净残值率为4%，采用双倍余额递减法计算折旧。按税法规定，该项固定资产不符合加速折旧优惠条款，税法规定的最低折旧年限为5年。

问题：请对宏远公司固定资产折旧差异进行企业所得税纳税调整分析。

分析：根据规定的固定资产折旧方法分别计算会计折旧和计税折旧，并编制会计折旧与计税折旧比较表，见表4-3。

表 4-3 会计折旧与计税折旧比较表 单位：万元

折旧额	2014年	2015年	2016年	2017年	2018年	合计
会计折旧	480	288	172.8	105.6	105.6	1 152
计税折旧	230.4	230.4	230.4	230.4	230.4	1 152
差额	249.6	57.6	-57.6	-124.8	-124.8	0

在计算各年应纳税所得额时，2014年和2015年应分别调增应纳税所得额249.6万元和57.6万元；2016年应调减应纳税所得额57.6万元；2017年和2018年均应调减应纳税所得额124.8万元。

（2）生产性生物资产折旧

企业所得税法规定，生产性生物资产应按以下方法确定计税基础：外购的生产性生物资产，以购买价款和支付的相关税费为计税基础；通过捐赠、投资、非货币性资产交换、债务重组等方式取得的生产性生物资产，以该资产的公允价值和支付的相关税费为计税基础。生产性生物资产按直线法计算的折旧，准予扣除。生产性生物资产计算折旧的最低年限如下：林木类生产性生物资产为10年；畜类生产性生物资产为3年。

生物性生物资产会计折旧与计税折旧的差异原因与固定资产基本相似，其调整方法也相似，此处不重复。

（3）无形资产摊销

企业所得税法规定，企业按规定计算的无形资产摊销费用准予扣除。即税法可扣除的无形资产摊销额必须以计税金额为基数，符合税法规定的摊销范围、摊销年限和摊销方法。以下差异可能导致无形资产摊销额在税法与会计上不一致：

①无形资产摊销范围的差异。

企业会计准则按无形资产的使用寿命能否确定，分为使用寿命确定的无形资产和使用寿命不确定的无形资产。对使用寿命确定的无形资产，其价值应在有效期内逐渐摊销，计入当期损益；对使用寿命不确定的无形资产不进行摊销，应于期末进行减值测试，确认减值损失。税法未将无形资产进行类似区分，只规定自创商誉和与经营活动无关的无形资产不得摊销。

②摊销期限、摊销方法的差异。

企业所得税法规定，无形资产的摊销年限不得低于10年，采用直线法摊销；会计准则规定企业可以根据无形资产的法定寿命和经济寿命合理确定摊销年限，且企业可根据无形资产的消耗方式确定摊销方法，无法可靠确定消耗方式的，采用直线法摊销。

③税收优惠政策的差异。

企业所得税法规定，企业研究开发新技术、新工艺、新产品发生的研究开发支出，符合资本化条件形成无形资产的，可以按照该无形资产成本的150%加计摊销在税前扣除。

④无形资产减值的差异。

企业会计准则规定，对使用寿命不确定的无形资产，应在每一会计期末进行减值测试，如果测试无形资产的可收回金额低于其账面价值的，应确认资产减值损失并计提相应的资产减值准备。对计提减值后的无形资产，在未来期间的摊销费用应作相应调整。

（4）长期待摊费用的摊销

企业所得税法规定，在计算应纳税所得额时，企业发生的长期待摊费用，按规定摊销的准予扣除。所谓“按规定摊销”是指：已足额提取折旧的固定资产的改建支出按固定资产预计尚可使用年限分期摊销。租入固定资产的改建支出按合同约定的剩余租赁期限分期摊销；固定资产的大修理支出按固定资产尚可使用年限分期摊销；其他应当作为长期待摊费用应自支出发生月份的次月起分期摊销，摊销年限不得低于3年。

长期待摊费用会计摊销额与计税摊销额不一致时，其纳税调整方法与固定资产相似，此处不重复。

2）资产减值准备金

纳税人未经财政、税务主管部门核实的准备金，如坏账准备金、存货跌价准备金、短期投资跌价准备金、理赔费用准备金、固定资产减值准备金、长期投资减值准备金、无形资产减值准备金以及国家税收法规规定可提取的准备金之外的任何形式的准备金，不得扣除，应调增应纳税所得额。企业按会计准则因价值恢复、资产转让等原因转回准备金时，调减应纳税所得额。企业资产损失实际发生时，经报主管税务机关核定后，在实际发生年度按其发生额扣除。

3）资产损失

企业所得税法规定，企业在生产经营活动中发生的固定资产和存货的盘亏、毁损、报废损失，转让财产损失，呆账损失，坏账损失，自然灾害等不可抗力因素造成的损失以及其他损失，减除责任人赔偿和保险赔款后的余额，依照国务院财政、税务主管部门的规定扣除。企业已经作为损失处理的资产，在以后纳税年度又全部或部分收回时，应当计入当期收入。

根据财税〔2009〕57号文件的规定，企业发生的各类财产损失的扣除额按以下原则确定：

①现金损失。企业清查出的现金短缺减除责任人赔偿后的余额，作为现金损失在计算应纳税所得额时扣除。

②银行存款损失。企业将货币性资金存入法定具有吸收存款职能的机构，因该机构依法破产、清算，或政府责令停业、关闭等原因，确实不能收回的部分，作为存款损失在计算应纳税所得额时扣除。

③债权损失。企业除贷款类债权外的应收、预付账款符合下列条件之一的，减除可收回金额后确认的无法收回的应收、预付款项，可以作为坏账损失在计算应纳税所得额时扣除：债务人依法宣告破产、关闭、解散、被撤销，或被依法注销、吊销营业执照，其清算财产不足清偿的；债务人死亡，或依法被宣告失踪、死亡，其财产或遗产不足清偿的；债务人逾期3年以上未清偿，且有确凿证据证明已无力清偿债务的；与债务人达成债务重组协议或法院批准破产重整计划后，无法追偿的；因自然灾害、战争等不可抗力导致无法收回的；国务院财政、税务主管部门规定的其他条件。

④贷款损失。企业经采取所有可能的措施和实施必要的程序之后，符合下列条件之一的贷款类债权，可以作为贷款损失在计算应纳税所得额时扣除：借款人和担保人依法宣告破产、关闭、解散、被撤销，并终止法人资格，或已完全停止经营活动，被依法注销、吊销营业执照，对借款人和担保人进行追偿后，未能收回的债权；借款人死亡，或依法被宣告失踪、死亡，依法对其财产或遗产进行清偿，并对担保人进行追偿后，未能收回的债权；借款人遭受重大自然灾害或意外事故，损失巨大且不能获得保险补偿，或以保险赔偿后，确实无力偿还部分或全部债务，对借款人财产进行清偿

和对担保人进行追偿后，未能收回的债权；借款人触犯刑律，依法受到制裁，其财产不足归还所借债务，又无其他债务承担者，经追偿后确实无法收回的债权；由于借款人和担保人不能偿还到期债务，企业诉诸法律，经法院对借款人和担保人强制执行，借款人和担保人均无财产可执行，法院裁定执行程序终结或终止（中止）后，仍无法收回的债权；由于借款人和担保人不能偿还到期债务，企业诉诸法律后，经法院调解或经债权人会议通过，与借款人和担保人达成和解协议或重整协议，在借款人和担保人履行完还款义务后，无法追偿的剩余债权；由于上述所述原因借款人不能偿还到期债务，企业依法取得抵债资产，抵债金额小于贷款本息的差额，经追偿后仍无法收回的债权；开立信用证、办理承兑汇票、开具保函等发生垫款时，凡开证申请人和保证人由于上述原因，无法偿还垫款，金融企业经追偿后仍无法收回的垫款；银行卡持卡人和担保人由于上述原因，未能还清透支款项，金融企业经追偿后仍无法收回的透支款项；助学贷款逾期后，在金融企业确定的有效追索期限内，依法处置助学贷款抵押物（质押物），并向担保人追索连带责任后，仍无法收回的贷款；经国务院专案批准核销的贷款类债权；国务院财政、税务主管部门规定的其他条件。

⑤投资损失。企业的股权投资符合下列条件之一的，减除可收回金额后确认的无法收回的股权投资，可以作为股权投资损失在计算应纳税所得额时扣除：被投资方依法宣告破产、关闭、解散、被撤销，或被依法注销、吊销营业执照的；被投资方财务状况严重恶化，累计发生巨额亏损，已连续停止经营3年以上，且无重新恢复经营改组计划的；对被投资方不具有控制权，投资期限届满或投资期限已超过10年，且被投资单位因连续3年经营亏损导致资不抵债的；被投资方财务状况严重恶化，累计发生巨额亏损，已完成清算或清算期超过3年以上的；国务院财政、税务主管部门规定的其他条件。

⑥其他损失。对企业盘亏的固定资产或存货，以该固定资产的账面净值或存货的成本减除责任人赔偿后的余额，作为固定资产或存货盘亏损失在计算应纳税所得额时扣除；对企业毁损、报废的固定资产或存货，以该固定资产的账面净值或存货的成本减除残值、保险赔款和责任人赔偿后的余额，作为固定资产或存货毁损、报废损失在计算应纳税所得额时扣除；对企业被盗的固定资产或存货，以该固定资产的账面净值或存货的成本减除保险赔款和责任人赔偿后的余额，作为固定资产或存货被盗损失在计算应纳税所得额时扣除；企业因存货盘亏、毁损、报废、被盗等原因不得从增值税销项税额中抵扣的进项税额，可以与存货损失一起在计算应纳税所得额时扣除。

4.3.2.4 特殊事项调整项目

特殊事项调整项目主要包括企业重组、政策性搬迁、特殊行业准备金及房地产开发企业特定业务计算的纳税调整额。

1）企业重组

企业重组，是指企业在日常经营活动以外发生的法律结构或经济结构重大改变的交易，包括企业法律形式改变、债务重组、股权收购、资产收购、合并、分立等。企业重组的税务处理区分不同条件分别适用一般性税务处理规定和特殊性税务处理规定。

2）政策性搬迁

企业政策性搬迁，是指由于社会公共利益的需要，在政府主导下企业进行整体搬迁或部分搬迁。企业由于下列需要之一，提供相关文件证明资料的，属于政策性搬迁：国防和外交的需要；由政府组织实施的能源、交通、水利等基础设施的需要；由政府组织实施的科技、教育、文化、卫生、体育、环境和资源保护、防灾减灾、文物保护、社会福利、市政公用等公共事业的需要；由政府组织实施的保障性安居工程建设的需要；由政府依照《中华人民共和国城乡规划法》有关规定组织实施的对危房集中、基础设施落后等地段进行旧城区改建的需要；法律、行政法规规定的其他公共利益的需要。企业政策性搬迁过程中涉及的搬迁收入、搬迁支出、搬迁资产税务处理、搬迁所得等所得税征收管理事项，应单独进行税务管理和核算。不能单独进行税务管理和核算的，应视为企业自行搬迁或商业性搬迁等非政策性搬迁进行所得税处理。

3）特殊行业准备金

特殊行业准备金是指保险公司、证券行业、期货行业、金融企业、中小企业信用担保机构准备金会计与税法处理差异纳税调整。

4）房地产开发企业特定业务计算的纳税调整额

房地产开发企业特定业务计算的纳税调整额是指房地产企业销售未完工产品、未完工产品转完工产品特定业务的纳税调整情况。

4.3.2.5 特别纳税调整应税所得

企业所得税法规定，企业与其关联方之间的业务往来，不符合独立交易原则而减少企业或其关联方应纳税收入或所得额的，税务机关有权按照合理方法调整。企业可能发生的特别纳税调整事项主要有以下几种：

1）税务机关对不公允的关联交易价格进行特别纳税调整

如果企业与其关联方之间的商品购销、劳务接受与提供、资金融通、让渡资产使用权等方面的交易价格不符合独立交易原则，没有以标的物的公允价值为基础，则税务机关可按合理的方法对其会计收入、成本费用进行特别纳税调整。所谓的合理的方法，包括可比非受控价格法、再销售价格法、成本加成法、交易净利润法、利润分割法及其他符合独立交易原则的方法。

2）不符合独立交易原则的费用分摊协议

企业所得税法规定，企业与其关联方共同开发、受让无形资产，或共同提供、接受劳务发生的成本，在计算应纳税所得额时应当按照独立交易原则进行分摊。企业与其关联方分摊成本时，应当按照成本与预期收益相配比的原则进行分摊，并在税务机关规定的期限内，按税务机关的要求报送有关资料。因此，企业实际列支的费用分摊额与税务机关核准扣除额之间的差额构成特别纳税调整金额。

3）税务机关依法核定调整的应纳税所得额

企业所得税法规定，企业向税务机关报送年度企业所得税纳税申报表时，应当就其与关联方之间的业务往来，附送年度关联业务往来报告表。税务机关在进行关联业务调查时，企业及其关联方，以及与关联业务调查有关的其他企业，应当按照规定提供相关资料。企业不提供与其关联方之间业务往来资料，或提供虚假、不完整资料，未能真实反映其关联业务往来情况的，税务机关有权依法核定其应纳税所得额。因此，税务机关依法核定的应纳税所得额与纳税人自行申报的应纳税所得额不符的部分，构成特别纳税调整金额。

4）对境外受控公司未分配利润的特别纳税调整

企业所得税法规定，由居民企业，或由居民企业和中国居民控制的设立在实际税负明显低于25%税率水平的国家（地区）的企业，并非由于合理的经营需要而对利润不作分配或减少分配的，上述利润中应归属于该居民企业的部分，应当计入该居民企业的当期收入。因此，税务机关要求居民企业受控境外公司未分配利润中应归属于该居民企业的部分，应当计入该居民企业当期收入的，构成特别纳税调整金额。

5）关联企业间债权性投资超过权益性投资规定比例的部分

企业所得税法规定，企业从其关联方接受的债权性投资与权益性投资的比例超过规定标准而发生的利息支出，不得在计算应纳税所得额时扣除。前述债权性投资与权益性投资的规定比例为：金融企业5∶1；其他企业为2∶1。

4.3.3 免税、减计收入及加计扣除

免税、减计收入及加计扣除是指纳税人属于税法规定的免税收入、减计收入和加计扣除金额的合计。

免税收入主要有国债利息收入，符合条件的居民企业之间的股息、红利等权益性投资收益，符合条件的非营利组织的收入和其他专项优惠。减计收入包括综合利用资源生产产品取得的收入和其他专项优惠。加计扣除主要包括开发新技术、新产品、新工艺发生的研究开发费用；安置残疾人员所支付的工资和国家鼓励安置的其他就业人员支付的工资等可以加计扣除的税收优惠政策。纳税调整在税收优惠部分已作讲述，此处简略。

4.3.4 境外应税所得抵减境内亏损

境外应税所得抵减境内亏损是指纳税人在计算缴纳企业所得税时，其境外营业机构的盈利可以抵减境内营业机构的亏损。即当“利润总额”，加上“纳税调整增加额”，减去“境外所得”、“纳税调整减少额”和“免税、减计收入及加计扣除”后的余额为负数时，境外应税所得可以用于抵减境内亏损，最大不得超过企业当年的全部境外应税所得；若为正数时，如以前年度无亏损额，则不需要抵减；如以前年度有亏损额，则可以抵减以前年度亏损额，最大不得超过企业当年的全部境外应税所得。

4.3.5 所得减免

所得减免是指按照税法规定减征、免征企业所得税项目的所得。其主要包括农林牧渔业项目，国家重点扶持的公共基础设施项目，符合条件的环境保护节能节水项目，符合条件的技术转让项目和其他专项优惠项目。纳税调整在税收优惠部分已作讲述，此处简略。

4.3.6 抵扣应纳税所得额

抵扣应纳税所得额是指创业投资企业采取股权投资方式投资于未上市的中小高新技术企业2年以上的，可以按照其投资额的70%在股权持有满2年的当年抵扣该创业投资企业的应纳税所得额；当年不足抵扣的，可以在以后纳税年度结转抵扣。

4.3.7 弥补以前年度亏损

企业所得税法规定，企业某一纳税年度发生的亏损可以用下一年度的所得弥补；下一年度的所得不足以弥补的可以逐年延续弥补，但最长不超过5年。理解亏损弥补政策应注意以下几点：

①亏损弥补期应连续计算，不论弥补亏损的5年中是盈利还是亏损，不得间断。

②连续发生亏损，其亏损弥补期应按每个年度分别计算，先亏先补，不得将每个亏损年度的连续弥补期相加。

③企业境外业务之间的盈亏可以相互弥补，但企业境外投资除合并、撤销、依法清算外形成的亏损不得用境内盈利弥补。

业务链接4-14

威特公司2013—2018年企业所得税纳税申报表主表“纳税调整后所得额”数据分别为：-500万元、-100万元、200万元、-100万元、100万元、400万元。

问题：请对威特公司2013—2018年亏损弥补情况进行分析。

分析：2013年、2014年和2016年为亏损年度，不存在亏损弥补。

2013年亏损500万元，可在2014—2018年5个年度税前弥补，其中，2015年弥补200万元，2017年弥补100万元，2018年弥补200万元。2014年亏损100万元，可在2018年全部弥补。2016年亏损100万元，在2018年全部弥补。上述弥补处理后2018年无余额，无须纳税。

4.3.8 应纳税额的计算

1）企业所得税分月（季）预缴、年终汇算清缴

实行查账征收方式申报企业所得税的居民纳税人及在中国境内设立机构的非居民纳税人，企业所得税通常采用按年计征、分月预缴、年终汇算清缴分步完成税额计算。

（1）分月（季）预缴所得税额的计算

企业分月（季）预缴企业所得税的计算方法有三种：按月度或季度的实际利润额预缴；按月度或季度的实际利润预缴有困难的，可以按上一纳税年度应纳税所得额的月度或季度平均额预缴；按经税务机关认可的其他方法预缴。预缴方法一经确定，该纳税年度内不得随意变更。

①据实预缴。计算公式如下：

$$\text{本月（季）应缴所得税额}=\text{实际利润累计额}\times\text{税率}-\text{减免所得税额}-\text{已累计预缴的所得税额}-\text{特定业务预缴（征）所得税额}$$

实际利润累计额是指纳税人按会计制度核算的利润总额。平时预缴时，先按利润总额和统一的25%税率计算，暂不作纳税调整，待年度终了汇算清缴时再作纳税调整。

减免所得税额是指纳税人当期实际享受减免所得税优惠，包括小型微利企业税率优惠、高新技术企业税率优惠、民族自治地方企业所得税减征优惠等。

业务链接 4-15

明珠山庄餐饮有限公司，企业所得税选择按月据实预缴年终汇算清缴方式缴纳。2018年公司无减免所得税项目，4月份已预缴所得税1 458 884元，第一季度至第二季度的利润表资料见表4-4。

表 4-4 **损益账户资料信息** 单位:元

账户名称	第一季度	第二季度
营业收入	44 718 861	40 653 510
营业成本	33 414 066	31 822 920
税金及附加	4 127 000	4 589 000
销售费用	317 263	335 455
管理费用	198 435	237 843
财务费用	826 561	12 345
营业外收入		1 577 803
营业外支出		23 450
所得税费用	1 458 884	1 302 575

问题： 根据上述资料计算第二季度应预缴的企业所得税，并填制预缴申报表。

分析： 预缴税额计算：

第二季度实际利润总额=40 653 510−31 822 920−4 589 000−335 455−237 843−12 345+1 577 803−23 450=5 210 300（元）

应纳税额=5 210 300×25%=1 302 575（元）

申报表填制：采用据实预缴方式缴纳企业所得税，只需填制申报表的第一部分，见表4-5。

表 4-5 **中华人民共和国企业所得税月（季）度预缴纳税申报表（A类）**

税款所属期间：2018年4月1日至2018年6月30日

纳税人识别号：□□□□□□□□□□□□□□□□□□□□（略）

纳税人名称：明珠山庄餐饮有限公司 金额单位：人民币元（列至角分）

行次	项　目	本期金额	累计金额
1	一、按照实际利润额预缴		
2	营业收入	40 653 510.00	
3	营业成本	31 822 920.00	
4	利润总额	5 210 300.00	
5	加：特定业务计算的应纳税所得额		
6	减：不征税收入和税基减免应纳税所得额（请填附表1）		
7	固定资产加速折旧（扣除）调减额（请填附表2）		
8	弥补以前年度亏损		
9	实际利润额（4行+5行−6行−7行−8行）	5 210 300.00	
10	税率（25%）	25%	
11	应纳所得税额（9行×10行）	1 302 575.00	

续表

行次	项　目		本期金额	累计金额
12	减：减免所得税额（请填附表3）			
13	实际已预缴所得税额		—	
14	特定业务预缴（征）所得税额			
15	应补（退）所得税额（11行-12行-13行-14行）		—	
16	减：以前年度多缴在本期抵缴所得税额			
17	本期实际应补（退）所得税额		—	
18	二、按照上一纳税年度应纳税所得额平均额预缴			
19	上一纳税年度应纳税所得额		—	
20	本月（季）应纳税所得额（19行×1/4或1/12）			
21	税率（25%）			
22	本月（季）应纳所得税额（20行×21行）			
23	减：减免所得税额（请填附表3）			
24	本月（季）实际应纳所得税额（22行-23行）			
25	三、按照税务机关确定的其他方法预缴			
26	本月（季）税务机关确定的预缴所得税额			
27	总分机构纳税人			
28	总机构	总机构应分摊所得税额（15行或24行或26行×总机构分摊预缴比例）		
29		财政集中分配所得税额		
30		分支机构应分摊所得税额（15行或24行或26行×分支机构分摊比例）		
31		其中：总机构独立生产经营部门应分摊所得税额		
32	分支机构	分配比例		
33		分配所得税额		

是否属于小型微利企业：	是□	否□
谨声明：此纳税申报表是根据《中华人民共和国企业所得税法》《中华人民共和国企业所得税法实施条例》和国家有关税收规定填报的，是真实的、可靠的、完整的		
法定代表人（签字）：		年　月　日
纳税人公章：	代理申报中介机构公章：	主管税务机关受理专用章：
会计主管：	经办人：	
	经办人执业证件号码：	受理人：
填表日期：　年　月　日	代理申报日期：　年　月　日	受理日期：　年　月　日

国家税务总局监制

②按照上一纳税年度应纳税所得额的平均额预缴。其计算公式如下：

本月（季）应缴纳所得税额=上一纳税年度应纳税所得额÷12（或4）×税率

上一纳税年度所得额中不包括纳税人的境外所得，税率统一按25%计算。

（2）年终汇算清缴所得税额的计算

居民企业年终汇算清缴所得税额的计算公式如下：

应纳税额=应纳税所得额×税率-减免所得税额-抵免所得税额+境外所得应补税额

本年应补（退）的所得税额=应纳税额-本年累计实际已预缴的所得税额

注：上式中应纳税所得额的计算前面已述及，此处不再重复，税率统一按25%计算。

①减免所得税额的计算。

减免所得税额是指本章4.2中述及的小型微利企业减征税额、高新技术企业等享受税率优惠而减征税额的调整。

小型微利企业的减免所得税额=应纳税所得额×（25%-20%）

高新技术企业的减免所得税额=应纳税所得额×（25%-15%）

②抵免所得税额的计算。

纳税人购置并实际使用环境保护专用设备企业所得税优惠目录、节能节水专用设备企业所得税优惠目录和安全生产专用设备企业所得税优惠目录规定的环境保护、节能节水、安全生产等专用设备的，该专用设备的投资额的10%可以从企业当年的应纳税额中抵免；当年不足抵免的，可以在以后5个纳税年度结转抵免。享受上述企业所得税优惠的企业，应当实际购置并自身实际投入使用规定的专用设备；企业购置上述专用设备在5年内转让、出租的，应当停止享受企业所得税优惠，并补缴已经抵免的企业所得税税款。

③境外所得应补税额的计算。

境外所得应补税额是指境外所得应纳所得税额与境外所得抵免所得税额的差额。

境外所得应补税额的计算步骤与公式如下：

第一步，计算境外所得应纳税额。

$$\text{境外所得应纳税额}=\left(\text{境外所得换算成含税收入的所得}-\text{弥补以前年度境外亏损}-\text{境外免税所得}-\text{境外所得弥补境内亏损}\right)\times\text{税率}$$

第二步，计算境外所得抵免税额。

税法规定，纳税人来源于境外的所得在境外实际缴纳的所得税税款，低于依照税法计算的扣除限额的，可以从应纳税额中如数扣除；高于扣除限额的，其超过部分不得在本年度的应纳税额中扣除，也不得列为费用支出，但可用以后年度税额扣除的余额补扣，补扣期限最长不得超过5年。

境外所得抵免所得税额=本年可抵免的境外所得税额+本年可抵免以前年度所得税额

$$\text{本年可抵免的境外所得税额}=\text{中国境内、境外所得依照企业所得税法规定计算的应纳税总额}\times\frac{\text{来源于某国的应纳税所得额}}{\text{中国境内、境外应纳税所得总额}}$$

第三步，计算境外所得应补税额。

境外所得应补税额=境外所得应纳税额-境外所得抵免税额

业务链接4-16

某企业2018年度在我国境内的应纳税所得额为2 000万元，所得税税率为25%。其在A、B两国设有分支机构。A国分支机构当年应纳税所得额为500万元，适用税率为40%；B国分支机构当年的应纳税所得额为400万元，适用税率为20%。

问题：计算该企业当年应向我国缴纳的企业所得税税额。

分析： 企业境内、境外所得应纳税额=（2 000+500+400）×25%=725（万元）

A国已纳税款=500×40%=200（万元）

A国扣除限额=725×500÷（2 000+500+400）=125（万元）

A国允许扣除限额125万元小于A国实际已纳税额200万元，所以A国境外所得实际允许扣除额为125万元。

B国已纳税额=400×20%=80（万元）

B国扣除限额=725×400÷（2 000+400+500）=100（万元）

B国允许扣除限额100万元大于B国实际已纳税额80万元，所以B国境外所得实际允许扣除额为80万元。

企业当年应向我国缴纳的企业所得税税额=725−125−80=520（万元）

同步案例4-1

居民企业所得税汇算清缴

背景与情境： 宏翔公司为某市一家国家重点扶持的高新技术企业，2018年境内经营业务资料如下：①销售货物收入2 000万元；②销售货物成本1 100万元；③销售费用330万元（其中，广告费308万元），管理费用380万元（其中，业务招待费20万元、新技术研究开发费100万元），财务费用50万元；④销售税金180万元（其中，增值税130万元）；⑤国库券利息收入60万元；⑥营业外收入50万元（其中，出售无形资产净收益40万元，处置固定资产净收益10万元），营业外支出70万元（其中，通过公益性社会团体向贫困山区捐款40万元，支付税收滞纳金5万元，其余为处置固定资产净损失）；⑦列入成本费用的实发工资总额180万元，支付职工福利费24万元、职工教育经费8万元，拨缴职工工会经费4万元；⑧税前未弥补亏损10万元（2015年度）；⑨公司当年已预缴企业所得税6万元。

宏翔公司在甲、乙两国设有分支机构，甲国分支机构当年税后所得额为56万元，适用税率为30%；乙国分支机构当年税后所得额为48万元，适用税率为20%。在甲、乙两国已分别缴纳所得税24万元、12万元。假设在甲、乙两国应税所得额的计算与我国税法相同。

问题： 计算宏翔公司2018年度应纳所得税税额。

分析：（1）宏翔公司境内所得应纳税额的计算：

①利润总额=2 000−1 100−330−380−50−50+60+50−70+56+48=234（万元）

②计算纳税调整项目金额：

广告费在当年销售收入15%以内允许扣除，调增应纳税所得额：

308−2 000×15%=8（万元）

业务招待费只能按实际发生额的60%（12万元）扣除，且最高不得超过当年销售收入的5‰（10万元），超支业务招待费调增应纳税所得额：

20−2 000×5‰=10（万元）

技术研究开发费加计扣除50%，调减应纳税所得额：

100×50%=50（万元）

国库券利息收入免税，调减应纳税所得额60万元。

公益性捐赠支出在利润总额12%内允许扣除，调增应纳税所得额：

40-234×12%=11.92（万元）

税收滞纳金不得扣除，调增应纳税所得额5万元。

职工福利费在工资、薪金总额14%（25.2万元）内允许据实扣除，实际发生额小于扣除限额，无须调整。

职工教育经费在工资、薪金总额2.5%内允许据实扣除，调增应纳税所得额：

8-180×2.5%=3.5（万元）

工会经费按工资、薪金总额2%内允许据实扣除，调增应纳税所得额：

4-180×2%=0.4（万元）

境外所得在计算境内应纳税额时，调减应纳税所得额：

56+48=104（万元）

纳税调增金额=8+10+11.92+5+3.5+0.4=38.82（万元）

纳税调减金额=50+60+104=214（万元）

③应纳税所得额=234+38.82-214-10=48.82（万元）

④国家重点扶持的高新技术企业减按15%税率征收企业所得税。

⑤境内所得年度应纳税额=48.82×15%=7.323（万元）

（2）宏翔公司境外所得应补税额的计算：

①境外所得换算为含税收入的所得：

甲国：56÷（1-30%）=80（万元）

乙国：48÷（1-20%）=60（万元）

境外所得应纳所得税额=（80+60）×25%=35（万元）

②抵免限额：

甲国：80×25%=20（万元）

乙国：60×25%=15（万元）

在甲国实际缴纳所得税24万元，高于抵免限额，只能抵免20万元，超过限额的4万元当期不得抵扣。

在乙国实际缴纳所得税12万元，低于抵免限额，可全额抵扣。

③境外所得应补税额=35-20-12=3（万元）

（3）宏翔公司2018年全年应补缴企业所得税税额=7.323+3-6=4.323（万元）

2）企业所得税核定征收法

核定征收方式包括定额征收和核定应税所得率征收两种方法。

①定额征收，是税务机关按照一定的标准、程序和方法，直接核定纳税人年度应纳所得税额，由纳税人按规定申报缴纳的办法。主管税务机关应对纳税人的有关情况进行调查研究、分类排队、认真测算，按年从高直接核定纳税人的应纳所得税额。

②核定应税所得率征收，是税务机关按照一定的标准、程序和方法，预先核定纳税人的应税所得率，由纳税人根据纳税年度内的收入总额或成本费用等项目的实际发生额，按预先核定的应税所得率计算缴纳企业所得税的办法。

应纳税所得额的计算公式如下：

应纳税所得额=（收入总额-不征税收入-免税收入）×应税所得率

=成本费用支出额÷（1-应税所得率）×应税所得率

应纳所得税额=应纳税所得额×适用税率

应税所得率统一执行标准见表4-6。

表4-6 应税所得率

行业	应税所得率（%）
农、林、牧、渔业	3～10
制造业	5～15
批发和零售贸易业	4～15
交通运输业	7～15
建筑业	8～20
饮食业	8～25
娱乐业	15～30
其他行业	10～30

企业经营多业时，不论其经营项目是否单独核算，均由主管税务机关根据其主营项目，核定其适用某一行业的应税所得率。

同步思考4-3

根据现行税法规定，何种情况下应采用核定征收方式征收企业所得税？

提示：根据《税收征收管理法》的有关规定，具有下列情形之一的纳税人，应采取核定征收方式征收企业所得税：

①依照税法规定可以不设账或应设账而未设账的。②只能准确核算收入总额或收入总额能够查实，但其成本费用支出不能准确核算。③只能准确核算成本费用支出或成本费用支出能够查实，但其收入总额不能准确核算。④收入总额、成本费用支出虽能正确核算，但未按规定保存有关凭证、账簿及纳税资料。⑤虽然能够按规定设置账簿并进行核算，但未按规定保存有关凭证、账簿及纳税资料。⑥未按规定期限办理纳税申报，经税务机关责令限期申报，逾期仍不申报的。

学习微平台

延伸阅读
4-4

业务链接4-17

甲零售企业2016年度自行申报收入总额200万元、成本费用210万元，经营亏损10万元。经主管税务机关审核，发现其发生的成本费用真实，实现的收入无法确认，税务机关依据规定对其进行核定征收，应税所得率为9%。

问题：计算该企业2016年度应纳所得税额。

分析：应纳税所得额=200÷（1-9%）×9%=19.78（万元）

应纳所得税额=19.78×25%=4.95（万元）

3）企业所得税代扣代缴法

非居民企业在中国境内未设立机构、场所，或虽设立机构、场所但取得的所得与其所设机构、场所没有实际联系的，应就其来源于中国境内的所得缴纳企业所得税。其应纳税额由扣缴义务人在每次向非居民企业支付或到期应支付所得时扣缴。其计算公式如下：

扣缴企业所得税应纳税额=应纳税所得额×实际征收率（10%）

应纳税所得额按下列方法确定：

①股息、红利等权益性投资收益和利息、租金、特许权使用费所得，以收入全额为应纳税所得额。

②转让财产所得，以收入全额减除财产净值后的余额为应纳税所得额。

③其他所得，参照前两项规定的方法计算应纳税所得额。

业务链接 4-18

境外某公司在中国境内未设立机构、场所，2018年取得境内甲公司支付的贷款利息90万元；取得境内乙公司支付的财产转让收入40万元，该项财产净值为22万元。

问题： 计算该境外公司2018年在我国境内应缴纳的企业所得税税额。

计算： 应纳税额=［90+（40−22）］×10%=10.8（万元）

4.4　企业所得税纳税申报

4.4.1　企业所得税的征收管理

1）征收方式的确定

企业在每年第一季度应填列企业所得税征收方式鉴定表一式三份，报主管税务机关审核，见表4-7。若①～⑤项均合格，则实行纳税人自行申报、税务机关查账方式征收；若①、④、⑤项中有一项不合格或②、③项均不合格，则实行定额征收；若②、③项中有一项合格、一项不合格，则实行核定应税所得率办法征收。征收方式确定后，在一个纳税年度内一般不得变更。

2）纳税期限

企业所得税实行按年计算，按月或季预缴，年终汇算清缴，多退少补的征收办法。纳税年度一般为公历年度，即公历1月1日至12月31日为一个纳税年度；纳税人在一个纳税年度的中间开业，或由于合并、关闭等原因使该纳税年度的实际经营期不足12个月的，以其实际经营期为一个纳税年度；纳税人破产清算时，以清算期为一个纳税年度。

纳税人应当在月份或季度终了后15日内，向其所在地主管税务机关报送预缴所得税申报表，预缴税款。企业应当自年度终了之日起5个月内，无论盈利或亏损，均应向税务机关报送年度企业所得税纳税申报表、财务会计报告和其他有关资料并汇算清缴，结清应缴应退税款。少预缴的所得税额，应在下一年度内补缴；多预缴的所得税额，在下一年度内抵缴；抵缴后仍有结余，或下一年度发生亏损的，应及时办理退库。

表4-7　　企业所得税征收方式鉴定表

纳税人识别号					
纳税人名称					
纳税人地址					
经济类型		所属行业		开业日期	
开户银行		账　　号			
邮政编码		联系电话			
上年收入总额			上年成本费用额		
上年应纳税所得额			上年所得税额		
行次	项　　目		纳税人自报情况	主管税务机关审核情况	
①	账簿设置情况				
②	收入总额核算情况				
③	成本费用核算情况				
④	账簿凭证保存情况				
⑤	纳税义务履行情况				
征收方式：					
纳税人意见： 纳税人签章：　（公章）　　　年　　月　　日					
税务机关审批意见：					
经办人签字： 年　　月　　日		科室负责人签字： （公章） 年　　月　　日		主管局长签字： （公章） 年　　月　　日	

企业在年度中间终止经营活动的，应当自实际经营终止之日起60日内，向税务机关办理当期企业所得税汇算清缴。

扣缴义务人每次代扣的税款，应当自代扣之日起7日内缴入国库，并向所在地的税务机关报送扣缴企业所得税报告表。

企业进行清算时，应当在办理注销工商登记之前，办理所得税申报。企业若在年度中间合并、分立、终止的，应当在停止生产经营之日起60日内，向当地税务机关办理当期所得税汇算清缴。

3）纳税地点

企业所得税由纳税人向其所在地主管税务机关缴纳。居民企业以企业登记注册地为纳税地点；但登记注册地在境外的，以其实际管理机构所在地为纳税地点；居民企业在中国境内设立不具有法人资格的营业机构的，应当汇总计算并缴纳企业所得税。

非居民企业在中国境内设立机构、场所取得的所得以及发生在中国境外但与其所设机构、场所有实际联系的所得，应当以机构、场所所在地为纳税地点；非居民企业在中国境内未设立机构、场所，或者虽设立机构、场所但取得的所得与其所设机构、场所没有实际联系的所得，以扣缴义务人所在地为纳税地点；非居民企业在中国境内设立两个或者两个以上机构、场所的，经税务机关审核批准，可以选择由其主要机构、场所汇总缴纳企业所得税。

除国务院另有规定外，企业之间不得合并缴纳企业所得税。

4.4.2　企业所得税的纳税申报表填制

1）企业所得税预缴纳税申报表填制

查账征收企业所得税的居民纳税人及在中国境内设立机构的非居民纳税人在月（季）度预缴企业所得税时应填制《中华人民共和国企业所得税月（季）度预缴纳税申报表（A类）》（见表4-5）；实行核定征收办法缴纳企业所得税的纳税人在月（季）度申报缴纳企业所得税时应填制《中华人民共和国企业所得税月（季）度预缴纳税申报表（B类）》（见表4-8）。

表4-8　**中华人民共和国企业所得税月（季）度预缴纳税申报表（B类）**

税款所属期间：　　年　月　日至　　年　月　日

纳税人识别号：□□□□□□□□□□□□□□□□□□□□

纳税人名称：　　　　　　　　　　　　　　金额单位：人民币　元（列至角分）

<table>
<tr><th colspan="3">项　目</th><th>行次</th><th>累计金额</th></tr>
<tr><td colspan="5">一、以下由按应税所得率计算应纳所得税额的企业填报</td></tr>
<tr><td rowspan="9">应纳税所得额的计算</td><td rowspan="6">按收入总额核定应纳税所得额</td><td>收入总额</td><td>1</td><td></td></tr>
<tr><td>减：不征税收入</td><td>2</td><td></td></tr>
<tr><td>免税收入</td><td>3</td><td></td></tr>
<tr><td>应税收入额（1-2-3）</td><td>4</td><td></td></tr>
<tr><td>税务机关核定的应税所得率（%）</td><td>5</td><td></td></tr>
<tr><td>应纳税所得额（4×5）</td><td>6</td><td></td></tr>
<tr><td rowspan="3">按成本费用核定应纳税所得额</td><td>成本费用总额</td><td>7</td><td></td></tr>
<tr><td>税务机关核定的应税所得率（%）</td><td>8</td><td></td></tr>
<tr><td>应纳税所得额[7÷（1-8）×8]</td><td>9</td><td></td></tr>
<tr><td colspan="2" rowspan="2">应纳所得税额的计算</td><td>税率（25%）</td><td>10</td><td></td></tr>
<tr><td>应纳所得税额（6×10或9×10）</td><td>11</td><td></td></tr>
<tr><td colspan="2" rowspan="3">应补（退）所得税额的计算</td><td>减：符合条件的小型微利企业减免所得税额</td><td>12</td><td></td></tr>
<tr><td>已预缴所得税额</td><td>13</td><td></td></tr>
<tr><td>应补（退）所得税额（11-12-13）</td><td>14</td><td></td></tr>
<tr><td colspan="5">二、以下由税务机关核定应纳所得税额的企业填报</td></tr>
<tr><td colspan="3">税务机关核定应纳所得税额</td><td>15</td><td></td></tr>
<tr><td colspan="5">谨声明：此纳税申报表是根据《中华人民共和国企业所得税法》《中华人民共和国企业所得税法实施条例》和国家有关税收规定填报的，是真实的、可靠的、完整的
法定代表人（签字）：　　年　　月　　日</td></tr>
<tr><td colspan="2">纳税人公章：
会计主管：
填表日期：　　年　月　日</td><td>代理申报中介机构公章：
经办人：
经办人执业证件号码：
代理申报日期：　　年　月　日</td><td colspan="2">主管税务机关受理专用章：
受理人：
受理日期：　　年　月　日</td></tr>
</table>

国家税务总局监制

2）企业所得税年度纳税申报表的填制

查账征收企业所得税的纳税人在年度汇算清缴时，无论盈利或亏损，都必须在规定的期限内进行纳税申报，填写企业基础信息表、企业所得税年度纳税申报表主表及其有关附表。从2015年1月1日修订后施行的企业所得税年度纳税申报表共有41张，其中，基础信息表1张，主表1张，附表39张。39张附表中，收入费用明细表6张、纳税调整表15张、亏损弥补表1张、税收优惠表11张、境外所得抵免表4张、汇总纳税表2张；作为主表的15张，作为附表的24张。由于篇幅限制，除案例所用附表外，其他附表不再一一列示。

同步案例4-2

居民企业企业所得税年度纳税申报表的填制

背景与情境：

（1）基本信息。企业名称：宏翔醇香酒业有限公司；通信地址：滨海市淀海区海望路132号；营业执照号码：110108334567890123；主管税务机关：滨海市淀海区国家税务局；开户银行：中国银行北京塔院支行，102100053080212553；注册资本：人民币贰仟捌佰万元整；法定代表人：杨宏；公司会计主管：刘崎。

（2）企业2018年有关经营情况。

①以前年度未发生亏损，当年平均从业人数为158人。

②企业工资、薪金支出符合合理性标准。

③当年广告费和业务宣传支出均列支于销售费用中，符合扣除标准，且无以前年度结转扣除额。

④当年发生的债券投资收益全部为国债利息收入，于年末一次计提利息。

⑤固定资产、无形资产采用直线法计提。（原值与计税基础相同，最低折旧或摊销年限为税务局规定的年限）

⑥本年不需要计提减值准备。

⑦企业仅为职工缴纳基本社会保险费，不缴纳补充养老保险、补充医疗保险及住房公积金。

（3）企业其他信息。

①公司为非汇总纳税企业、境内自然人控股、非上市公司，不存在境外关联交易。

②从事国家非限制和禁止行业。

③公司适用一般企业会计准则，以人民币为记账本位币，会计政策和估计没有发生变化，采用年限平均法计提固定资产折旧，采用月末一次加权平均法核算存货成本，采用备抵法核算坏账损失，采用资产负债表债务法计算所得税。

（4）负债类、损益类部分账户资料（见表4-9和表4-10）。

表 4-9 **负债类账户资料** 单位：元

一级账户	明细账户	年借方发生额累计	年贷方发生额累计	期末余额
应付职工薪酬	工资	6 000 000	6 000 000	0
应付职工薪酬	职工福利	956 000	956 000	0
应付职工薪酬	职工教育经费	180 000	180 000	0
应付职工薪酬	工会经费	120 000	120 000	0
应付职工薪酬	社保费	1 968 000	1 968 000	0
其他应付款	社保费	630 000	630 000	0

表 4-10 **损益类账户资料** 单位：元

一级账户	明细账户	年借方发生额累计	年贷方发生额累计	期末余额
主营业务收入	精装白酒	45 800 000	45 800 000	0
主营业务成本	精装白酒	28 740 000	28 740 000	0
营业外支出	捐赠支出	3 160 000	3 160 000	0
管理费用		3 297 000	3 297 000	0
销售费用		2 748 000	2 748 000	0
财务费用	利息	1 600 000	1 600 000	0
财务费用	手续费	70 000	70 000	0
投资收益	国债利息	373 000	373 000	0

（5）其他。①关于捐赠的股东会决议：2016年3月5日，同意向北京市**学校的贫困生直接捐赠人民币316元。②固定资产折旧汇总表见表4-11。③折旧、摊销年限。固定资产：房屋、建筑物20年；飞机、火车、轮船、机器、机械和其他生产设备10年；与生产经营活动有关的器具、工具、家具等5年；飞机、火车、轮船以外的运输工具4年；电子设备3年。生物资产：林木类10年；畜类3年。无形资产10年。④管理费用中，包括业务招待费687 000元。⑤本年预缴企业所得税769 500元。

表 4-11 **固定资产折旧汇总表** 金额单元：元

固定资产类别	取得日期	折旧年限	预计净残值率	年折旧额	原值	2016年累计折旧额	固定资产净值
房屋建筑物	2014年12月	20	5%	950 000	20 000 000	1900 000	18 100 000
机器设备	2014年12月	10	5%	950 000	10 000 000	1900 000	8 100 000
生产用工具	2014年12月	5	5%	1 710 000	9 000 000	3 420 000	5 580 000
运输工具	2014年12月	4	5%	190 000	800 000	380 000	420 000
电子设备	2014年12月	3	5%	95 000	300 000	190 000	110 000
合计				3 895 000	40 100 000	7 790 000	3 231 000

问题：根据背景材料，完成企业2016年度企业所得税纳税申报，申报日期为2017年3月9日。

分析：

（1）中华人民共和国企业所得税年度纳税申报表（A类）（A100000）见表4-12。

表 4-12 A100000 **中华人民共和国企业所得税年度纳税申报表（A类）** 金额单位：元

行次	类别	项目	金额
1	利润总额计算	一、营业收入（填写A101010\101020\103000）	45 800 000.00
2		减：营业成本（填写 A102010\102020\103000）	28 740 000.00
3		减：税金及附加	3 480 000.00
4		减：销售费用（填写 A104000）	2 748 000.00
5		减：管理费用（填写 A104000）	3 297 000.00
6		减：财务费用（填写 A104000）	1 670 000.00
7		减：资产减值损失	
8		加：公允价值变动收益	
9		加：投资收益	373 000.00
10		二、营业利润（1-2-3-4-5-6-7+8+9）	6 238 000.00
11		加：营业外收入（填写 A101010\101020\103000）	
12		减：营业外支出（填写 A102010\102020\103000）	3 160 000.00
13		三、利润总额（10+11-12）	3 078 000.00
14	应纳税所得额计算	减：境外所得（填写 A108010）	
15		加：纳税调整增加额（填写 A105000）	3 764 000.00
16		减：纳税调整减少额（填写 A105000）	
17		减：免税、减计收入及加计扣除（填写 A107010）	373 000.00
18		加：境外应税所得抵减境内亏损（填写 A108000）	
19		四、纳税调整后所得（13-14+15-16-17+18）	6 469 000.00
20		减：所得减免（填写 A107020）	
21		减：弥补以前年度亏损（填写 A106000）	
22		减：抵扣应纳税所得额（填写 A107030）	
23		五、应纳税所得额（19-20-21-22）	6 469 000.00
24	应纳税额计算	税率（25%）	25%
25		六、应纳所得税额（23×24）	1 617 250.00
26		减：减免所得税额（填写 A107040）	
27		减：抵免所得税额（填写 A107050）	
28		七、应纳税额（25-26-27）	1 617 250.00
29		加：境外所得应纳所得税额（填写 A108000）	
30		减：境外所得抵免所得税额（填写 A108000）	
31		八、实际应纳所得税额（28+29-30）	1 617 250.00
32		减：本年累计实际已缴纳的所得税额	769 500.00
33		九、本年应补（退）所得税额（31-32）	847 750.00
34		其中：总机构分摊本年应补（退）所得税额（填写 A109000）	
35		财政集中分配本年应补（退）所得税额（填写 A109000）	
36		总机构主体生产经营部门分摊本年应补（退）所得税额（填写 A109000）	

填列提示：

营业收入=45 800 000元（填写A101010表）

营业成本=28 740 000元（填写A102010表）

税金及附加=3 480 000元（详见利润表（上年））

销售费用=2 748 000元（填写A104000表）；管理费用=3 297 000元（填写A104000表）；财务费用=1 670 000元（填写A104000表）

营业利润=6 238 000元（系统自动计算生成）；利润总额=3 078 000元（系统自动计算生成）

纳税调整增加额=3 764 000元（填写A105000表第12行第3列）

免税、减计收入及加计扣除=373 000元（填写A107010表第27行）

纳税调整后所得=6 469 000元（系统自动计算生成）

应纳税所得额=6 469 000元（系统自动计算生成）

应纳所得税额=1 617 250元（系统自动计算生成）

本年度无减免所得税、抵免所得税事项发生，无境外所得。

实际应纳所得税额=应纳税额=应纳所得税额=1 617 250元（系统自动计算生成）

本年累计实际已预缴的所得税额=769 500元（详见电子缴税回单）

本年应补（退）的所得税额=847 750元（系统自动计算生成）

（2）一般企业收入明细表（A101010）见表4-13。

填列提示：

营业收入=45 800 000元（详见明细账（主营业务收入—12月））

营业收入合计=主营业务收入+其他业务收入=45 800 000元

表4-13 A101010 **一般企业收入明细表** 单位：元

行次	项 目	金 额
1	一、营业收入（2+9）	45 800 000.00
2	（一）主营业务收入（3+5+6+7+8）	45 800 000.00
3	1.销售商品收入	45 800 000.00
4	其中：非货币性资产交换收入	0.00
5	2.提供劳务收入	0.00
6	3.建造合同收入	0.00
7	4.让渡资产使用权收入	0.00
8	5.其他	0.00
9	（二）其他业务收入（10+12+13+14+15）	0.00
10	1.销售材料收入	0.00
11	其中：非货币性资产交换收入	0.00
12	2.出租固定资产收入	0.00
13	3.出租无形资产收入	0.00
14	4.出租包装物和商品收入	0.00
15	5.其他	0.00
16	二、营业外收入（17+18+19+20+21+22+23+24+25+26）	0.00
17	（一）非流动资产处置利得	0.00
18	（二）非货币性资产交换利得	0.00
19	（三）债务重组利得	0.00
20	（四）政府补助利得	0.00
21	（五）盘盈利得	0.00
22	（六）捐赠利得	0.00
23	（七）罚没利得	0.00
24	（八）确实无法偿付的应付款项	0.00
25	（九）汇兑收益	0.00
26	（十）其他	0.00

（3）A102010，一般企业成本支出明细表见表4-14。

填列提示：

营业成本=28 740 000元（详见明细账（主营业务成本—12月））

表4-14　A102010　　一般企业成本支出明细表　　单位：元

行次	项　目	金　额
1	一、营业成本（2+9）	28 740 000.00
2	（一）主营业务成本（3+5+6+7+8）	28 740 000.00
3	1.销售商品成本	28 740 000.00
4	其中：非货币性资产交换成本	0.00
5	2.提供劳务成本	0.00
6	3.建造合同成本	0.00
7	4.让渡资产使用权成本	0.00
8	5.其他	0.00
9	（二）其他业务成本（10+12+13+14+15）	0.00
10	1.材料销售成本	0.00
11	其中：非货币性资产交换成本	0.00
12	2.出租固定资产成本	0.00
13	3.出租无形资产成本	0.00
14	4.包装物出租成本	0.00
15	5.其他	0.00
16	二、营业外支出（17+18+19+20+21+22+23+24+25+26）	3 160 000.00
17	（一）非流动资产处置损失	0.00
18	（二）非货币性资产交换损失	0.00
19	（三）债务重组损失	0.00
20	（四）非常损失	0.00
21	（五）捐赠支出	3 160 000.00
22	（六）赞助支出	0.00
23	（七）罚没支出	0.00
24	（八）坏账损失	0.00
25	（九）无法收回的债券股权投资损失	0.00
26	（十）其他	0.00

（4）财务费用明细表（A104000）见表4-15。

填列提示：

各销售费用详见明细账（销售费用—12月），各管理费用详见明细账（管理费用—12月），各财务费用详见明细账（财务费用—12月）。

表 4-15　A104000　**期间费用明细表**　单位：元

行次	项目	销售费用 1	其中：境外支付 2	管理费用 3	其中：境外支付 4	财务费用 5	其中：境外支付 6
1	一、职工薪酬	1 040 680.00	*	851 880.00	*	*	*
2	二、劳务费					*	*
3	三、咨询顾问费					*	*
4	四、业务招待费		*	687 000.00	*	*	*
5	五、广告费和业务宣传费	658 000.00	*		*	*	*
6	六、佣金和手续费					70 000.00	
7	七、资产折旧摊销费		*	960 000.00	*	*	*
8	八、财产损耗、盘亏及毁损损失		*		*	*	*
9	九、办公费		*	356 000.00	*	*	*
10	十、董事会费		*		*	*	*
11	十一、租赁费					*	*
12	十二、诉讼费		*		*	*	*
13	十三、差旅费	1 049 320.00	*	442 120.00	*	*	*
14	十四、保险费		*		*	*	*
15	十五、运输、仓储费					*	*
16	十六、修理费					*	*
17	十七、包装费		*		*	*	*
18	十八、技术转让费					*	*
19	十九、研究费用					*	*
20	二十、各项税费		*		*	*	*
21	二十一、利息收支	*	*	*	*	1 600 000.00	
22	二十二、汇兑差额	*	*	*	*		
23	二十三、现金折扣	*	*	*	*		*
24	二十四、党组织工作经费	*	*	*	*	*	*
25	二十五、其他						
26	合计（1+2+3+…25）	2 748 000.00		3 297 000.00		1 670 000.00	

（5）纳税调整项目明细表（A105000）见表 4-16。

填列提示：

总表填列原则：第 14 行第 1 列 = 表 A105050 第 13 行第 1 列；第 14 行第 2 列 = 表 A105050 第 13 行第 4 列；若表 A105050 第 13 行第 5 列≥0，填入第 14 行第 3 列；若表 A105050 第 13 行第 5 列＜0，将绝对值填入第 14 行第 4 列。

表4-16 A105000 **纳税调整项目明细表** 单位：元

行次	项目	账载金额 1	税收金额 2	调增金额 3	调减金额 4
1	一、收入类调整项目（2+3+…+8+10+11）	*	*		
2	（一）视同销售收入（填写A105010）	*			*
3	（二）未按权责发生制原则确认的收入（填写A105020）				
4	（三）投资收益（填写A105030）				
5	（四）按权益法核算长期股权投资对初始投资成本调整确认收益	*	*	*	
6	（五）交易性金融资产初始投资调整	*	*		*
7	（六）公允价值变动净损益		*		
8	（七）不征税收入	*	*		
9	其中：专项用途财政性资金（填写A105040）	*	*		
10	（八）销售折扣、折让和退回				
11	（九）其他				
12	二、扣除类调整项目 （13+14+…+23+24+26+27+28+29+30）	*	*	3 764 000.00	
13	（一）视同销售成本（填写A105010）	*		*	
14	（二）职工薪酬（填写A105050）	9 224 000.00	9078 000.00	146 000.00	
15	（三）业务招待费支出	687 000.00	229 000.00	458 000.00	*
16	（四）广告费和业务宣传费支出（填写A105060）	*	*		
17	（五）捐赠支出（填写A105070）	3 160 000.00		3 160 000.00	*
18	（六）利息支出	1 600 000.00	1600 000.00		
19	（七）罚金、罚款和被没收财物的损失		*		*
20	（八）税收滞纳金、加收利息		*		*
21	（九）赞助支出		*		*
22	（十）与未实现融资收益相关在当期确认的财务费用				
23	（十一）佣金和手续费支出	70 000.00	70 000.00		*
24	（十二）不征税收入用于支出所形成的费用	*	*		*
25	其中：专项用途财政性资金用于支出所形成的费用（填写A105040）	*	*		*
26	（十三）跨期扣除项目				
27	（十四）与取得收入无关的支出		*		*

续表

行次	项　目	账载金额 1	税收金额 2	调增金额 3	调减金额 4
28	（十五）境外所得分摊的共同支出	*	*		*
29	（十六）党组织工作经费				
30	（十六）其他				
31	三、资产类调整项目（32+33+34+35）	*	*		
32	（一）资产折旧、摊销（填写A105080）	3 895 000.00	3 895 000.00		
33	（二）资产减值准备金		*		
34	（三）资产损失（填写A105090）				
35	（四）其他				
36	四、特殊事项调整项目（37+38+39+…+42）	*	*		
37	（一）企业重组及递延纳税事项（填写A105100）				
38	（二）政策性搬迁（填写A105110）	*	*		
39	（三）特殊行业准备金（填写A105120）				
40	（四）房地产开发企业特定业务计算的纳税调整额（填写A105010）	*			
41	（五）有限合伙企业法人合伙方应分得的应纳税所得额				
42	（六）其他	*	*		
43	五、特别纳税调整应税所得	*	*		
44	六、其他	*	*		
45	合计（1+12+31+36+43+44）	*	*	3 764 000.00	

（6）职工薪酬纳税调整明细表（A105050）见表4-17。

填列提示：

①税收法律规定：企业发生的合理的工资薪金支出，准予据实扣除。职工福利费支出，不超过工资薪金总额14%的部分，准予扣除；超过部分不得扣除。职工教育经费支出，不超过工资薪金总额2.5%的部分，准予扣除；超过部分准予在以后纳税年度结转扣除。工会经费支出，不超过工资薪金总额2%的部分，准予扣除；超过部分不得扣除。

②“工资薪金总额”，是指企业按照第一条规定实际发放的工资薪金总和，不包括企业的职工福利费、职工教育经费、工会经费以及养老保险费、医疗保险费、失业保险费、工伤保险费、生育保险费等社会保险费和住房公积金。属于国有性质的企业，其工资薪金，不得超过政府有关部门给予的限定数额；超过部分，不得计入企业工资薪金总额，也不得在计算企业应纳税所得额时扣除。

表 4-17 A105050 **职工薪酬纳税调整明细表** 单位：元

行次	项目	账载金额	实际发生额	税收规定扣除率	以前年度累计结转扣除额	税收金额	纳税调整金额	累计结转以后年度扣除额
		1	2	3	4	5	6（1-5）	7（1+4-5）
1	一、工资薪金支出	600 0000.00		*	*	600 0000.00		*
2	其中：股权激励			*	*			*
3	二、职工福利费支出	956 000.00		14.00%	*	840 000.00	116 000.00	*
4	三、职工教育经费支出	180 000.00		*		150 000.00	30 000.00	30 000.00
5	其中：按税收规定比例扣除的职工教育经费	180 000.00		2.50%		150 000.00	30 000.00	30 000.00
6	按税收规定全额扣除的职工培训费用			100.00%	*			*
7	四、工会经费支出	120 000.00		2.00%	*	120 000.00		*
8	五、各类基本社会保障性缴款	1968 000.00		*	*	1968 000.00		*
9	六、住房公积金			*	*			*
10	七、补充养老保险			5.00%	*			*
11	八、补充医疗保险			5.00%	*			*
12	九、其他			*				
13	合计（1+3+4+7+8+9+10+11+12）	9224 000.00		*		9078 000.00	146 000.00	30 000.00

③对企业工资薪金的扣除时间为实际发放的纳税年度。因此，如果企业计提了职工的工资，当年没有实际发放，不得在企业所得税税前扣除，但可以在以后实际发放年度申报扣除。

综合上述分析计算如下：

工资薪金支出=6 000 000-6 000 000=0

职工福利费支出的调整额=956 000-6 000 000×14%=116 000（元）（调增 116 000）（元）

职工教育经费支出的调整额=180 000-6 000 000×2.5%=30 000（元）（调增 30 000）（元）

工会经费支出的调整额=120 000-6 000 000×2%=0

各类基本社会保障性缴款=1968 000 元（详见应付职工薪酬——社保费）

（7）广告费和业务宣传费跨年度纳税调整明细表（A105060）见表 4-18。

填列提示：

税法规定，企业发生的符合条件的广告费和业务宣传费支出，除国务院财政、税务主管部门另有规定外，不超过当年销售（营业）收入 15% 的部分，准予扣除；超过部分，准予在以后纳税年度结转扣除。因此，必须是实际发生的广告费和业务宣传费支出，在限额内才可以扣除。

（8）捐赠支出纳税调整明细表（A105070）见表 4-19。

填列提示：

税法规定非公益性捐赠支出不得扣除，因此：

捐赠支出调整额=3160 000 元（调增 3160 000 元）

表 4-18　A105060　**广告费和业务宣传费跨年度纳税调整明细表**　单位：元

行次	项　目	金　额
1	一、本年广告费和业务宣传费支出	658 000.00
2	减：不允许扣除的广告费和业务宣传费支出	
3	二、本年符合条件的广告费和业务宣传费支出（1-2）	658 000.00
4	三、本年计算广告费和业务宣传费扣除限额的销售（营业）收入	4 5800 000.00
5	税收规定扣除率	15.00%
6	四、本企业计算的广告费和业务宣传费扣除限额（4×5）	6 870 000.00
7	五、本年结转以后年度扣除额（3＞6，本行=3-6；3≤6，本行=0）	
8	加：以前年度累计结转扣除额	
9	减：本年扣除的以前年度结转额［3＞6，本行=0；3≤6，本行=8或(6-3)孰小值］	
10	六、按照分摊协议归集至其他关联方的广告费和业务宣传费（10≤3或6孰小值）	
11	按照分摊协议从其他关联方归集至本企业的广告费和业务宣传费	
12	七、本年广告费和业务宣传费支出纳税调整金额（3＞6，本行=2+3-6+10-11；3≤6，本行=2+10-11-9）	
13	八、累计结转以后年度扣除额（7+8-9）	

表 4-19　A105070　**捐赠支出纳税调整明细表**　单位：元

行次	受赠单位名称	公益性捐赠				非公益性捐赠	纳税调整金额
		账载金额	按税收规定计算的扣除限额	税收金额	纳税调整金额	账载金额	
	1	2	3	4	5（2-4）	6	7（5+6）
1	北京市××学校		*	*	*	3 160 000.00	*
2			*	*	*		*
3			*	*	*		*
4			*	*	*		*
5			*	*	*		*
6			*	*	*		*
7			*	*	*		*
8			*	*	*		*
9			*	*	*		*
10			*	*	*		*
11			*	*	*		*
12			*	*	*		*
13			*	*	*		*
14			*	*	*		*
15			*	*	*		*
16			*	*	*		*
17			*	*	*		*
18			*	*	*		*
19			*	*	*		*
20	合　计					3 160 000.00	3 160 000.00

（9）资产折旧、摊销情况及纳税调整明细表（A105080）见表4-20。

填列提示：

税法规定，会计估计的折旧摊销年限与税法规定的折旧摊销年限不同的，必须进行纳税调整。

纳税调整额=会计折旧额-税收折旧额（详见固定资产折旧汇总表（表4-11））

表 4-20　A105080

资产折旧、摊销情况及纳税调整明细表

单位：元

行次	项目	账载金额			税收金额					纳税调整	
		资产账载金额	本年折旧、摊销额	累计折旧、摊销额	资产计税基础	按税收一般规定计算的本年折旧、摊销额	本年加速折旧额	其中：2014年及以后年度新增固定资产加速折旧额（填写A105081）	累计折旧、摊销额	金额	调整原因
		1	2	3	4	5	6	7	8	9（2-5-6）	10
1	一、固定资产（2+3+4+5+6+7）	40 100 000.00	3 895 000.00	7 790 000.00	40100 000.00	3 895 000.00			7 790 000.00		
2	（一）房屋、建筑物	20 000 000.00	950 000.00	1 900 000.00	20 000 000.00	950 000.00			1 900 000.00		
3	（二）飞机、火车、轮船、机器、机械和其他生产设备	10 000 000.00	950 000.00	1 900 000.00	10 000 000.00	950 000.00			1 900 000.00		
4	（三）与生产经营活动有关的器具、工具、家具等	900 0000.00	1710 000.00	3 420 000.00	900 0000.00	1 710 000.00			3 420 000.00		
5	（四）飞机、火车、轮船以外的运输工具	800 000.00	190 000.00	380 000.00	800 000.00	190 000.00			380 000.00		
6	（五）电子设备	300 000.00	95 000.00	190 000.00	300 000.00	95 000.00			190 000.00		
7	（六）其他										
8	二、生产性生物资产（9+10）							*			
9	（一）林木类							*			
10	（二）畜类							*			
11	三、无形资产（12+13+14+15+16+17+18）						*	*			
12	（一）专利权						*	*			
13	（二）商标权						*	*			
14	（三）著作权						*	*			
15	（四）土地使用权						*	*			
16	（五）非专利技术						*	*			
17	（六）特许权使用费						*	*			
18	（七）其他						*	*			
19	四、长期待摊费用（20+21+22+23+24）						*	*			
20	（一）已足额提取折旧的固定资产的改建支出						*	*			
21	（二）租入固定资产的改建支出						*	*			
22	（三）固定资产的大修理支出						*	*			
23	（四）开办费						*	*			
24	（五）其他						*	*			
25	五、油气勘探投资						*	*			
26	六、油气开发投资						*	*			
27	合计（1+8+11+19+25+26）	40 100 000.00	3 895 000.00	7 790 000.00	40 100 000.00	3 895 000.00			7 790 000.00		*

（10）免税、减计收入及加计扣除优惠明细表（A107010）见表4-21。

表4-21　A107010　**免税、减计收入及加计扣除优惠明细表**　单位：元

行次	项　目	金　额
1	一、免税收入（2+3+4+5）	373 000.00
2	（一）国债利息收入	373 000.00
3	（二）符合条件的居民企业之间的股息、红利等权益性投资收益（填写A107011）	
4	（三）符合条件的非营利组织的收入	
5	（四）其他专项优惠（6+7+8+9+10+11+12+13+14）	
6	1.中国清洁发展机制基金取得的收入	
7	2.证券投资基金从证券市场取得的收入	
8	3.证券投资基金投资者获得的分配收入	
9	4.证券投资基金管理人运用基金买卖股票、债券的差价收入	
10	5.取得的地方政府债券利息所得或收入	
11	6.受灾地区企业取得的救灾和灾后恢复重建款项等收入	
12	7.中国期货保证金监控中心有限责任公司取得的银行存款利息等收入	
13	8.中国保险保障基金有限责任公司取得的保险保障基金等收入	
14	9.其他	
15	二、减计收入（16+17）	
16	（一）综合利用资源生产产品取得的收入（填写A107012）	
17	（二）其他专项优惠（18+19+20）	
18	1.金融、保险等机构取得的涉农利息、保费收入（填写A107013）	
19	2.取得的中国铁路建设债券利息收入	
20	3.其他	
21	三、加计扣除（22+23+26）	
22	（一）开发新技术、新产品、新工艺发生的研究开发费用加计扣除（填写A107014）	
23	（二）安置残疾人员及国家鼓励安置的其他就业人员所支付的工资加计扣除（24+25）	
24	1.支付残疾人员工资加计扣除	
25	2.国家鼓励的其他就业人员工资加计扣除	
26	（三）其他专项优惠	
27	合计（1+15+21）	373 000.00

填列提示：

税法规定，国债利息收入免税。根据背景单据可知本年度免税收入中只发生国债利息收入。

免税收入=国债利息收入=373 000.00元（详见明细账（投资收益—12月））

4.5 企业所得税会计核算

所得税会计是研究如何对按会计制度计算的税前会计利润（或亏损）与按税法计算的应纳税所得（或亏损）之间的差异进行会计处理的会计理论和方法。各国的法律体制和会计体制不同，所得税会计处理方法各不相同，但从应纳税额与所得税费用关系的处理来看有两种：一是将应纳税额作为所得税费用；二是将应纳税额进行调整后确定所得税费用。前者称为应付税款法，后者称为纳税影响会计法。纳税影响会计法分为递延法和债务法。债务法分为资产负债表债务法和利润表债务法。根据《企业会计准则第18号——所得税》的规定，上市公司应采用资产负债表债务法。在实际业务中非上市公司通常采用应付税款法。本书将对这两种方法进行介绍。

4.5.1 资产负债表债务法

1）资产负债表债务法下所得税会计核算程序

采用资产负债表债务法进行所得税会计核算时，企业应于每一资产负债表日按下列程序进行所得税会计核算：

（1）以会计准则为依据确定资产负债表中除递延所得税资产和递延所得税负债以外的其他资产或负债项目的账面价值。

（2）以税法为依据确定资产负债表中有关资产项目与负债项目的计税基础。

（3）比较资产、负债的账面价值与计税基础，对两者之间存在的暂时性差异，根据其性质确定应纳税暂时性差异与可抵扣暂时性差异。

（4）以应纳税暂时性差异确定当期递延所得税负债发生额，以可抵扣暂时性差异确定当期递延所得税资产发生额，同时确定当期递延所得税费用金额。

（5）按税法规定计算确定当期应交所得税金额，同时确定当期所得税费用金额。

（6）综合当期递延所得税费用和当期所得税费用，确定利润表中的所得税费用总额。

上述程序可归纳如图4-1所示。

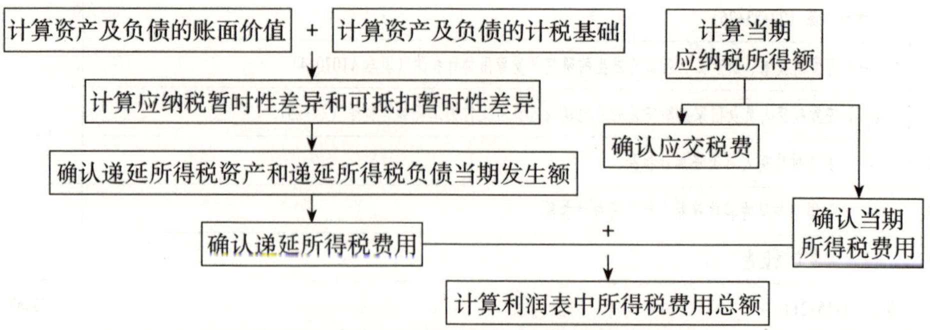

图4-1 资产负债表债务法下所得税会计核算程序

2）确认资产和负债的计税基础

（1）资产的计税基础

资产的计税基础是指企业收回资产账面价值过程中，计算应纳税所得额时按税法规定可以从应税经济利益中抵扣的金额，即该项资产在未来期间计税时按税法规定可以税前扣除的金额。公式表示如下：

资产的计税基础=未来可税前扣除的金额

资产在初始确认时，计税基础一般为取得成本，其金额通常与账面价值相等。在资产持续持有期间，其计税基础是指资产的取得成本减去以前期间按税法规定已在税前扣除金额后的余额，该余额代表的是按税法规定该资产在未来期间计税时仍可在税前扣除的金额。常见的资产计税基础确认举例如下：

①固定资产。

A.初始计量。固定资产初始计量时，按企业会计准则确定的入账价值与税法中确认的基本相同，因此，固定资产初始确认时的账面价值一般等于其计税基础。

B.后续计量。固定资产后续计量时，根据企业会计准则规定，其账面价值为“成本-累计折旧（会计）-固定资产减值准备”；根据税法规定，其计税基础为“成本-累计折旧（税法）”。因此，固定资产后续计量期间，折旧方法、折旧年限、减值准备等因素均有可能导致其账面价值与计税基础之间的差异。

业务链接4-19

长宏日化厂于2016年12月5日购入一台环保用设备，原值580万元，预计使用年限10年，预计净残值为零，会计上采用年限平均法计提折旧。2018年12月31日，企业经测试该固定资产的可收回金额为420万元，当期计提固定资产减值准备44万元。

问题：计算该固定资产在2018年资产负债表日的账面价值与计税基础。

分析：2018年资产负债表日该固定资产的账面价值=580-58×2-44=420（万元）

由于该设备为环保用，符合税法规定的加速折旧的条件，若该企业在计税时采用双倍余额递减法计提折旧，其他条件税法与会计规定相同，则：

2018年资产负债表日该固定资产的计税基础=580-（580×20%+464×20%）=371.2（万元）

②无形资产。

A.初始计量。无形资产初始计量账面价值与计税基础的差异主要产生于内部研发。根据企业会计准则规定，内部研发形成的无形资产，其成本为开发阶段符合资本化条件后至达到预定可使用状态前发生的支出，研发过程中发生的其他支出应予费用化计入当期损益。根据税法规定，自行研发的无形资产，以开发过程中该资产符合资本化条件后至达到预定可使用状态前发生的支出为计税基础。此外，税法规定企业为开发新技术、新产品、新工艺发生的研究开发费用，未形成无形资产计入当期损益的部分，可在据实扣除的基础上加计扣除50%；形成无形资产的部分，按无形资产成本的150%摊销。

业务链接4-20

久立公司于2017年2月1日起自行研究开发一项新产品专利技术，当年“开发支出”账户资料显示：研发费用支出总额为1 300万元，其中，研究阶段费用支出300万元，开发阶段符合资本化条件前的费用支出为400万元，符合资本化条件后至达到预定用途前的费用支出为600万元。2018年2月2日该项专利技术获得成功并取得专利权。

问题：计算该无形资产在2017年资产负债表日的账面价值与计税基础。

分析：根据企业会计准则规定，久立公司2017年发生的研发费用支出中，应予费用化的金额为700万元，资本化形成无形资产的金额为600万元，即2016年资产负债表日该无形资产的账面价值为600万元。

根据税法规定，久立公司发生的1 300万元研发费用支出，可在当期税前扣除的金额为1 050万元；形成无形资产可在未来期间税前扣除的金额为900万元，即2017年资产负债表日该无形资产的计税基础为900万元。

B.后续计量。会计上根据使用寿命能否确定，将无形资产分为使用寿命确定的无形资产和使用寿命不确定的无形资产。对使用寿命确定的无形资产，应按规定的方法进行成本摊销；对使用寿命不确定的无形资产，应在持有期间每年进行减值测试，计提减值准备，不再进行成本摊销。税法没有界定使用寿命不确定的无形资产，所有无形资产均应按规定的期限分期摊销。因此，无形资产后续计量时，无形资产是否需要摊销以及减值准备的计提将产生暂时性差异。

业务链接4-21

宏源公司2017年10月5日以160万元购入一项无形资产，根据有关资料，该无形资产的使用寿命无法合理估计，会计上视为使用寿命不确定的无形资产管理。2017年12月31日对该无形资产进行减值测试表明未发生减值。

问题：计算该无形资产在2017年资产负债表日的账面价值与计税基础。

分析：会计上将该无形资产作为使用寿命不确定的无形资产，且年末未发生减值。即其在2017年资产负债表日的账面价值为160万元。

根据税法规定，该无形资产应按10年采用直线法进行摊销。因此，其在2017年资产负债表日的计税基础为156万元（160−160÷10×3÷12）。

③以公允价值计量且其变动计入当期损益的金融资产。企业会计准则规定，以公允价值计量且其变动计入当期损益的金融资产在某一会计期末的账面价值为该时点的公允价值。税法规定，企业以公允价值计量的金融资产在持有期间市价变动损益不予计税，即该类资产在某一会计期末的计税基础仍为其取得成本。

业务链接4-22

2017年11月20日，甲公司以100万元从证券二级市场购入某公司股票，作为交易性金融资产核算。2017年12月31日，此项权益性投资的市价为190万元。

问题：计算2017年资产负债表日该交易性金融资产的账面价值与计税基础。

分析：根据企业会计准则规定，交易性金融资产在持有期间的每个会计期末应以公允价值计量。因此，2017年12月31日该资产的账面价值为190万元。

根据税法规定，交易性金融资产持有期间公允价值变动不计入应纳税所得额，待出售时一并计算应纳税所得额。因此，2017年12月31日该资产的计税基础应维持原取得成本不变，仍为100万元。

④其他资产。

如采用公允价值模式计量的投资性房地产，以及其他计提了资产减值准备的资产，如存货等，由于会计准则与税法规定不同，企业持有资产期间，其账面价值与计税基础可能存在差异。

业务链接4-23

2017年12月31日，佳尤美商场有一批存货，账面成本为1 000万元，经测试可变现净值为800万元。根据企业会计准则规定，当期末存货的可变现净值低于其账面成本时，可按其差额计提存货跌价准备200万元。

问题：计算2017年资产负债表日该存货的账面价值和计税基础。

分析：存货的账面价值为800万元（账面成本1 000-存货跌价准备200）；根据税法规定，计提的存货跌价准备不得税前扣除，只有发生实质性损失时才能确认，即其计税基础为1 000万元。

（2）负债的计税基础

负债的计税基础是指负债的账面价值减去未来期间计算应纳税所得额时按税法规定可予税前扣除的金额。公式表示如下：

负债的计税基础=负债的账面价值-未来可予税前扣除的金额

一般情况下，负债的确认与偿还不会影响企业的损益，也不会影响其应纳税所得额，未来期间计算应纳税所得额时按税法规定可予抵扣的金额为零，计税基础等于账面价值，如短期借款、应付账款等。但在某些情况下，负债的确认可能会影响企业的损益，进而影响不同期间的应纳税所得额，使得账面价值与计税基础产生差异，如企业因销售商品提供售后服务而确认的预计负债、预收账款等。常见负债的计税基础确认举例如下：

①预计负债。根据企业会计准则规定，企业应将预计提供售后服务发生的支出在销售当期确认为费用，同时确认预计负债。根据税法规定，销售商品提供售后服务发生的支出应在实际发生时扣除，该预计负债的计税基础为零。

在某些情况下，或有事项确认的预计负债，如果税法规定其支出无论是否实际发生均不允许税前扣除，即未来期间按税法规定可抵扣的金额为零，该预计负债的账面价值等于计税基础。

业务链接4-24

甲企业2017年12月31日“预计负债”账户资料显示：因产品质量保证确认预计负债100万元；涉及诉讼的环保部门罚款支出确认预计负债500万元。

问题：分别确认该预计负债的计税基础。

分析：根据税法规定，因产品质量保证计提的费用只有在实际发生时才能在税前据实扣除，而环保部门罚款支出无论是否发生均不得扣除。所以因产品质量保证而确认的预计负债计税基础为零（100-100）。该项负债的账面价值与计税基础之间的差额为100万元。

涉及诉讼的环保部门罚款确认的预计负债计税基础为100万元（100-0），其账面价值与计税基础相等。

②预收账款。企业收到客户的预收货款，因不符合收入确认条件，会计上将其确认为负债。税法对于收入确认的原则一般与会计规定相同，即会计上未确认收入的，计税时一般也不计入应纳税所得额，该部分经济利益在未来期间计税时可予税前扣除的金额为零，则该预收账款的计税基础等于其账面价值。

在某些情况下，如果不符合会计准则规定的收入确认条件的预收账款，税法规定应计入当期应纳税所得额时，有关预收账款的计税基础为零，则两者的账面价值与计税基础将产生差异。

业务链接4-25

甲企业2017年12月15日收到客户的购货合同定金80万元，将其作为预收账款核算。

问题：确认2017年12月31日该预收账款的账面价值与计税基础。

分析：2017年12月31日该预收账款的账面价值为80万元。

假设根据税法规定，该项预收账款应计入收到款项当期的应纳税所得额计算缴纳所得税，即其在未来期间计算应纳税所得额时可予税前扣除的金额为80万元，其计税基础=80-80=0。

该负债的账面价值与计税基础之间的差额80万元将减少企业未来期间的应纳税所得额和应交所得税。

③应付职工薪酬。企业会计准则规定，企业为获得职工提供的服务所给予的各种形式的报酬以及其他相关支出均应作为企业的成本费用，在未支付之前确认为负债。在税法中除有税前扣除标准规定外，合理的工资薪金支出允许税前扣除，即按会计准则规定计入成本费用的金额超过规定标准的部分，应进行纳税调整。但因超过部分无论在发生当期或以后期间均不得扣除，因此负债的账面价值等于计税基础。

业务链接4-26

甲企业2017年12月计入成本费用的职工薪酬总额为2 000万元，至2017年年末尚未支付，作为应付职工薪酬核算。假定按税法规定可予税前扣除的金额为1 300万元。

问题：确认2017年资产负债表日该应付职工薪酬的账面价值与计税基础。

分析：2017年资产负债表日该项应付职工薪酬的账面价值为2 000万元。

根据税法规定，企业实际发生的工资薪金支出超过税法规定扣除标准部分的差额（700万元）在发生当期即应进行纳税调整，并且在以后期间不能再在税前扣除，2017年资产负债表日该项应付职工薪酬的计税基础为2 000万元（2 000-0）。

④其他负债。

其他负债如企业应交的罚款和滞纳金等，在尚未支付之前应按会计规定确认为当期费用，同时作为负债反映。税法规定，罚款和滞纳金无论是当期还是未来均不能在税前扣除，即未来期间计税时可予税前扣除的金额为零，负债的账面价值等于计税基础。

业务链接 4-27

甲企业2017年12月31日“其他应付款”账户资料中显示出一项因违反有关环保法规定而被环保部门处以的罚款30万元。

问题： 确认2017年资产负债表日该项负债的计税基础。

分析： 根据税法规定，企业违反国家有关法律、法规规定支付的罚款和滞纳金不允许税前扣除，即该项负债在未来期间可税前扣除的金额为零，则其计税基础为30万元（30-0）。

该项负债的账面价值与其计税基础相等，不形成暂时性差异。

3）确认应纳税暂时性差异与可抵扣暂时性差异

暂时性差异是指资产与负债的账面价值与计税基础不同产生的差额。根据暂时性差异对未来期间应纳税所得额的影响，分为应纳税暂时性差异和可抵扣暂时性差异。

（1）应纳税暂时性差异。应纳税暂时性差异是指在确认未来收回资产或清偿负债期间的应纳税所得额时，将导致产生应税金额的暂时性差异。该差异在未来期间转回时，会增加转回期间的应纳税所得额。应纳税暂时性差异通常产生于以下两种情况：

①资产的账面价值大于计税基础；

②负债的账面价值小于计税基础。

（2）可抵扣暂时性差异。可抵扣暂时性差异是指在确定未来收回资产或清偿负债期间的应纳税所得额时，将导致产生可抵扣金额的暂时性差异。该差异在未来期间转回时，会减少转回期间的应纳税所得额。可抵扣暂时性差异通常产生于以下两种情况：

①资产的账面价值小于计税基础；

②负债的账面价值大于计税基础。

学习微平台

延伸阅读 4-5

互动教学 4-2

根据前述【业务链接4-19】至【业务链接4-27】资产、负债项目的账面价值与计税基础，计算其差异额，并确定差异的性质。

（3）特殊项目产生的暂时性差异。

①可抵扣亏损和税款抵减。对于按税法规定可结转以后年度弥补的亏损和税款抵减，虽然不是因资产与负债的账面价值与计税基础不同产生，但本质上可抵扣亏损和税款抵减与可抵扣暂时性差异具有相同的作用，均能减少未来期间的应纳税所得额，应视同可抵扣暂时性差异处理。

②某些交易或事项的发生，因不符合资产、负债的确认条件而未体现为资产负债表中的资产或负债，但按税法规定能够确定其计税基础的，其账面价值（视为零）与计税基础之间的差异应视为暂时性差异。

业务链接4-28

甲公司2017年账户资料显示："销售费用——广告费" 3 500万元，全年"营业收入" 20 000万元。

问题：分析上述广告费支出的差异性质。

分析：根据企业会计准则规定，广告费支出应在发生时计入当期损益，不体现为期末资产负债表中的资产；如果将其视为资产，其账面价值为零。

根据税法规定，广告费支出不超过当年销售收入15%的部分允许当期税前扣除，超过部分允许向以后年度结转税前扣除。即当期可予税前扣除额为3 000万元(20 000×15%)，当期未予扣除的500万元可向以后年度结转，其计税基础为500万元。

该资产的账面价值零与其计税基础500万元之间的差额产生可抵扣暂时性差异。

4）确认和计量递延所得税资产与递延所得税负债

（1）确认和计量递延所得税资产。由于可抵扣暂时性差异在未来期间转回时，会减少转回期间的应纳税所得额和应交所得税额，因此，在可抵扣暂时性差异产生当期，应确认相关的递延所得税资产。

对于资产、负债的账面价值与计税基础不同产生的可抵扣暂时性差异，在估计未来期间能够取得足够的应纳税所得额用以利用该可抵扣暂时性差异时，应以很可能取得用来抵扣暂时性差异的应纳税所得额为限，确认相关的递延所得税资产。如果在可抵扣暂时性差异转回的未来期间内，企业无法产生足够的应纳税所得额用以抵扣可抵扣暂时性差异的影响，使得与递延所得税资产相关的经济利益无法实现，该部分递延所得税资产不应确认。递延所得税资产计量可用公式表示如下：

递延所得税资产=可抵扣暂时性差异×适用所得税税率

确认和计量递延所得税资产时应注意以下问题：

①初始确认递延所得税资产时，应以资产负债表日计算的递延所得税资产金额为"递延所得税资产"账户的入账金额；后续计量时，应以资产负债表日计算的递延所得税资产金额减去其期初余额后的差额为"递延所得税资产"账户的入账金额。

②企业在确认递延所得税资产时，交易或事项的发生会影响利润总额或应纳税所得额的，相关递延所得税影响应计入所得税费用；因企业合并产生的，相关递延所得税影响应调整合并日确认的商誉；与直接计入所有者权益的交易或事项相关的，相关递延所得税资产影响应计入其他综合收益。

业务链接4-29

甲公司2017年12月31日"可供出售金融资产"账户明细资料显示：初始成本400万元，公允价值变动（贷方发生额）30万元。

问题：根据上述资料分析可供出售金融资产的差异性质，并编制会计分录。

分析：根据企业会计准则规定，企业在会计期末，将可供出售金融资产的公允价值变动损益30万元计入其他综合收益。

借：其他综合收益　　300 000

　　贷：可供出售金融资产——公允价值变动　　300 000

2017年12月31日，可供出售金融资产的计税基础为400万元，账面价值为370万元，即可抵扣暂时性差异为30万元。

递延所得税资产=30×25%=7.5（万元）

借：递延所得税资产　　75 000

　　贷：其他综合收益　　75 000

③企业发生的某些交易或事项，如果不属于企业合并，并且在发生时既不影响利润总额也不影响应纳税所得额，即使该项交易产生的资产、负债的初始确认金额与其计税基础不同，产生了可抵扣暂时性差异，也不确认相应的递延所得税资产。

④确认递延所得税资产时，应估计相关可抵扣暂时性差异的转回时间，以转回期间适用的所得税税率为基础计算确定。

⑤无论相关的可抵扣暂时性差异转回期间如何，递延所得税资产均不折现。

⑥在资产负债表日，企业应对递延所得税资产的账面价值进行复核，如果未来期间很可能无法取得足够的应纳税所得额用以利用递延所得税资产的利益，则应减计递延所得税资产的账面价值。

（2）确认与计量递延所得税负债。由于应纳税暂时性差异在未来期间转回时，会增加转回期间的应纳税所得额和应交所得税额，导致企业经济利益流出，因此，在应纳税暂时性差异产生的当期构成企业现时义务的，应确认相关的递延所得税负债。

除企业会计准则明确规定可不确认递延所得税负债的情况外，企业对于所有应纳税暂时性差异均应确认相关的递延所得税负债。递延所得税负债的计量可用公式表示如下：

递延所得税负债=应纳税暂时性差异×适用所得税税率

确认和计量递延所得税负债应注意以下问题：

①初始确认递延所得税负债时，应以资产负债表日计算的递延所得税负债金额为“递延所得税负债”账户的入账金额；后续计量时，应以资产负债表日计算的递延所得税负债金额减去期初余额后的差额作为“递延所得税负债”账户的入账金额。

②企业在确认递延所得税负债时，如果交易或事项的发生会影响利润总额或应纳税所得额的，其所得税影响应计入所得税费用；因企业合并产生的，相关递延所得税影响应调整合并日确认的商誉；与直接计入所有者权益的交易或事项相关的，相应的递延所得税负债影响应计入其他综合收益。

③在某些情况下，虽然有些资产、负债的账面价值与计税基础不同，产生了应纳税暂时性差异，但出于各方面考虑，企业会计准则规定不确认相应的递延所得税负债，主要包括：

A.商誉的初始确认。

B.与联营企业、合营企业投资等相关的应纳税暂时性差异，一般应确认相应的递延所得税负债，但同时满足以下两个条件的除外：一是投资企业能够控制暂时性差异转回的时间；二是该暂时性差异在可预见的未来很可能不会转回。

C.除企业合并以外的其他交易或事项中，如果该项交易或事项发生时既不影响利润总额，也不影响应纳税所得额的，其资产、负债的初始确认金额与其计税基础不同而形成的应纳税暂时性差异，在交易或事项发生时不确认相应的递延所得税负债。

④递延所得税负债应以相关应纳税暂时性差异转回期间适用的所得税税率计量。

⑤无论相关的应纳税暂时性差异转回期间如何，递延所得税负债均不折现。

5）确认与计量所得税费用

企业核算所得税的主要目的是确定应交所得税和所得税费用。在资产负债表债务法下，所得税费用由当期所得税和递延所得税两部分构成，用公式表示如下：

所得税费用=当期所得税+递延所得税

（1）计算当期所得税。当期所得税是指企业按照税法规定计算的针对当期的交易或事项应缴纳的所得税金额。

当期所得税=当期应交所得税=应纳税所得额×适用所得税税率

（2）计算递延所得税。递延所得税是指按照企业会计准则规定应予确认的递延所得税资产和递延所得税负债的当期发生额，用公式表示如下：

$$\text{递延所得税}=\left(\begin{matrix}\text{期末递延}\\\text{所得税负债}\end{matrix}-\begin{matrix}\text{期初递延}\\\text{所得税负债}\end{matrix}\right)-\left(\begin{matrix}\text{期末递延}\\\text{所得税资产}\end{matrix}-\begin{matrix}\text{期初递延}\\\text{所得税资产}\end{matrix}\right)$$

特别提醒：由直接计入所有者权益的交易或事项产生的递延所得税资产或递延所得税负债的变化应计入所有者权益，不构成递延所得税。由企业合并取得资产、负债的账面价值与计税基础不同产生的递延所得税资产或递延所得税负债，其确认结果直接影响购买日确认的商誉或计入利润表的损益金额，不影响合并时的所得税费用。

6）所得税会计核算

（1）账户设置。在资产负债表债务法下，为反映企业当期应交所得税和所得税费用，应设置以下会计账户：

①“应交税费——应交所得税”账户。该账户核算企业按照税法规定计算应缴纳的企业所得税税额。该账户的贷方登记企业按税法规定计算的当期应纳所得税税额；借方登记企业实际缴纳的所得税税额。期末，该账户的贷方余额反映企业欠缴的所得税税额；借方余额反映企业多缴的所得税税额。

②“所得税费用”账户。该账户是损益类账户，核算企业确认的应从当期利润总额中扣除的所得税费用。其账户结构可用T形账表示如下：

借方　　　　　　　　　　　所得税费用　　　　　　　　　　　贷方

借方	贷方
①资产负债表日企业按照税法规定计算确定的当期应交所得税	①资产负债表日递延所得税资产的应有余额大于“递延所得税资产”账户余额的差额
②资产负债表日递延所得税资产的应有余额小于“递延所得税资产”账户余额的差额	②资产负债表日递延所得税负债的应有余额小于“递延所得税负债”账户余额的差额
③资产负债表日递延所得税负债的应有余额大于“递延所得税负债”账户余额的差额	③期末将该账户的借方余额转入“本年利润”账户金额
	④结转后无余额

该账户应设置“当期所得税费用”和“递延所得税费用”两个明细账户进行明细核算。

③“递延所得税资产”账户。该账户是资产类账户，核算企业确认的可抵扣暂时性差异产生的递延所得税资产。根据税法规定，可以用以后年度税前利润弥补的亏损及税款抵减产生的所得税资产也在本账户核算。其账户结构可用T形账表示如下：

借方　递延所得税资产	贷方
①资产负债表日企业（初始）确认的递延所得税 ②资产负债表日递延所得税资产应有余额大于“递延所得税资产”账户余额的差额 ③企业合并中取得资产、负债的入账价值与其计税基础不同形成可抵扣暂时性差异，于购买日应确认的递延所得税资产 ④与直接计入所有者权益的交易或事项相关的递延所得税资产	①资产负债表日递延所得税资产应有余额小于“递延所得税资产”账户余额的差额 ②资产负债表日预计未来期间很可能无法获得足够的应纳税所得额用以抵扣可抵扣暂时性差异的，按原已确认的递延所得税资产中应减计的金额
⑤期末余额反映企业确认的递延所得税资产	

④“递延所得税负债”账户。该账户是负债类账户，核算企业确认的应纳税暂时性差异产生的递延所得税负债。其账户结构可用T形账表示如下：

借方　递延所得税负债	贷方
资产负债表日递延所得税负债应有余额小于“递延所得税负债”账户余额的差额	①资产负债表日企业（初始）确认的递延所得税负债 ②资产负债表日递延所得税负债应有余额大于“递延所得税负债”账户余额的差额 ③企业合并中取得资产、负债的入账价值与其计税基础不同形成应纳税暂时性差异，于购买日确认的递延所得税负债 ④与直接计入所有者权益的交易或事项相关的递延所得税负债
	⑤期末余额反映企业已确认的递延所得税负债

（2）所得税会计核算举例。

①递延所得税资产的核算。

A.资产负债表日，企业初始确认递延所得税资产时，借记“递延所得税资产”账户，贷记“所得税费用——递延所得税费用”账户。资产负债表日后续计量中，递延所得税资产应有余额大于账面余额时，按其差额，借记“递延所得税资产”账户，贷记“所得税费用——递延所得税费用”账户；反之作相反会计分录。

B.企业合并中取得资产、负债的入账价值与其计税基础不同形成可抵扣暂时性差异的，应于购买日借记“递延所得税资产”账户，贷记“商誉”等账户。

C.与直接计入所有者权益的交易或事项相关的递延所得税资产，借记“递延所得税税资产”账户，贷记“其他综合收益”账户。

D.资产负债表日，预计未来期间很可能无法获得足够的应纳税所得额用以抵扣可抵扣暂时性差异的，按原已确认的递延所得税资产中应减计的金额，借记“所得税费用——递延所得税费用”“其他综合收益”等账户，贷记“递延所得税资产”账户。

②递延所得税负债的核算。

A.资产负债表日，企业初始确认递延所得税负债时，借记“所得税费用——递延所得税费用”账户，贷记“递延所得税负债”账户。资产负债表日后续计量中，递延所得税负债应有余额大于账面余额的，按其差额，借记“所得税费用——递延所得税费用”账户，贷记“递延所得税负债”账户；反之作相反会计分录。

B.企业合并中取得资产、负债的入账价值与其计税基础不同形成应纳税暂时性差异的，应于购买日借记“商誉”等账户，贷记“递延所得税负债”账户。

C.与直接计入所有者权益的交易或事项相关的递延所得税负债，借记“其他综合收益”账户，贷记“递延所得税负债”账户。

③所得税费用的核算。

A.资产负债表日，企业按税法规定计算确定的当期应交所得税，借记“所得税费用——当期所得税费用”账户，贷记“应交税费——应交所得税”账户。

B.资产负债表日，递延所得税资产应有余额大于“递延所得税资产”账户余额的差额，借记“递延所得税资产”账户，贷记“所得税费用——递延所得税费用”等账户；递延所得税资产应有余额小于“递延所得税资产”账户余额的，按其差额作相反会计分录。

企业应予确认的递延所得税负债，比照上述原则调整“所得税费用——递延所得税费用”和“递延所得税负债”账户。

同步案例4-3

资产负债表债务法所得税会计核算

背景与情境：宏翔公司2017年度利润总额为750万元，递延所得税资产和递延所得税负债均无余额。该公司当年与所得税核算有关的会计事项如下：①2月2日以200万元取得作为交易性金融资产核算的股票投资，年末该股票的公允价值为400万元，确认公允价值变动收益200万元；②年末存货账面余额2 200万元，经测试存货的可变现净值为2 000万元，计提存货跌价准备200万元；③因售后服务确认预计负债100万元；④确认国债利息收入30万元；⑤支付税收滞纳金、罚款20万元。该公司适用的所得税税率为25%。

问题：根据上述资料运用资产负债表债务法进行所得税会计核算。

分析：第一步，计算确定当期应交所得税。

应纳税所得额=750−200+200+100−30+20

=840（万元）

应交所得税=840×25%=210（万元）

第二步，计算资产负债表相关项目的账面价值与计税基础，并确定暂时性差异，见表4-22。

表 4-22　**相关项目的账面价值与计税基础**　单位：万元

项　目	账面价值	计税基础	暂时性差异	
			应纳税暂时性差异	可抵扣暂时性差异
交易性金融资产	400	200	200	
存货	2 000	2 200		200
预计负债	100	0		100
合计	—	—	200	300

第三步，计算当期递延所得税资产、递延所得税负债和递延所得税费用。

递延所得税资产=300×25%=75（万元）

递延所得税负债=200×25%=50（万元）

递延所得税费用=50-75=-25（万元）（负号表示收益）

第四步，确认所得税费用。

所得税费用=210-25=185（万元）

分录编制：

借：所得税费用　1850 000

　　递延所得税资产　750 000

　贷：应交税费——应交所得税　2 100 000

　　　递延所得税负债　500 000

拓展训练 4-1

承【同步案例 4-3】资料，假设 2018 年度宏翔公司调整后的应纳税所得额为 1 900 万元，资产负债表相关项目的账面价值与计税基础见表 4-23，请作出相关的账务处理。

表 4-23　**相关项目的账面价值与计税基础**　单位：万元

项　目	账面价值	计税基础	暂时性差异	
			应纳税暂时性差异	可抵扣暂时性差异
交易性金融资产	500	450	50	
固定资产原价	1 200	1 200		
减：累计折旧	432	240		
固定资产减值准备	0	0		
固定资产账面价值	768	960		192
预计负债	100	0		100
合计	—	—	50	292

提示：①计算确定当期所得税。

应交所得税=1 900×25%=475（万元）

②计算当期递延所得税资产、递延所得税负债和递延所得税费用。

A. 期末递延所得税资产=292×25%=73（万元）

期初递延所得税资产=75 万元

当期递延所得税资产=73-75=-2（万元）

B.期末递延所得税负债=50×25%=12.5（万元）

期初递延所得税负债=50万元

当期递延所得税负债=12.5-50=-37.5（万元）

C.递延所得税费用=-37.5-（-2）=-35.5（万元）

③计算所得税费用。

所得税费用=475-35.5=439.5（万元）

分录编制：

借：所得税费用	4 395 000	
递延所得税负债	375 000	
贷：应交税费——应交所得税		4 750 000
递延所得税资产		20 000

4.5.2 应付税款法

在应付税款法下，当期所得税费用等于当期应交所得税。因此，采用应付税款法核算企业所得税时，应首先按税法规定对税前会计利润进行纳税调整，确定应纳税所得额；以应纳税所得额乘以适用税率确定应交所得税，以当期应交所得税作为当期的所得税费用。

采用应付税款法核算企业所得税，只需设置"应交税费——应交所得税"和"所得税费用"两个账户。

同步案例4-4

应付税款法所得税会计核算

背景与情境：以【同步案例4-3】资料为例。

问题：利用应付税款法进行所得税会计核算。

分析：当期应交所得税和所得税费用的计算过程如下：

税前会计利润	750
减：交易性金融资产公允价值变动损益	200（暂时性差异）
加：存货跌价准备和计提的预计负债	300（暂时性差异）
减：国债利息收入	30（永久性差异）
加：税收滞纳金罚款	20（永久性差异）
应纳税所得额	840
所得税税率	25%
本期应交所得税	210
所得税费用	210

分录编制：

借：所得税费用	2 100 000	
贷：应交税费——应交所得税		2 100 000

由于应付税款法下不单独确认暂时性差异对未来所得税的影响，本期所得税费用

等于本期应交所得税。因此，这种方法不符合权责发生制原则，目前我国《小企业会计准则》规定企业所得税的核算可采用此方法。

互动教学4-3

学习微平台

延伸阅读 4-6

根据引例资料，计算亿达股份公司2017年度应纳所得税额、递延所得税资产或递延所得税负债的发生额及所得税费用发生额，编制计提所得税的会计分录，填制年度《企业所得税纳税申报表》及相关附表。

第5章 个人所得税会计

学习目标

通过本章学习，应该达到以下目标：

理论目标：学习和把握个人所得税的相关概念，个人所得税的纳税人身份、征税范围与税率，个人所得税自行申报或扣缴申报期限与地点等陈述性知识；能用所学理论知识指导“个人所得税会计”的相关认知活动。

实务目标：学习和把握代扣代缴个人所得税计算与核算方法、个体工商户生产与经营所得及对企事业单位承包与承租经营所得个人所得税的计算与会计核算方法，特殊情况下个人所得税应纳税额的计算方法，个人所得税代扣代缴申报和自行申报的管理与报表编制要求，“业务链接”等程序性知识；能用所学实务知识规范“个人所得税会计”的相关技能活动。

案例目标：运用所学“个人所得税会计”的理论与实务知识研究相关案例，培养和提高在特定业务情境中分析问题与决策设计的能力；能结合本章教学内容，依照“职业道德与会计伦理”的行业规范或标准，分析企业行为的善恶，强化职业道德素质。

实训目标：参加“扣缴个人所得税核算与申报”业务胜任力的实践训练。在了解和把握本实训所及“能力与道德领域”相关技能点的“规范与标准”基础上，通过切实体验“扣缴个人所得税核算与申报”各项实训任务的完成、系列技能操作的实施、《××扣缴个人所得税核算与申报实训报告》的准备与撰写等有质量、有效率的活动，培养“扣缴个人所得税核算与申报”的专业能力，强化“信息处理”、“解决问题”、“革新创新”、“与人交流”和“与人合作”职业核心能力（中级），并通过“认同级”践行“职业理想”、“职业良心”、“职业态度”、“职业作风”和“职业守则”等行为规范，促进健全职业人格的塑造。

引例 个人所得税税额计算

背景与情境：中国公民王平2018年12月份的收入资料如下：月工资3 200元；年终奖12 000元；出版著作一部，取得稿酬8 000元；一次性取得建筑工程设计费40 000元；获省人民政府颁发的科技奖20 000元；获得股票转让收益30 000元。

问题：王平2018年12月份的上述所得应缴多少个人所得税？

假如王平请你帮忙完成个人所得税清缴任务，你必须首先了解什么是个人所得税，其征税项目有哪些、适用税率是多少、应纳税额如何计算等基本知识与技能。现在就让我们一起来学习吧。

学习微平台

微课
5-1

5.1 个人所得税纳税人、征税范围与税率确定

5.1.1 什么是个人所得税

个人所得税是以自然人取得的各类应税所得为征税对象而征收的一种所得税。个人所得来源多样、性质各异，如何才能更加合理、有效地完成个人所得税的征收？理论上有三种模式：分类征收制、综合征收制和混合征收制。

分类征收制是对纳税人不同来源、性质的所得项目分别按不同的税率征税；综合征收制是对纳税人全年的各项所得汇总就其总额征税；混合征收制是对纳税人不同来源、性质的所得先分别按不同税率征税，再将全年的各项所得汇总征税。三种不同的征收模式各有其优缺点：分类征收制对纳税人的全部所得区别其性质分别征税，能够充分体现国家的政治、经济与社会政策，但对纳税人的整体所得把握不全面，容易导致实际税负的不公平；综合征收制对纳税人的全部所得汇总征税，从收入的角度来看能够更好地体现税收的公平原则，但不利于对不同收入的调节，不能很好地体现国家的政治、经济与社会政策；混合征收制集中了前两种模式的全部优点，既可实现税收的政策性调节功能，也可体现税收的公平原则。我国现行个人所得税实行的是分类征收制。

5.1.2 个人所得税纳税人身份的认定

个人所得税纳税人为自然人，包括中国公民、个体工商业户以及在中国境内有所得的外籍人员和香港、澳门、台湾同胞。依据住所和居住时间两个标准，个人所得税纳税人可分为居民纳税人和非居民纳税人两类。

1）居民纳税人

居民纳税人是指在中国境内有住所，或无住所而在中国境内居住满1年的个人。

所谓"在中国境内有住所"，是指因户籍、家庭、经济利益关系而在中国境内习惯性居住。**习惯性居住**是指个人因学习、工作、探亲等原因消除之后，没有理由在其他地方继续居留时所要回到的地方。

所谓"在中国境内居住满1年"，是指一个纳税年度（即公历1月1日起至12月31日止）在中国境内居住满365天。计算居住天数时，对临时离境不扣减在华居住天数。**临时离境**是指在一个纳税年度内一次不超过30天或多次累计不超过90天的离境。判断非居民纳税人在华居住天数时，对个人入境、离境、往返或多次往返境内外

的当天，均按一天计算在华逗留天数。

居民纳税人承担无限纳税义务，应就其来源于全球的应税所得缴纳个人所得税。

学习微平台

延伸阅读
5-1

同步思考5-1

居民纳税人的暂免优惠政策是如何规定的？

提示：在中国境内无住所，但居住1年以上5年以下的个人，其来源于中国境外的所得，经主管税务机关批准，可以只就由中国境内公司、企业以及其他经济组织或个人支付的部分缴纳个人所得税；居住超过5年的个人，从第6年起，应就其来源于中国境内外的全部所得缴纳个人所得税。上述所谓的“在中国境内居住满5年”是指在中国境内连续居住满5年，即在连续5年中的每一纳税年度均居住满1年。

2）非居民纳税人

非居民纳税人是指在中国境内无住所又不居住，或无住所而在境内居住不满1年的个人。

非居民纳税人承担有限纳税义务，仅就来源于中国境内的所得缴纳个人所得税。

学习微平台

延伸阅读
5-2

同步思考5-2

非居民纳税人的暂免优惠政策是如何规定的？

提示：在中国境内无住所，但在一个纳税年度中在中国境内连续或累计工作不超过90天的个人，或在税收协定规定期间内，在中国境内连续或累计居住不超过183天的个人，其来源于中国境内的所得，由境外雇主支付并且不由该雇主设在中国境内的机构、场所负担的工资、薪金所得，免缴个人所得税，仅就其实际在中国境内工作期间由中国境内企业或个人雇主支付或由中国境内机构负担的工资、薪金所得征税。

特别提醒：计算非居民纳税人在华实际工作时间，对个人入境、离境、往返或多次往返境内外的当天，均按半天计算在华工作天数。

学习微平台

延伸阅读
5-3

互动教学5-1

以下个人所得税纳税人中，属于居民纳税人的有：

A.在中国境内定居的中国公民和外国侨民；B.从公历1月1日起至12月31日止，居住在中国境内的外国人、海外侨胞和香港、澳门、台湾同胞；C.在一个纳税年度中，没有在中国境内居住；D.在中国境内居住不满1年的外籍人员、华侨或香港、澳门、台湾同胞。

5.1.3 个人所得税征税范围的确定

个人所得税征税范围是指纳税人取得的各项应税所得，根据个人所得税法规定共有11项：工资、薪金所得；个体工商户生产、经营所得；对企事业单位承包、承租经营所得；劳务报酬所得；稿酬所得；特许权使用费所得；财产租赁所得；财产转让所得；利息、股息、红利所得；偶然所得；经国务院财政部门确定征税的其他所得。

学习微平台

延伸阅读 5-4

同步思考 5-3

个人所得税按纳税人性质不同，分别负有不同的纳税义务。因此，判断所得来源地是确定某项所得是否应缴纳个人所得税的重要依据。请您依据我国个人所得税法对来源于中国境内的所得加以确定。

提示：所得来源地的判断应反映经济活动的实质，遵循方便税务机关有效征管的原则。我国个人所得税法规定，下列所得属于来源于中国境内的所得：①在中国境内的公司、企事业单位、机关、社会团体、部队、学校等单位或经济组织中任职、受雇取得的工资、薪金所得；②在中国境内提供各种劳务取得的劳务报酬所得；③在中国境内从事生产、经营活动取得的所得；④个人出租财产，被承租人在中国境内使用取得的财产租赁所得；⑤转让中国境内的房屋、建筑物、土地使用权，以及在中国境内转让其他财产取得的财产转让所得；⑥提供在中国境内使用的专利权、专有技术、商标权、著作权，以及其他各种特许权利取得的特许权使用费所得；⑦因持有中国的各种债券、股票、股权从中国境内的公司、企业或其他经济组织以及个人取得的利息、股息、红利所得；⑧在中国境内参加各种竞赛活动取得的奖金所得、参加中国境内有关部门和单位组织的有奖活动取得的中奖所得、购买中国境内有关部门和单位发行的彩票取得的中彩所得；⑨在中国境内以图书、报刊方式出版或发表作品取得的稿酬所得。

5.1.4 个人所得税适用税率的选择

我国现行个人所得税税率根据个人所得项目不同分别确定，具体有超额累进税率和比例税率两种，见表5-1至表5-4。

表5-1 个人所得税税目税率汇总表

<table>
<tr><th>税目</th><th>税率</th><th>备注</th></tr>
<tr><td>工资、薪金所得</td><td>七级超额累进税率（见表5-2）</td><td>对经营成果不拥有所有权的承包、承租经营所得属于本税目</td></tr>
<tr><td>个体工商户生产、经营所得</td><td rowspan="2">五级超额累进税率（见表5-3）</td><td rowspan="2">个人独资企业、合伙企业生产经营所得属于本税目</td></tr>
<tr><td>对企事业单位承包、承租经营所得</td></tr>
<tr><td>劳务报酬所得</td><td>比例税率20%</td><td>对一次收入畸高的实行加成征税，实际为三级超额累进税率（见表6-4）</td></tr>
<tr><td>稿酬所得</td><td>比例税率20%</td><td>按应纳税额减征30%，实际税率为14%</td></tr>
<tr><td>特许权使用费所得</td><td rowspan="6">比例税率20%</td><td rowspan="6">个人出租住房所得减按10%的税率征收</td></tr>
<tr><td>财产租赁所得</td></tr>
<tr><td>财产转让所得</td></tr>
<tr><td>利息、股息、红利所得</td></tr>
<tr><td>偶然所得</td></tr>
<tr><td>其他所得</td></tr>
</table>

表5-2 工资、薪金所得适用税率表

级数	月应纳税所得额（含税）	月应纳税所得额（不含税）	税率（%）	速算扣除数（元）
1	不超过1 500元的部分	不超过1 455元的部分	3	0
2	超过1 500～4 500元的部分	超过1 455～4 155元的部分	10	105
3	超过4 500～9 000元的部分	超过4 155～7 755元的部分	20	555
4	超过9 000～35 000元的部分	超过7 755～27 255元的部分	25	1 005
5	超过35 000～55 000元的部分	超过27 255～41 255元的部分	30	2 755
6	超过55 000～80 000元的部分	超过41 255～57 505元的部分	35	5 505
7	超过80 000元的部分	超过57 505元的部分	45	13 505

表5-3 个体工商户生产、经营所得和对企事业单位承包、承租经营所得适用税率表

级数	年应纳税所得额（含税）	年应纳税所得额（不含税）	税率（%）	速算扣除数（元）
1	不超过15 000元	不超过14 250元	5	0
2	超过15 000～30 000元的部分	超过14 250～27 750元的部分	10	750
3	超过30 000～60 000元的部分	超过27 750～51 750元的部分	20	3 750
4	超过60 000～100 000元的部分	超过51 750～79 750元的部分	30	9 750
5	超过100 000元的部分	超过79 750元的部分	35	14 750

表5-4 劳务报酬所得适用税率表

级数	含税级距/次	不含税级距/次	税率（%）	速算扣除数（元）
1	不超过20 000元	不超过21 000元	20	0
2	超过20 000～50 000元的部分	超过21 000～49 500元的部分	30	2 000
3	超过50 000元的部分	超过49 500元的部分	40	7 000

学习微平台

微课 5-2

5.2 个人所得税会计核算

5.2.1 代扣代缴个人所得税的会计核算

个人所得税以所得人为纳税人，以支付所得的单位或个人为扣缴义务人。实行代扣代缴的个人所得税项目包括：工资、薪金所得，劳务报酬所得，稿酬所得，特许权使用费所得，财产租赁所得，财产转让所得，利息、股息、红利所得，偶然所得和其他所得。

5.2.1.1 工资、薪金所得个人所得税的会计核算

1）工资、薪金所得应纳税所得额的计算

工资、薪金所得是指个人因任职或受雇而取得的工资、薪金、奖金、年终加薪、劳动分红、津贴、补贴，以及与任职或受雇有关的其他所得。工资、薪金所得以纳税人任职、受雇的单位所在地为所得来源地。

工资、薪金所得按月计征，应纳税所得额的计算公式如下：

应纳税所得额=月工资性收入-费用扣除标准

（1）与“月工资性收入”相关的税收规定

①工资、薪金所得的具体内容包括：工资、薪金、年终加薪、劳动分红、奖金、津贴、补贴以及与任职或受雇有关的其他所得。其中：工资、薪金、年终加薪、劳动分红一律为应税收入；其他项目应视具体情况确定是否征税。

②“奖金”的免税规定。符合下列条件的奖金免征个人所得税：省级人民政府、国务院部委和中国人民解放军军以上单位，以及外国组织颁发的科学、教育、技术、文化、卫生、体育、环境保护等方面的奖金；乡、镇（含乡、镇）以上人民政府或经县（含县）以上人民政府主管部门批准成立的有机构、有章程的见义勇为基金或类似性质组织，经主管税务机关核准，奖励给见义勇为者的奖金或奖品；个人举报、协查各种违法、犯罪行为而获得的奖金；第二届、第三届高等学校教学名师奖奖金；第二届全国职工技术创新成果获奖者所得奖金。

③“补贴、津贴”的免税规定。下列补贴、津贴免征个人所得税：个人取得的独生子女补贴、托儿补助费、差旅费津贴、误餐补助，以及执行公务员工资制度未纳入基本工资总额的补贴、津贴差额和家属成员的副食品补贴；个人取得的按国务院规定发给的政府特殊津贴、院士津贴、资深院士津贴，以及国务院规定免征个人所得税的其他补贴、津贴。

④“三险一金”的免税规定。企业和个人按省级以上人民政府规定的比例提取并缴付的住房公积金、医疗保险金、养老保险金、失业保险金免征个人所得税，但超过规定比例缴付的部分应计征个人所得税。

⑤延长离（退）休年龄的高级专家所得的免税规定。对延长离（退）休年龄的高级专家从其劳动人事关系所在单位取得的，单位按国家有关规定向职工统一发放的工资、薪金、奖金、津贴、补贴等收入，视同离（退）休工资，免征个人所得税。但从其劳动人事关系所在单位之外的其他地方取得的培训费、讲课费、顾问费、稿酬等各种收入，应计征个人所得税。

⑥外籍个人免征个人所得税的规定。外籍人员的下列所得免征个人所得税：以非现金形式或实报实销形式取得的住房补贴、伙食补贴、搬迁费、洗衣费；按合理标准取得的境内、外出差补贴；取得的探亲费、语言训练费、子女教育费等，经当地税务机关审核批准为合理的部分；从外商投资企业取得的股息、红利所得，以及符合下列条件之一的外籍专家取得的工资、薪金所得：根据世界银行专项贷款协议由世界银行直接派往我国工作的外国专家，联合国组织直接派往我国工作的专家，为联合国援助项目来华工作的专家，援助国派往我国专为该国无偿援助项目工作的专家，根据两国政府签订文化交流项目来华工作2年以内的文教专家（其工资、薪金所得由该国负担的），根据我国大专院校国际交流项目来华工作2年以内的文教专家（其工资、薪金所得由该国负担的），通过民间科研协定来华工作的专家（其工资、薪金所得由该国政府机构负担的）。

⑦其他规定。按照国家规定发给干部（职工）的安家费、退职费、退休工资、离休工资、离休生活补助费，以及福利费、抚恤金、救济金；保险赔款；军人的转业费和复员费、生育妇女按县级以上人民政府根据国家有关规定制定的生育保险办法取得的生育津贴、生育医疗费或其他属于生育保险性质的津贴、补贴，免征个人所得税。

（2）“费用扣除标准”的确定

工资、薪金所得的费用扣除标准有两种：基本扣除费用和附加扣除费用。自2011年9月1日起，基本扣除费用标准为3 500元/月；附加扣除费用标准为1 300元/月。下列人员可享受附加扣除费用优惠：

①在中国境内的外商投资企业和外国企业工作的外籍人员。

②应聘在中国境内企事业单位、社会团体、国家机关工作的外籍专家。

③在中国境内有住所而在中国境外任职或受雇取得工资、薪金的个人。

④华侨和香港、澳门、台湾同胞。

⑤国务院财政、税务主管部门规定的其他人员。

个人自行购买符合规定的商业健康保险产品的，在不超过200元/月的标准内按月扣除。一年内保险金额超过2 400元的部分，不得税前扣除；单位统一组织为员工购买或者单位和个人共同负担购买符合规定的健康保险产品，单位负担部分应当实名计入个人工资薪金明细清单，视同个人购买，并自购买产品次月起，在不超过200元/月标准内扣除。

2）工资、薪金所得个人所得税应纳税额的计算

（1）一般情况工资、薪金所得个人所得税的计算

应纳税额=应纳税所得额×适用税率-速算扣除数

业务链接5-1

2018年3月在某外商投资企业工作的中国公民王某取得工资收入3 800元；美籍专家取得工资收入10 000元。

学习微平台

微课
5-3

问题：计算王某与美籍专家上述所得应缴纳的个人所得税税额。

计算：王某应纳税额=（3 800-3 500）×3%=9（元）

美籍专家应纳税额=（10 000-4 800）×20%-555=485（元）

（2）个人取得全年一次性奖金个人所得税的计算

全年一次性奖金是指单位根据其全年经济效益和对雇员全年工作业绩的综合考核情况向雇员发放的一次性奖金，包括年终加薪、实行年薪制和绩效工资办法的单位根据考核情况兑现的年薪和绩效工资。

个人取得的全年一次性奖金应单独作为一个月工资、薪金所得计算个人所得税，具体分两种情况两个步骤进行：

①雇员当月工资薪金所得高于（或等于）税法规定的费用扣除额时，按下列步骤计算：

步骤一，将雇员当月内取得的全年一次性奖金除以12，按其商数确定适用税率和速算扣除数。

步骤二，按下列公式计算税额：

应纳税额=雇员当月取得全年一次性奖金×适用税率-速算扣除数

②雇员当月工资薪金所得低于税法规定的费用扣除额时，按下列步骤计算：

步骤一，将全年一次性奖金减除“雇员当月工资薪金所得与费用扣除额的差额”后的余额除以12，按其商数确定全年一次性奖金的适用税率和速算扣除数。

步骤二，按下列公式计算税额：

$$应纳税额=\left(\begin{matrix}雇员当月取得\\全年一次性奖金\end{matrix}-\begin{matrix}雇员当月工资薪金所得与\\费用扣除额的差额\end{matrix}\right)\times 适用税率-速算扣除数$$

业务链接5-2

中国公民赵某2018年12月份在中国境内取得工资收入4 100元，同时取得年终一次性奖金12 000元。

问题：计算赵某12月份应缴纳的个人所得税税额。

计算：赵某的月工资薪金所得与年终奖应分别计税。

①月工资薪金个人所得税应纳税额=（4 100−3 500）×3%=18（元）

②年终奖应纳个人所得税：

找税率：12 000÷12=1 000（元），适用税率为3%，速算扣除数为0。

算税额：应纳税额=12 000×3%=360（元）

赵某12月份合计应缴纳个人所得税=18+360=378（元）

学习微平台

延伸阅读 5-5

互动教学5-2

接【业务链接5-2】资料，如果赵某月工资为1 700元，其他资料不变，请计算赵某12月份应缴纳的个人所得税税额。

特别提醒：在一个纳税年度内，对每一个纳税人全年一次性奖金的计税办法只允许采用一次，雇员取得除全年一次性奖金以外的其他各种奖金，如半年奖、季度奖、加班奖、先进奖、考勤奖等，一律与当月工资、薪金收入合并按税法规定缴纳个人所得税。

学习微平台

延伸阅读 5-6

同步思考5-4

当单位发给员工的全年一次性奖金为不含税奖金时，其个人所得税该如何计算？

提示：个人取得不含税全年一次性奖金应按下列程序计算应纳个人所得税税额：

第一步，找税率。按照不含税的全年一次性奖金收入除以12的商数，查找相应适用税率A和速算扣除数A。如果纳税人取得不含税全年一次性奖金收入的当月工资薪金所得低于税法规定的费用扣除额，则应先将不含税全年一次性奖金减去当月工资薪金所得低于税法规定费用扣除额的差额，再按照上述规定处理。

第二步，换算含税收入。含税的全年一次性奖金收入=（不含税的全年一次性奖金收入−速算扣除数A）÷（1−适用税率A）。

第三步，找税率。按含税的全年一次性奖金收入除以12的商数，重新查找适用税率B和速算扣除数B。

第四步，计算税额。应纳税额=含税的全年一次性奖金收入×适用税率B−速算扣除数B。

（3）在外商投资企业、外国企业和外国驻华机构工作的中方人员取得的工资、薪金所得个人所得税的计算

在外商投资企业、外国企业和外国驻华机构工作的中方人员取得的工资、薪金所得，凡是由雇佣单位和派遣单位分别支付的，支付单位应代扣、代缴个人所得税。为

方便征管，税法规定只由雇佣单位在支付工资、薪金时，按税法规定减除费用计算扣缴个人所得税；派遣单位支付的工资、薪金不再减除费用，以支付金额全额确定适用税率计算扣缴个人所得税。同时，纳税人还应持两处支付单位提供的原始明细工资、薪金单和完税凭证原件，选择并固定到一地税务机关申报每月工资、薪金收入，汇算清缴工资、薪金的个人所得税，多退少补。

特别提醒：对可以提供有效合同或有关凭证，能够证明其工资、薪金所得的一部分按有关规定上缴派遣（介绍）单位的，可扣除其实际上缴的部分，按其余额计征个人所得税。

业务链接5-3

李某由中方A企业派往B外商投资企业工作，派遣单位和雇佣单位每月分别支付工资2 000元和7 000元。

问题：A、B企业每月应分别代扣代缴多少个人所得税?李某自行申报时应补缴多少个人所得税?

计算：①A、B企业代扣代缴个人所得税：

A企业代扣代缴的个人所得税=2 000×10%-105=95（元）

B企业代扣代缴的个人所得税=（7 000-3500）×10%-105=245（元）

②李某自行申报个人所得税应补缴税额：

应补缴的个人所得税=（7 000+2 000-3500）×20%-555-（95+245）=205（元）

（4）特定行业职工工资、薪金所得个人所得税的计算

采掘业、远洋运输业、远洋捕捞业因季节、产量等因素的影响，职工的工资收入会呈现较大幅度的波动。对这三个行业，国家规定职工取得的工资、薪金所得，可按月预缴，年度终了后30日内，合计其全年工资、薪金所得，再按12个月平均并计算实际应纳的税款，多退少补，计算公式如下：

应纳税额=［（全年工资、薪金收入÷12-费用扣除标准）×税率-速算扣除数］×12

应补（退）税额=应纳税额-以前按月预缴的税款合计

业务链接5-4

王某是某煤矿工人，2018年全年的工资收入情况见表5-5。

表5-5 **2018年工资收入情况表** 单位：元

月份	工资、薪金收入	预缴税款
1	4 700	36
2	4 800	39
3	4 800	39
4	4 700	36
5	4 700	36
6	2 200	0
7	2 200	0
8	2 200	0
9	4 700	36
10	4 700	36
11	5 300	75
12	4 500	30
合计	49 500	363

问题： 核实王某每月个人所得税的预缴额，并计算全年应补（退）税额。

计算： 月应纳税所得额=49 500÷12−3 500=625（元）

全年应纳税额=625×3%×12=225（元）

应退多缴税额=363−225=138（元）

3）工资、薪金所得个人所得税的会计处理

个人取得的工资、薪金所得应缴纳个人所得税，由其任职单位在支付工资、薪金时代扣代缴。该部分税款实质上是职工个人工资、薪金所得的一部分，任职单位在代扣个人所得税时，应借记“应付职工薪酬”科目，贷记“应交税费——应交个人所得税”科目；代缴税款时，借记“应交税费——应交个人所得税”科目，贷记“银行存款”科目。

任职单位在计算代扣代缴的个人所得税时，应按每个职工分别计算，会计处理时可按所有职工代扣税款合计金额编制会计分录。

学习微平台

微课 5-4

5.2.1.2 劳务报酬所得个人所得税的会计核算

1）劳务报酬所得应纳税所得额的计算

劳务报酬所得是指个人独立从事各种非雇佣的劳务活动所取得的所得。劳务报酬所得以纳税人实际提供劳务地为所得来源地。

劳务报酬所得按次征税，其应纳税所得额的计算公式为：

应纳税所得额=每次收入−费用扣除标准

与应纳税所得额相关的几个问题：

（1）“每次收入”的确定原则

只有一次性收入的，以取得该项收入为一次；属于同一事项连续取得收入的，以1个月内取得的收入为一次。

（2）“费用扣除标准”的确定原则

每次收入不超过4 000元的，减除费用为800元；超过4 000元的，减除费用为收入额的20%。

连续发生劳务报酬所得的个人自行购买符合规定的商业健康保险产品，在不超过200元/月的标准内按月扣除。一年内保费金额超过2 400元的部分，不得税前扣除。

（3）劳务报酬所得与“工资、薪金所得”的区别

劳务报酬所得是个人独立从事自由职业或独立提供某种劳务所取得的报酬，不存在雇佣与被雇佣关系；而工资、薪金所得是个人从事非独立劳务活动，从所在单位领取的报酬，个人与所在单位存在着雇佣与被雇佣关系。

①个人兼职取得的收入应按照“劳务报酬所得”税目征税；退休人员再任职取得的收入按“工资、薪金所得”税目征税。

②个人不在公司任职、受雇，仅在公司担任董事、监事而取得的董事费、监事费按“劳务报酬所得”税目征税；个人在公司任职、受雇同时兼任董事、监事的，应将取得的董事费、监事费与个人工资收入合并，按“工资、薪金所得”税目征税。

③自2004年1月2日起，对商品营销活动中，企业和单位对营销成绩突出的非雇员以培训班、研讨会、工作考察等名义组织的旅游活动，通过免收差旅费、旅游费等对个人实行的营销业绩奖励，应根据所发生的费用全额作为该营销人员当期的劳务收

入，按“劳务报酬所得”税目征税。

④自2006年6月1日起，对保险营销员佣金中的展业成本，免征个人所得税；对佣金中的劳务报酬部分，扣除实际缴纳的税金及附加后，依照税法有关规定计算征收个人所得税。根据目前保险营销员展业的实际情况，佣金中展业成本的比例暂定为保费收入的40%。

2）劳务报酬所得个人所得税应纳税额的计算

劳务报酬所得个人所得税应纳税额的计算公式为：

应纳税额=应纳税所得额×适用税率-速算扣除数

=（每次收入额-800）×适用税率-速算扣除数

或 =每次收入额×（1-20%）×适用税率-速算扣除数

业务链接5-5

某大学教授王某于2018年2月份应邀为某企业进行3天的员工培训，共取得收入9 000元。

问题：王教授讲学所得应缴纳多少个人所得税？

计算：王教授讲学报酬应按“劳务报酬所得”税目计征个人所得税，并以一个月收入为一次。

应纳税额=9 000×（1-20%）×20%=1 440（元）

学习微平台

延伸阅读 5-7

互动教学5-3

王教授为上述企业的员工培训分别在2月份、3月份、4月份分三批完成，分别取得报酬2 500元、3 000元、3 500元。王教授讲学所得应缴纳多少个人所得税？

3）劳务报酬所得个人所得税的会计处理

企业支付给个人的劳务报酬，应按税法规定代扣代缴个人所得税。支付劳务报酬代扣代缴个人所得税时，借记“管理费用”“销售费用”等科目，贷记“应交税费——应交个人所得税”“库存现金”等科目；代缴个人所得税时，借记“应交税费——应交个人所得税”科目，贷记“银行存款”科目。

业务链接5-6

某高校胡教授应邀为A公司进行营销策划，合同约定报酬30 000元（含税）。

问题：计算A公司应代扣代缴的个人所得税额，并作相关的账务处理。

计算：A公司应按“劳务报酬所得”税目计算代扣代缴的个人所得税税额。

应代扣代缴税额=30 000×（1-20%）×30%-2 000=5 200（元）

根据付款凭证编制会计分录：

借：销售费用	30 000	
贷：应交税费——应交个人所得税		5 200
库存现金（或银行存款）		24 800

根据完税凭证编制会计分录：

借：应交税费——应交个人所得税 5 200

贷：银行存款 5 200

5.2.1.3 稿酬所得个人所得税的会计核算

学习微平台

微课 5-5

1）稿酬所得应纳税所得额的计算

稿酬所得是指个人因其作品以图书、报刊形式出版、发表而取得的所得。

稿酬所得按次征税，其应纳税所得额的计算公式为：

应纳税所得额=每次收入-费用扣除标准

与应纳税所得额相关的几个问题：

（1）“每次收入”的确定原则

同一作品再版取得的所得，视为另一次稿酬所得计税；同一作品先在报刊上连载，然后再出版，或先出版，再在报刊上连载的，视为两次稿酬所得计税；同一作品在报刊上连载，以连载完后取得的所有收入合并为一次计税；同一作品出版、发表时以预付稿酬或分次支付稿酬形式取得收入的，应合并一次计税；同一作品出版、发表后，因添加印数而追加稿酬的，应与以前出版、发表时取得的稿酬合并为一次计税。

（2）“费用扣除标准”的确定原则

每次收入不超过4 000元的，减除费用为800元；超过4 000元的，减除费用为收入额的20%。

（3）与稿酬所得相关的其他规定

①对不以图书、报刊形式出版、发表的翻译、审稿、书画等，应按“劳务报酬所得”税目征税。

②两个或两个以上的纳税人合作出版、发表作品的，应采取“先分后税”的办法计征个人所得税，即可以对每个人分得的收入分别减除费用，并计算各自应纳税额。

③任职、受雇于报纸、杂志等单位的记者、编辑等专业人员，因在本单位的报纸、杂志上发表作品取得的所得，属于因任职、受雇而取得的所得，应与其当月工资收入合并，按“工资、薪金所得”税目征税。

④出版社的专业作者撰写、编写或翻译的作品，由本社以图书形式出版而取得的稿费收入，应按“稿酬所得”税目征税。

2）稿酬所得个人所得税的计算

稿酬所得可享受按应纳税额减征30%的税收优惠。其应纳税额的计算公式如下：

应纳税额=应纳税所得额×适用税率×（1-30%）

=应纳税所得额×14%

业务链接5-7

甲、乙合著一本教材，稿酬共计20 000元，其中，甲应得稿酬16 000元，乙应得稿酬4 000元。

问题：计算出版社合计应扣缴的个人所得税。

计算：多人合作出版作品应采取“先分后税”的办法计征个人所得税。

甲应纳个人所得税=16 000×（1-20%）×20%×（1-30%）=1 792（元）

乙应纳个人所得税=（4 000-800）×20%×（1-30%）=448（元）

出版社合计应扣缴个人所得税=1 792+448=2 240（元）

3）稿酬所得个人所得税的会计处理

出版单位支付给个人的稿酬，应按税法规定代扣代缴个人所得税。计算稿酬所得时，借记“生产成本”科目，贷记“其他应付款”科目；代扣个人所得税时，借记“其他应付款”科目，贷记“应交税费——应交个人所得税”科目；代缴个人所得税时，借记“应交税费——应交个人所得税”科目，贷记“银行存款”科目。

业务链接5-8

作者王某2018年3月份出版一部小说，取得稿酬40 000元。

问题：出版社应代扣代缴多少个人所得税?并请作出相关的账务处理。

计算：应扣个人所得税税额=40 000×（1-20%）×20%×（1-30%）=4 480（元）

出版社计算稿酬所得时编制会计分录：

借：生产成本——稿酬	40 000	
贷：其他应付款——王某		40 000

支付稿酬并代扣个人所得税时编制会计分录：

借：其他应付款——王某	40 000	
贷：应交税费——应交个人所得税		4 480
银行存款		35 520

学习微平台

延伸阅读 5-8

互动教学5-4

王某的上述小说市场发行情况良好，出版社于11月份进行加印，王某应得加印稿酬6 000元。请问出版加印时应代扣多少个人所得税?

职业道德与企业伦理5-1

学习微平台

延伸阅读 5-9

成套出版更合适

背景与情境：某农林大学陈教授受出版社之约编写一本名为《家庭绿化指南》的科普书籍，预计稿酬所得为15 000元。现出版社有两种出版方案可供选择：单本或丛书。

问题：请为陈教授作出一个最佳选择。

分析提示：单本出版应纳税额=15 000×（1-20%）×20%×（1-30%）=1 680（元）

若以4本出版系列丛书：

应纳税额=（15 000÷4-800）×20%×（1-30%）×4=1 652（元）

陈教授在不影响学术价值的基础上，以不少于4本为一套的系列丛书出版，可节税28元。

5.2.1.4 特许权使用费所得个人所得税的会计核算

1）特许权使用费所得应纳税所得额的计算

特许权使用费所得是指个人提供专利权、商标权、著作权、非专利技术以及其他特许权的使用权取得的所得。特许权使用费所得以特许权的使用地为所得来源地。

特许权使用费按次计税，其应纳税所得额的计算公式为：

应纳税所得额=每次收入-费用扣除标准

与应纳税所得额相关的几个问题：

（1）“每次收入”的确定原则

以某项使用权的一次转让所取得的收入为一次，如果该次转让取得的收入是分笔支付的，则应将各笔收入合并为一次。

（2）“费用扣除标准”的确定原则

每次收入不超过4 000元的，减除费用为800元；超过4 000元的，减除费用为收入额的20%。

（3）与特许权使用费所得相关的其他规定

①对个人从事技术转让过程中所支付的中介费，如能提供有效、合法凭证，允许从其所得中扣除。

②个人取得拍卖收入征收个人所得税的规定：作者将自己的文字作品手稿原件或复印件拍卖取得的所得，按照“特许权使用费所得”税目计税；个人拍卖除文字作品原稿及复印件外的其他财产，按照“财产转让所得”税目计税。

2）特许权使用费所得个人所得税的计算

特许权使用费应纳税额的计算公式为：

应纳税额=应纳税所得额×适用税率（20%）

业务链接5-9

某企业购入王某的一项非专利技术的使用权。合同约定使用费30 000元，个人所得税由王某个人承担。

问题：计算王某应纳个人所得税税额。

计算：应纳税额=30 000×（1-20%）×20%=4 800（元）

3）特许权使用费所得个人所得税的会计处理

单位支付给个人的特许权使用费，应按税法规定代扣代缴个人所得税。代扣个人所得税时，借记“制造费用”“管理费用”等科目，贷记“应交税费——应交个人所得税”科目；代缴个人所得税时，借记“应交税费——应交个人所得税”科目，贷记“银行存款”科目。

业务链接5-10

接【业务链接5-9】资料。

问题：根据税法规定，王某的个人所得税是否应由企业代扣代缴?请作会计处理。

分析：根据税法规定，王某转让非专利技术所得的个人所得税应由受让企业在支付款项时代扣代缴。

分录编制：

借：制造费用	30 000	
贷：应交税费——应交个人所得税		4 800
银行存款		25 200

学习微平台

微课
5-6

5.2.1.5 财产租赁所得个人所得税的会计核算

1）财产租赁所得应纳税所得额的计算

财产租赁所得是指个人出租建筑物、土地使用权、机器设备、车船以及其他财产取得的所得。财产租赁所得以被租赁财产的使用地为所得来源地。

应纳税所得额的计算公式为：

应纳税所得额=每次收入-允许扣除费用

与应纳税所得额相关的几个问题：

（1）“每次收入”的确定原则

财产租赁所得以一个月取得的收入为一次。

（2）“允许扣除费用”的基本内容

①财产租赁过程中缴纳的税费，包括城市维护建设税、教育费附加、房产税。

注意：自2016年5月1日全面营改增试点起，个人出租房屋的个人所得税应税收入不含增值税，计算房屋出租所得可扣除的税费不包括本次出租缴纳的增值税。个人转租房屋的，其向房屋出租方支付的租金及增值税税额，在计算转租所得时予以扣除。

②向出租方支付的租金（适用于转租业务）。

③由纳税人负担的为该出租财产实际开支的修缮费用，以每次800元为限分次扣除。

④税法规定的费用扣除标准。即每次收入不超过4 000元的，减除费用为800元；每次收入超过4 000元的，减除费用为收入额的20%。

特别提醒：上述费用应按顺序依次扣除。

综合上述分析，应纳税所得额的计算公式如下：

每次（月）收入不超过4 000元的：

应纳税所得额=每次（月）收入-准予扣除的税费-修缮费用（800元为限）-800

每次（月）收入超过4 000元的：

应纳税所得额=［每次（月）收入-准予扣除的税费-修缮费用（800元为限）］×（1-20%）

（3）与财产租赁所得相关的其他规定

①个人取得的财产转租收入，按“财产租赁所得”税目由财产转租人缴纳个人所得税。取得转租收入的个人向房屋出租方支付的租金，凭房屋租赁合同和合法支付凭据在计算个人所得税时允许扣除。

②纳税人的确定应以产权凭证为依据，对无产权凭证的，由主管税务机关根据实际情况确定；产权所有人死亡，在未办理产权继承手续期间，该财产出租而有租金收入的，以领取租金的个人为纳税人。

2）财产租赁所得个人所得税的计算

财产租赁所得应纳税额的计算公式为：应纳税额=应纳税所得额×适用税率

其中，适用税率有两种：基本税率为20%；对个人按市场价格出租的居民住房取得的所得的税率为10%。

注意：“营改增”试点后，个人出租房屋的个人所得税应税收入不含增值税，计算房屋出租所得可扣除的税费不包括本次出租缴纳的增值税；个人转租房屋的，其向房屋出租方支付的租金及增值税税额，在计算转租所得时予以扣除。免征增值税的，确定计税依据时，租金收入不扣减增值税税额。

业务链接 5-11

2018年7月1日李某将一店面出租给王某使用，双方协议月租金为2 000元（不含税），但交付使用前李某应将房屋进行装修。出租前李某共花去装修费用1 500元，租金自当月开始计算，半年收取一次租金。2018年7月1日李某收到租金12 000元。假设上述租金收入全部为不含税收入，暂不考虑其他税金及附加。

问题： 李某收取的上述租金应缴纳多少个人所得税？

计算： 根据税法规定，财产租赁所得应按次计税，以一个月的收入为一次。

个人出租住房的月租金收入不超过3万元，可享受小微企业免征增值税优惠政策，因而租金收入也不扣减增值税。

2018年7月应纳个人所得税：

应纳税额=（2 000−800−800）×20%=80（元）

2018年8月应纳个人所得税：

应纳税额=（2 000−700−800）×20%=100（元）

2018年9月至12月每月应纳个人所得税：

应纳税额=（2 000−800）×20%=240（元）

合计应纳个人所得税=80+100+240×4=1 140（元）

3）财产租赁所得个人所得税的会计处理

企业租用个人财产，应按税法规定代扣代缴个人所得税。支付租金时，按租金总额，借记“管理费用”等科目，按代扣代缴的个人所得税税额，贷记“应交税费——应交个人所得税”科目，按实际支付金额，贷记“库存现金”等科目；代缴税款时，借记“应交税费——应交个人所得税”科目，贷记“银行存款”科目。

学习微平台

微课
5-7

5.2.1.6　财产转让所得个人所得税的会计核算

1）财产转让所得应纳税所得额的计算

财产转让所得是指个人转让有价证券、建筑物、土地使用权、机器设备、车船以及其他财产取得的所得。

财产转让所得应纳税所得额的计算公式为：

应纳税所得额=每次收入额−财产原值−合理税费

与应纳税所得额相关的几个问题：

（1）“财产原值”的确定

对于有价证券，为买入价以及买入时按照规定缴纳的有关费用；对于建筑物，为建造费用或购进价格以及其他有关费用；对于土地使用权，为取得土地使用权所支付的金额、开发土地的费用以及其他有关费用；对于机器设备、车船，为购进价格、运输费、安装费以及其他有关费用；对于其他财产，参照上述方法确定。

纳税人未提供完整、准确的财产原值凭证，不能正确计算财产原值的，由主管税务机关核定其财产原值。

（2）“合理税费”的确定

合理税费是指卖出财产时支付的经税务机关认可的有关税费，包括城市维护建设税及教育费附加、土地增值税、印花税、手续费等。

注意：2016年5月1日“营改增”试点后，个人转让房屋的个人所得税应税收入不含增值税，其取得房屋时所支付价款中包含的增值税计入财产原值，计算转让所得时可扣除的税费不包括本次转让缴纳的增值税。免征增值税的，确定计税依据时，转让房地产取得的收入不扣减增值税税额。

（3）与财产转让所得相关的其他规定

①股票转让所得暂不征收个人所得税。

②企事业单位将自建住房以低于购置或建造成本价销售给职工的个人所得税的征税按下列规定执行：在住房制度改革期间，按照所在地县级以上人民政府规定的房改成本价格向职工出售公有住房，职工因支付的房改成本价格低于房屋建造成本价格或市场价格而取得的差价收益，免征个人所得税；除前述情形外，单位按低于购置或建造成本价格出售住房给职工，职工因此而少支出的差价部分，属于个人所得税应税所得，应按照“工资、薪金所得”税目，比照全年一次性奖金的征税办法计算缴纳个人所得税。

2）财产转让所得个人所得税的计算

财产转让所得应纳税额的计算公式为：应纳税额=应纳税所得额×适用税率（20%）

业务链接5-12

中国居民李某于2018年4月将2016年购入的企业债券500份以每份218元的价格全部转让，发生相关税费870元。该债券申购价每份200元，申购时共支付相关税费350元。

问题：计算李某转让有价证券应缴纳的个人所得税。

计算：应纳税额=［218×500-（200×500+350）-870］×20%=1 556（元）

3）财产转让所得个人所得税的会计处理

学习微平台

微课 5-8

企业购买个人财产，应按税法规定代扣代缴个人所得税。按购买价款总额，借记“固定资产”“无形资产”等科目，按应代扣代缴的个人所得税，贷记“应交税费——应交个人所得税”科目，按实际支付的金额，贷记“库存现金”等科目。代缴税款时，借记“应交税费——应交个人所得税”科目，贷记“银行存款”科目。

5.2.1.7 利息、股息、红利所得，偶然所得和其他所得个人所得税的会计核算

1）利息、股息、红利所得，偶然所得与其他所得应纳税所得额的计算

利息、股息、红利所得是指个人拥有债权、股权而取得的利息、股息、红利所得。偶然所得是指个人得奖、中奖、中彩以及其他偶然性质的所得。其他所得是指个人取得的由国务院财政部门确定征税的其他所得。

利息、股息、红利所得，偶然所得与其他所得按次计税，以每次收入额为应纳税所得额，即：应纳税所得额=每次收入额。

与应纳税所得额相关的几个问题：

（1）“每次收入”的确定原则

利息、股息、红利所得，偶然所得和其他所得以取得每次收入为一次。

（2）减免税的规定

①个人取得的下列利息、股息、红利所得免征个人所得税：国债利息收入；国家发行金融债券利息收入；个人取得的教育储蓄存款利息所得以及国务院财政部门确定的其他专项储蓄存款或储蓄性专项基金存款的利息所得；个人按规定缴付的“三险一金”而存入银行取得的利息收入。

②个人取得单张有奖发票奖金所得不超过800元（含800元）的，暂免征收个人所得税；个人取得单张有奖发票奖金所得超过800元的，应全额按照“偶然所得”税目征税。

③个人购买社会福利彩票、体育彩票等，一次中奖收入不超过1万元的，暂免征收个人所得税；超过1万元的，应全额按照“偶然所得”税目征税。

（3）与利息、股息、红利所得，偶然所得相关的其他规定

①纳税年度内个人投资者从其投资企业（个人独资企业、合伙企业除外）借款，在该纳税年度终了后既不归还又未用于企业生产经营的，其未归还的借款可视为企业对个人投资者的红利分配，依照“利息、股息、红利所得”税目征税。

②企业为股东购买车辆并将车辆所有权办到股东个人名下，其实质为企业对股东进行了红利性质的实物分配，应按照“利息、股息、红利所得”税目征税。

2）利息、股息、红利所得，偶然所得和其他所得个人所得税的计算

利息、股息、红利所得，偶然所得和其他所得应纳税额的计算公式为：应纳税额=每次收入额×适用税率（20%）

业务链接5-13

2018年王先生购买福利彩票中奖3 000元；参加某商场举办的有奖销售活动中奖15 000元现金。

问题：王先生的上述所得是否应缴纳个人所得税？

分析：王先生购买福利彩票中奖所得不超过1万元，暂免征收个人所得税；参加商场有奖销售活动所得应按“偶然所得”税目计征个人所得税。

应纳税额=15 000×20%=3 000（元）

3）利息、股息、红利所得，偶然所得和其他所得个人所得税的会计处理

①企业向个人支付利息、股息、红利时，应代扣代缴个人所得税。股份制公司向个人支付现金股利时，应借记“应付股利”科目，贷记“应交税费——应交个人所得税”“库存现金”等科目；企业发行有价证券向个人支付利息时，应借记“财务费用”科目，贷记“应交税费——应交个人所得税”“库存现金”等科目。

②发奖单位在支付奖金、奖品时，应代扣代缴个人所得税，借记“销售费用”“管理费用”等科目，贷记“应交税费——应交个人所得税”“库存现金”等科目。

③代缴个人所得税时，借记“应交税费——应交个人所得税”科目，贷记“银行

存款”科目。

业务链接5-14

接【业务链接5-13】资料。

问题：商场应作怎样的会计处理？

分析：商场支付奖金并代扣个人所得税时，编制会计分录：

借：销售费用	15 000	
贷：应交税费——应交个人所得税		3 000
库存现金		12 000

商场代缴个人所得税时，编制会计分录：

借：应交税费——应交个人所得税	3 000	
贷：银行存款		3 000

学习微平台

微课 5-9

5.2.2 个体工商户、个人独资企业、合伙企业生产、经营所得个人所得税会计核算

5.2.2.1 个体工商户生产、经营所得个人所得税会计核算

1）个体工商户生产、经营所得个人所得税的征税范围

个体工商户生产、经营所得，是指个体工商户从事工业、手工业、建筑业、交通运输业、商业、饮食业、服务业、修理业及其他行业生产、经营取得的所得；个人经政府有关部门批准取得执照，从事办学、医疗、咨询以及其他有偿服务活动取得的所得；其他个人从事个体工商户生产、经营取得的所得；上述个体工商户和个人取得的与生产、经营有关的各项应税所得。

特别提醒：个体工商户取得与生产、经营活动无关的各项应税所得，应分别适用各应税项目征税。如取得银行存款的利息所得、对外投资取得的股息所得，应按“股息、利息、红利所得”税目的规定单独计征个人所得税。

2）个体工商户生产、经营所得应纳税所得额的计算

个体工商户生产、经营所得，应纳税所得额的计算公式如下：

应纳税所得额=收入总额-（成本+费用+损失）

其中：“收入总额”是指个体工商户从事生产、经营以及与生产经营有关的活动所取得的各项收入；“成本、费用和损失”是指个体工商户从事生产、经营活动所发生的各项直接费用、间接费用、期间费用和营业外支出。

准予扣除的成本、费用和损失的具体标准按下列规定执行：

①个体工商户业主的费用扣除标准为3 500元/月。

②个体工商户向其从业人员实际支付的合理的工资、薪金支出允许税前据实扣除；发生的职工福利费、工会经费、职工教育经费支出分别在工资薪金总额14%、2%、8%的标准内据实扣除。

③个体工商户每一纳税年度发生的广告费和业务宣传费不超过当年销售（营业）收入15%的部分，可据实扣除；超过部分，准予在以后纳税年度结转扣除。

④个体工商户每一纳税年度发生的与其生产经营业务直接相关的业务招待费支

出，按照发生额的60%扣除，但最高不得超过当年销售（营业）收入的5‰。

⑤个体工商户生产、经营期间借款利息支出，凡有合法证明的，不高于按金融机构同类、同期贷款利率计算的数额部分准予扣除。

⑥个体工商户发生的下列支出不得扣除：资本性支出；被没收的财物、支付的罚款；缴纳的各种税收滞纳金、罚金和罚款；各种赞助支出；自然灾害或意外事故损失有赔偿的部分；分配给投资者的股利；用于个人和家庭的支出；与生产经营无关的其他支出；国家税务总局规定不准扣除的其他支出。

⑦个体工商户业主自行购买符合规定条件的商业健康保险产品的，在不超过2 400元/年的标准内可据实扣除。一年内保费金额超过2 400元的部分，不得税前扣除。

3）个体工商户生产、经营所得个人所得税的计算和会计处理

①对会计核算健全的个体工商户，可实行查账征收。其应纳税额按年计算、分月（季）预缴、年终汇算清缴、多退少补。其计算公式如下：

全年应纳税所得额=本月累计应纳税所得额×（全年月份/当月月份）

全年应纳税额=全年应纳税所得额×适用税率-速算扣除数

本月累计应纳税额=全年应纳税额×（当月月份/全年月份）

本月应预缴税额=本月累计应纳税额-上月累计已预缴税额

实行查账征收的个体工商户生产、经营所得个人所得税通过“应交税费——应交个人所得税”和“留存收益”科目核算。根据计算的应纳个人所得税额，借记“留存收益”科目，贷记“应交税费——应交个人所得税”科目；实际上缴税款时，借记“应交税费——应交个人所得税”科目，贷记“银行存款”科目。

业务链接5-15

吉祥快餐店为一个体工商户，其税款实行查账征收。2018年7月全月营业额为34 000元，当月购进大米、菜、肉、蛋等原料支出为19 500元，全月共缴纳水电费、房租、煤气费等4 000元，缴纳其他税费合计340元，当月支付雇佣员工工资3 000元。假定上述费用均在规定的扣除标准之内。1至6月份累计应纳税所得额为67 800元，1至6月份累计已预缴的个人所得税额为15 460元。

问题：计算吉祥快餐店7月份应预缴的个人所得税税额，并作相应的账务处理。

计算：7月份应纳税所得额=34 000-19 500-4 000-340-3 000-3 500=3 660（元）

7月份累计应纳税所得额=3 660+67 800=71 460（元）

全年应纳税所得额=71 460×12÷7=122 502.86（元）

全年应纳税额=122 502.86×35%-14 750=28 126（元）

7月份应纳税额=28 126×7÷12-15 460=946.83（元）

计提个人所得税时，编制会计分录：

借：留存收益　　946.83

　贷：应交税费——应交个人所得税　　946.83

缴纳个人所得税时，编制会计分录：

借：应交税费——应交个人所得税　　946.83

贷：银行存款 946.83

②对会计核算不健全，或没有建账的个体工商户，可采用核定征收的办法。核定征收包括定额征收和定率征收。定额征收是指税务机关对经营规模小、经营情况比较稳定的个体工商户，可根据业主的实际经营情况，核定应纳税额，按月纳税，年终不清算。定率征收是指税务机关经调查，定期制定行业所得税负担率，在缴纳增值税的同时，一并按销售收入计算缴纳所得税，年终不清算。

实行核定征收方式的，应纳税额的计算公式如下：

应纳税所得额=收入总额×应税所得率=成本费用支出总额÷（1-应税所得率）×应税所得率

应纳税额=应纳税所得额×税率-速算扣除数

个人所得税应税所得率见表5-6。

表5-6 个人所得税应税所得率表

行业	应税所得率（%）
工业、交通运输业、商业	5～20
建筑业、房地产开发业	7～20
饮食服务业	7～25
娱乐业	20～40
其他行业	10～30

特别提醒：企业经营多业的，无论其经营项目是否单独核算，均应根据其主营项目确定其适用的应税所得率。实行核定征收的投资者，不能享受个人所得税的优惠政策。

5.2.2.2 个人独资企业、合伙企业生产、经营所得个人所得税的会计核算

个人独资企业、合伙企业生产、经营所得不缴企业所得税，按个体工商户生产、经营所得项目缴纳个人所得税。其缴税原理与个体工商户生产、经营所得相同。其应纳税额的确定需注意以下特殊规定：

①个人独资企业和合伙企业投资者本人的费用扣除标准为3 500元/月。投资者的工资不得在税前扣除。

②投资者及其家庭发生的生活费用不允许在税前扣除。投资者及其家庭发生的生活费用与企业生产、经营费用混合在一起，并且难以划分的，全部视为投资者个人及其家庭发生的生活费用，不允许在税前扣除。

③企业生产、经营和投资者及其家庭生活共用的固定资产，难以划分的，由主管税务机关根据企业的生产、经营类型及规模等具体情况，核定准予在税前扣除的折旧费用的数额或比例。

④企业计提的各种准备金不得在税前扣除。

⑤个人独资企业、合伙企业的个人投资者以企业资金为本人、家庭成员及其相关人员支付与企业生产、经营无关的消费性支出及购买汽车、住房等财产性支出，视为企业对个人投资者进行利润分配，应并入投资者个人的生产、经营所得，依照“个体工商户的生产、经营所得”税目计征个人所得税。除个人独资企业、合伙企业以外的

其他企业的个人投资者的上述行为，视为企业对个人投资者的红利分配，依照“利息、股息、红利所得”税目计征个人所得税。企业的上述支出不允许在税前扣除。

业务链接5-16

乐福餐馆为个人独资企业，除投资者以外的其他从业人员共15人。该企业设有完整的账册，账务资料显示：某年营业收入300万元，营业成本190万元，税金及附加17万元，费用支出45万元。其中已在成本费用中列支项目的详细资料如下：

①从业人员工资35万元，投资者个人工资7万元，职工福利费、工会经费和职工教育经费7.35万元。

②投资者本人生活开支及其家庭开支各为2万元和4万元。

③发生的广告费6万元，业务招待费10万元。

问题：计算乐福餐馆该年全年应纳的个人所得税税额。

计算：该年投资者应缴纳的个人所得税计算如下：

①营业利润=300−190−17−45=48（万元）

②调整项目金额计算如下：

投资者个人工资不得扣除，但可以按固定标准每月扣除生活费用3 500元。

应调增应纳税所得额=7−0.35×12=2.8（万元）

支付的雇员工资可全额扣除，“三项经费”在工资总额的24%以内准予扣除。

“三项经费”扣除限额=35×24%=8.4（万元）>实际发生额，因此“三项经费”无需调整。

投资者本人生活开支及家庭开支不得在税前列支，应调增应纳税所得额6万元。

广告费扣除限额=300×15%=45（万元）

广告费实际发生额小于扣除限额，可以据实扣除，无须进行纳税调整。

业务招待费实际发生额的60%为6万元、营业收入的5‰为1.5万元，业务招待费扣除限额为1.5万元。

应调增应纳税所得额=10−1.5=8.5（万元）

③应纳税所得额=48+2.8+6+8.5=65.3（万元）

④应纳个人所得税=65.3×35%−1.475=21.4（万元）

学习微平台

微课 5-10

5.2.3　对企事业单位承包、承租经营所得个人所得税核算

1）对企事业单位承包、承租经营所得个人所得税征税范围

对企事业单位承包、承租经营所得是指个人承包或承租经营以及转包、转租取得的所得。

实际业务中，承包、承租经营方式多样，分配方式也不相同，因此对个人承包或承租经营企事业单位取得的所得，应分以下情况进行处理：

个人对企事业单位承包、承租经营后，如工商登记改变为个体工商户的，应按“个体工商户生产、经营所得”税目缴纳个人所得税，不再缴纳企业所得税。

个人对企事业单位承包、承租经营后，工商登记仍为企业的，不管其分配方式如何，均应先按企业所得税有关规定缴纳企业所得税；然后对承包、承租经营者按合同规定取得的所得，依照个人所得税法的规定缴纳个人所得税。具体有两种情况：

①承包、承租人对企业经营成果不拥有所有权，仅按合同或协议规定取得一定所得的，其所得按“工资、薪金所得”税目征税。

②承包、承租人按合同或协议的规定只向发包、出租方缴纳一定费用后，企业经营成果归其所有的，承包、承租人取得的所得，按“对企事业单位承包、承租经营所得”税目征税。

2）对企事业单位承包、承租经营所得个人所得税应纳税额的计算

对企事业单位承包、承租经营所得，以每一纳税年度的收入总额，减除必要费用后的余额为应纳税所得额。在一个纳税年度中，承包或承租经营期限不足一年的，以其实际经营期为一个纳税年度计算纳税。对企事业单位承包、承租经营者自行购买符合条件的商业健康保险产品的，在不超过2 400元/年的标准内可据实扣除，一年内保费金额超过2 400元的部分，不得税前扣除。计算公式如下：

应纳税所得额=收入总额-必要费用

应纳税额=应纳税所得额×适用税率-速算扣除数

其中：“收入总额”是指纳税人按照承包、承租经营合同规定分得的经营利润和工资、薪金性质的所得之和；“必要费用”是指按月减除3 500元，即全年减除42 000元。

业务链接5-17

自2018年3月1日起，刘某承包一餐馆，规定月工资3 000元。2018年餐馆税后利润为86 000元，年终刘某从企业所得税后利润中上交承包费50 000元，其余经营成果归刘某所有。

问题：刘某2018年应缴纳多少个人所得税？

计算：纳税年度收入总额=3 000×10+86 000-50 000=66 000（元）

年应纳税所得额=66 000-3 500×10=31 000（元）

应纳个人所得税=31 000×20%-3 750=2 450（元）

3）对企事业单位承包、承租经营所得个人所得税的会计处理

①个人对企事业单位承包、承租经营后，如工商登记改变为个体工商户的，应按“个体工商户生产、经营所得”税目缴纳个人所得税，其会计处理按照个体工商户的相关办法执行。

②个人对企事业单位承包、承租经营后，工商登记仍为企业的，对承包、承租人应缴纳的个人所得税，由企业代扣代缴。

承包、承租人对企业经营成果不拥有所有权，仅按合同或协议规定取得一定所得的，被承包企业按“工资、薪金所得”税目代扣代缴个人所得税，其会计处理也按“工资、薪金所得”税目相关办法执行。

承包、承租人按合同或协议的规定向发包、出租方缴纳一定费用后，企业经营成果归其所有的，被承包、承租企业按“对企事业单位承包、承租经营所得”项目代扣代缴个人所得税。被承包、承租企业代扣税款时，借记“应付利润”科目，贷记“应交税费——应交个人所得税”科目；缴纳税款时，借记“应交税费——应交个人所得税”科目，贷记“银行存款”科目。

学习微平台

微课
5-11

5.2.4 个人所得税应纳税额计算的特殊问题

1）公益、救济性捐赠的扣除

根据个人所得税法的相关规定，个人将其所得通过中国境内的社会团体、国家机关向教育和其他社会公益事业以及遭受严重自然灾害地区、贫困地区捐赠，捐赠额未超过纳税人申报的应纳税所得额30%的部分，可以从其应纳税所得额中扣除。其计算公式如下：

捐赠扣除限额=扣除捐赠额前纳税人申报的应纳税所得额×30%

当实际捐赠额<捐赠扣除限额时：允许扣除的捐赠额=实际捐赠额

当实际捐赠额>捐赠扣除限额时：允许扣除的捐赠额=捐赠扣除限额

应纳税所得额=扣除捐赠额前的应纳税所得额-允许扣除的捐赠额

应纳税额=应纳税所得额×适用税率-速算扣除数

业务链接5-18

中国公民王某2018年3月1日购买福利彩票，中奖200 000元。王某领奖时拿出20 000元捐赠给希望工程。

问题：计算王某应缴纳的个人所得税税额。

计算：捐赠扣除限额=200 000×30%=60 000（元）

纳税人实际捐赠额20 000元<捐赠扣除限额60 000元，则：

允许扣除的捐赠额=20 000元

应纳税所得额=200 000-20 000=180 000（元）

应纳税额=180 000×20%=36 000（元）

2）境外所得已纳税额的抵免

（1）关于境外所得已纳税额抵免的相关规定

根据个人所得税法的相关规定，居民纳税人负无限纳税义务，应就其来源于中国境内、境外的所得征税。但纳税人从中国境外取得的所得，已在境外缴纳的个人所得税，准予在应纳税额中扣除，但扣除额不得超过该纳税人境外所得依照我国个人所得税法计算的应纳税额。

上述“已在境外缴纳的个人所得税”是指纳税人从中国境外取得的所得，依照该所得来源国或地区的法律应当并且实际已缴纳的税额。“境外所得依照我国个人所得税法计算的应纳税额”是指纳税人从中国境外取得的所得，区别不同国家（或地区）和不同应税项目，依照我国税法规定的费用减除标准和适用税率计算的应纳税额。同一国家（或地区）内的不同应税项目，依照我国税法计算的应纳税额之和，为该国家（或地区）的扣除限额。

纳税人从中国境外一国（或地区）实际已缴纳的个人所得税税额，低于依照上述办法计算的该国（或地区）扣除限额的，须在我国缴纳差额部分的税款；超过该国（或地区）扣除限额的，其超过部分不能在本纳税年度的应纳税额中扣除，但可在以后纳税年度该国（或地区）扣除限额的余额中补扣，补扣期最长不得超过5年。

（2）境外所得应纳税额的计算

境外所得应纳税额可按下列步骤计算：

①计算来自某国（或地区）的抵免限额。

$$\text{来自某国(或地区)的抵免限额}=\left[\text{来自某国(或地区)的某一应税项目的所得}-\text{费用减除标准}\right]\times\text{适用税率}-\text{速算扣除数}$$

②判断允许抵免额。

当在境外实际缴纳税额<抵免限额时：允许抵免额=境外实际缴纳税额

当在境外实际缴纳税额>抵免限额时：允许抵免额=抵免限额

③计算应纳税额。

$$\text{应纳税额}=\left[\text{来自某国(或地区)的某一应税项目的所得}-\text{费用减除标准}\right]\times\text{适用税率}-\text{速算扣除数}-\text{允许抵免额}$$

业务链接5-19

中国公民王某在境外工作，2018年在A国取得工资、薪金收入240 000元，转让一项专利取得特许权使用费收入80 000元，两项所得在A国已缴纳个人所得税10 000元。

问题：2018年王某应向我国税务机关应缴纳多少个人所得税税额？

计算：

①计算来自A国的抵免额。

工资、薪金收入应纳税额=［（240 000÷12-4 800）×25%-1 005］×12=33 540（元）

特许权使用费收入应纳税额=80 000×（1-20%）×20%=12 800（元）

A国抵免限额=33 540+12 800=46 340（元）

②判断允许抵免额。

王某已在A国缴纳税款10 000元，小于抵免限额46 340元，则允许抵免额为10 000元。

③计算王某应向我国税务机关缴纳的个人所得税。

应纳税额=46 340-10 000=36 340（元）

3）两个或两个以上的纳税人共同取得同一项所得的应纳税额

两个或两个以上的纳税人共同取得同一项所得的，应采取“先分后税”的办法计征个人所得税，即可以对每个人分得的收入分别减除费用，并计算各自应纳税款。

业务链接5-20

张某和李某共同承担一项装修工程，双方协议约定装修费所得按4：6分配，工程完成共获得装修费5 000元，其中，张某分得2 000元，李某分得3 000元。

问题：分析计算上述所得应纳的个人所得税税额。

计算： 同一项所得由两个或两个以上纳税人完成的应先分配，再按各自所得计算个人所得税。

张某应纳个人所得税=（2 000-800）×20%=240（元）

李某应纳个人所得税=（3 000-800）×20%=440（元）

4）一人获得多项所得个人所得税计算

我国个人所得税实行分项征收制，因此一人获得多项所得的个人所得税应该分项计算征收。

引例解读5-1

个人所得税税额计算

背景与情境： 资料见【引例】。

问题： 王平2018年12月份的所得中哪些项目应缴纳个人所得税？请分析计算。

分析提示： 王平是中国公民，属居民纳税人，应就来源于全球所得向中国缴纳个人所得税。

①月工资收入低于基本费用扣除标准3 500元，无需纳税。

年终奖应单独作为一个月的工资薪金所得计算个人所得税。

找税率：［12 000-（3 500-3 200）］÷12=975（元），适用税率为3%，速算扣除数为0。

算税额：年终奖应纳税额=（12 000-300）×3%=351（元）

②稿酬所得应纳税额=8 000×（1-20%）×20%×（1-30%）=896（元）

③建筑工程设计费按“劳务报酬所得”计税。

应纳税额=40 000×（1-20%）×30%-2 000=7 600（元）

④省人民政府颁发的科技奖免税。

⑤股票转让收益暂免征收个人所得税。

王先生12月份应纳个人所得税总额=351+896+7 600=8 847（元）

5.3 个人所得税纳税申报

个人所得税的纳税申报方式包括自行申报和代扣代缴两种。

5.3.1 个人所得税自行申报

自行申报纳税是指由纳税人自行在税法规定的纳税期限内，向税务机关申报取得的应税所得项目和数额，如实填写个人所得税纳税申报表，并按照税法规定计算应纳税额，据此缴纳个人所得税的一种方法。

1）自行申报纳税的纳税人

依据个人所得税法的相关规定，纳税人有下列情形之一的，应按规定办理自行申报：

①年所得12万元以上的（但不包括在中国境内无住所，且在一个纳税年度中在中国境内居住不满一年的个人）。

②从中国境内两处或两处以上取得工资、薪金所得的。

③从中国境外取得所得的（仅指在中国境内有住所，或无住所而在一个纳税年度中在中国境内居住满一年的个人）。

④取得应纳税所得，没有扣缴义务人的。

⑤国务院规定的其他情形。

2）自行申报的期限

①年所得12万元以上的纳税人，在纳税年度终了后3个月内向主管税务机关办理纳税申报。

②个体工商户和个人独资、合伙企业投资者取得的生产、经营所得应纳税款，分月（季）预缴的，纳税人在每月（季）终了后7日内办理纳税申报；纳税年度终了后3个月内进行汇算清缴。

③纳税人年终一次取得对企事业单位承包、承租经营所得的，自取得所得之日起30日内办理纳税申报；在一个纳税年度内分次取得承包、承租经营所得的，在每次取得所得后的次月15日内申报预缴；年度终了后的3个月内汇算清缴。

④从中国境外取得所得的纳税人，在纳税年度终了后30日内向中国境内主管税务机关办理纳税申报。

⑤除以上规定的情形外，纳税人取得其他各项所得须申报纳税的，在取得所得的次月15日内向主管税务机关办理纳税申报。

3）自行申报的地点

①年所得12万元以上的纳税人，纳税申报地点分别为：

A.在中国境内有任职、受雇单位的，向任职、受雇单位所在地主管税务机关申报。

B.在中国境内有两处或两处以上任职、受雇单位的，选择并固定向其中一处单位所在地主管税务机关申报。

C.在中国境内无任职、受雇单位，年所得项目中有个体工商户生产、经营所得或对企事业单位的承包、承租经营所得（以下统称生产、经营所得）的，向其中一处实际经营所在地主管税务机关申报。

D.在中国境内无任职、受雇单位，年所得项目中无生产、经营所得的，向户籍所在地主管税务机关申报。在中国境内有户籍，但户籍所在地与中国境内经常居住地不一致的，选择并固定向其中一地主管税务机关申报。在中国境内没有户籍的，向中国境内经常居住地主管税务机关申报。

②从两处或两处以上取得工资、薪金所得的，选择并固定向其中一处单位所在地主管税务机关申报。

③从中国境外取得所得的，向中国境内户籍所在地主管税务机关申报。在中国境内有户籍，但户籍所在地与中国境内经常居住地不一致的，选择并固定向其中一地主管税务机关申报。在中国境内没有户籍的，向中国境内经常居住地主管税务机关申报。

④个体工商户向实际经营所在地主管税务机关申报。

⑤个人独资、合伙企业投资者兴办两个或两个以上企业的，区分不同情形确定纳税申报地点：

A.兴办的企业全部是个人独资性质的，分别向各企业的实际经营管理所在地主管税务机关申报。

B.兴办的企业中含有合伙性质的，向经常居住地主管税务机关申报。

C.兴办的企业中含有合伙性质，个人投资者经常居住地与其兴办企业的经营管理所在地不一致的，选择并固定向其参与兴办的某一合伙企业的经营管理所在地主管税务机关申报。

⑥除以上情形外，纳税人应当向取得所得所在地主管税务机关申报。

纳税人不得随意变更纳税申报地点，因特殊情况变更纳税申报地点的，须报原主管税务机关备案。

4）纳税申报表的种类及编制

（1）自行申报个人所得税纳税申报表种类

①个人所得税基础信息表（B表）（见表5-7），适用于个人所得税自行纳税申报纳税人基础信息的填报。各地税务机关可根据本地实际，由自然人纳税人初次向税务机关办理相关涉税事宜时填报；初次申报后，以后仅需在信息发生变化时填报。

②个人所得税自行纳税申报表（A表）（见表5-8），适用于“从中国境内两处或者两处以上取得工资、薪金所得的”、“取得应纳税所得，没有扣缴义务人的”，以及“国务院规定的其他情形”的纳税人的纳税填报。

③个人所得税自行纳税申报表（B表）（见表5-9），适用于“从中国境外取得所得的”的纳税人的纳税填报。

④个人所得税纳税申报表（适用于年所得12万元以上的纳税人申报）（见表5-10）。

⑤限售股转让所得个人所得税清算申报表（见表5-11），适用于纳税人取得限售股转让所得已预扣预缴个人所得税款的清算申报。

⑥生产、经营所得个人所得税纳税申报表（A表）（见表5-12），适用于查账征收个人所得税的个体工商户、企事业单位的承包承租经营者、个人独资企业投资人和合伙企业合伙人的预缴纳税申报，以及实行核定征收的纳税申报。

⑦生产、经营所得个人所得税纳税申报表（B表）（见表5-13），适用于查账征收的个体工商户、承包承租经营者、个人独资企业投资者和合伙企业合伙人的个人所得税年度汇算清缴。

⑧生产、经营所得投资者个人所得税汇总申报表（见表5-14），适用于投资者兴办两个或两个以上个体工商户、承包承租企事业单位、个人独资企业、合伙企业，且各投资单位均实行查账征收，其取得的生产经营所得的年度汇总纳税申报。

表 5-7

个人所得税基础信息表（B表）

姓名			身份证件类型	身份证件号码	
纳税人类型	□有任职受雇单位　□无任职受雇单位（不含股东投资者）　□投资者　□无住所个人　（可多选）				
任职受雇单位名称及纳税人识别号					
“三费一金”缴纳情况	□基本养老保险费　□基本医疗保险费　□失业保险费　□住房公积金　□无（可多选）			电子邮箱	
境内联系地址	省　市　区（县）			邮政编码	
联系电话	手机：　固定电话：			职业	
职务	○高层　○中层　○普通　（只选一）			学历	
是否残疾人/烈属/孤老	□残疾　□烈属　□孤老　□否			残疾等级情况	
该栏仅由有境外所得纳税人填写	○户籍所在地 ○经常居住地		省　市　区（县）	邮政编码	
该栏仅由投资者纳税人填写	投资者类型		□个体工商户　□个人独资企业投资者　□合伙企业合伙人 □承包、承租经营者　□股东　□其他投资者　（可多选）		
	被投资单位信息	名称		扣缴义务人编码	
		地址		邮政编码	
		登记注册类型		行业	
		所得税征收方式	○查账征收　○核定征收（只选一）	主管税务机关	
	以下由股东及其他投资者填写				
	公司股本（投资）总额			个人股本（投资）额	
该栏仅由无住所纳税人填写	纳税人识别号				
	国籍（地区）			出生地	
	性别			出生日期	年　月　日
	劳动就业证号码			是否税收协定缔约国对方居民	○是　○否
	境内职务			境外职务	
	来华时间			任职期限	
	预计离境时间			预计离境地点	
	境内任职受雇单位	名称		扣缴义务人编码	
		地址		邮政编码	
	境内受聘签约单位	名称		扣缴义务人编码	
		地址		邮政编码	
	境外派遣单位	名称		地址	
	支付地		○境内支付　○境外支付 ○境内、外同时支付　（只选一）	境外支付国国别（地区）	
谨声明：此表是根据《中华人民共和国个人所得税法》及其实施条例和国家相关法律法规规定填写的，是真实的、完整的、可靠的 纳税人签字：　年　月　日					
代理机构（人）签章： 经办人： 经办人执业证件号码：				主管税务机关受理专用章： 受理人：	
填表（代理申报）日期：　年　月　日				受理日期：　年　月　日	

国家税务总局监制

表 5-8

个人所得税自行纳税申报表（A表）

税款所属期：自　　年　　月　　日至　　年　　月　　日　　　　　　　　　　金额单位：人民币元（列至角分）

姓名		国籍（地区）		身份证件类型		身份证件号码	
自行申报情形	□从中国境内两处或者两处以上取得工资、薪金所得			□没有扣缴义务人		□其他情形	

任职受雇单位名称	所得期间	所得项目	收入额	免税所得	税前扣除项目								减除费用	准予扣除的捐赠额	应纳税所得额	税率（%）	速算扣除数	应纳税额	减免税额	已缴税额	应补（退）税额
					基本养老保险费	基本医疗保险费	失业保险费	住房公积金	财产原值	允许扣除的税费	其他	合计									
1	2	3	4	5	6	7	8	9	10	11	12	13	14	15	16	17	18	19	20	21	22

谨声明：此表是根据《中华人民共和国个人所得税法》及其实施条例和国家相关法律法规规定填写的，是真实的、完整的、可靠的
纳税人签字：　　　　　　　　　　　　年　　月　　日

代理机构（人）公章： 经办人： 经办人执业证件号码：	主管税务机关受理专用章： 受理人：
代理申报日期：　　年　　月　　日	受理日期：　　年　　月　　日

国家税务总局监制

表 5-9

个人所得税自行纳税申报表（B 表）

税款所属期：自　　年　月　日至　　年　月　日　　　　　　　　金额单位：人民币元（列至角分）

姓名		身份证件类型	
国籍（地区）		身份证件号码	

所得来源国（地区）	所得项目	收入额	税前扣除项目								减除费用	准予扣除的捐赠额	应纳税所得额	工资薪金所得项目月应纳税所得额	税率（%）	速算扣除数	应纳税额
			基本养老保险费	基本医疗保险费	失业保险费	住房公积金	财产原值	允许扣除的税费	其他	合计							
1	2	3	4	5	6	7	8	9	10	11	12	13	14	15	16	17	18

本期应缴税额计算	国别（地区）	扣除限额	境外已纳税额	五年内超过扣除限额未补扣余额	本期应补缴税额	未扣除余额
	19	20	21	22	23	24

谨声明：此表是根据《中华人民共和国个人所得税法》及其实施条例和国家相关法律法规规定填写的，是真实的、完整的、可靠的

纳税人签字：　　　　　　　　　　年　月　日

代理机构（人）签章： 经办人： 经办人执业证件号码：	主管税务机关受理专用章： 受理人：
代理申报日期：　　年　月　日	受理日期：　　年　月　日

国家税务总局监制

表5-10

个人所得税纳税申报表

（适用于年所得12万元以上的纳税人申报）

所得年份：2018年　　填表日期：2019年2月25日　　　　金额单位：人民币元（列至角分）

纳税人姓名	杜虹	国籍（地区）	中国	身份证照类型	身份证	身份证照号码	342521197511290021				
任职、受雇单位	东平股份有限公司	任职受雇单位税务代码	××××	任职受雇单位所属行业	IT	职务	技术员		职业	工程师	
在华天数		境内有效联系地址	滨海市明阳区南街路100号			境内有效联系地址邮编	430320		联系电话	×××××××	
此行由取得经营所得的纳税人填写	经营单位纳税人识别号					经营单位纳税人名称					
所得项目	年所得额			应纳税所得额	应纳税额	已缴（扣）税额	抵免税额	减免税额	应补税额	应退税额	备注
	境内	境外	合计								
1.工资、薪金所得	158 160		158 160	116 160	12 867	12 867			0		
2.个体工商户的生产、经营所得											
3.对企事业单位的承包经营、承租经营所得											
4.劳务报酬所得	5 000		5 000	4 000	800	800			0		
5.稿酬所得	900		900	100	14	14			0		
6.特许权使用费所得	60 000		60 000	48 000	9 600	9 600			0		
7.利息、股息、红利所得	20 000		20 000	20 000	4 000	4 000			0		
8.财产租赁所得	35 000		35 000	25 000	5 000	5 000			0		
9.财产转让所得	1 800		1 800	1 800	360	360			0		
其中：股票转让所得										—	
个人房屋转让所得											
10.偶然所得								—			
11.其他所得											
合　计	280 860		280 860	215 060	32 641	32641					
我声明，此纳税申报表是根据《中华人民共和国个人所得税法》及有关法律、法规的规定填报的，我保证它是真实的、可靠的、完整的 纳税人签字：											
代理人（签章）：				联系电话：							

税务机关受理人（签字）：　　　税务机关受理时间：　　　　年　　月　　日

受理申报税务机关名称（盖章）：

表 5-11　　限售股转让所得个人所得税清算申报表

填表日期：　　年　月　日

税款所属期：　　年　月　日至　　年　月　日　　　　金额单位：元（列至角分）

<table>
<tr><td rowspan="5">纳税人基本情况</td><td>姓名</td><td></td><td>证券账户号</td><td></td></tr>
<tr><td>有效身份证照类型</td><td></td><td>有效身份证照号码</td><td></td></tr>
<tr><td>国籍（地区）</td><td></td><td>有效联系电话</td><td></td></tr>
<tr><td>开户银行名称</td><td></td><td>开户银行账号</td><td></td></tr>
<tr><td>中国境内有效联系地址及邮编</td><td colspan="3"></td></tr>
<tr><td rowspan="2">开户证券公司（营业部）</td><td>名称</td><td></td><td>扣缴义务人编码</td><td></td></tr>
<tr><td>地址</td><td></td><td>邮编</td><td></td></tr>
<tr><td rowspan="12">限售股转让收入及纳税情况</td><td>股票代码</td><td>1</td><td colspan="2"></td></tr>
<tr><td>股票名称</td><td>2</td><td colspan="2"></td></tr>
<tr><td>转让股数（股）</td><td>3</td><td colspan="2"></td></tr>
<tr><td>实际转让收入额</td><td>4</td><td colspan="2"></td></tr>
<tr><td>限售股原值和合理税费小计</td><td>5=6+7</td><td colspan="2"></td></tr>
<tr><td>限售股原值</td><td>6</td><td colspan="2"></td></tr>
<tr><td>合理税费</td><td>7</td><td colspan="2"></td></tr>
<tr><td>应纳税所得额</td><td>8=4-5</td><td colspan="2"></td></tr>
<tr><td>税率</td><td>9</td><td colspan="2">20%</td></tr>
<tr><td>应纳税额</td><td>10=8×9</td><td colspan="2"></td></tr>
<tr><td>已扣缴税额</td><td>11</td><td colspan="2"></td></tr>
<tr><td>应退（补）税额</td><td>12=10-11</td><td colspan="2"></td></tr>
<tr><td>声明</td><td colspan="4">我声明，此纳税申报表及所附资料是根据《中华人民共和国个人所得税法》及相关法律法规规定填写、报送的，我确保上述资料是真实的、可靠的、完整的
纳税人（签字）：
年　月　日</td></tr>
<tr><td colspan="3">代理人（中介机构）签字或盖章：
经办人：
经办人执业证件号码：
代理申报日期：　年　月　日</td><td colspan="2">主管税务机关受理专用章：
受理人：
受理时间：　年　月　日</td></tr>
</table>

国家税务总局监制

表5-12　　生产、经营所得个人所得税纳税申报表（A表）

税款所属期：　　年　月　日至　　年　月　日　　　　金额单位：人民币元（列至角分）

<table>
<tr><td rowspan="2">投资者信息</td><td>姓名</td><td></td><td>身份证件类型</td><td></td><td>身份证件号码</td><td></td></tr>
<tr><td>国籍（地区）</td><td colspan="3"></td><td>纳税人识别号</td><td></td></tr>
<tr><td rowspan="2">被投资单位信息</td><td>名称</td><td colspan="3"></td><td>纳税人识别号</td><td></td></tr>
<tr><td>征收方式</td><td colspan="3">□查账征收　□核定征收</td><td>类型</td><td>□个体工商户　□承包、承租经营者
□个人独资企业　□合伙企业</td></tr>
<tr><td colspan="5">项　目</td><td>行次</td><td>金　额</td></tr>
<tr><td colspan="5">一、本期收入总额</td><td>1</td><td></td></tr>
<tr><td colspan="5">二、本期成本费用总额</td><td>2</td><td></td></tr>
<tr><td colspan="5">三、本期利润总额</td><td>3</td><td></td></tr>
<tr><td colspan="5">四、分配比例（%）</td><td>4</td><td></td></tr>
<tr><td colspan="5">五、应纳税所得额</td><td>5</td><td></td></tr>
<tr><td rowspan="2">查账征收</td><td colspan="4">1.按本期实际计算的应纳税所得额</td><td>6</td><td></td></tr>
<tr><td colspan="4">2.上年度应纳税所得额的1/12或1/4</td><td>7</td><td></td></tr>
<tr><td rowspan="2">核定征收</td><td colspan="4">1.税务机关核定的应税所得率（%）</td><td>8</td><td></td></tr>
<tr><td colspan="4">2.税务机关认可的其他方法确定的应纳税所得额</td><td>9</td><td></td></tr>
<tr><td colspan="5">六、按上述内容换算出的全年应纳税所得额</td><td>10</td><td></td></tr>
<tr><td colspan="5">七、税率（%）</td><td>11</td><td></td></tr>
<tr><td colspan="5">八、速算扣除数</td><td>12</td><td></td></tr>
<tr><td colspan="5">九、本期预缴税额</td><td>13</td><td></td></tr>
<tr><td colspan="5">十、减免税额</td><td>14</td><td></td></tr>
<tr><td colspan="5">十一、本期实际应缴税额</td><td>15</td><td></td></tr>
<tr><td colspan="7">谨声明：此表是根据《中华人民共和国个人所得税法》及其实施条例和国家相关法律法规规定填写的，是真实的、完整的、可靠的
纳税人签字：　　　　　　年　月　日</td></tr>
<tr><td colspan="4">代理申报机构（人）公章：
经办人：
经办人执业证件号码：</td><td colspan="3">主管税务机关受理专用章：
受理人：</td></tr>
<tr><td colspan="4">代理申报日期：　年　月　日</td><td colspan="3">受理日期：　年　月　日</td></tr>
</table>

国家税务总局监制

表 5-13　　生产、经营所得个人所得税纳税申报表（B表）

税款所属期：　年　月　日至　年　月　日　　金额单位：人民币元（列至角分）

<table>
<tr><td rowspan="2">投资者信息</td><td>姓名</td><td></td><td>身份证件类型</td><td></td><td>身份证件号码</td><td></td></tr>
<tr><td>国籍（地区）</td><td colspan="3"></td><td>纳税人识别号</td><td></td></tr>
<tr><td rowspan="2">被投资单位信息</td><td>名称</td><td colspan="3"></td><td>纳税人识别号</td><td></td></tr>
<tr><td>类型</td><td colspan="5">□个体工商户　□承包、承租经营者　□个人独资企业　□合伙企业</td></tr>
</table>

项　　目	行次	金　额	补充资料
一、收入总额	1		1.年平均职工人数：_______人
减：成本	2		2.工资总额：_______元
销售费用	3		3.投资者人数：_______人
管理费用	4		
财务费用	5		
税金及附加	6		
营业外支出	7		
二、利润总额	8		
三、纳税调整增加额	9		
1.超过规定标准扣除的项目	10		
(1) 职工福利费	11		
(2) 职工教育经费	12		
(3) 工会经费	13		
(4) 利息支出	14		
(5) 业务招待费	15		
(6) 广告费和业务宣传费	16		
(7) 教育和公益事业捐赠	17		
(8) 住房公积金	18		
(9) 社会保险费	19		
(10) 折旧费用	20		
(11) 无形资产摊销	21		
(12) 资产损失	22		
(13) 其他	23		
2.不允许扣除的项目	24		
(1) 资本性支出	25		
(2) 无形资产受让、开发支出	26		
(3) 税收滞纳金、罚金、罚款	27		
(4) 赞助支出、非教育和公益事业捐赠	28		
(5) 灾害事故损失赔偿	29		
(6) 计提的各种准备金	30		
(7) 投资者工资薪金	31		
(8) 与收入无关的支出	32		
其中：投资者家庭费用	33		
四、纳税调整减少额	34		
1.国债利息收入	35		
2.其他	36		
五、以前年度损益调整	37		
六、经纳税调整后的生产经营所得	38		
减：弥补以前年度亏损	39		
乘：分配比例（%）	40		
七、允许扣除的其他费用	41		
八、投资者减除费用	42		
九、应纳税所得额	43		
十、税率（%）	44		
十一、速算扣除数	45		
十二、应纳税额	46		
减：减免税额	47		
十三、全年应缴税额	48		
加：期初未缴税额	49		
减：全年已预缴税额	50		
十四、应补（退）税额	51		

续表

谨声明：此表是根据《中华人民共和国个人所得税法》及其实施条例和国家相关法律法规规定填写的，是真实的、完整的、可靠的 纳税人签字： 年 月 日	
代理申报机构（人）公章： 经办人： 经办人执业证件号码：	主管税务机关受理专用章： 受理人：
代理申报日期： 年 月 日	受理日期： 年 月 日

国家税务总局监制

表 5-14 **生产、经营所得投资者个人所得税汇总申报表**

税款所属期： 年 月 日至 年 月 日 金额单位：人民币元（列至角分）

投资者信息	姓名		身份证件类型		身份证件号码	
	国籍（地区）				纳税人识别号	
项目	被投资单位编号	被投资单位名称	被投资单位纳税人识别号	分配比例	行次	金额
一、应汇总申报的各被投资单位的应纳税所得额	1.汇缴地				1	
	2.其他				2	
	3.其他				3	
	4.其他				4	
	5.其他				5	
	6.其他				6	
	合计				7	
二、应调增的投资者减除费用					8	
三、调整后应纳税所得额					9	
四、税率					10	
五、速算扣除数					11	
六、应纳税额					12	
七、本企业经营所得占各企业经营所得总额的比重（%）					13	
八、本企业应纳税额					14	
九、减免税额					15	
十、全年应缴税额					16	
十一、全年已预缴税额					17	
十二、应补（退）税额					18	

谨声明：此表是根据《中华人民共和国个人所得税法》及其实施条例和国家相关法律法规规定填写的，是真实的、完整的、可靠的 纳税人签字： 年 月 日	
代理机构（人）签章： 经办人： 经办人执业证件号码：	主管税务机关受理专用章： 受理人：
代理申报日期： 年 月 日	受理日期： 年 月 日

国家税务总局监制

（2）年所得12万元以上的纳税人的纳税申报表编制（见表5-10）

部分项目填表说明：

①年所得额：年所得额按《个人所得税自行纳税申报办法》的规定计算。具体内容如下：

工资、薪金所得，按未减除费用及附加减除费用的收入额计算。

个体工商户生产、经营所得，按应纳税所得额计算。实行查账征收的，按每一纳税年度的收入总额减除成本、费用以及损失后的余额计算；实行定期定额征收的，按纳税人自行申报的年度应纳税所得额计算，或按其自行申报的年度应纳税经营额乘以应税所得率计算。

对企事业单位的承包、承租经营所得，按每一纳税年度的收入总额计算，即按承包、承租经营者实际取得的经营利润，加上从承包、承租的企事业单位中取得的工资、薪金性质的所得计算。对个体工商户、个人独资企业投资者，按照征收率核定个人所得税的，将征收率换算为应税所得率，据此计算应纳税所得额。

劳务报酬所得、稿酬所得、特许权使用费所得，按未减除费用（每次800元或每次收入额的20%）的收入额计算，也不得减除纳税人在提供劳务或让渡特许权的使用权过程中缴纳的有关税费。

财产租赁所得，按未减除费用（每次800元或者每次收入额的20%）和修缮费用的收入额计算，也不得减除纳税人在出租财产过程中缴纳的有关税费；对于纳税人一次取得跨年度财产租赁所得的，全部视为实际取得所得年度的所得。

财产转让所得，按应纳税所得额计算，即按以转让财产的收入额减除财产原值和转让财产过程中缴纳的税金及有关合理费用后的余额计算。对于个人转让房屋所得，采取核定征收个人所得税的，按实际征收率（1%、2%、3%）分别换算为应税所得率（5%、10%、15%），据此计算年所得。

利息、股息、红利所得，偶然所得和其他所得，按收入额全额计算。个人储蓄存款利息所得、企业债券利息所得，全部视为纳税人实际取得所得年度的所得。

股票转让所得，以一个纳税年度内个人股票转让所得与损失盈亏相抵后的正数为申报所得数额，盈亏相抵为负数的，此项所得按“零”填写。

特别提醒：上述年所得计算口径主要是为了方便纳税人履行自行申报义务，仅适用于个人年所得12万元以上的年度自行申报，不适用于个人计算缴纳税款。

②应税所得额：填写按照个人所得税有关规定计算的应当缴纳个人所得税的所得额。

③已缴（扣）税额：填写取得该项所得在中国境内已经缴纳或已经扣缴的税额。

④抵扣税额：填写个人所得税法允许抵扣的在中国境外已经缴纳的个人所得税税额。

⑤减免税额：填写个人所得税法允许减征或免征的个人所得税税额。

同步案例5-1

杜虹需要自行申报个人所得税吗？

背景与情境： 纳税人基本资料：

姓名：杜虹

国籍：中国

身份证号码：342521197511290021

经常居住地：滨海市朝阳区南街路100号　　　邮编：430320

受雇企业：东平股份有限公司

2018年杜虹的全部收入和税款缴纳情况如下：

（1）每月取得工资和年终奖及扣缴税款情况见表5-15。

表5-15　　**相关资料表**　　单位：元

项目	基本及岗位工资	伙食补助	月奖	住房补贴	过节费	应发工资	住房公积金	养老保险费	医疗保险费	失业保险费	三费一金合计	个人所得税	实发工资
	①	②	③	④	⑤	⑥	⑦	⑧	⑨	⑩	⑪	⑫	⑬
1月	7 000	1 000	1 200	3 000	1 000	13 200	1 200	960	240	120	2 520	881	9 799
2月	7 000	1 000	1 200	3 000	2 000	14 200	1 200	960	240	120	2 520	1 081	10 599
3月	7 000	1 000	1 200	3 000	0	12 200	1 200	960	240	120	2 520	681	8 999
4月	7 000	1 000	1 200	3 000	0	12 200	1 200	960	240	120	2 520	681	8 999
5月	7 000	1 000	1 200	3 000	1 000	13 200	1 200	960	240	120	2 520	881	9 799
6月	7 000	1 000	1 200	3 000	0	12 200	1 200	960	240	120	2 520	681	8 999
7月	7 000	1 000	1 200	3 000	0	12 200	1 200	960	240	120	2 520	681	8 999
8月	7 000	1 000	1 200	3 000	0	12 200	1 200	960	240	120	2 520	681	8 999
9月	7 000	1 000	1 200	3 000	1 000	13 200	1 200	960	240	120	2 520	881	9 799
10月	7 000	1 000	1 200	3 000	1 000	13 200	1 200	960	240	120	2 520	881	9 799
11月	7 000	1 000	1 200	3 000	0	12 200	1 200	960	240	120	2 520	681	8 999
12月	7 000	1 000	1 200	3 000	0	12 200	1 200	960	240	120	2 520	681	8 999
年终奖金	—	—	—	—	—	36 000	—	—	—	—		3 495	32 505
合计						188 400					30 240	12 867	145 293

（2）2018年3月1日将其拥有的一项发明专利转让给甲公司，双方约定的转让价为60 000元。

（3）2018年3月1日出租自有商铺给乙公司，合同约定租期为一年，月租金3 500元，按国家规定缴纳除个人所得税外的其他税费200元。

（4）2018年5月10日完成某单位委托的工程项目可行性方案取得设计费5 000元。

（5）2018年2月转让设备一台，取得转让收入6 000元。该设备原价4 000元，转让时支付相关费用200元。

（6）取得本公司股利分红20 000元。

（7）在国内专业杂志上发表文章取得稿酬900元。

问题：（1）假设各相关扣缴义务人均按税法规定完成代扣代缴个人所得税的义务，请代为计算其金额。

(2) 杜虹是否需要自行申报纳税?如果需要，请帮助填制纳税申报表。

分析提示: (1) 各相关扣缴义务人应代扣代缴个人所得税税额计算如下:

①各月工资、薪金收入应按“工资、薪金所得”项目计算个人所得税，由东平股份有限公司在发放工资时代扣代缴。

以1月份为例计算如下:

应纳税所得额=应发工资-个人缴付的“三费一金”-基本费用扣除标准

=13 200-2 520-3 500=7 180（元）

应纳税额=7 180×20%-555=881（元）

2—12月份工资、薪金个人所得税类推。

杜虹年终奖按一个月工资、薪金计算个人所得税，由东平股份有限公司在发放时代扣代缴。

找税率：36 000÷12=3 000（元），适用税率为10%，速算扣除数为105元。

算税额：应纳税额=36 000×10%-105=3 495（元）

东平股份有限公司全年代扣代缴工资、薪金个人所得税合计12 867元。

②转让专利所得按“特许权使用费”项目计算个人所得税，由甲公司代扣代缴。

应纳税额=60 000×（1-20%）×20%=9 600（元）

③出租房屋所得按“财产租赁所得”项目计算个人所得税，由乙公司代扣代缴。

应纳税额=（3 500-200-800）×20%×10=5 000（元）

④完成项目设计方案所得按“劳务报酬所得”项目计算个人所得税，并由委托单位代扣代缴。

应纳税额=5 000×（1-20%）×20%=800（元）

⑤转让设备所得按“财产转让所得”项目计算个人所得税，由受让人代扣代缴。

应纳税额=（6 000-4 000-200）×20%=360（元）

⑥取得本公司股利按“股息、红利所得”项目计算个人所得税，由本公司代扣代缴。

应纳税额=20 000×20%=4 000（元）

⑦取得稿酬按“稿酬所得”项目计算个人所得税，由出版社代扣代缴。

应纳税额=（900-800）×20%×（1-30%）=14（元）

(2) 应在2019年3月前，按税法规定汇总2018年全年应税项目的收入总额，当该收入总额大于或等于12万元时，就应自行纳税申报。

2018年的收入总额（也称年所得）如下:

①年工资、薪金所得=各月应发工资合计-各月个人缴付的“三费一金”合计+年终奖金合计

=188 400-30 240

=158 160（元）

②特许权使用费按未减除费用的收入额计算。

年特许权使用费所得=60 000元

③财产租赁所得按未减除费用和修缮费用的收入额计算。

年财产租赁所得=3 500×10=35 000（元）

④劳务报酬所得按未减除费用的收入额计算。

劳务报酬所得=5 000元

⑤年财产转让所得，按应纳税所得额计算。

年财产转让所得=6 000-4 000-200=1 800（元）

⑥年利息、股息、红利所得，按收入额全额计算。

年利息、股息、红利所得=20 000元

⑦稿酬按未减除费用的收入额计算。

稿酬所得=900元

2018年杜虹的年所得=158 160+60 000+35 000+5 000+1 800+20 000+900=280 860（元）

杜虹年所得大于12万元，故杜虹应该进行年所得12万元以上的自行申报，见表5-10。

5.3.2 个人所得税代扣代缴

1）全员全额扣缴申报

税法规定，凡是支付个人应纳税所得的企业（公司）、事业单位、机关单位、社团组织、军队、驻华机构、个体户等单位或个人，都是个人所得税的扣缴义务人。从2006年1月1日起，扣缴义务人必须依法履行个人所得税全员全额扣缴申报义务。全员全额扣缴申报是指扣缴义务人向个人支付应税所得时，不论其是否属于本单位人员、支付的应税所得是否达到纳税标准，扣缴义务人均应当在代扣税款的次月内，向主管税务机关报送其支付应税所得个人的基本信息、支付所得项目和数额、扣缴税款数额以及其他相关涉税信息。扣缴义务人每月所扣的税款，均应当在次月15日内缴入国库。

2）代扣代缴的应税所得项目及申报表种类

（1）代扣代缴的应税所得项目

扣缴义务人向个人支付下列所得时，应代扣代缴个人所得税：工资、薪金所得；对企（事）业单位承包、承租经营所得；劳务报酬所得；稿酬所得；特许权使用费所得；利息、股息、红利所得；财产租赁所得；财产转让所得；偶然所得；经国务院财政部门确定征税的其他所得。

（2）扣缴个人所得税申报表种类

①个人所得税基础信息表（A表）（见表5-16），适用于扣缴义务人办理全员全额扣缴申报时，按其支付所得纳税人的基础信息填报。初次申报后，以后月份只需报送基础信息发生变化的纳税人的信息。

②扣缴个人所得税报告表（见表5-17），适用于扣缴义务人办理全员全额扣缴个人所得税的申报，包括特定行业职工工资、薪金所得个人所得税的月份申报。

③特定行业个人所得税年度申报表（见表5-18），适用于特定行业职工工资、薪金所得个人所得税的年度申报。

④限售股转让所得扣缴个人所得税报告表（见表5-19），适用于证券机构预扣预缴，或者直接代扣代缴限售股转让所得个人所得税的申报。

表 5-16

个人所得税基础信息表（A表）

扣缴义务人名称：

扣缴义务人编码：□□□□□□□□□□□□□□□

序号	姓名	国籍（地区）	身份证件类型	身份证件号码	是否残疾烈属孤老	雇员		非雇员			股东、投资者		境内无住所个人									备注
						电话	电子邮箱	联系地址	电话	工作单位	公司股本（投资）总额	个人股本（投资）额	纳税人识别号	来华时间	任职期限	预计离境时间	预计离境地点	境内职务	境外职务	支付地	境外支付地（国别/地区）	
1																						
2																						
3																						
4																						
5																						
6																						
7																						
8																						
9																						
10																						
11																						
12																						
13																						
14																						

谨声明：此表是根据《中华人民共和国个人所得税法》及其实施条例和国家相关法律法规规定填报的，是真实的、完整的、可靠的

法定代表人（负责人）签字：　　　　年　　月　　日

扣缴义务人公章： 经办人：	代理机构（人）签章： 经办人： 经办人执业证件号码：	主管税务机关受理专用章： 受理人：
填表日期：　　年　　月　　日	代理申报日期：　　年　　月　　日	受理日期：　　年　　月　　日

国家税务总局监制

表 5-17

扣缴个人所得税报告表

税款所属期：　　年　月　日至　年　月　日

扣缴义务人名称：　　　　　　　　扣缴义务人所属行业：□一般行业 □特定行业　　　　月份申报

扣缴义务人编码：□□□□□□□□□□□□□□□　　　　金额单位：人民币元（列至角分）

序号	姓名	身份证件类型	身份证件号码	所得项目	所得期间	收入额	免税所得	税前扣除项目								减除费用	准予扣除的捐赠额	应纳税所得额	税率（%）	速算扣除数	应纳税额	减免税额	应扣缴税额	已扣缴税额	应补（退）税额	备注
								基本养老保险费	基本医疗保险费	失业保险费	住房公积金	财产原值	允许扣除的税费	其他	合计											
1	2	3	4	5	6	7	8	9	10	11	12	13	14	15	16	17	18	19	20	21	22	23	24	25	26	27
合计																										

谨声明：此扣缴报告表是根据《中华人民共和国个人所得税法》及其实施条例和国家有关税收法律法规规定填写的，是真实的、完整的、可靠的

法定代表人（负责人）签字：　　　　　　　　年　月　日

扣缴义务人公章： 经办人：	代理机构（人）签章： 经办人： 经办人执业证件号码：	主管税务机关受理专用章： 受理人：
填表日期：　年　月　日	代理申报日期：　年　月　日	受理日期：　年　月　日

国家税务总局监制

表 5-18

特定行业个人所得税年度申报表

税款所属期：　　年　月　日至　　年　月　日

扣缴义务人名称：

扣缴义务人编码：□□□□□□□□□□□□□□□□□□□

金额单位：人民币元（列至角分）

序号	姓名	身份证件类型	身分证件号码	所得项目	所得期间	全年收入额	年免税所得	年税前扣除项目						年减除费用	准予扣除的捐赠额	月平均应纳税所得额	税率（%）	速算扣除数	月平均应纳税额	年应扣缴税额	减免税额	年预缴税额	应补（退）税额	备注
								基本养老保险费	基本医疗保险费	失业保险费	住房公积金	其他	合计											
1	2	3	4	5	6	7	8	9	10	11	12	13	14	15	16	17	18	19	20	21	22	23	24	25

谨声明：此扣缴报告表是根据《中华人民共和国个人所得税法》及其实施条例和国家有关税收法律法规规定填写的，是真实的、完整的、可靠的

法定代表人（负责人）签字：　　　　年　月　日

扣缴义务人公章： 经办人：	代理机构（人）签章： 经办人： 经办人执业证件号码：	主管税务机关受理专用章： 受理人：
填表日期：　年　月　日	代理申报日期：　年　月　日	受理日期：　年　月　日

国家税务总局监制

表5-19

限售股转让所得扣缴个人所得税报告表

扣缴义务人编码：

税款所属期：　年　月　日至　年　月　日　　填表日期：　年　月　日　　金额单位：元（列至角分）

扣缴义务人名称							地址						电话		
序号	纳税人姓名	纳税人有效身份证照		证券账户号	股票代码	股票名称	每股计税价格（元/股）	转让股数（股）	转让收入额	限售股原值及合理税费			应纳税所得额	税率（%）	扣缴税额
		证照类型	证照号码							小计	原值	合理税费			
1	(1)	(2)	(3)	(4)	(5)	(6)	(7)	(8)	(9) = (7) × (8)	(10) = (11) + (12)	(11)	(12)	(13) = (9) - (10)	(14)	(5) = (13) × (14)
2															
3															
4															
5															
6															
7															
8															
9															
10															
11															
12															
13															
14															
15															
16															
合计														—	

扣缴义务人声明	我声明，此扣缴申报表及所附资料是根据《中华人民共和国个人所得税法》及相关法律法规的规定填报的，我确保它是真实的、可靠的、完整的 法定代表人（签字） 年　月　日	扣缴义务人（盖章） 会计主管签字： 年　月　日	主管税务机关受理专用章： 受理人： 受理时间： 年　月　日

国家税务总局监制

第6章
其他税会计

学习目标

通过本章学习，应该达到以下目标：

理论目标：学习和把握关税、城市维护建设税、资源税、土地增值税、城镇土地使用税、房产税、车船税、车辆购置税、印花税和契税纳税人、征税范围与税率等陈述性知识；能用所学理论知识指导“其他税会计”的相关认知活动。

实务目标：学习和把握关税、城市维护建设税、资源税、土地增值税、城镇土地使用税、房产税、车船税、车辆购置税、印花税和契税应纳税额的会计核算方法，上述各税纳税申报与报表填制要求，“业务链接”等程序性知识；能用所学实务知识规范“其他税会计”的相关技能活动。

案例目标：运用所学“其他税会计”的理论与实务知识研究相关案例，培养和提高在特定业务情境中分析问题与决策设计的能力；能结合本章教学内容，依照“职业道德与会计伦理”的行业规范或标准，分析企业行为的善恶，强化职业道德素质。

实训目标：参加“土地增值税核算与申报”业务胜任力的实践训练。在了解和把握本实训所及“能力与道德领域”相关技能点的“规范与标准”基础上，通过切实体验“土地增值税核算与申报”各项实训任务的完成、系列技能操作的实施、《××土地增值税核算与申报实训报告》的准备与撰写等有质量、有效率的活动，培养“土地增值税核算与申报”的专业能力，强化“信息处理”、“解决问题”、“革新创新”、“与人交流”和“与人合作”职业核心能力（中级），并通过“认同级”践行“职业观念”、“职业良心”、“职业态度”、“职业作风”和“职业守则”等行为规范，促进健全职业人格的塑造。

引例 珠江有限责任公司房产税、城镇土地使用税及印花税计算

背景与情境：珠江有限责任公司是一家综合性经营公司，2018年土地房屋资料如下：全年实际占用土地面积5万平方米，其中，职工医务室占地4 000平方米，幼儿园占地1 500平方米，当地政府规定城镇土地使用税为10元/平方米。税务机关核定公司全年自用房产账面价值为18 000万元（其中本年12月份购入新建的商品房2 000万元，其余均为以前年度购建），当地政府规定的损耗扣除率标准为30%。假定该公司房产税、城镇土地使用税按年度征收的方式每半年预缴一次。

问题：计算珠江有限责任公司2018年12月应缴纳的城镇土地使用税和房产税税额。

房产税、城镇土地使用税等其他税种，相对于增值税等流转税和所得税来看，单项税额不大，但涉及的纳税主体面十分广泛。对于企业来讲，其税务处理还将直接影响企业所得税的多少，我们必须认真学习并很好地加以应用。

6.1 关税会计

6.1.1 关税纳税人、征税范围与税率

1）关税纳税人的认定

关税是海关依法对进出关境货物、物品征收的一种税。我国现行的关税基本法规是由国务院发布并于2004年1月1日起实施的《中华人民共和国进出口关税条例》（以下简称《进出口关税条例》）、由国务院关税税则委员会审定并报国务院批准的《中华人民共和国海关进出口税则》（以下简称《海关进出口税则》）和《中华人民共和国海关入境旅客行李物品和个人邮递物品征收进口税办法》，以及海关总署发布并于2014年2月1日起实施的《中华人民共和国海关审定进出口货物完税价格办法》。进口货物的收货人、出口货物的发货人、进出境物品的所有人（或推定所有人）为**关税纳税人**。

2）关税征税范围的确定

关税征税范围是进出我国关境的货物和物品。货物是指贸易性商品；物品是指非贸易性商品，包括入境旅客随身携带的行李物品、个人邮递物品、各种运输工具上服务人员携带进口的自用物品、馈赠物品以及以其他方式进境的个人物品。

学习微平台

延伸阅读 6-1

同步思考6-1

您认为“关境”与“国境”一致吗？

提示：国境是一个国家以边界为界限，全面行使主权的境域，包括一个国家全部的领土、领海和领空。关境是一个国家关税法令完全施行的境域，也叫“海关境域”或“关税领域”。一般情况下，一个国家的国境与关境是一致的，但当一个国家在国境内设立自由贸易区、自由贸易港、保税区或保税仓库时，这些区域就关税而言处在关境之外，此时关境小于国境，如我国的香港、澳门特别行政区；当几个国家组成关税同盟时，各成员国之间互相取消关税，对外实行共同关税税则，此时就成员国而言

其关境大于国境，如欧洲联盟。

3）关税税率的选择

关税税率由《海关进出口税则》规范，分为进口税率和出口税率两大类。

进口税率设有最惠国税率、协定税率、特惠税率、普通税率、关税配额税率五栏。出口关税税率只设一栏比例税率。

关税通常应当按纳税人申报进口或出口之日的税率征税。进口货物到达前海关核准先行申报的，按装载此货物的运输工具申报进境之日的税率征税。

进出口货物的补税和退税，适用该进出口货物原申报进口或出口之日的税率，但下列情况除外：

①按特定减免税办法批准予以减免税的进口货物，后因情况改变经海关批准转让或出售或移作他用需予补税的，按海关接受纳税人再次填写报关单、申报办理纳税及有关手续之日的税率征税。

②加工贸易进口料、件等属于保税性质的进口货物，经批准转为内销的，按向海关申报转为内销之日的税率征税；未经批准擅自转为内销的，按海关查获日的税率征税。

③暂时进口货物转为正式进口需补税的，按其申报正式进口之日的税率征税。

④分期支付租金的租赁进口货物分期付税的，按海关接受纳税人再次报关，申报办理纳税及有关手续之日的税率征税。

⑤溢卸、误卸货物事后确定需征税的，按其原运输工具申报进口之日的税率征税；原进口日期无法查明的，按确定补税当天的税率征税。

⑥对由于税则归类的改变、完税价格的审定或其他工作差错而需补税的，按原征税日的税率征税。

⑦对经批准缓税进口的货物以后交税时，不论是分期还是一次缴清税款，均按货物原进口之日的税率征税。

⑧查获的走私进口货物需予补税的，按查获日的税率征税。

6.1.2 关税应纳税额的计算

6.1.2.1 进口关税应纳税额的计算

进口关税计征办法有三种：从价计征、从量计征和复合计征。

1）从价计征进口关税应纳税额的计算

进口货物从价计征，应纳税额的计算公式为：

应纳税额=进口货物完税价格×比例税率

（1）一般进口货物完税价格的确定

①以成交价格为基础的完税价格，由成交价格、货物运抵我国境内输入地点起卸前的运输及其相关费用、保险费组成。

A.成交价格的确定。

进口货物的成交价格，是指卖方向我国境内销售该货物时买方为进口该货物向卖方实付、应付的，并按相关规定调整后的价款总额，包括直接支付的价款和间接支付的价款。

a.未包括在进口货物实付、应付价格中的下列费用或价值应当计入完税价格：

·由买方负担的下列费用：除购货佣金以外的佣金和经纪费；与该货物视为一体的容器费用；包装材料费用和包装劳务费用。

·与进口货物的生产和向我国境内销售有关的，由买方以免费或以低于成本的方式提供，并且可以按适当比例分摊的下列货物或服务的价值：进口货物包含的材料、部件、零件和类似货物；在生产进口货物过程中使用的工具、模具和类似货物；在生产进口货物过程中消耗的材料；在境外进行的为生产进口货物所需的工程设计、技术研发、工艺及制图等相关服务。

·买方需向卖方或有关方直接或间接支付的特许权使用费，但是符合下列情形之一的除外：特许权使用费与该货物无关；特许权使用费的支付不构成该货物向我国境内销售的条件。

卖方直接或间接从买方对该货物进口后销售、处置或使用所得中获得的收益。

b.进口货物的价款中单独列明的下列税收、费用，不计入该货物的完税价格：

厂房、机械或者设备等货物进口后发生的建设、安装、装配、维修或者技术援助费用，但是保修费用除外；进口货物运抵我国境内输入地点起卸后发生的运输及其相关费用、保险费；进口关税、进口环节海关代征税及其他国内税；为在境内复制进口货物而支付的费用；境内外技术培训及境外考察费用。

同时符合下列条件的利息费用不计入完税价格：利息费用是买方为购买进口货物而融资所产生的；有书面的融资协议的；利息费用单独列明的；纳税义务人可以证明有关利率不高于在融资当时当地此类交易通常应当具有的利率水平，且没有融资安排的相同或者类似进口货物的价格与进口货物的实付、应付价格非常接近的。

B.运输及其相关费用、保险费的确定。

a.进口货物的运输及其相关费用，应当按照由买方实际支付或应当支付的费用计算。如果进口货物的运输及其相关费用无法确定，海关应当按照该货物进口同期的正常运输成本审查确定。运输工具作为进口货物、利用自身动力进境的，海关在审查确定完税价格时，不再另行计算运输及其相关费用。

b.进口货物的保险费，应当按照实际支付的费用计算。如果进口货物的保险费无法确定或者未实际发生，海关应当按照“货价加运费”两者总额的3‰计算保险费，其计算公式如下：

保险费=（货价+运费）×3‰

c.邮运进口的货物，应当以邮费作为运输及其相关费用、保险费。

综上所述，不同成交价格条件下的进口货物完税价格的计算公式可归纳如下：

以CIF（到岸价格）成交的：完税价格=CIF

以CFR（离岸价格+运输费）成交的：完税价格=CFR+保险费=CFR×（1+保险费率）

以FOB（离岸价格）成交的：完税价格=FOB+运输费+保险费=（FOB+运输费）×（1+保险费率）

②海关估定的完税价格。进口货物的成交价格不符合有关规定条件，或成交价格不能确定的，海关应当依次以下列方法确定的价格为基础估定完税价格：

相同货物成交价格估价方法，是指海关以与进口货物同时或大约同时向我国境内销售相同货物的成交价格为基础，审查确定进口货物完税价格的估价方法。

类似货物成交价格估价方法，是指海关以与进口货物同时或大约同时向我国境内销售类似货物的成交价格为基础，审查确定进口货物完税价格的估价方法。

倒扣价格估价方法，是指海关以进口货物、相同或类似进口货物在境内的销售价格为基础，扣除境内发生的关税和进口环节海关代征税及其他国内税、运费、保险费、利润等相关规定费用后，审查确定进口货物完税价格的估价方法。

计算价格估价方法，是指海关按照下列各项总和计算出完税价格：生产该货物所使用的料件成本和加工费用；向境内销售同等级或同种类货物通常的利润和一般费用；该货物运抵境内输入地点起卸前的运输及相关费用、保险费。

其他合理方法，是指海关以客观量化的数据资料为基础审查确定进口货物完税价格的估价方法。

（2）特殊进口货物完税价格的确定

①经海关批准的暂时进境货物，应当缴纳税款的，由海关按照一般进口货物的规定审查确定完税价格。经海关批准留购的暂时进境货物，以海关审查确定的留购价格作为完税价格。

②运往境外修理的机械器具、运输工具或其他货物，出境时已向海关报明，并在海关规定的期限内复运进境的，应当以境外修理费和料件费为基础审查确定完税价格。

③运往境外加工的货物，出境时已向海关报明，并在海关规定的期限内复运进境的，应当以境外加工费和料件费、复运进境的运输及其相关费用、保险费为基础审查确定完税价格。

④以租赁方式进口的货物，按照下列方法审查确定完税价格：以租金方式对外支付的租赁货物，在租赁期间以海关审查确定的租金作为完税价格，利息应当予以计入；留购的租赁货物以海关审查确定的留购价格作为完税价格；纳税义务人申请一次性缴纳税款的，可以选择申请按照一般货物列明的方法确定完税价格，或按照海关审查确定的租金总额作为完税价格。

⑤减税或免税进口的货物应当补税时，应当以海关审查确定的该货物原进口时的价格，扣除折旧部分价值作为完税价格。即：

$$\text{完税价格}=\frac{\text{海关审查确定的该货物原进口时的价格}}{}\times[1-\text{补税时实际已进口的时间（月）}\div(\text{监管年限}\times 12)]$$

⑥易货贸易、寄售、捐赠、赠送等不存在成交价格的进口货物，海关与纳税义务人进行价格磋商后，按一般进口货物估价办法的规定审查确定完税价格。

业务链接6-1

某公司从美国进口货物一批，货物进口成交价格为FOB纽约USD200 000，公司另支付运输费USD10 000，保险费率为3‰，关税税率为10%。假设外汇牌价为USD100=RMB618。

问题：计算该批进口货物应纳关税税额。

计算：应纳税额=（200 000+10 000）×（1+3‰）×6.18×10%=130 169.34（元）

互动教学6-1

若上述货物进口成交价格为CFR上海USD220 000，其他条件不变，进口关税税额是多少？若货物进口成交价格为CIF上海USD250 000，其他条件不变，进口关税税额又是多少？

学习微平台

延伸阅读 6-2

2）从量计征进口关税应纳税额的计算

适用从量计税的货物主要有进口原油、部分鸡产品、啤酒、胶卷等。其计算公式为：

应纳税额=进口货物数量×定额税率

3）复合计征进口关税应纳税额的计算

适用复合计税的货物主要有录像机、放像机等。其计算公式为：

应纳税额=进口货物完税价格×比例税率+进口货物数量×定额税率

学习微平台

延伸阅读 6-3

同步思考6-2

关税的减免税将直接影响应纳关税税额，您对关税的法定减免政策了解多少？

提示：法定减免是税法中明确列举的减免税。现行《海关法》和《进出口关税条例》明确规定的减免税项目有：

①下列货物经海关审查无讹，可以免税：关税税额在人民币50元以下的一票货物；无商业价值的广告品和货样；外国政府、国际组织无偿赠送的物资；进出境运输工具装载的途中必需的燃料、物料和饮食用品。

②有下列情形之一的进口货物，可以酌情减免：在境外运输途中或起卸时，遭受损坏或损失的；起卸后海关放行前，因不可抗力遭受损坏或损失的；海关查验已经破漏、损坏或腐烂，经证明不是保管不慎造成的。

③为境外厂商加工、装配成品和为制造外销产品而进口原材料、辅料、零件、部件、配套件和包装物料，海关按实际加工出口的成品数量免征进口关税；或对进口料件先征进口关税，再按实际加工出口的成品数量予以退税。

④经海关核准暂进境或暂出境并在6个月内复运出境或复运进境的货样、展览品、施工机械、工程车辆、工程船舶、供安装设备时使用的仪器和工具、电视或电影摄制器械、盛装货物的容器以及剧团服装道具，在货物收发货人向海关缴纳相当于税款的保证金或提供担保者，准予暂时免纳关税。

⑤我国缔结或参加的国际条约所规定减征、免征关税的货物、物品。

6.1.2.2　出口货物关税应纳税额的计算

我国现行出口货物关税全部为从价税。其计算公式为：

应纳税额=出口货物完税价格×比例税率

1）出口货物完税价格的确定

（1）以成交价格为基础的完税价格

出口货物的完税价格由海关以该出口货物的成交价格为基础审查确定，并且应当包括该货物运至我国境内输出地点装载前的运输及相关费用、保险费。出口货物的成交价格，是指该货物出口时卖方为出口该货物应当向买方直接收取和间接收取的价款总额。出口货物完税价格不包括出口关税，及在货物价款中单独列明的货物运至我国境内输出地点装载后的运输及相关费用、保险费。

综上所述，不同成交价格条件下的出口货物完税价格的计算公式可归纳如下：

以 CIF（到岸价格）成交的：完税价格=（CIF-保险费-运输费）÷（1+关税税率）

以 CFR（离岸价格+运输费）成交的：完税价格=（CFR-运输费）÷（1+关税税率）

以 FOB（离岸价格）成交的：完税价格=FOB÷（1+关税税率）

（2）海关估定的完税价格

出口货物的成交价格不能确定的，海关经了解有关情况，并与纳税义务人进行价格磋商后，依次以下列价格估定该货物的完税价格：

①同时或大约同时向同一国家或地区出口的相同货物的成交价格。

②同时或大约同时向同一国家或地区出口的类似货物的成交价格。

③根据境内生产相同或类似货物的成本、利润和一般费用，境内发生的运输及相关费用、保险费计算所得的价格。

④以合理方法估定的价格。

2）出口货物关税应纳税额计算举例

业务链接 6-2

某公司生产一批产品出口美国，以 CIF 纽约 USD220 000 的价格成交，其中，运输费为 USD10 000，保险费为 USD3 000，关税税率为 10%。

问题： 计算该批出口货物应缴纳的关税税额。

计算： 应纳税额=（220 000-3 000-10 000）÷（1+10%）×10%=USD18 818

学习微平台

延伸阅读 6-4

互动教学 6-2

若上述货物以 CFR 纽约 USD200 000 的价格成交，其中，运费为 USD10 000，该批货物的出口关税税额是多少？若货物以 FOB 上海 USD190 000 的价格成交，该货物出口关税税额又是多少？

6.1.3 关税应纳税额的会计核算

企业核算应缴纳的关税，应在“应交税费”科目下设置“应交关税”明细科目，并分自营和代理两种情况区别处理。

1）自营进出口关税的会计核算

进口货物缴纳的关税应计入该进口货物成本；出口货物的关税是对销售环节征收的一种税，应通过“税金及附加”科目核算。因此，企业计提进口货物关税时，应借记“在途物资”、“固定资产”和“在建工程”等科目，贷记“应交税费——应交关税”科目；企业计提出口关税时，应借记“税金及附加”科目，贷记“应交税费——应交关税”科目。实际缴纳进出口关税时，借记“应交税费——应交关税”科目，贷记“银行存款”科目。

业务链接6-3

某进出口公司从澳大利亚自营进口货物一批，货物以境外口岸离岸价格折合人民币800万元成交，另支付货物运抵我国上海港的运费、保险费每吨10万元人民币。假定该货物适用的关税税率为10%、增值税税率为16%、消费税税率为5%。

问题： 计算该货物进口环节应缴纳的关税、消费税和增值税，并编制会计分录。

计算： 完税价格=800+10=810（万元）

应纳进口关税=810×10%=81（万元）

消费税与增值税组成计税价格=（810+81）÷（1−5%）=937.9（万元）

进口应纳消费税=937.9×5%=46.9（万元）

进口应纳增值税=937.9×16%=150.06（万元）

货物采购成本=800+10+81+46.9=937.9（万元）

分录编制：根据购货发票和上述计算结果，编制会计分录：

借：在途物资	9 379 000	
贷：银行存款		8 100 000
应交税费——应交消费税		469 000
——应交关税（进口关税）		810 000

实际缴纳增值税、消费税和关税时，根据完税凭证编制会计分录：

借：应交税费——应交关税（进口关税）	810 000	
——应交消费税	469 000	
——应交增值税（进项税额）	1 500 600	
贷：银行存款		2 779 600

业务链接6-4

某外贸进出口公司自营出口A商品一批，该商品出口离岸价格为450 000元，出口关税税率为20%。

问题： 计算该公司出口商品应缴纳的出口关税税额，并编制会计分录。

计算： 应纳出口关税=450 000÷（1+20%）×20%=75 000（元）

分录编制：计提应交出口关税时，编制会计分录：

借：税金及附加	75 000	
贷：应交税费——应交关税（出口关税）		75 000

实际缴纳关税时，编制会计分录：

借：应交税费——应交关税（出口关税）	75 000	
贷：银行存款		75 000

2）代理进出口关税的会计核算

外贸企业代理进出口业务，由于进出口商品应缴纳的关税由委托方负担，外贸企业代理缴纳的关税属代垫款项。因此，代理企业计算申报关税时，应借记“应收账款”等科目，贷记“应交税费——应交关税”科目；缴纳关税时，应借记“应交税费——应交关税”科目，贷记“银行存款”科目；收到委托方交付的税款时，应借记“银行存款”科目，贷记“应收账款”科目。

6.1.4 关税缴纳、退还、补征和追征

1）关税缴纳

进出口货物的纳税人应在进口货物运输工具申报进境之日起14日内，或出口货物运抵海关监管区后装货的24小时以前，向货物进（出）境地海关申报应缴纳的关税和进口环节代征税，由海关填发税款缴款书。纳税人应自海关填发税款缴款书之日起15日内，向指定银行缴纳税款。

2）关税退还

关税退还是纳税人按海关核定的税额缴纳关税后，因某种原因的出现，海关将多征的税款退还给原纳税人的一种行政行为。

根据《进出口关税条例》的规定，有下列情形之一，纳税人自缴纳税款之日起1年内，向海关申请退税的，海关应予以退税并加计银行同期存款利息：因海关误征多纳税款的；海关核准免验进口的货物，在完税后发现有短卸情形，经海关审查认可的；已征出口关税的货物，因故未将其运出口，申报退关，经海关查验属实的。

对已征进出口关税的货物，因货物品种或规格原因（非其他原因）原状复运进境或出境，经海关查验属实的，应退还已征的关税。海关应自受理退税申请之日起30日内，作出书面答复并通知退税申请人。

3）关税补征和追征

关税补征和追征是海关在关税纳税人按海关核定的税额缴纳关税后，发现实际征收的税额少于应当征收的税额（称短征关税）时，责令纳税人补缴所差税款的一种行政行为。因纳税人违反海关规定造成短征关税的称为追征；非因纳税人违反海关规定造成短征关税的称为补征。

进出口货物放行后，海关发现少征或漏征税款的，应当自缴纳税款或货物放行之日起1年内，向纳税人补征税款。但因纳税人违反规定造成少征或漏征税款的，海关可以自缴纳税款或货物放行之日起3年内追征税款，并从缴纳税款或货物放行之日起按日加收少征或漏征税款0.5‰的滞纳金。

6.2 城市维护建设税会计

6.2.1 城市维护建设税纳税人、征税范围与税率

1）城市维护建设税纳税人的认定

城市维护建设税（简称城建税）是对缴纳增值税、消费税（简称“二税”）的单位和个人征收的一种税。

城建税属于一种附加税，它附加于增值税和消费税，缴纳“二税”的单位和个人同时也是城建税的纳税人。

2）城市维护建设税征税范围的确定

城建税本身没有特定的、独立的征税对象，它以纳税人实际缴纳的“二税”为征税对象。

3）城市维护建设税税率的选择

城建税根据纳税人所在地区不同，实行有差别的比例税率，具体见表6-1。

表6-1 **城市维护建设税税率表**

纳税人所在地区	税率（%）
市区	7
县城、镇	5
市区、县城和镇以外的其他地区	1

城建税的适用税率一般应按纳税人所在地的税率执行，但下列情况特殊：由受托方代扣代缴“二税”的纳税人，按受托方所在地的适用税率计算代扣代缴的城建税；流动经营等无固定纳税地点的纳税人，在经营地缴纳“二税”的，按经营地的适用税率计征城建税。

6.2.2 城市维护建设税应纳税额的计算与会计核算

1）城市维护建设税应纳税额的计算

城建税以纳税人实际缴纳的“二税”税额为计税依据，其应纳税额的计算公式如下：

应纳税额=实际缴纳的“二税”合计额×税率

特别提醒： 城建税计税依据的确定应注意以下问题：

①纳税人违反“二税”有关规定而加收的滞纳金和罚款等非税款项，不作为城建税的计税依据。但纳税人在被查补“二税”和被处以罚款时，应同时对偷漏的城建税也进行补税，并征收滞纳金、罚款。

②“二税”享受减征或免征的，城建税也同时给予减免。

③出口产品退还增值税、消费税的，不退还已缴纳的城建税；进口产品征收增值税、消费税的，不征收城建税。

2）城市维护建设税应纳税额的会计核算

企业核算城建税应设置“应交税费——应交城建税”科目。计提城建税时，应借记“税金及附加”“固定资产清理”等科目，贷记“应交税费——应交城建税”科目；实际缴纳城建税时，应借记“应交税费——应交城建税”科目，贷记“银行存款”科目。

业务链接6-5

某市区一化妆品生产企业为增值税一般纳税人。2018年6月份发生与流转税有关的业务如下：进口原材料缴纳进口环节增值税5万元；内销化妆品缴纳增值税16万元、消费税30万元；出口化妆品，按规定退回增值税4万元。

问题： 该企业6月份应缴纳多少城建税？并请作出会计处理。

计算： 根据税法规定，城建税实行“进口不征，出口不退”政策。市区城建税税率为7%。

应纳税额=（16+30）×7%=3.22（万元）

分录编制： 计提城建税时，编制会计分录：

借：税金及附加　　32 200

　贷：应交税费——应交城建税　　32 200

缴纳城建税时，编制会计分录：

借：应交税费——应交城建税　　32 200

　贷：银行存款　　32 200

6.2.3 城市维护建设税纳税申报

1）城市维护建设税纳税申报表填制

纳税人填制城建税纳税申报表时，首先，应对应纳增值税、消费税税额进行核对，并依据纳税人所在地区确定适用税率；其次，根据核实的计税依据和确定的适用税率计算应纳城建税税额；最后，根据审核无误的计税资料，如实填写城市维护建设税纳税申报表（见表6-2），并办理签章手续。

表6-2　　**城市维护建设税纳税申报表**

填表日期：　　年　月　日

纳税人识别号：　　　　金额单位：元（列至角分）

<table>
<tr><td>纳税人名称</td><td colspan="3"></td><td>税款所属时期</td><td></td></tr>
<tr><td>计税依据</td><td>计税金额</td><td>税率</td><td>应纳税额</td><td>已纳税额</td><td>应补（退）税额</td></tr>
<tr><td>1</td><td>2</td><td>3</td><td>4=2×3</td><td>5</td><td>6=4−5</td></tr>
<tr><td>增值税</td><td></td><td></td><td></td><td></td><td></td></tr>
<tr><td>消费税</td><td></td><td></td><td></td><td></td><td></td></tr>
<tr><td>合计</td><td></td><td></td><td></td><td></td><td></td></tr>
</table>

<table>
<tr><td colspan="2">如纳税人填报，由纳税人填写以下各栏</td><td colspan="4">如委托代理人填报，由代理人填写以下各栏</td><td>备注</td></tr>
<tr><td rowspan="3">会计主管
（签章）</td><td rowspan="3">纳税人
（公章）</td><td>代理人名称</td><td></td><td colspan="2" rowspan="2">代理人
（公章）</td><td rowspan="3"></td></tr>
<tr><td>代理人地址</td><td></td></tr>
<tr><td>经办人</td><td></td><td>电话</td><td></td></tr>
<tr><td colspan="7">以下由税务机关填写</td></tr>
<tr><td>收到申报表日期</td><td colspan="2"></td><td>接收人</td><td colspan="3"></td></tr>
</table>

2）城市维护建设税纳税期限与纳税地点的确定

城建税由纳税人在缴纳“二税”的同时缴纳，因此，其纳税期限与纳税地点分别与“二税”的纳税期限和纳税地点相同。

6.3 资源税会计

6.3.1 资源税纳税人、征税范围与税率

1）资源税纳税人和扣缴义务人的认定

资源税是对自然资源，向从事资源开发与利用的单位与个人，按资源产品的销售额或销售量与规定的比例税率或定额税率征收的一种税。我国现行的资源税基本法规是2011年9月30日颁布的《国务院关于修改〈中华人民共和国资源税暂行条例〉的决定》（简称《资源税暂行条例》）。从2016年7月1日起按照“清费立税、合理负担、适度分权、循序渐进”的原则，全面推进资源税的改革。

资源税的纳税人是指在中华人民共和国领域及管辖海域《资源税条例》规定的开采矿产品或生产盐的单位和个人，包括各类企业、行政单位、事业单位、军事单位、社会团体及个体工商户、其他个人。

收购未税矿产品的单位为资源税的扣缴义务人，包括独立矿山、联合企业及其他收购未税矿产品的单位。“独立矿山”是指只有采矿或只有采矿和选矿并实行独立核算、自负盈亏的企业，其生产的原矿和精矿主要用于对外销售。“联合企业”是指采矿、选矿、冶炼连续生产的企业或采矿、冶炼连续生产的企业。“其他收购未税矿产品的单位”包括收购未税矿产品的个体工商户。

2）资源税征税范围的确定

资源税的征税对象是各种自然资源，具体征税范围如下：

①原油，指开采的天然原油。人造石油不征税。

②天然气，指专门开采或与原油同时开采的天然气。煤矿生产的天然气和煤层瓦斯暂不征税。

③煤炭，指原煤和以未税原煤加工的洗选煤。

④其他非金属矿原矿、精矿，指原油、天然气、煤炭和井矿盐、湖盐以外的非金属矿原矿、精矿，包括石墨、硅藻土、高岭土、萤石、石灰石、硫铁矿、磷矿、氯化钾、硫酸钾、煤层气、粘土、砂石等原矿、精矿。

⑤金属矿原矿、精矿，指纳税人开采后自用、销售金属矿原矿、精矿，包括铁矿、金矿、铜矿、铅锌矿、铝土矿、钨矿、锡矿、镍矿、稀土矿、钼矿等原矿、精矿。

⑥盐，包括湖盐、井矿盐、提取地下卤水晒制的盐和海水晒制的盐。

未列举名称且未确定具体适用税率的其他非金属矿原矿、精矿和金属矿原矿、精矿，由省、自治区、直辖市人民政府根据实际情况确定，报财政部和国家税务总局备案。水资源税改革试点工作，自2016年7月1日起先在河北省试点，逐步将森林、草场、滩涂等其他自然资源纳入征收范围。

3）资源税税率的选择

从2016年7月1日起，资源税实行幅度的比例税率为主和定额税率为辅的计征方式，具体适用税率由财政部会同国务院有关部门，根据纳税人所开采或者生产应税产品的资源品位、开采条件等情况确定，具体见表6-3。

表6-3　　　　　　　　　　　　　　资源税税目税率表

税目		征税对象	税率
一、原油			6%～10%
二、天然气			6%～10%
三、煤炭			2%～10%
四、其他非金属矿	石墨	精矿	3%～10%
	高岭土、石灰石	原矿	1%～6%
	硅藻土、萤石、硫铁矿	精矿	1%～6%
	磷矿	原矿	3%～8%
	氯化钾	精矿	3%～8%
	硫酸钾	精矿	6%～12%
	井矿盐、湖盐	氯化钠初级产品	1%～6%
	提取地下卤水晒制的盐	氯化钠初级产品	3%～15%
	煤层（成）气	原矿	1%～2%
	粘土、砂石	原矿	每吨或每立方米0.1～5元
	未列举名称的其他非金属矿产品	原矿或精矿	从量税率每吨或每立方米不超过30元；从价税率不超过20%
五、金属矿	稀土矿	精矿	轻稀土按地区执行不同的适用税率，其中，内蒙古为11.5%、四川为9.5%、山东为7.5%；中重稀土资源税适用税率为27%
	钨矿	精矿	6.5%
	钼矿	精矿	11%
	铝土矿	原矿	3%～9%（包括耐火级矾土、研磨级矾土等高铝粘土）
	铁矿	精矿	1%～6%
	金矿	金锭	1%～4%
	铜矿	精矿	2%～8%
	铅锌矿、镍矿、锡矿	精矿	2%～6%
	未列举名称的其他金属矿产品	原矿或精矿	税率不超过20%
六、海盐		氯化钠初级产品	1%～5%

表6-3中，氯化钠初级产品是指井矿盐、湖盐原盐、提取地下卤水晒制的盐和海盐原盐，包括固体和液体形态的初级产品。

纳税人在开采主矿产品的过程中伴采的其他应税矿产品，凡未单独规定适用税率的，一律按主矿产品或视同主矿产品的适用税率征税。开采或生产不同税目应税产品的，应分别核算；未分别核算的，从高适用税率。纳税人具体的适用税率，应在条例规定的税率幅度内，根据所开采或生产应税产品的资源品位、开采条件等情况，由财政部商国务院有关部门确定；财政部未列举名称且未确定具体适用税率的其他非金属矿原矿和有色金属矿原矿，由省、自治区、直辖市人民政府根据实际情况确定，报财政部和国家税务总局备案。

扣缴义务人扣缴资源税适用税率按如下规定执行：独立矿山、联合企业收购未税矿产品，按本单位应税产品税额标准扣缴资源税；其他收购单位收购的未税矿产品，按税务机关核定的应税产品税额标准扣缴资源税。扣缴义务人代扣代缴资源税的纳税义务发生时间为支付首笔货款或首次开具支付货款凭据的当天。

6.3.2　资源税应纳税额的计算

根据我国现行资源税政策规定，除粘土、砂石仍实行从量定额计征外，对资源税税目税率幅度表中未列举名称的其他非金属矿产品，按照从价计征为主、从量计征为辅的原则，由省级人民政府确定计征方式。税额计算公式：

从价计征：应纳税额=销售额×税率

从量计征：应纳税额=计税数量×单位税额

1）计税依据的确定

（1）销售额确定

①销售额确定的一般规定。

销售额是指纳税人销售应税产品向购买方收取的全部价款和价外费用，不包括增值税销项税额。

特别注意对运杂费的处理规定：

对同时符合以下条件的运杂费用，纳税人在计算应税产品计税销售额时，可予以扣减：包含在应税产品销售收入中；属于纳税人销售应税产品环节发生的运杂费用，具体是指运送应税产品从坑口或者洗选（加工）地到车站、码头或者购买方指定地点的运杂费用；取得相关运杂费用发票或者其他合法有效凭证；将运杂费用与计税销售额分别进行核算。纳税人扣减的运杂费用明显偏高导致应税产品价格偏低且无正当理由的，主管税务机关可以合理调整计税价格。

②组成计税价格。

纳税人申报的应税产品销售额明显偏低并且无正当理由的、有视同销售应税产品行为而无销售额的，除财政部、国家税务总局另有规定外，按下列顺序确定销售额：

A.按纳税人最近时期同类产品的平均销售价格确定。

B.按其他纳税人最近时期同类产品的平均销售价格确定。

C.按组成计税价格确定。组成计税价格为：组成计税价格 = 成本×（1+成本利润率）÷（1-资源税税率）。公式中的成本是指应税产品的实际生产成本。

D.按后续加工非应税产品销售价格减去后续加工环节的成本利润后确定。

E.按其他合理方法确定。

③关于原矿销售额与精矿销售额的换算或折算。

为公平原矿与精矿之间的税负，对同一种应税产品，征税对象为精矿的，纳税人销售原矿时，应将原矿销售额换算为精矿销售额缴纳资源税；征税对象为原矿的，纳税人销售自采原矿加工的精矿，应将精矿销售额折算为原矿销售额缴纳资源税。

换算比或折算率原则上应通过原矿售价、精矿售价和选矿比计算，也可通过原矿销售额、加工环节平均成本和利润计算。公式如下：

精矿销售额=原矿销售额+原矿加工为精矿的成本×（1+成本利润率）

或 精矿销售额=原矿销售额×换算比

其中：换算比=同类精矿单位价格÷（原矿单位价格×选矿比）

选矿比=加工精矿耗用的原矿数量÷精矿数量

金矿以标准金锭为征税对象，纳税人销售金原矿、金精矿的，应比照上述规定将其销售额换算为金锭销售额缴纳资源税。

（2）从量计征的应税产品以销售量为计税依据

计税依据确定的具体规定：纳税人开采或生产应税产品直接对外销售的，以销售数量为计税依据；纳税人开采或生产应税产品自用的，以移送使用数量为计税依据。

（3）计税依据确定的其他规定

①原油中的稠油、高凝油与稀油划分不清或不易划分的，一律按原油的数量计税。

②纳税人用已纳资源税的应税产品进一步加工应税产品销售的，不再缴纳资源税。纳税人以未税产品和已税产品混合销售或者混合加工为应税产品销售的，应当准确核算已税产品的购进金额，在计算加工后的应税产品销售额时，准予扣减已税产品的购进金额；未分别核算的，一并计算缴纳资源税。

③原矿和精矿的销售额或者销售量应当分别核算，未分别核算的，从高确定计税销售额或者销售数量。

④纳税人开采或者生产不同税目应税产品的，应当分别核算不同税目应税产品的销售额或者销售数量；未分别核算或者不能准确提供不同税目应税产品的销售额或者销售数量的，从高适用税率。

⑤下列行为视同销售计征资源税：纳税人以自采原矿直接加工为非应税产品的，视同原矿销售；纳税人以自采原矿洗选（加工）后的精矿连续生产非应税产品的，视同精矿销售；以应税产品投资、分配、抵债、赠与、以物易物等，视同应税产品销售。

2）资源税税收优惠政策

（1）原油、天然气资源税税收优惠

①开采原油过程中用于加热、修井的原油，免税。

②对油田范围内运输稠油过程中用于加热的原油、天然气免税。

③对稠油、高凝油和高含硫天然气减征40%。稠油，是指地层原油粘度大于或等

于50毫帕/秒或原油密度大于或等于0.92克/立方厘米的原油。高凝油，是指凝固点大于40℃的原油。高含硫天然气，是指硫化氢含量大于或等于30克/立方米的天然气。

④对三次采油减征30%。三次采油，是指二次采油后继续以聚合物驱、复合驱、泡沫驱、气水交替驱、二氧化碳驱、微生物驱等方式进行采油。

⑤对低丰度油气田减征20%。陆上低丰度油田，是指每平方公里原油可采储量丰度在25万立方米（不含）以下的油田；陆上低丰度气田，是指每平方公里天然气可采储量丰度在2.5亿立方米（不含）以下的气田。海上低丰度油田，是指每平方公里原油可采储量丰度在60万立方米（不含）以下的油田；海上低丰度气田，是指每平方公里天然气可采储量丰度在6亿立方米（不含）以下的气田。

⑥对深水油气田减征30%。深水油气田，是指水深超过300米（不含）的油气田。

（2）其他规定

①纳税人开采或生产应税产品过程中，因意外事故或自然灾害等原因遭受重大损失的，由省、自治区、直辖市人民政府酌情决定减税或免税。

②纳税人开采或生产应税产品，自用于连续生产应税产品的，不缴纳资源税；自用于其他方面的，视同销售缴纳资源税。

③进口的应税产品不征资源税，出口的应税产品不免或不退已缴纳的资源税。

④对依法在建筑物下、铁路下、水体下通过充填开采方式采出的矿产资源，资源税减征50%；对实际开采年限在15年以上的衰竭期矿山开采的矿产资源，资源税减征30%。

⑤对鼓励利用的低品位矿、废石、尾矿、废渣、废水、废气等提取的矿产品，由省级人民政府根据实际情况确定是否减税或免税，并制定具体办法。

⑥为促进共伴生矿的综合利用，纳税人开采销售共伴生矿，共伴生矿与主矿产品销售额分开核算的，对共伴生矿暂不计征资源税；没有分开核算的，共伴生矿按主矿产品的税目和适用税率计征资源税。

学习微平台

延伸阅读 6-5

互动教学6-3

某油田在会计上未将修井、加热用原油与其他用途原油分开核算，期末申报缴纳资源税时，向主管税务机关申请核定修井、加热用原油数量。该油田的这种做法是否正确？

业务链接6-6

某冶金联合企业附属的矿山，2018年7月开采铅锌矿石6 000吨，销售5 000吨，每吨销售价格8 000元，铅锌矿石适用的资源税税率为5%。

问题：该矿山7月份应纳多少资源税？

计算：应纳税额=5 000×8 000×5%=2 000 000（元）

3）资源税应纳税额的会计核算

企业核算资源税应设置“应交税费——应交资源税”科目。资源矿产品用途不同，其会计核算也存在差异，具体内容如下：

对外销售应税产品应缴资源税，应借记“税金及附加”科目，贷记“应交税费——应交资源税”科目；自产自用应税产品应缴资源税，应借记“生产成本”“制造费用”等科目，贷记“应交税费——应交资源税”科目；收购未税矿产品代扣代缴资源税，应借记“应付账款”等科目，贷记“应交税费——代扣代缴资源税”科目。企业外购液体盐加工成固体盐，在购入液体盐时，按允许抵扣的资源税，借记“应交税费——应交资源税”科目，按外购价款扣除允许抵扣资源税后的数额，借记“材料采购”等科目，按应支付的全部价款，贷记“银行存款”等科目；企业加工成固体盐销售时，按销售固体盐应缴资源税，借记“税金及附加”科目，贷记“应交税费——应交资源税”科目；将销售固体盐应纳资源税扣抵液体盐已纳资源税后的差额上缴时，借记“应交税费——应交资源税”科目，贷记“银行存款”科目。纳税人按规定缴纳资源税时，借记“应交税费——应交资源税”科目，贷记“银行存款”科目。

业务链接6-7

某煤矿为增值税一般纳税人，2018年8月生产原煤12万吨，全部对外销售，不含税价款为6 000万元；另外该煤矿当月还生产销售天然气3 000万立方米，开具增值税专用发票，不含税价款为7 500万元。已知该煤矿原煤适用的税率为5%，煤矿邻近的石油管理局天然气的适用税率为6%。

问题：计算该矿山上述业务应缴纳的资源税税额，并作会计处理。

计算：根据税法规定，煤矿生产的天然气暂不征税。

应纳资源税税额=6 000×5%=300（万元）

分录编制：计提资源税时：

借：税金及附加	3 000 000	
贷：应交税费——应交资源税		3 000 000

6.3.3 资源税纳税申报

1）资源税纳税申报表编制

纳税人填制资源税纳税申报表时，首先，应对其开采或生产的资源产品，按税法规定区分应税和非应税、免税项目，并确定应税产品的适用税率；其次，根据“库存商品”等账户及有关会计凭证，核实应税产品的销售数量、自用数量，或按规定的办法折算原矿数量；最后，根据核实后的应税数量和确定的税率计算应缴纳的资源税税额，并与“应交税费——应交资源税”账户资料核对相符，填制相关资源税申报表。

为落实资源税改革政策，国家税务总局对原资源税纳税申报表进行了修订，自2016年7月1日起，应填制的报表如下：资源税纳税申报表（见表6-4）、资源税纳税申报表附表（一）（原矿类税目适用）（见表6-5）、资源税纳税申报表附表（二）（精矿类税目适用）（见表6-6）、资源税纳税申报表附表（三）（减免税明细）（见表6-7）。

表 6-4

资源税纳税申报表

根据国家税收法律法规及资源税有关规定制定本表。纳税人不论有无销售额，均应按照税务机关核定的纳税期限填写本表，并向当地税务机关申报。

税款所属时间：自　年　月　日至　年　月　日　填表日期：　年　月　日　　　　金额单位：元(到至角分)

纳税人识别号 | | | | | | | | | | | | | | | | | | |

纳税人名称	（公章）	法定代表人姓名		注册地址		生产经营地址	
开户银行及账号		登记注册类型			电话号码		

税目	子目	折算率或换算比	计量单位	计税销售量	计税销售额	适用税率	本期应纳税额	本期减免税额	本期已缴税额	本期应补（退）税额
1	2	3	4	5	6	7	8①=6×7； 8②=5×7	9	10	11=8-9-10
合计		—	—			—				

授权声明	如果你已委托代理人申报，请填写下列资料： 为代理一切税务事宜，现授权__________（地址）________________为本纳税人的代理申报人，任何与本申报表有关的往来文件，都可寄予此人 授权人签字：	申报人声明	本纳税申报表是根据国家税收法律法规及相关规定填写的，我确定它是真实的、可靠的、完整的 声明人签字：

主管税务机关：　　　　　　接收人：　　　　　　　　　　　　接收日期：　年　月　日

表6-5 资源税纳税申报表附表（一）

（原矿类税目适用）

纳税人识别号 | | | | | | | | | | | | | | | | | | |

纳税人名称： （公章）

税款所属时间：自 年 月 日至 年 月 日 金额单位：元（列至角分）

序号	税目	子目	原矿销售额	精矿销售额	折算率	精矿折算为原矿的销售额	允许扣减的运杂费	允许扣减的外购矿购进金额	计税销售额	计量单位	原矿销售量	精矿销售量	平均选矿比	精矿换算为原矿的销售量	计税销售量
	1	2	3	4	5	6=4×5	7	8	9=3+6-7-8	10	11	12	13	14=12×13	15=11+14
1															
2															
3															
4															
5															
6															
7															
8															
合 计															

表6-6 资源税纳税申报表附表（二）

（精矿类税目适用）

纳税人识别号 | | | | | | | | | | | | | | | | | | |

纳税人名称： （公章）

税款所属时间：自 年 月 日至 年 月 日 金额单位：元（列至角分）

序号	税目	子目	原矿销售额	精矿销售额	换算比	原矿换算为精矿的销售额	允许扣减的运杂费	允许扣减的外购矿购进金额	计税销售额	计量单位	原矿销售量	精矿销售量	平均选矿比	原矿换算为精矿的销售量	计税销售量
	1	2	3	4	5	6=3×5	7	8	9=4+6-7-8	10	11	12	13	14=11÷13	15=12+14
1															
2															
3															
4															
5															
6															
7															
8															
合 计															

表6-7 资源税纳税申报表附表（三）

（减免税明细）

纳税人识别号 □□□□□□□□□□□□□□□□□□

纳税人名称：（公章）

税款所属时间：自 年 月 日至 年 月 日 金额单位：元（列至角分）

序号	税目	子目	减免项目名称	计量单位	减免税销售量	减免税销售额	适用税率	减免性质代码	减征比例	本期减免税额
	1	2	3	4	5	6	7	8	9	10①=6×7×9；10②=5×7×9
1										
2										
3										
4										
5										
6										
7										
8										
	合计		—	—			—	—	—	

2）资源税纳税义务发生时间、纳税期限与纳税地点的确定

（1）纳税义务发生时间

①纳税人销售应税产品：纳税人采取分期收款结算方式的，为销售合同规定的收款日期的当天；纳税人采取预收货款结算方式的，为发出应税产品的当天；纳税人采取其他结算方式的，为收讫销售款或者取得索取销售款凭据的当天。

②纳税人自产自用应税产品的纳税义务发生时间，为移送使用应税产品的当天。

③扣缴义务人代扣代缴税款的纳税义务发生时间，为支付货款的当天。

（2）纳税期限

资源税的纳税期限为1日、3日、5日、10日、15日或1个月，具体由主管税务机关根据实际情况核定。不能按固定期限计算纳税的，可以按次计算纳税。

纳税人以1个月为一期纳税的，自期满之日起10日内申报纳税；以1日、3日、5日、10日或15日为一期纳税的，自期满之日起5日内预缴税款，于次月1日起10日内申报纳税并结清上月税款。

扣缴义务人解缴税款期限，比照上述规定执行。

（3）纳税地点

纳税人应当向应税产品的开采地或生产地主管税务机关缴纳资源税。

跨省开采，并且其下属生产单位与核算单位不在同一省、自治区、直辖市的，对其开采的矿产品一律在开采地纳税，其应纳税款由独立核算、自负盈亏的单位，按开采地的实际销量（或自用量）及适用的单位税额计算划拨。纳税人在本省、自治区、直辖市范围内开采或生产应税产品，其纳税地点需要调整的，由所在地省、自治区、

直辖市税务机关决定。

扣缴义务人代扣代缴的资源税，应当向收购地主管税务机关缴纳。

6.4 土地增值税会计

6.4.1 土地增值税的纳税人、征税范围与税率

1）土地增值税纳税人的认定

土地增值税是对有偿转让国有土地使用权及地上建筑物和其他附着物产权取得增值收入的单位和个人征收的一种税。我国现行的土地增值税的基本法规是1993年12月13日国务院颁布的《中华人民共和国土地增值税暂行条例》（简称《土地增值税暂行条例》）。转让国有土地使用权及其地上建筑物和附着物并取得收入的单位和个人为土地增值税的纳税人。

2）土地增值税征税范围的确定

同时满足下列标准的行为所得应计征土地增值税：

（1）“国有”标准

“国有”标准是指转让的土地使用权必须为国家所有。根据法律规定，城市土地属国家所有，农村和城市郊区土地除法律另有规定外，属集体所有。集体所有的土地，应先在有关部门办理土地征用或出让手续，使之转为国家所有后才能转让，并纳入土地增值税征税范围。

（2）“产权转让”标准

“产权转让”标准是指土地使用权、地上建筑物及其附着物的产权必须发生转让。

特别提醒：土地使用权转让行为不同于土地使用权出让行为。前者是指土地使用者在政府垄断的土地一级市场，通过支付土地出让金而获得一定年限土地使用权的行为；后者是指土地使用者通过出让等形式取得土地使用权后，在土地二级市场上将土地再转让的行为。国有土地使用权转让的行为征税；而国有土地使用权出让的行为不征税。

（3）“取得收入”标准

“取得收入”标准是指征收土地增值税的行为必须取得转让收入。房地产的权属虽转让但未取得收入的行为不征税。

学习微平台

延伸阅读 6-6

同步思考6-3

请您根据判定土地增值税征税范围的三个标准，归纳总结常见的土地增值税征税事项。

提示：①以出售方式转让国有土地使用权、地上建筑物及附着物的，应征收土地增值税。②以继承、赠与方式转让房地产的，不征土地增值税。③房地产出租的，不征土地增值税。④房地产抵押的，抵押期间不征土地增值税；抵押期满以房产抵债的，应征土地增值税。⑤房地产交换，属于土地增值税的征税范围，但个人之间互换自有居住用房的，免征土地增值税。⑥以房地产投资、联营的，在将房地产转让到所

投资、联营的企业时，暂免征收土地增值税；投资、联营企业将上述房地产再转让时，应征收土地增值税。⑦企业兼并转让房地产暂免征收土地增值税。⑧代建房地产行为和房地产重新评估不征土地增值税。

3）土地增值税税率的选择

土地增值税实行四级超率累进税率，具体见表6-8。

表6-8 土地增值税税率表

级次	增值额占扣除项目金额的比例	税率（%）	速算扣除系数（%）
1	50%（含）以下	30	0
2	50%～100%（含）	40	5
3	100%～200%（含）	50	15
4	200%以上	60	35

6.4.2 土地增值税应纳税额的会计核算

1）土地增值税应纳税额的计算

土地增值税应纳税额的计算步骤如下：

第一步，计算增值额。

增值额=转让收入-扣除项目金额

第二步，计算增值率，确定适用税率和速算扣除系数。

增值率=增值额÷扣除项目金额×100%

第三步，计算应纳税额。

应纳税额=∑（每级距增值额×适用税率）=增值额×适用税率-扣除项目金额×速算扣除系数

（1）转让收入的确定

转让收入是纳税人转让房地产取得的全部价款和相关经济利益，包括货币收入、实物收入和其他收入。“营改增”试点实施后，转让房地产取得的应税收入为不含增值税收入。

（2）扣除项目金额的确定

根据税法规定，准予从转让收入中扣除的项目有：

①取得土地使用权所支付的金额，包括纳税人为取得土地使用权所支付的地价款和在取得土地使用权时按国家统一规定缴纳的有关费用。其中，以出让方式取得的，以支付的土地出让金为地价款；以行政划拨方式取得的，以补交的土地出让金为地价款；以转让方式取得的，以向原土地使用人实际支付的金额为地价款。

②房地产开发成本，是指房地产开发项目实际发生的成本，包括土地征用及拆迁补偿费、前期工程费、建筑安装工程费、基础设施费、公共配套设施费、开发间接费用等。

③房地产开发费用，是指与房地产开发项目有关的销售费用、管理费用和财务费用。

特别提醒：根据税法规定，从转让收入中扣除的房地产开发费用，不按实际发生额扣除，而是按税法规定的标准计算扣除。具体计算方法视财务费用中的利息支出的不同分别处理：

A.财务费用中的利息支出，凡能够按转让房地产项目计算分摊并提供金融机构证明的，允许据实扣除，但最高不能超过按商业银行同类、同期贷款利率计算的金额；其他房地产开发费用，在取得土地使用权所支付的金额和房地产开发成本金额之和的5%以内计算扣除，计算公式如下：

房地产开发费用=利息+（取得土地使用权所支付的金额+房地产开发成本）×扣除比例

B.财务费用中的利息支出，凡不能按转让房地产项目计算分摊利息或不能提供金融机构证明的，房地产开发费用在取得土地使用权支付金额和房地产开发成本之和的10%以内计算扣除，计算公式如下：

房地产开发费用=（取得土地使用权所支付的金额+房地产开发成本）×扣除比例

④与转让房地产有关的税金，包括在转让房地产时缴纳的城建税、印花税、教育费附加。扣除项目涉及的增值税进项税额，允许在销项税额中计算抵扣的，不计入扣除项目，不允许在销项税额中计算抵扣的，可以计入扣除项目。

⑤其他扣除项目，是指从事房地产开发的纳税人，可按税法规定的标准实行加计扣除，计算公式如下：

加计扣除费用=（取得土地使用权所支付的金额+房地产开发成本）×20%

⑥旧房及建筑物的评估价格，即在转让已使用房屋及建筑物时，由政府批准设立的房地产评估机构评定的重置成本乘以成新度折旧率后的价格。

学习微平台

延伸阅读 6-7

同步思考6-4

房地产转让包括新建房地产和存量房地产，两者在计算土地增值税时，应考虑的扣除项目内容有何不同？

提示：新建房地产和存量房地产的扣除项目见表6-9。

表6-9 **新建房地产和存量房地产的扣除项目**

扣除项目	新建房地产		存量房地产	
	非房地产企业	房地产企业	旧房及建筑物	土地使用权
取得土地使用权所支付的金额	√	√	√	√
房地产开发成本	√	√	—	—
房地产开发费用	√	√	—	—
与转让房地产有关的税金	√	√	√	—
其他扣除项目（即加计扣除）	—	√	—	√
旧房及建筑物的评估价格	—	—	√	—

业务链接6-8

兴隆房地产开发公司于2018年6月转让写字楼一幢，取得转让收入5 250万元（含增值税），公司采用简易计税办法缴纳增值税250万元，城市维护建设税、教育费附加等25万元。该公司为取得土地使用权而支付的金额为500万元；投入房地产开发成本1 500万元；开发费用400万元，其中计算分摊给这幢写字楼的利息支出120万元（有金融机构证明），比按商业银行同类同期贷款利率计算的利息多10万元。公司所在地政府规定的其他开发费用的计算扣除比例为5%。

问题：计算该房产公司开发并转让该写字楼应缴纳的土地增值税税额。

计算：

①计算转让房地产的扣除项目金额如下：

取得土地使用权所支付的金额=500万元

房地产开发成本=1 500万元

房地产开发费用=（120−10）+（500+1 500）×5%=210（万元）

与转让房地产可扣除的有关税费=25万元

从事房地产开发的加计扣除额=（500+1 500）×20%=400（万元）

扣除项目合计金额=500+1 500+210+25+400=2 635（万元）

②计算转让房地产的增值额。

增值额=5 250−250−2 635=2 365（万元）

③计算增值率，确定适用税率。

增值率=2 365÷2 635×100%=89.75%

土地增值税适用税率为40%，速算扣除系数为5%。

④计算应纳税额。

适用的应纳土地增值税税额=2 365×40%−2 635×5%=814.25（万元）

2）土地增值税应纳税额的会计核算

企业核算土地增值税应设置“应交税费——应交土地增值税”科目。土地增值税的具体会计核算，根据企业从事业务性质的不同而有所区别。

（1）房地产企业土地增值税的会计核算

房地产企业销售的房地产属于企业的商品经营业务。因此，转让房地产过程中应缴纳的土地增值税，应借记“税金及附加”科目，贷记“应交税费——应交土地增值税”科目。

业务链接6-9

2018年6月，某房地产开发公司销售居民住宅，取得转让收入1 050万元（含增值税）；按规定缴纳50万元增值税、3.5万元城市维护建设税和1.5万元教育费附加；为取得该住宅用地的土地使用权支付地价款和有关费用100万元；投入开发成本375万元；支付银行贷款利息费用10.6万元（不能按转让房地产项目计算分摊），实际发生的其他房地产开发费用50万元。该公司所在地人民政府规定房地产开发费用的计算扣除比例为10%。

问题：计算该房地产开发公司上述业务应缴纳的土地增值税税额，并作账务处理。

计算：转让收入 = 1 050−50=1 000（万元）

扣除项目金额 = 100 + 375 + （100 + 375）×10%+3.5+1.5 + （100 + 375）×20% = 622.5（万元）

增值额 = 1 050−50−622.5 = 377.5（万元）

增值率 = 377.5÷622.5×100% = 60.64%

适用的土地增值税税率为40%、速算扣除系数为5%，则：

应交土地增值税税额 = 377.5×40%−622.5×5% = 119.875（万元）

分录编制：按规定计算应缴纳的相关税金及附加时：

借：税金及附加　　1 248 750

　贷：应交税费——应交城市维护建设税　　35 000

　　　　　　——应交教育费附加　　15 000

　　　　　　——应交土地增值税　　1 198 750

（2）其他企业销售旧房及建筑物土地增值税的会计核算

其他企业转让房地产应缴纳的土地增值税，应借记“固定资产清理”科目，贷记“应交税费——应交土地增值税”科目。

业务链接6-10

2018年6月，某单位转让一幢旧房，取得收入945万元（含增值税），采用简易计税办法缴纳了增值税45万元，城市维护建设税、教育费附加等4.5万元。该房建于20世纪70年代，当时造价为70万元，现经房地产评估机构评定的重置成本价为380万元，有六成新。旧房占地原来是行政划拨的，转让时，补交了土地出让金80万元。

问题： 计算应纳土地增值税税额，并作会计处理。

计算：

①取得土地使用权所支付的金额=80万元

②与转让房地产有关的税费=4.5万元

③旧房及建筑物的评估价格=380×60%=228（万元）

扣除项目=80+4.5+228=312.5（万元）

增值额=945−45−312.5=587.5（万元）

增值率=587.5÷312.5×100%=188%

应纳土地增值税税额=587.5×50%−312.5×15%=246.875（万元）

分录编制： 按税法规定计算应缴纳的各项税金及附加（增值税除外）时：

借：固定资产清理　　2 513 750

　贷：应交税费——应交城市维护建设税　　31 500

　　　　　　——应交教育费附加　　13 500

　　　　　　——应交土地增值税　　2 468 750

6.4.3 土地增值税纳税申报

1）土地增值税纳税申报表编制

纳税人填制土地增值税纳税申报表时，首先，应核实国有土地使用权、地上建筑物及其附着物的转让情况；其次，计算应纳土地增值税税额，并与“应交税费——应交土地增值税”账户资料核对相符；最后，根据审核无误的计税资料填写纳税申报表，并办理签章手续。

土地增值税纳税申报表分为从事房地产开发的纳税人和非从事房地产开发的纳税人两种类型，具体格式分别见表6-10和表6-11。

表6-10 **土地增值税纳税申报表**

（从事房地产开发的纳税人适用）

填表日期：2018年6月20日

纳税人识别号：103456348757700056 金额单位：元（列至角分）

纳税人名称	兴隆房地产开发公司	税款所属时期	2018年6月
项目		行次	金额
一、转让房地产收入总额 1=2+3		1	50 000 000
其中	货币收入	2	50 000 000
	实物收入及其他收入	3	—
二、扣除项目金额合计 4=5+6+13+16+20		4	26 350 000
1.取得土地使用权所支付的金额		5	5 000 000
2.房地产开发成本 6=7+8+9+10+11+12		6	15 000 000
其中	土地征用及拆迁补偿费	7	（略）
	前期工程费	8	（略）
	建筑安装工程费	9	（略）
	基础设施费	10	（略）
	公共配套设施费	11	（略）
	开发间接费用	12	（略）
3.房地产开发费用 13=14+15		13	2 100 000
其中	利息支出	14	（略）
	其他房地产开发费用	15	（略）
4.与转让房地产有关的税金等 16=17+18+19		16	250 000
其中	营业税	17	注：营改增后此项不存在
	城市维护建设税	18	（略）
	教育费附加	19	（略）
5.财政部门规定的其他扣除项目		20	4 000 000
三、增值额 21=1-4		21	23 650 000
四、增值额与扣除项目金额之比（%）22=21÷4×100%		22	89.75
五、适用税率（%）		23	40
六、速算扣除系数（%）		24	5
七、应缴土地增值税税额 25=21×23-4×24		25	8 142 500
八、已缴土地增值税税额		26	0
九、应补（退）土地增值税税额 27=25-26		27	8 142 500

如纳税人填报，由纳税人填写以下各栏		如委托代理人填报，由代理人填写以下各栏			备注
会计主管（签章）	纳税人（公章）	代理人名称		代理人（公章）	
		代理人地址			
		经办人姓名			
以下由税务机关填写					
收到申报表日期			接收人		

表6-11　　**土地增值税纳税申报表**

（非从事房地产开发的纳税人适用）

填表日期：　　年　　月　　日

纳税人识别号：　　　　　　　　　　　　　　金额单位：元（列至角分）

纳税人名称			税款所属时期	
项　目		行次	金　额	
一、转让房地产收入总额 1=2+3		1		
其中	货币收入	2		
	实物收入及其他收入	3		
二、扣除项目金额合计 4=5+6+9		4		
1.取得土地使用权所支付的金额		5		
2.旧房及建筑物的评估价格 6=7×8		6		
其中	旧房及建筑物的重置成本价	7		
	成新度折旧率	8		
3.与转让房地产有关的税金等 9=10+11+12+13		9		
其中	营业税	10	注：营改增后此项不存在	
	城市维护建设税	11		
	印花税	12		
	教育费附加	13		
三、增值额 14=1−4		14		
四、增值额与扣除项目金额之比（%）15=14÷4		15		
五、适用税率（%）		16		
六、速算扣除系数（%）		17		
七、应缴土地增值税税额 18=14×16−4×17		18		

如纳税人填报，由纳税人填写以下各栏		如委托代理人填报，由代理人填写以下各栏			备注
会计主管（签章）	纳税人（公章）	代理人名称		代理人（公章）	
		代理人地址			
		经办人姓名		电话	
以下由税务机关填写					
收到申报表日期			接收人		

2）土地增值税纳税期限与纳税地点的确定

（1）纳税期限

土地增值税的纳税人应在房地产转让合同签订后的7日内，到房地产所在地主管税务机关办理纳税申报，并向税务机关提交房屋及建筑物产权证、土地使用权证书、土地转让与房产买卖合同、房地产评估报告及其他与转让房地产有关的资料。纳税人因经常发生房地产转让而难以在每次转让后申报的，经税务机关审核同意，可以定期进行纳税申报，具体期限由税务机关确定。纳税人预售房地产取得的收入，凡当地税务机关规定预征土地增值税的，纳税人应当到主管税务机关办理纳税申报，并按规定比例预缴，待办理决算后，多退少补；凡当地税务机关规定不预征土地增值税的，也应在取得收入时先到税务机关登记或备案。

（2）纳税地点

在确定土地增值税的纳税地点时，根据纳税人性质不同有两种情况：

①法人纳税人。转让的房地产坐落地与其机构所在地一致的，以办理税务登记的原管辖税务机关为纳税地点；转让的房地产坐落地与其机构所在地或经营所在地不一致的，以房地产坐落地所管辖的税务机关为纳税地点。

②自然人纳税人。转让的房地产坐落地与其居住所在地一致的，以居住所在地税务机关为纳税地点；转让的房地产坐落地与其居住所在地或经营所在地不一致的，以办理过户手续所在地税务机关为纳税地点。

同步案例6-1

兴隆房地产开发公司土地增值税纳税申报

背景与情境：兴隆房地产开发公司，纳税人识别号为103456348757700056，2018年6月份销售房地产业务资料同【业务链接6-8】。当地税务机关批准该企业土地增值税每月集中申报，申报期为次月的10日以前。

问题：填制兴隆房地产开发公司2018年6月份的土地增值税纳税申报表。

分析：详细计算过程【业务链接6-8】已述及，具体填列见表6-10。

6.5　城镇土地使用税会计

6.5.1　城镇土地使用税的纳税人、征税范围与税率

1）城镇土地使用税纳税人的认定

城镇土地使用税是以城镇土地为征税对象，对拥有土地使用权的单位和个人征收的一种税。现行城镇土地使用税基本法规是2006年12月31日国务院修改并颁布的《中华人民共和国城镇土地使用税暂行条例》（简称《城镇土地使用税暂行条例》）。

根据条例规定，在城市、县城、建制镇、工矿区范围以内使用土地的单位和个人为城镇土地使用税的纳税人，包括拥有人、使用人和代管人，具体规定如下：拥有土地使用权的单位和个人，以拥有人为纳税人；拥有土地使用权的单位和个人不在土地所在地的，以实际使用人和代管人为纳税人；土地使用权未确定或权属纠纷未解决

的，以实际使用人为纳税人；土地使用权共有的，共有各方均为纳税人。

2）城镇土地使用税征税范围的确定

城镇土地使用税的征税范围为城市、县城、建制镇和工矿区范围内的国家所有和集体所有的土地。建立在城市、县城、建制镇和工矿区以外的工矿企业不需缴纳城镇土地使用税。上述城镇土地使用税征税范围中，城市的土地包括市区和郊区的土地；县城的土地指县人民政府所在地城镇的土地；建制镇的土地指镇人民政府所在地的土地。

3）城镇土地使用税税率的选择

城镇土地使用税实行有幅度的差别定额税率，具体标准见表6-12。

表6-12　**城镇土地使用税税额表**

级别	人口（人）	每平方米年税额（元）
大城市	50万以上	1.5～30
中等城市	20万～50万	1.2～24
小城市	20万以下	0.9～18
县城建制镇、工矿区	—	0.6～12

6.5.2　城镇土地使用税应纳税额的会计核算

1）城镇土地使用税应纳税额的计算

城镇土地使用税以纳税人实际占用土地面积为计税依据，实行从量计征。其计算公式为：

（年）应纳税额=实际占用土地面积×定额税率

（1）实际占用土地面积的确定

凡由省、自治区、直辖市人民政府确定的单位组织测定面积的，以测定面积为依据；尚未组织测量，但纳税人持有政府部门核发的土地使用证书的，以证书确认的土地面积为依据；尚未核发土地使用证书的，以纳税人申报土地面积为依据，待核发土地使用证后再作调整。

特别提醒：免税单位无偿使用纳税单位土地的，免征城镇土地使用税，但纳税单位无偿使用免税单位土地的，纳税单位应依法缴纳城镇土地使用税。纳税单位与免税单位共同使用同一土地上的多层建筑，对纳税单位应按其使用的建筑面积占建筑总面积的比例计征城镇土地使用税。

（2）城镇土地使用税优惠政策

①国家机关、人民团体、军队、国家财政部门拨付事业经费的单位、宗教寺庙、公园、名胜古迹自用的土地免税。

②市政街道、广场和绿化地带等公共用地免税。

③直接用于农、林、牧和渔业生产的用地免税，但不包括农副产品加工场地和生活办公用地。

④经批准开山填海整治的土地和改造的废弃土地，从使用之月起免交城镇土地使用

用税5～10年。

⑤对非营利性医疗机构、疾病控制机构和妇幼保健机构自用的土地免税，但对营利性医疗机构自用的土地，自2000年起免征城镇土地使用税3年。

⑥企业办的学校、医院、托儿所和幼儿园，其用地能与企业其他用地明确区分的免税。

⑦中国人民银行总行（含国家外汇管理局）所属分支机构自用的土地、水利设施管护用地免税。

⑧港口的码头用地、盐场的盐滩和盐矿的矿井用地免税。

⑨企业厂区以外的公共绿化用地和向社会开放的公园用地免税。

⑩由省、自治区、直辖市地方税务局确定的下列项目免税：个人所有的居住房屋及院落用地；免税单位职工家属的宿舍用地；集体或个人办的学校、医院、托儿所及幼儿园用地；基建项目在建期间使用的土地等。向居民供热并向居民收取采暖费的供热企业暂免征收城镇土地使用税。

同步思考6-5

学习微平台

延伸阅读
6-8

您知道税法对城镇土地使用税纳税义务发生时间的具体规定吗？

提示：税法对城镇土地使用税纳税义务发生时间的规定如下：购置新建商品房，为房屋交付使用之次月；购置存量房，为办理房屋权属转移、变更登记手续，房地产权属登记机关签发房屋权属证书之次月；出租、出借房产，为交付出租、出借房产之次月；房地产开发企业自用、出租和出借本企业建造的商品房，为房屋使用或交付之次月；新征用的土地，如属耕地的，自批准之日起满1年时开始缴纳城镇土地使用税，如属非耕地的，自批准征用次月起缴纳城镇土地使用税。

2）城镇土地使用税应纳税额的会计核算

企业核算城镇土地使用税应设置“应交税费——应交城镇土地使用税”科目。纳税人纳税义务发生计提税款时，应借记“税金及附加”科目，贷记“应交税费——应交城镇土地使用税”科目；实际缴纳税款时，应借记“应交税费——应交城镇土地使用税”科目，贷记“银行存款”科目。

业务链接6-11

甲企业实际占地面积共计30 000平方米，其中，4 000平方米为职工家属宿舍用地，600平方米为厂区以外绿化区，800平方米为厂内医院和幼儿园用地。该企业所处地段适用的城镇土地使用税年税率为2元/平方米。

问题：计算甲企业应缴纳的城镇土地使用税税额，并作会计处理。

计算：根据税法规定，厂区以外的公共绿地、企业办的幼儿园用地，免征城镇土地使用税；纳税单位的职工家属宿舍用地，应缴纳城镇土地使用税。

应纳税额=（30 000−600−800）×2=57 200（元）

分录编制：计提城镇土地使用税时，编制会计分录：

借：税金及附加　　57 200

贷：应交税费——应交城镇土地使用税　　57 200

实际缴纳税款时，编制会计分录：

借：应交税费——应交城镇土地使用税　　57 200

贷：银行存款　　57 200

6.5.3 城镇土地使用税纳税申报

1）城镇土地使用税纳税申报表编制

纳税人填制城镇土地使用税纳税申报表时，首先，应对其使用的土地，按税法规定区分应税与非应税、免税项目；其次，根据核实后的应税土地面积和税率计算应纳城镇土地使用税税额；最后，根据核实无误后的有关数据，填制城镇土地使用税纳税申报表（见表6-13），并办理签章手续。

表6-13　　城镇土地使用税纳税申报表

纳税人识别号：　　填表日期：　年　月　日　　金额单位：元（列至角分）

纳税人名称							税款所属时期							
房产坐落地点														
坐落地点	上期占地面积	本期增减	本期实际占地面积	法定免税面积	应税面积	土地等级		适用税额		全年应纳税额	缴纳次数	本期		
						Ⅰ	Ⅱ	Ⅰ	Ⅱ			应纳税额	已纳税额	应补（退）税额
1	2	3	4=2+3	5	6=4-5	7	8	9	10	11=6×9或10	12	13=11÷12	14	15=13-14
合计														

如纳税人填报，由纳税人填写以下各栏		如委托代理人填报，由委托代理人填写以下各栏			备注
会计主管（签章）	纳税人（公章）	代理人名称		代理人（公章）	
		代理人地址			
		经办人姓名		电话	
以下由税务机关填写					
收到申报表日期			接受人		

2）城镇土地使用税纳税期限与纳税地点确定

（1）纳税期限

城镇土地使用税实行按年计算、分期缴纳的征收方法，具体纳税期限由省、自治区、直辖市人民政府确定。

（2）纳税地点

城镇土地使用税的纳税地点为土地所在地。纳税人使用的土地不属于同一省、自治区、直辖市管辖的，由纳税人分别向土地所在地的税务机关申报缴纳；在同一省、自治区、直辖市管辖范围内，纳税人跨地区使用土地的，其纳税地点由各省、自治区、直辖市税务机关确定。

6.6 房产税会计

6.6.1 房产税纳税人、征税范围与税率

1）房产税纳税人的认定

房产税是以房屋为征税对象，依据房屋计税余值或租金收入向产权所有人征收的一种税。我国现行房产税的基本法规是1986年9月15日国务院颁布的《中华人民共和国房产税暂行条例》(以下简称《房产税暂行条例》)。

房产税纳税人包括产权所有人、房产承典人、房产代管人或使用人。产权属于国家所有的，以经营管理单位为纳税人；产权属于集体和个人所有的，以集体和个人为纳税人；产权出典的，以承典人为纳税人；产权所有人、承典人不在房产所在地或产权未确定及租典纠纷未解决的，以房产代管人或使用人为纳税人；无租使用其他单位房产的，以使用人为纳税人。

2）房产税征税范围的确定

房产税的征税范围为城市、县城、建制镇和工矿区范围内的房产。与房屋不可分割的各种附属设施或不单独计价的配套设施也属于房屋，应一并征收房产税；独立于房屋之外的建筑物不属于房屋，不征房产税。

3）房产税税率的选择

房产税实行比例税率。其根据房产税计征方式的不同有两类：从价计征的税率为1.2%；从租计征的税率为12%。从2001年1月1日起，对个人按市场价格出租的居民住房，暂按4%的税率征收房产税。

6.6.2 房产税应纳税额的会计核算

1）房产税应纳税额的计算

（1）从价计征

房产税从价计征是指以房产的原值减除一定比例后的余值为计税依据，其应纳税额的计算公式如下：

（年）应纳税额=应税房产原值×（1-扣除比例）×1.2%

上述房产原值，是指纳税人按国家统一的会计制度规定，在“固定资产”账户中记载的房屋的原值，包括与房屋不可分割的各种附属设备或一般不单独计算价值的配

套设施。凡以房屋为载体，不可随意移动的附属设备和配套设施，无论在会计核算中是否单独记账与核算，都应计入房产原值。纳税人对原有房屋进行改建、扩建的，要相应增加房屋原值。

（2）从租计征

房产税从租计征是指以房产的租金收入（不含增值税）为计税依据，其应纳税额的计算公式如下：

应纳税额=租金收入×12%（或4%）

房产的租金收入是房屋产权所有人出租房产使用权所得的报酬，包括货币收入和实物收入。如果以劳务或其他形式为报酬抵付房租收入的，应根据当地同类房产的租金水平，确定一个标准租金从租计征。

（3）与房产税计征方式选择有关的其他规定

①对以房产投资联营、投资者参与投资利润分红、共担风险的，按房产余值作为计税依据计征房产税；对以房产投资收取固定收入、不承担经营风险的，实质上是以联营的名义取得房屋租金，应以出租方取得的固定收入为计税依据从租计征房产税。

②融资租赁房屋，不同于一般房屋出租，应以房屋余值从价计征房产税。

③房产税的税收优惠。

A.国家机关、人民团体、军队、国家财政部门拨付经费的单位、宗教寺庙、公园和名胜古迹自用的房产免税。

B.个人所有非营业用房免税。

C.经财政部批准免税的其他房产，例如，因大修理停用半年以上的房产、地下人防设施、老年服务机构自用房产、高校后勤实体用房等免征房产税。

除上述情况外，如纳税人确有困难的，可由省、自治区、直辖市人民政府确定，定期减征或免征房产税。

业务链接6-12

王某自有一幢楼房共18间，其中3间（房屋原值为6万元）用于个人生活居住，4间（房屋原值10万元）用于个人开餐馆。2018年1月1日，王某将剩余的11间房中的4间出典给李某，取得出典价款收入10万元。2018年5月1日，将其余的7间出租给某公司，每月收取租金5 000元（含税），出租期限均为1年。该地区规定房产税从价计征的扣除比例为20%。

问题：计算王某2018年应缴纳的房产税税额。

计算：根据税法规定，个人所有的非营业用房免征房产税。房屋出典的，承典人为房产税纳税人。因此，王某应就其个人营业用房和出租用房缴纳房产税：

应纳税额=5 000÷（1+5%）×7×12%=4 000（元）

学习微平台

延伸阅读 6-9

同步思考6-6

您知道税法对房产税纳税义务发生时间是怎样规定的吗？

提示：根据现行《房产税暂行条例》的规定，房产税纳税义务发生时间为：纳税人将原有房产用于生产经营的，从生产经营之月起缴纳；纳税人自行新建房屋用于生产经营的，从建成之次月起缴纳；纳税人委托施工企业建造的房屋，从办理验收手续之次月起缴纳，但在办理手续前已使用或出租（出借）的新建房屋，应从使用或出租（出借）的当月起缴纳；纳税人购置新建商品房，自房屋交付使用之次月起缴纳；纳税人购置存量房，自办理房屋权属转移、变更登记手续，房地产权属登记机关签发房屋权属证书之次月起缴纳；出租、出借房产，自交付出租、出借房产之次月起缴纳；房地产开发企业自用、出租和出借本企业建造的商品房，自房屋使用或交付之次月起缴纳。

2）房产税应纳税额的会计核算

企业核算房产税应设置“应交税费——应交房产税”科目。企业按规定计提应纳房产税时，应借记“积金及附加”科目，贷记“应交税费——应交房产税”科目；缴纳房产税时，应借记“应交税费——应交房产税”科目，贷记“银行存款”科目。

业务链接6-13

2018年年初甲公司“固定资产”明细账资料显示房屋原始价值为800万元。7月1日公司将其中的90万元的房产出租给乙单位使用，每年收取租金20万元（含税）。当地政府规定房产税从价计征的扣除比例为20%。房产税按年计算、分半年缴纳。

问题：计算甲公司2018年上半年、下半年应纳房产税税额，并作会计处理。

分析：该公司2018年上半年应缴纳的房产税税额：

（1）上半年应纳房产税税额=800×（1−20%）×1.2%÷2=3.84（万元）

计提房产税编制会计分录：

借：税金及附加——房产税　　38 400

　贷：应交税费——应交房产税　　38 400

（2）下半年应缴纳的房产税额分两部分计算：

从价计征部分应纳房产税税额=（800−90）×（1−20%）×1.2%÷2=3.41（万元）

从租计征部分应纳房产税税额=20÷（1+5%）÷2×12%=1.14（万元）

下半年应纳房产税税额=3.41+1.14=4.55（万元）

计税房产税编制会计分录：

借：税金及附加——房产税　　45 500

　贷：应交税费——应交房产税　　45 500

6.6.3　房产税纳税申报

1）房产税纳税申报表编制

纳税人填制房产税纳税申报表时，首先，应对其使用的房产，按税法规定区分应税与非税、免税项目，并区分自用和出租情况，确定计征方式和适用税率；其次，根据核实后的房产余值或租金收入和适用税率计算应纳房产税税额；最后，根据核实无误后的有关数据，填制房产税纳税申报表（见表6-14），并办理签章手续。

表6-14

房产税纳税申报表

纳税人识别号：　　　　填表日期：　　年　月　日　　　　金额单位：元（列至角分）

<table>
<tr><td colspan="3">纳税人名称</td><td colspan="7"></td><td colspan="3">税款所属时期</td><td colspan="5"></td></tr>
<tr><td colspan="2">坐落地点</td><td colspan="3"></td><td colspan="3">建筑面积（m²）</td><td colspan="2"></td><td colspan="3">房屋结构</td><td colspan="5"></td></tr>
<tr><td rowspan="2">上期申报房产原值（评估值）</td><td rowspan="2">本期增减</td><td rowspan="2">本期实际房产原值</td><td colspan="3">其中</td><td rowspan="2">扣除率（%）</td><td colspan="3">以房产余值计征房产税</td><td colspan="3">以租金收入计征房产税</td><td rowspan="2">全年应纳税额</td><td rowspan="2">缴纳次数</td><td colspan="3">本期</td></tr>
<tr><td>从价计税的房产原值</td><td>从租计税的房产原值</td><td>规定的免税房产原值</td><td>房产余值</td><td>适用税率1.2%</td><td>应纳税额</td><td>租金收入</td><td>适用税率12%</td><td>应纳税额</td><td>应纳税额</td><td>已纳税额</td><td>应补（退）税款</td></tr>
<tr><td>1</td><td>2</td><td>3=1+2</td><td>4=3-5-6</td><td>5=3-4-6</td><td>6</td><td>7</td><td>8=4-4×7</td><td>9</td><td>10=8×9</td><td>11</td><td>12</td><td>13=11×12</td><td>14=10+13</td><td>15</td><td>16=14÷15</td><td>17</td><td>18=16-17</td></tr>
<tr><td></td><td></td><td></td><td></td><td></td><td></td><td></td><td></td><td></td><td></td><td></td><td></td><td></td><td></td><td></td><td></td><td></td><td></td></tr>
<tr><td></td><td></td><td></td><td></td><td></td><td></td><td></td><td></td><td></td><td></td><td></td><td></td><td></td><td></td><td></td><td></td><td></td><td></td></tr>
<tr><td>合计</td><td></td><td></td><td></td><td></td><td></td><td></td><td></td><td></td><td></td><td></td><td></td><td></td><td></td><td></td><td></td><td></td><td></td></tr>
<tr><td colspan="6">如纳税人填报，由纳税人填写以下各栏</td><td colspan="9">如委托代理人填报，由委托代理人填写以下各栏</td><td colspan="3">备注</td></tr>
<tr><td colspan="3" rowspan="3">会计主管（签章）</td><td colspan="3" rowspan="3">纳税人（公章）</td><td colspan="2">代理人名称</td><td colspan="3"></td><td colspan="4">代理人（公章）</td><td colspan="3" rowspan="3"></td></tr>
<tr><td colspan="2">代理人地址</td><td colspan="3"></td><td colspan="2">电话</td><td colspan="2"></td></tr>
<tr><td colspan="2">经办人姓名</td><td colspan="3"></td><td colspan="4"></td></tr>
<tr><td colspan="18">以下由税务机关填写</td></tr>
<tr><td colspan="3">收到申报表日期</td><td colspan="4"></td><td colspan="2">接收人</td><td colspan="9"></td></tr>
</table>

2）房产税纳税期限与纳税地点的确定

房产税实行按年计算、分期缴纳的征收方法，具体纳税期限由省、自治区、直辖市人民政府确定。

房产税在房产所在地缴纳。房产不在同一地方的纳税人，应按房产的坐落地点分别向房产所在地的地方税务机关纳税。

引例解读6-1

珠江有限责任公司房产税、城镇土地使用税税额计算

背景与情境：资料见本章【引例】。

问题：计算珠江有限责任公司2018年12月应缴纳的城镇土地使用税和房产税税额。

分析提示：珠江有限责任公司房产税和城镇土地使用税按年计算每半年预缴一次。因此，2018年12月份只需缴纳半年的税额。

应纳城镇土地使用税额=（50 000−4 000−1 500）×10÷2=222 500（元）

应缴纳房产税额=（180 000 000−20 000 000）×（1−30%）×1.2%÷2=672 000（元）

6.7　车船税会计

6.7.1　车船税纳税人、征税范围与税率

1）车船税纳税人的认定

车船税是以车船为征税对象，向拥有车船的单位和个人征收的一种税。我国现行车船税的基本法规是《中华人民共和国车船税法》（第十一届全国人民代表大会常务委员会第十九次会议于2011年2月25日通过，自2012年1月1日起施行，简称《车船税法》）和《中华人民共和国车船税法实施条例》（2011年11月23日国务院第182次常务会议通过，自2012年1月1日起施行，简称《车船税法实施条例》）（以下统称“车船税法规”）。本法规于2012年1月1日起在全国范围内实施。

在中华人民共和国境内属于车船税法规所规定的车辆、船舶（以下简称车船）的所有人或管理人为车船税的纳税人。所有人是指在我国境内拥有车船的单位和个人；管理人是指对车船不具有所有权、但具有管理权或使用权的单位。

从事机动车第三者责任强制保险业务的保险机构为机动车车船税的扣缴义务人，应当在收取保险费时依法代收代缴。

2）车船税征税范围的确定

车船税征税范围为《车船税法》中列举的车辆与船舶。

（1）车辆

车辆为机动车，是指依靠燃油、电力等能源作为动力运行的车辆，包括乘用车、商用车、挂车、专用作业车、轮式专用机械车和摩托车。

①乘用车是指在设计和技术特性上主要用于载运乘客及随身行李，核定载客人数（含驾驶员）不超过9人的汽车。

②商用车是指除乘用车外，在设计和技术特性上用于载运乘客、货物的汽车，即客车和货车。货车包括半挂牵引车、三轮汽车和低速载货汽车。半挂牵引车是指装备

有特殊装置用于牵引半挂车的商用车。三轮汽车是指最高设计车速不超过50公里/小时，具有3个车轮的货车。低速载货汽车是指以柴油机为动力，最高设计车速不超过70公里/小时，具有4个车轮的汽车。

客货两用车依照货车的计税单位和年基准税额计征车船税。客货两用车，又称多用途货车，是指在设计和结构上主要用于载运货物，但在驾驶员座椅后带有固定或折叠式座椅，可运载乘客3人以上的货车。

③挂车是指在设计和技术特性上需要由汽车或拖拉机牵引才能正常使用的一种无动力道路车辆。

④专用作业车是指在设计和技术特性上用于特殊工作，并装置有专用设备或器具的汽车，如汽车起重机、消防车、混凝土泵车、清障车、高空作业车、洒水车、扫路车等。

特别注意：救护车不属于专用作业车。

⑤轮式专用机械车是指有特殊结构和专用功能，装有橡胶车轮可以自行行驶，最高设计车速大于20公里/小时的轮式工程机械车。

⑥摩托车是指无论采用何种驱动方式，最高设计车速大于50公里/小时，或使用内燃机，其排量大于50毫升的两轮或三轮车辆。

（2）船舶

船舶包括各类机动船、非机动驳船和游艇。

①机动船舶是依靠燃料等能源为动力运行的船舶，包括客船、货船、气垫船、拖船等。

②非机动驳船是指自身没有动力装置，需要依靠外力驱动，在船舶登记管理部门登记为驳船的非机动船舶。

③游艇是指具备内置机械推进动力装置，长度在90米以下，主要用于游览观光、休闲娱乐、水上体育运动等活动，并应当具有船舶检验证书和适航证书的船舶。

注意：境内单位和个人租入外国籍船舶的，不征收车船税。境内单位和个人将船舶出租到境外的，应依法征收车船税。

学习微平台

延伸阅读 6-10

同步思考6-7

我国现行车船税的优惠政策有哪些？

提示：根据车船税法规的规定，现行车船税的优惠政策如下：

（1）以下车船免征车船税：①捕捞、养殖渔船，指在渔业船舶登记管理部门登记为捕捞船或养殖船的船舶。②军队、武装警察部队专用的车船，指按规定在军队、武装警察部队车船登记管理部门登记，并领取军队、武警牌照的车船。③警用车船，指公安机关、国家安全机关、监狱、劳动教养管理机关和人民法院、人民检察院领取警用牌照的车辆和执行警务的专用船舶。④依照法律规定应当予以免税的外国驻华使领馆、国际组织驻华代表机构及其有关人员的车船。

（2）对节约能源、使用新能源的车船可以免征或减半征收车船税，免征或减半征收车船税的车船的范围，由国务院财政、税务主管部门商国务院有关部门制定，报国务院批准；对受地震、洪涝等严重自然灾害影响纳税困难以及其他特殊原因确需减免税的车船，可以在一定期限内减征或者免征车船税，具体减免期限和数额由省、自治区、直辖市人民政府确定，报国务院备案。

(3) 省、自治区、直辖市人民政府根据当地实际情况，可以对公共交通车船，农村居民拥有并主要在农村地区使用的摩托车、三轮汽车和低速载货汽车定期减征或免征车船税。

3) 车船税税率的选择

车船税实行有幅度的定额税率，由省、自治区、直辖市人民政府在税法规定的幅度内，根据当地实际情况自行确定本地区的适用税额，具体见表6-15。

表6-15 **车船税税目、税额表**

税目		计税单位	年基准税额		备注
乘用车（按发动机汽缸容量（排气量）分档）	1.0升（含）以下的	每辆	60元至360元		核定载客人数9人（含）以下
	1.0升以上至1.6升（含）的		300元至540元		
	1.6升以上至2.0升（含）的		360元至660元		
	2.0升以上至2.5升（含）的		660元至1 200元		
	2.5升以上至3.0升（含）的		1200元至2 400元		
	3.0升以上至4.0升（含）的		2400元至3 600元		
	4.0升以上的		3600元至5 400元		
商用车	客车	每辆	480元至1 440元		核定载客人数9人以上，包括电车
	货车	整备质量每吨	16元至120元		包括半挂牵引车、三轮汽车和低速载货汽车等
挂车		整备质量每吨	按照货车税额的50%计算		
其他车辆	专用作业车	整备质量每吨	16元至120元		不包括拖拉机
	轮式专用机械车				
摩托车		每辆	36元至180元		
船舶	机动船舶	净吨位每吨	不超过200吨的	3元	拖船、非机动驳船分别按照机动船舶税额的50%计算；拖船按照发动机功率每1千瓦折合净吨位0.67吨计税
			超过200吨但不超过2 000吨的	4元	
			超过2 000吨但不超过10 000吨的	5元	
			超过10 000吨的	6元	
	游艇	艇身长度每米	不超过10米的	600元	
			超过10米但不超过18米的	900元	
			超过18米但不超过30米的	1 300元	
			超过30米的	2 000元	
			辅助动力帆艇	600元	

6.7.2 车船税应纳税额的会计核算

1）车船税应纳税额的计算

车船税应纳税额的计算公式如下：

（年）应纳税额=计税依据×适用税率

计税依据的确定应注意以下问题：

①车船税的计税依据按车船种类和性能分别有辆、整备质量吨位、净吨位和艇身长度四种。乘用车、商用客车、摩托车以应税车辆的数量为计税依据；商用货车、挂车、专用作业车、轮式专用机械车以应税车辆的整备质量吨位为计税依据；机动船舶以净吨位为计税依据（拖船、非机动驳船按机动船舶税额的50%计税）；游艇以艇身长度为计税依据。

②核定计税依据数量以车船管理部门核发的车船登记证书或行驶证书相应项目所载数额为准。纳税人未按规定到车船管理部门办理登记手续的，其计税标准以车船出厂合格证或进口凭证相应项目所载数额为准；不能提供车船出厂合格证或进口凭证的，由主管地方税务机关根据车船自身状况并参照同类车船核定。

③自2013年9月1日起，车船税法规涉及的整备质量每吨、净吨位每吨、艇身长度每米等计税单位，有尾数的一律按照含尾数的计税单位据实计算，应纳税额小数点后超过两位的可四舍五入保留两位小数。

④购置新车船，购置当年的应纳税额自纳税义务发生的当月按下列公式计算：

应纳税额=年应纳税额÷12×应纳税月份数

2）车船税应纳税额的会计核算

车船税的纳税义务发生时间，为车船管理部门核发的车船登记证或行驶证所记载日期的当月。纳税人未按规定到车船管理部门办理应税车船登记手续的，以车船购置发票所载开具时间的当月作为车船税的纳税义务发生时间。对未办理车船登记手续且无法提供车船购置发票的，由主管地方税务机关核定纳税义务发生时间。

企业核算车船税应设置“应交税费——应交车船税”科目。企业计提车船税时，应借记“税金及附加”科目，贷记“应交税费——应交车船税”科目；实际缴纳税款时，应借记“应交税费——应交车船税”科目，贷记“银行存款”科目。

6.7.3 车船税纳税申报

1）车船税纳税申报表编制

纳税人填制车船税纳税申报表时，首先，应区分应税与非应税、免税的车船；其次，计算应纳税额；最后，根据核实无误后的有关数据，填制车船税纳税申报表（见表6-16），并办理签章手续。

表6-16 **车船税纳税申报表**

填报日期：2018年1月9日

纳税人识别号：630430001561789231　　金额单位：元（列至角分）

纳税人名称		丽东货运公司			税款所属时间		2016年	
车船类别	计税标准	数量	单位税额	全年应纳税额	年缴纳次数	本期		
						应纳税额	已纳税额	应补（退）税额
1	2	3	4	5=3×4	6	7=5÷6	8	9=7−8
载货汽车	整备质量每吨	150	60	9 000	1	9 000	0	9 000
载货挂车	自重每吨	50	60	3 000	1	3 000	0	3 000
客货两用车	整备质量每吨	9	60	540	1	540	0	540
载客汽车	每辆	2	480	960	1	960	0	960
合计				13 500		13 500		13 500
如纳税人填报，由纳税人填写以下各栏				如委托代理人填报，由委托代理人填写以下各栏				备注
纳税人（公章） 会计主管（签章）		代理人名称				代理人 （公章）		
		代理人地址						
		经办人姓名				电话		
以下由税务机关填写								
收到申报表日期						接收人		

纳税人在购买机动车交通事故责任强制险时缴纳车船税的，不再向地方税务机关申报纳税。

2）车船税纳税期限与纳税地点

车船税按年申报缴纳。具体纳税期限由省、自治区、直辖市人民政府确定。

车船税由地方税务机关负责征收。纳税地点由省、自治区、直辖市人民政府根据当地实际情况确定。跨省、自治区、直辖市使用的车船，纳税地点为车船的登记地。

业务链接6-14

丽东货运公司，纳税人识别号：630430001561789231。至2017年12月31日，拥有载货汽车30辆、挂车10辆，自重吨位均为5吨；3辆四门六座客货两用车，载货自重吨位3吨；小轿车2辆。公司所在省规定载货汽车年应纳税额为整备质量每吨60元，11座以下乘人汽车年应纳税额每辆480元，当地政府核定车船税按年于次年10日前一次缴纳。

问题：计算该公司2017年应缴纳的车船税并填制纳税申报表，进行会计处理。

分析：根据现行车船税法规，载货汽车以“整备质量每吨”为计税标准，客货两用汽车按载货汽车的计税单位和税额标准计征，载客汽车按“辆”为计税标准。

年应纳税额=30×5×60+10×5×60+3×3×60+2×480=13 500（元）

计提车船税时，编制会计分录：

借：税金及附加　13 500

　贷：应交税费——应交车船税　13 500

按年缴纳车船税时，编制会计分录：

借：应交税费——应交车船税　13 500

　贷：银行存款　13 500

填制的车船税纳税申报表见表6-16。

6.8 车辆购置税会计

6.8.1 车辆购置税纳税人、征税范围与税率

1）车辆购置税纳税人的认定

车辆购置税是以在中国境内购置规定车辆为征税对象，在特定的环节向车辆购置者征收的一种税。我国现行车辆购置税的基本法规是2000年10月22日由国务院颁布并于2001年1月1日起施行的《中华人民共和国车辆购置税暂行条例》。

在我国境内购置应税车辆的单位和个人为车辆购置税纳税人。其中，购置包括购买、进口、受赠、自产自用、获奖，以及拍卖、抵债、走私、罚没等方式取得并使用的行为。

2）车辆购置税征税范围的确定

车辆购置税征税范围是税法列举的车辆，包括汽车、摩托车、电车、挂车、农用运输车。其具体征税范围由国务院决定，其他任何部门、单位和个人无权擅自扩大或缩小车辆购置税的征税范围。

3）车辆购置税税率的选择

车辆购置税实行10%的比例税率。

6.8.2 车辆购置税应纳税额的计算与会计核算

1）车辆购置税应纳税额计算

车辆购置税以应税车辆的价格为计税依据，实行从价定率、价外征收的方法计算应纳税额。其计算公式如下：

应纳税额=计税依据×税率

由于应税车辆的来源、应税行为的发生及计税依据组成不同，车辆购置税的计算方法也有区别。

（1）购买自用应税车辆应纳税额计算

购买自用应税车辆以纳税人购买应税车辆支付给销售方的全部价款和价外费用为计税依据，但不包括增值税。同时应注意下列费用的处理：

①购买者随购买车辆支付的工具件和零部件价款视同购车价款的一部分并入计税依据计税。

②支付的车辆装饰费视同价外费用并入计税依据计税。

③代收款项应区别征税。凡使用代收单位（受托方）票据收取的款项，应视作代

收单位价外收费，并入计税依据计税；凡使用委托方票据收取、受托方只履行代收义务和收取代收手续费的款项，应按其他税收政策征税。

业务链接6-15

王先生2018年1月份购入上海大众生产的某型号小汽车一辆供自己使用，支付含增值税价款234 000元，另支付代收保险费1 200元，支付购买工具件和零配件价款2 500元，发生车辆装饰费2 000元。所支付的款项均由汽车销售公司开具“机动车销售统一发票”和有关票据。

问题：计算王先生应缴纳的车辆购置税税额。

计算：因为所支付的款项均由汽车销售公司开具“机动车销售统一发票”和有关票据，因此除增值税外的所有款项均应作为计税依据。

计税依据=（234 000+1 200+2 500+2 000）÷（1+17%）=204 872（元）

应纳税额=204 872×10%=20 487.2（元）

（2）进口自用应税车辆应纳税额计算

进口自用应税车辆以组成计税价格为计税依据。其应纳税额计算公式为：

应纳税额=（完税价格+关税+消费税）×税率

业务链接6-16

某国际进出口公司2018年2月从国外进口宝马公司生产的某型号小轿车8辆。该批进口轿车经报关地海关审查核定，完税价格为每辆175 000元，海关按规定每辆征收关税192 500元，并按规定代征了轿车的进口环节消费税每辆110 250元和增值税每辆81 217.5元。该公司将其中一辆留给本企业自用。

问题：计算该公司应纳车辆购置税税额。

计算：根据相关法规，企业购入自用的车辆应缴纳车辆购置税，用于销售的不征税。

计税依据=175 000+192 500+110 250=477 750（元）

应纳税额=477 750×10%=47 775（元）

（3）其他自用应税车辆应纳税额计算

纳税人自产、受赠、获奖和以其他方式取得并自用的应税车辆，凡不能取得该型号车辆的购置价格，或低于最低计税价格的，以国家税务总局核定的应税车辆最低计税依据计算征税。

（4）特殊情形下自用应税车辆应纳税额计算

①对已缴纳并办理了登记手续的车辆，其底盘和发动机同时发生更换，按同类型新车最低计税价格的70%计算征税。

②免税、减税条件消失的车辆，按下列公式计算应纳税额：

应纳税额=同类型新车最低计税价格×（1−已使用年限÷规定使用年限）×税率

其中：规定使用年限为国产车辆为10年；进口车辆为15年。超过规定使用年限的车辆，不再征收车辆购置税。

同步思考6-8

学习微平台

延伸阅读6-11

我国现行车辆购置税的税收优惠政策有哪些？

提示：我国现行车辆购置税税收优惠政策可归纳如下：

外国驻华使馆、领事馆和国际组织驻华机构及其外交人员的自用车辆免税；中国人民解放军和中国人民武装警察部队列入军队武器装备订货计划的车辆免税；设有固定装置的非运输车辆免税；防汛部门和森林消防等部门购置的由指定厂家生产的指定型号的用于指挥、检查、调度、报汛（警）、联络的专用车辆免税；回国服务的留学人员用现汇购买1辆自用汽车免税；自2004年10月1日起对三轮农用运输车免税；自2018年1月1日至2020年12月31日，对购置的新能源汽车免税；有国务院规定予以免税或减税的其他情形的，按规定免税或减税。

2）车辆购置税应纳税额的会计核算

核算车辆购置税应设置“应交税费——应交车辆购置税”科目。企业缴纳的车辆购置税应计入车辆成本，计提时应借记“固定资产”科目，贷记“应交税费——应交车辆购置税”科目；实际缴纳税款时，应借记“应交税费——应交车辆购置税”科目，贷记“银行存款”科目。

6.8.3 车辆购置税纳税申报

1）车辆购置税纳税申报表编制

车辆购置税实行“一车一申报”制度。纳税人在办理纳税申报时应如实填写“车辆购置税纳税申报表”（见表6-17），同时提供车主身份证明、车辆价格证明、车辆合格证明及税务机关要求提供的其他资料的原件与复印件，经车购办审核后，由税务机关保存复印件。

表6-17 **车辆购置税纳税申报表**

填表日期：　　年　　月　　日　行业代码：　　　　注册类型代码：

纳税人名称：　　　　　　　　　　　　　　　　　　金额单位：元

纳税人证件名称		证件号码		
联系电话		邮政编码		地址
车辆基本情况				
车辆类别	1.汽车　2.摩托车　3.电车　4.挂车　5.农用运输车			
生产企业名称			机动车销售统一发票（或有效凭证）价格	
厂牌型号			完税价格	
发动机号码			关税	
车辆识别代号（车架号码）			消费税	
购置日期			免（减）税条件	
申报计税价格	计税价格	税率	免税、减税额	应纳税额
1	2	3	4=2×3	5=1×3或2×3
申报人声明			授权声明	
此纳税申报表是根据《中华人民共和国车辆购置税暂行条例》的规定填报的，我相信它是真实的、可靠的、完整的 声明人签字：			如果你已委托代理人申报，请填写以下资料： 为代理一切税务事宜，现授权________（地址）________为本纳税人的代理申报人，任何与本申报表有关的往来文件，都可寄予此人 授权人签字：	

续表

<table>
<tr><td rowspan="5">纳税人签名或盖章</td><td colspan="3">如委托代理人的，由代理人应填写以下各栏</td></tr>
<tr><td>代理人名称</td><td></td><td rowspan="4">代理人
（公章）</td></tr>
<tr><td>地址</td><td></td></tr>
<tr><td>经办人</td><td></td></tr>
<tr><td>电话</td><td></td></tr>
<tr><td colspan="2">接收人：
接收日期：</td><td colspan="2">主管税务机关盖章：</td></tr>
</table>

2）车辆购置税纳税期限与纳税地点

纳税人应自购买日、进口日、受赠日、获奖日或以其他方式取得之日起60日内申报纳税，并应当在向公安机关车辆管理机构办理车辆登记注册前缴纳车辆购置税。

需要办理车辆登记注册手续的纳税人，应向车辆登记注册地主管税务机关办理纳税申报；不需要办理车辆登记注册手续的纳税人，应向所在地征收车辆购置税主管税务机关办理纳税申报。

6.9　印花税会计

6.9.1　印花税纳税人、征税范围与税率

1）印花税纳税人的认定

印花税是对经济活动和经济交往中书立、使用、领受具有法律效力的应税凭证征收的一种税。我国现行印花税的基本法规是1988年8月6日国务院颁布的《中华人民共和国印花税暂行条例》（以下简称《印花税暂行条例》）。

凡在我国境内书立、使用、领受税法列举应税凭证的单位和个人均为印花税的纳税人，具体分为五类：立合同人、立据人、立账簿人、领受人和使用人。

①立合同人，即合同的当事人，是指对应税凭证有直接权利义务关系的单位和个人，不包括合同的担保人、证人和鉴定人。

②立据人，是指书立产权转移书据的单位和个人。

③立账簿人，是指开立并使用营业账簿的单位和个人。

④领受人，是指领取或持有权利、许可证照的单位和个人。

⑤使用人，是指在国外书立、领受，但在国内使用的应税凭证的单位和个人。

特别提醒：同一凭证由两方或两方以上当事人共同书立并各执一份的，各方都是印花税的纳税人，应各就其所执凭证的计税金额全额贴花。

2）印花税征税范围的确定

根据《印花税暂行条例》的规定，印花税征税范围所指的应税凭证包括五大类13个税目。

（1）合同或具有合同性质的凭证

①购销合同，包括供应、预购、采购、购销结合及协作、调剂、补偿、易货等合同。

②加工承揽合同，包括加工、定做、修缮、修理、印刷、广告、测绘、测试等

合同。

③建设工程勘察设计合同，包括勘察、设计合同。

④建筑安装工程承包合同，包括建筑、安装工程承包合同。

⑤财产租赁合同，包括租赁房屋、船舶、飞机、机动车辆、机械、器具、设备等合同。

⑥货物运输合同，包括民航、铁路、海上、内河、公路运输和联合运输等合同。

⑦仓储保管合同，包括仓储、保管合同。

⑧借款合同，包括银行及其他金融机构和借款人（不包括银行同业拆借）所签订的借款合同。

⑨财产保险合同，包括财产、责任、保证、信用等保险合同。

⑩技术合同，包括技术开发、转让、咨询、服务等合同。

（2）产权转移书据

产权转移书据是指单位和个人产权买卖、继承、赠与、交换、分割等所立的书据，包括财产所有权和版权、商标专用权、专利权、专有技术使用权等转移书据。

（3）营业账簿

自2018年5月1日起需要征收印花税的营业账簿仅指记载资金的账簿。

（4）权利许可证照

权利许可证照包括政府部门发给的房屋产权证、工商注册证、专利证、土地使用证等。

（5）财政部确定的其他应税凭证

学习微平台

延伸阅读 6-12

互动教学6-4

请分析下列凭证是否应征收印花税？

①卫生许可证、消防安全证、用电许可证；②土地使用权出让合同与土地使用权转让合同；③纳税人以电子形式签订的各类应税凭证。

3）印花税税率的选择

印花税的税率形式有比例税率和定额税率两种。除权利许可证照及营业账簿中的其他账簿使用定额税率外，其他应税项目全部适用比例税率，具体见表6-18。

表6-18 **印花税税目、税率表**

税目	税率
借款合同	0.05‰
购销合同、建筑安装工程承包合同、技术合同	0.3‰
加工承揽合同、建设工程勘察设计合同、货物运输合同、产权转移书据、记载资金的营业账簿（自2018年5月1日起资金账簿减半征收）	0.5‰
财产租赁合同、仓储保管合同、财产保险合同	1‰
权利许可证照	5元/件

6.9.2 印花税应纳税额的会计核算

1）印花税应纳税额的计算

印花税应纳税额的计算方法有从价定率和从量定额两种。从价计征的，以凭证所载金额为计税依据；从量计征的，以计税数量为计税依据。其计算公式如下：

应纳税额=计税依据×适用税率

（1）计税依据的确定

各类应税凭证计税依据的基本确定原则可归纳见表6-19。

表6-19 印花税计税依据汇总

应税凭证	计税依据
购销合同	合同记载的购销金额
加工承揽合同	加工或承揽收入的金额
建设工程勘察设计合同	收取的费用
建筑安装工程承包合同	承包金额
财产租赁合同	租赁金额
货物运输合同	运输费金额，不包括所运货物的金额、装卸费和保险费等
仓储保管合同	收取的仓储保管费
借款合同	借款金额
财产保险合同	支付（收取）的保险费，不包括所保财产的金额
技术合同	所载的价款、报酬或使用费
产权转移书据	所载的金额
记载资金的账簿	“实收资本”与“资本公积”两项的合计金额
权利、许可证照	应税凭证的件数

实际应用时还应注意以下几点：

①同一凭证，载有两个或两个以上经济事项而适用不同税目税率，分别记载金额的，应分别计算应纳税额，相加后按合计税额贴花；未分别记载金额的，按税率高的计税贴花。

②合同在签订时无法确定计税金额的，可在签订时先按定额5元贴花，以后结算时再按实际金额补贴印花。

③商品购销活动中，采用以货易货方式进行商品交易签订的合同，其本质上反映了购与销双重经济行为。这种合同应按合同所载的购、销合计金额计税贴花。

④施工单位将自己承包的建设项目，分包或转包给其他施工单位所签订的分包或转包合同，应按新的分包或转包合同所载金额计税贴花。

⑤因购买、继承、赠与所书立的股权转让书据，应依书立时证券市场当日的实际成交价格计算的金额，由立据双方当事人分别按1‰的税率缴纳印花税。

⑥应税合同在签订时纳税义务即已发生，因此，不论合同是否兑现或是否按期兑现，均应贴花。对已履行并贴花的合同，所载金额与合同履行后实际结算金额不一致的，只要双方未修改合同金额，一般不再办理完税手续。

⑦应纳税额不足1角的，免纳印花税；1角以上的，其尾数不满5分的不计，满5

分的按1角计算。

⑧应税凭证所载金额为外国货币的，应按凭证书立当日国家外汇管理局公布的外汇牌价折合成人民币，计算应纳税额。

职业道德与企业伦理6-1

学习微平台

延伸阅读 6-13

分别记载可节税

背景与情境： 宏运公司与丽汽集团签订货物运输合同，合同记载的运输及保管费共计80万元。货物运输合同印花税税率为0.5‰，财产保管合同印花税税率为1‰。

问题： 根据印花税分析合同该怎样签订才能节税。

分析提示： 合同如果不分别记载运输费和保管费，则：

应纳税额=800 000×1‰=800（元）

若合同分别记载运输费60万元和保管费20万元，则：

应纳税额=600 000×0.5‰+200 000×1‰=500（元）

从上述分析可知，分别记载合同金额可节税300元（800−500）。

（2）印花税免税政策

①已缴纳印花税凭证的副本或抄本免税。但以副本或抄本视同正本使用的，应另行贴花。

②财产所有者将财产赠给政府、社会福利机构及学校所书立的书据免税。

③国家指定的收购部门与村民委员会、农民个人书立的农副产品收购合同免税。

④无息、贴息贷款合同免税。

⑤外国政府或国际金融组织向我国政府及国家金融机构提供优惠贷款所书立的合同免税。

⑥房地产管理部门与个人签订的用于生活居住的租赁合同免税。

⑦农牧业保险合同免税。

⑧特殊的货运凭证，例如，军需物资运输凭证、抢险救灾物资运输凭证、新建铁路的工程临管线运输凭证免税。

2）印花税应纳税额的会计核算

印花税一般是由纳税人自行计算、购买、贴花并注销的方式完成纳税义务，会计上无须通过“应交税费”科目核算。企业在购买印花税票时，直接借记“税金及附加”“固定资产”“固定资产清理”等科目，贷记“银行存款”科目。

业务链接6-17

某建筑公司2018年7月份承包建筑工程一项，承包金额200万元，按合同法订立建筑承包工程合同。

问题： 计算公司此项业务应纳的印花税税额，并作会计处理。

计算： 应纳税额=2 000 000×0.3‰=600（元）

分录编制：

借：税金及附加　　600

贷：银行存款 600

6.9.3 印花税纳税申报

1）印花税纳税申报方式

印花税根据税额大小、贴花次数及税收征收管理的需要，分别采用以下三种方式完成纳税义务：

（1）自行贴花

自行贴花是指由纳税人自行计算应纳税额，自行购买并贴足印花税票，自行注销或划销的缴纳方式。此方式一般适用于应税凭证较少或贴花次数较少的纳税人。

对已贴花的凭证，修改后所载金额增加的，其增加部分应补贴印花税票；凡多贴印花税票的，不得申请退税或抵用。

（2）汇贴或汇缴

汇缴是指由纳税人向税务机关提出申请，采取以缴款书代替贴花或按期汇总缴纳的方式。此方式一般适用于应纳税额较大或贴花次数频繁的纳税人。

对于一份凭证应纳税额超过500元的，应向税务机关申请填写缴款书，将其中一联粘贴在凭证上或由税务机关在凭证上加注完税标记代替贴花。

对于同一种凭证需要频繁贴花的，纳税人可以根据实际情况自行决定是否采用汇缴印花税的方式，汇总缴纳的期限为一个月。凡汇缴印花税的凭证，应加盖税务机关的汇缴戳记，编号并装订成册后，将已贴印花税票或缴款书粘贴附册后，盖章注销，保存备查。

缴纳方式一经选定，一年内不得改变。

（3）委托代征

委托代征是受托单位按税务机关的要求，以税务机关的名义向纳税人征收税款的一种方式。受托单位一般是发放、鉴证和公证应税凭证的政府部门或其他社会组织。

2）印花税纳税申报表的填制

纳税人纳税期满填制印花税纳税申报表时，首先，应对其应税项目按税法规定进行分类，确定计税依据和适用税率；其次，计算应纳税额；最后，根据审核无误的计税资料，如实填写印花税纳税申报表（见表6-20），并办理签章手续。

表6-20 印花税纳税申报表

填报日期： 年 月 日

纳税人识别号： 金额单位：元（列至角分）

纳税人名称							税款所属时期			
应税凭证名称	件数	计税金额	适用税率	应纳税额	已纳税额	应补（退）税额	购花贴花情况			
							上期结存	本期购进	本期贴花	本期结存
1	2	3	4	5=2×4或5=3×4	6	7=5−6	8	9	10	11=8+9−10

续表

<table>
<tr><td></td><td></td><td></td><td></td><td></td><td></td><td></td><td></td><td></td><td></td><td></td></tr>
<tr><td></td><td></td><td></td><td></td><td></td><td></td><td></td><td></td><td></td><td></td><td></td></tr>
<tr><td></td><td></td><td></td><td></td><td></td><td></td><td></td><td></td><td></td><td></td><td></td></tr>
<tr><td>合计</td><td></td><td></td><td></td><td></td><td></td><td></td><td></td><td></td><td></td><td></td></tr>
<tr><td colspan="5">如纳税人填报，由纳税人填写以下各栏</td><td colspan="5">如委托代理人填报，由代理人填写以下各栏</td><td>备注</td></tr>
<tr><td rowspan="3">会计主管
（签章）</td><td rowspan="3" colspan="4">纳税人
（公章）</td><td colspan="2">代理人名称</td><td></td><td rowspan="2" colspan="2">代理人
（公章）</td><td rowspan="3"></td></tr>
<tr><td colspan="2">代理人地址</td><td></td></tr>
<tr><td colspan="2">经办人姓名</td><td></td><td>电话</td><td></td></tr>
<tr><td colspan="11">以下由税务机关填写</td></tr>
<tr><td colspan="3">收到申报表日期</td><td colspan="3"></td><td colspan="2">接收人</td><td colspan="3"></td></tr>
</table>

6.10 契税会计

6.10.1 契税纳税人、征税范围与税率

1）契税纳税人的认定

契税是以所有权发生转移的不动产为征税对象，向产权承受人征收的一种税。我国现行契税的基本法规是国务院1997年7月7日重新修订颁布并于同年10月1日起实施的《中华人民共和国契税暂行条例》。在我国境内转移土地、房屋权属承受的单位和个人为契税纳税人。所谓承受是指以受让、购买、受赠、交换等方式取得土地、房屋权属的行为。

2）契税征税范围的确定

契税征税范围是境内转移的土地、房屋权属，包括国有土地使用权出让、转让和房屋买卖、赠与和交换。

以下方式实现土地、房屋权属转移的，视同土地使用权转让、房屋买卖或赠与征收契税：以土地、房屋权属作价投资入股；以土地、房屋权属抵债；以获奖方式承受土地、房屋权属；以预购方式或预付集资建房方式承受土地、房屋权属。

3）契税税率的选择

契税实行3%～5%的幅度比例税率，具体适用税率由省、自治区、直辖市人民政府在规定的幅度内按本地区的实际情况确定。

自2016年2月22日起对个人购买家庭唯一住房，面积为90平方米及以下的，减按1%的税率征收契税，面积为90平方米以上的，减按1.5%的税率征收契税。对个人购买家庭第二套改善性住房，面积为90平方米及以下的，减按1%的税率征收契税；面积为90平方米以上的，减按2%的税率征收契税。

6.10.2 契税应纳税额的会计核算

1）契税应纳税额的计算

契税应纳税额的计算公式如下：

应纳税额=计税依据×税率

（1）计税依据的确定

契税的计税依据是在土地、房屋权属转移时双方当事人的签约价格，具体按下列规定执行：

①国有土地使用权出让、土地使用权转让、房屋买卖，以成交价格为计税依据。

②土地使用权、房屋赠与，由征收机关参照市场价格核定计税依据。

③土地使用权、房屋交换，以所交换的土地使用权、房屋的价格差额为计税依据。交换价格相等的，免征契税；交换价格不相等的，由支付差价款的一方缴纳契税。

④以划拨方式取得土地使用权的，经批准转让房地产时，应由房地产转让者补缴契税，其计税依据为补缴的土地使用权出让费或土地收益。

⑤房屋附属设施计税依据按下列规定确定：采取分期付款方式购买房屋、附属设施土地使用权、房屋所有权的，按合同规定的总价款计征契税；承受的房屋附属设施权属如为单独计价的，按当地确定的适用税率征收契税，如与房屋统一计价的，适用与房屋相同的税率征税。

注意：“营改增”后，契税的计税依据为不含增值税的成交价格。

（2）契税的税收优惠政策

①契税优惠的一般规定：国家机关、事业单位、社会团体、军事单位承受土地、房屋用于办公、教学、医疗、科研和军事设施的免税；城镇职工按规定第一次购买公有住房的免税；因不可抗力灭失住房而重新购买住房的酌情减免；土地、房屋被县级以上人民政府征用后，重新承受土地、房屋权属的，由省级人民政府确定是否减免；承受荒山、荒沟、荒丘、荒滩土地使用权，并用于农、林、牧、渔业生产的免税；经外交部确认，依照我国有关法律规定以及我国缔结或参加的双边和多边条约或协定，应予以免税的外国驻华使馆、领事馆、联合国驻华机构及其外交代表、领事官员和其他外交人员承受土地、房屋权属的，免税。

②非公司制企业整体改建为有限责任公司或股份有限公司的，或有限责任公司整体改建为股份有限公司的，对改建后的公司承受原企业土地、房屋权属的免征契税；非公司制国有独资企业或国有独资有限责任公司，以其部分资产与他人组建新公司，且该国有独资企业（公司）在新设公司中所占股份超过50%的，对新设公司承受该国有独资企业（公司）土地、房屋权属的，免税。

③国有控股公司以部分资产投资组建新公司，且该国有控股公司占新公司股份85%以上的，对新公司承受该国有控股公司土地、房屋权属的免税；股份合作制改造，承受原土地、房屋权属的，免税。

④企业合并，合并企业承受原合并企业各方的土地、房屋权属的，免税。

⑤企业分立，分设为两个或两个以上投资主体的，对派生方、新设方承受原企业

土地、房屋权属的，免征契税。

⑥国有、集体企业出售，被售企业法人注销，且买受人与原企业30%以上职工签订服务年限不少于3年的劳动用工合同的，其承受所购企业土地、房屋权属减半征收契税；与原企业全部职工签订服务年限不少于3年的劳动用工合同的，免征契税。

⑦企业注销、破产，债权人承受注销、破产企业土地、房屋权属以抵偿债务的，免征契税；非债权人承受注销、破产企业土地、房屋权属，与原企业30%以上职工签订服务年限不少于3年的劳动用工合同的，其承受所购企业土地、房屋权属减半征收契税；与原企业全部职工签订服务年限不少于3年的劳动用工合同的，免征契税。

⑧法定继承人继承土地、房屋权属的不征契税；非法定继承人根据遗嘱承受死者生前土地、房屋权属的，属于赠与行为，应征契税。

⑨对拆迁居民因拆迁重新购置住房的，对购房成交价格中相当于拆迁补偿款的部分免征契税；超过拆迁补偿款的部分，征收契税。

2）契税应纳税额的会计核算

企业核算契税应设置"应交税费——应交契税"科目。企业计提契税时，应借记"固定资产""在建工程""无形资产"等科目，贷记"应交税费——应交契税"科目；实际缴纳契税款时，应借记"应交税费——应交契税"科目，贷记"银行存款"科目。

企业也可以不设置"应交税费——应交契税"科目。缴纳契税时，直接借记"固定资产"等科目，贷记"银行存款"科目。

业务链接6-18

某房地产开发公司，2018年7月通过拍卖方式取得国有土地一块，支付地价款1 400 000元（不含税），当地政府规定的契税税率为3%，房地产开发公司按规定缴纳契税。该房地产企业购入土地暂作为土地储备。

问题： 计算房地产公司缴纳的契税税额，并作会计处理。

计算： 应纳税额=1 400 000×3%=42 000（元）

计提契税时，编制会计分录：

借：开发成本	42 000	
贷：应交税费——应交契税		42 000

缴纳税款时，编制会计分录：

借：应交税费——应交契税	42 000	
贷：银行存款		42 000

6.10.3 契税纳税申报

纳税人应在纳税义务发生之日起10日内，填制契税纳税申报表（见表6-21），向土地、房屋所在地的契税征收机关办理纳税申报，并在契税征收机关核定的期限内缴纳税款。契税征收机关为土地、房屋所在地的财政机关或地方税务机关，具体征收机关由省、自治区、直辖市人民政府确定。

表6-21　　契税纳税申报表

填表日期：

承受方	名称		识别号		
	地址		联系电话		
转让方	名称		识别号		
	地址		联系电话		
土地、房屋权属转移	合同签订时间				
	土地、房屋地址				
	权属转移类别				
	权属转移面积（平方米）				
	成交价格（元）				
适用税率					
计征税额（元）					
减免税额（元）					
应纳税额（元）					
纳税人员签章			经办人员签章		
以下部分由征收机关负责填写					
征收机关收到日期		接收人		审核日期	
审核记录					
审核人员签章			征收机关签章		

主要参考文献

[1] 中国注册会计师协会.税法 [M]. 北京：中国财政经济出版社，2018.

[2] 中华人民共和国个人所得税法 [S]. 中华人民共和国主席令第48号.

[3] 中华人民共和国增值税暂行条例 [S]. 中华人民共和国国务院令第538号.

[4] 中华人民共和国消费税暂行条例 [S]. 中华人民共和国国务院令第539号.

[5] 中华人民共和国资源税暂行条例 [S]. 中华人民共和国国务院令第605号.

[6] 中华人民共和国车船税法实施条例 [S]. 中华人民共和国国务院令第611号.

[7] 中华人民共和国个人所得税实施条例 [S]. 中华人民共和国国务院令第600号.

[8] 中华人民共和国增值税暂行条例实施细则 [S]. 财政部、国家税务总局令第50号.

[9] 中华人民共和国消费税暂行条例实施细则 [S]. 财政部、国家税务总局令第51号.

[10] 关于全面推开营业税改征增值税试点的通知 [S]. 财税〔2016〕36号.

[11] 关于全面推开营业税改征增值税试点后增值税纳税申报有关事项的公告 [S]. 国家税务总局公告2016年第13号.

[12] 关于发布《纳税人转让不动产增值税征收管理暂行办法》的公告 [S]. 国家税务总局公告2016年第14号.

[13] 关于调整增值税纳税申报有关事项的公告 [S]. 国家税务总局公告2016年第27号.

[14] 关于发布《不动产进项税额分期抵扣暂行办法》的公告 [S]. 国家税务总局公告2016年第15号.

[15] 关于发布《纳税人提供不动产经营租赁服务增值税征收管理暂行办法》的公告 [S]. 国家税务总局公告2016年第16号.

[16] 关于发布《纳税人跨县（市、区）提供建筑服务增值税征收管理暂行办法》的公告 [S]. 国家税务总局公告2016年第17号.

[17] 关于发布《房地产开发企业销售自行开发的房地产项目增值税征收管理暂行办法》的公告 [S]. 国家税务总局公告2016年第18号.

[18] 关于营业税改征增值税委托地税机关代征税款和代开增值税发票的公告 [S]. 国家税务总局公告2016年第18号.

[19] 财政部　国家税务总局关于营改增后契税 房产税 土地增值税 个人所得税计税依据问题的通知 [S]. 财税〔2016〕43号.

[21] 关于发布《中华人民共和国企业所得税月（季）度预缴纳税申报表》等报表的公告 [S]. 国家税务总局公告2011年第64号.

[22] 财政部会计司编写组.企业会计准则讲解 [M]. 北京，人民出版社，2007.

[23] 盖地.税务会计与纳税筹划 [M]. 13版.大连：东北财经大学出版社，2017.

[24] 梁伟样.企业纳税实务 [M]. 北京：清华大学出版社，2009.

[25] 王碧秀.中国税收 [M]. 北京：人民邮电出版社，2015.

附　录　课时分配参考表

本书按每学期18周、周课时4节计算，建议教学课时72课时，具体分配见下表：

内　容	课　时		
	理论	实训	合计
第1章　税收基础知识与税务会计	4	2	6
第2章　增值税会计	18	6	24
第3章　消费税会计	6	2	8
第4章　企业所得税会计	12	4	16
第5章　个人所得税会计	6	2	8
第6章　其他税会计	6	4	10
合　计	52	20	72